Die Früchte der Platane

EIN KINDERARZT MIT HERZ

4

Story und Zeichnungen
TOSHIYA HIGASHIMOTO

DIE PROTAGONISTEN

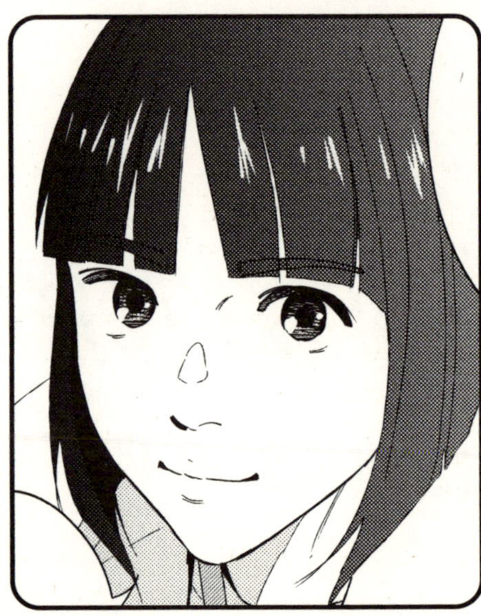

MAKO SUZUKAKE

Der Kinderarzt mit sanftem Herzen produziert gern Youtube-Clips und stellt bei der Arbeit seine Patienten und ihre Familien an allererste Stelle. Er beschließt, in der neuen Kinderklinik seines Vaters Goro in Kita-Hiroshima zu arbeiten.

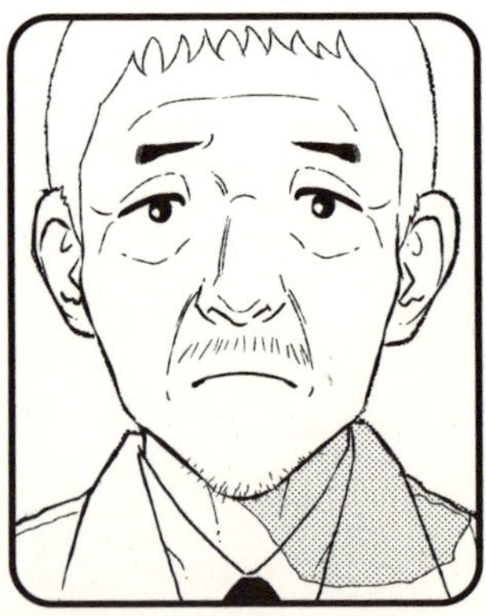

GORO SUZUKAKE

Makos und Hidekis Vater war in ihrer Kindheit sehr auf Bildung und Leistung bedacht. Als Wiedergutmachung für seine an Leukämie verstorbene Frau eröffnet er die Kinderklinik in Kita-Hiroshima.

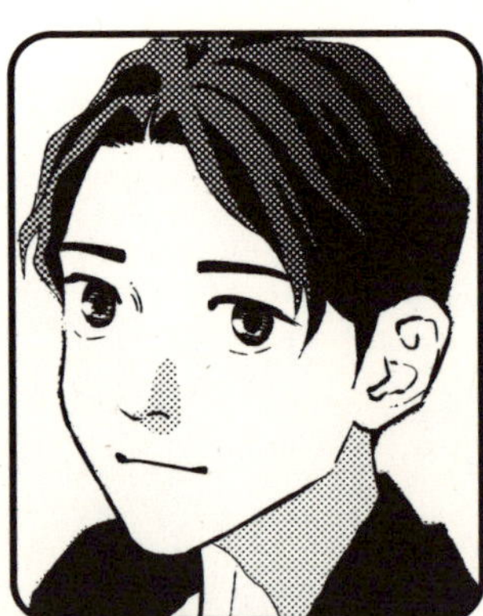

HIDEKI SUZUKAKE

Makos älterer Bruder ist Kinderchirurg und hat in Indien gearbeitet, um Erfahrung zu sammeln. Als er den Brief seines Vaters erhält, kehrt er jedoch in die Heimat zurück und begibt sich nach Kita-Hiroshima, um ebenfalls in der Klinik zu arbeiten.

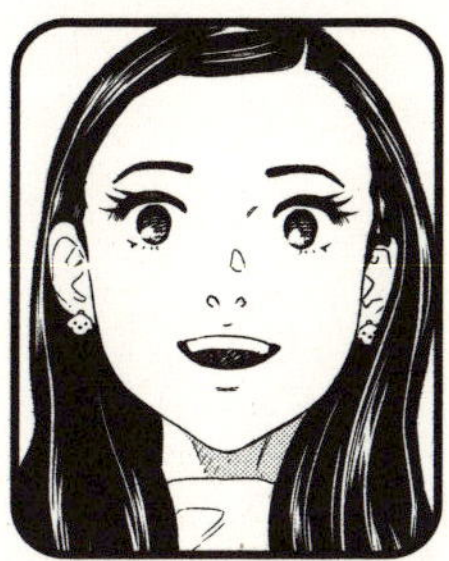

IKU AOBA

Sie arbeitet als Child Life Specialist (CLS) in Goros Klinik und hat oft ihren Therapiehund dabei, wenn sie sich um das Wohlbefinden der kleinen Patienten kümmert.

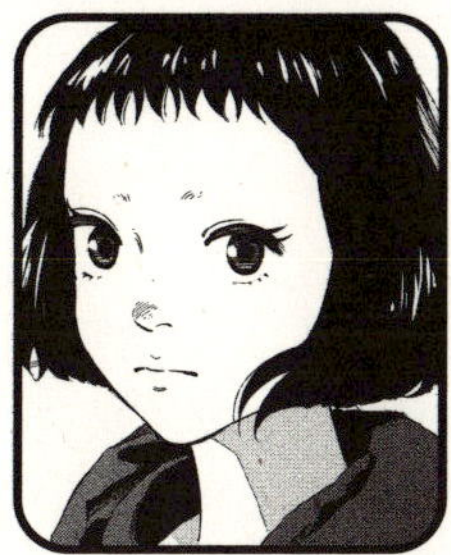

TOMORIN

Die 14-jährige Pianistin ist ein weltweit beliebter Youtube-Star und lebt in Kita-Hiroshima. Sie wird derzeit von Mako als behandelndem Arzt wegen ihrer akuten Leukämie therapiert.

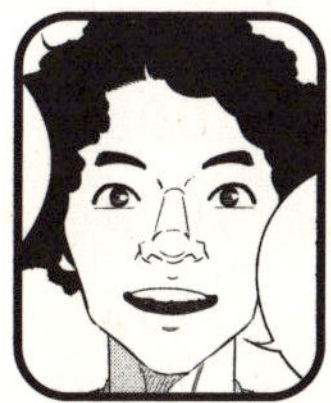

TAKURO YANAGI

Der Kinderchirurg hat ein Faible für Eisenbahnen. Besonders liebt er den Zug „Hamanasu".

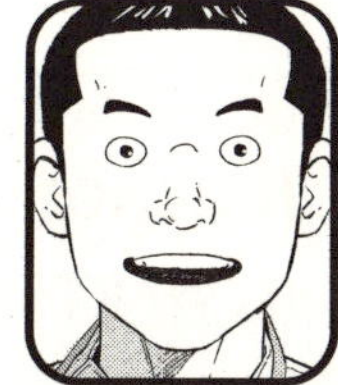

JUN KUMORI

Besonderes Talent zeigt der Anästhesist in der Kinderklinik beim Snowboarden und beim Lesen.

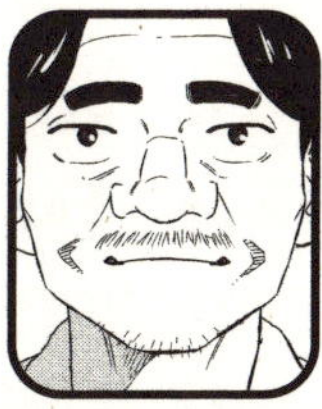

OTOMATSU

Der wortkarge Röntgenarzt war einst Goros Schulkamerad.

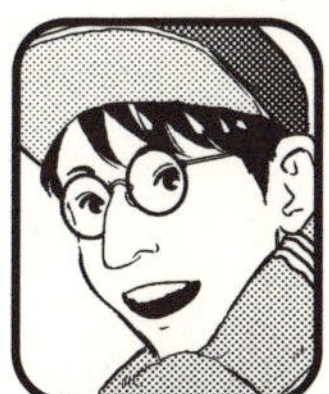

NABE

Makos jüngerer Kollege aus dem Kawasaki City Central Memorial Hospital schätzt Mako als Kinderarzt sehr und folgt ihm nach Kita-Hiroshima.

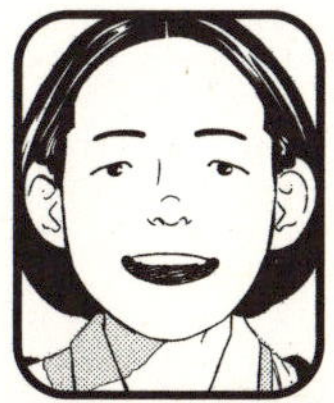

SONOKO OOGAWARA

Goros Oberschwester ist sehr fürsorglich und hat selbst zwei Kinder.

Mako beschließt, in der Kinderklinik seines Vaters zu arbeiten. Als sein Bruder Hideki ebenfalls dort auftaucht und die Meinung vertritt, Ärzte sollten sich einzig und allein um die Behandlung von Krankheiten bemühen, kann Mako seine Irritation nicht verbergen …

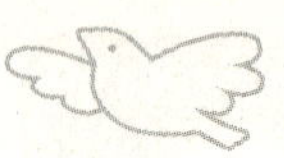

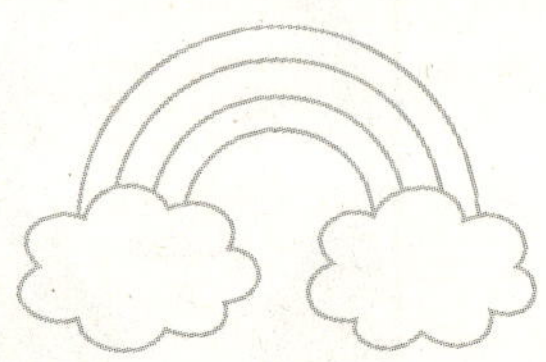

INHALT

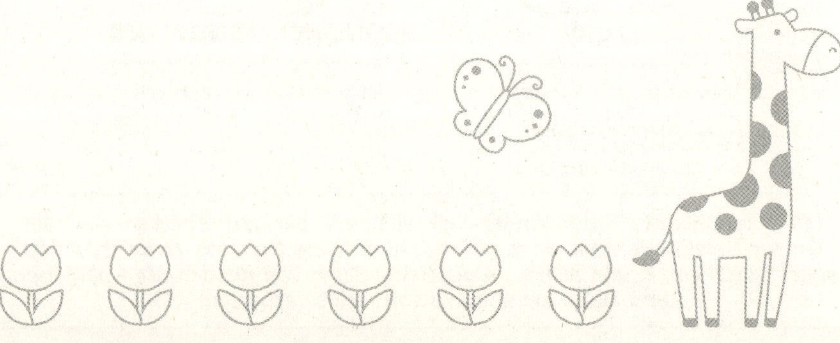

24 SO IST DAS NICHT

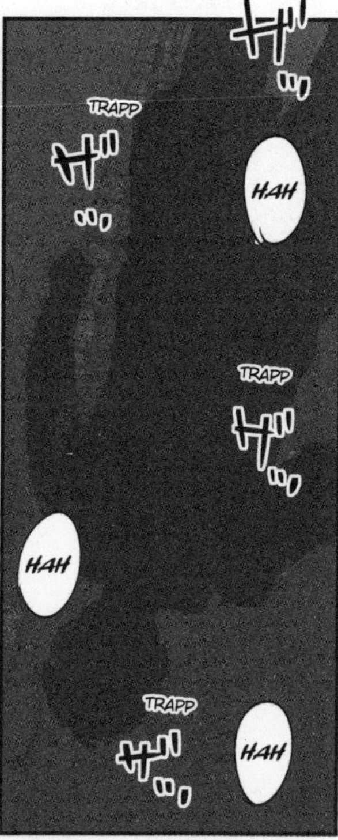

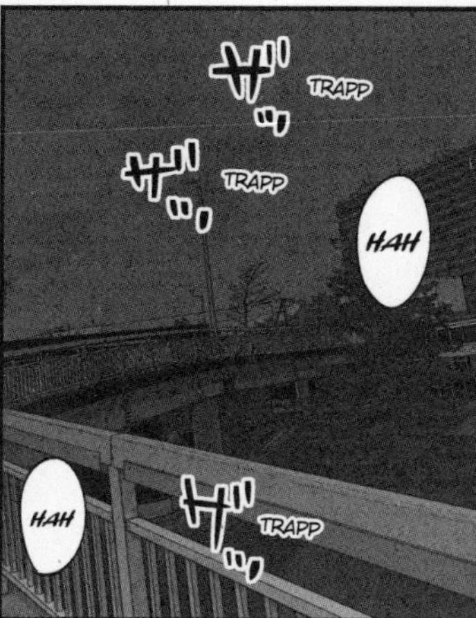

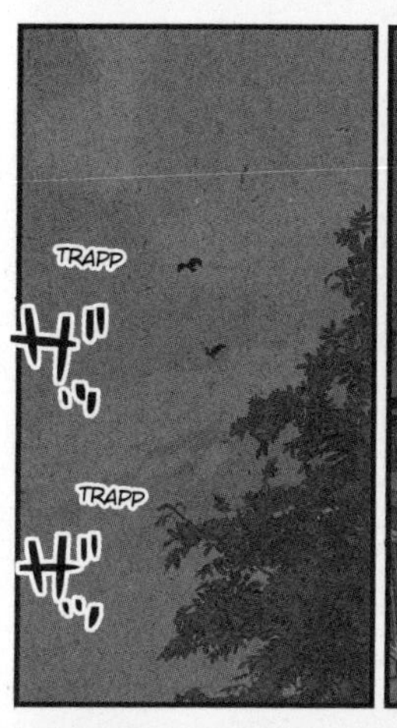

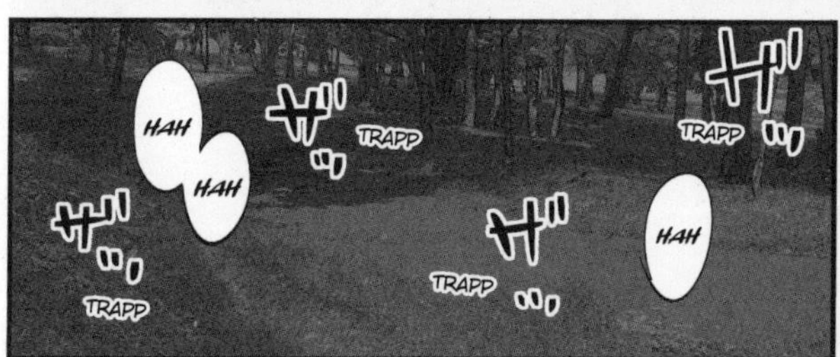

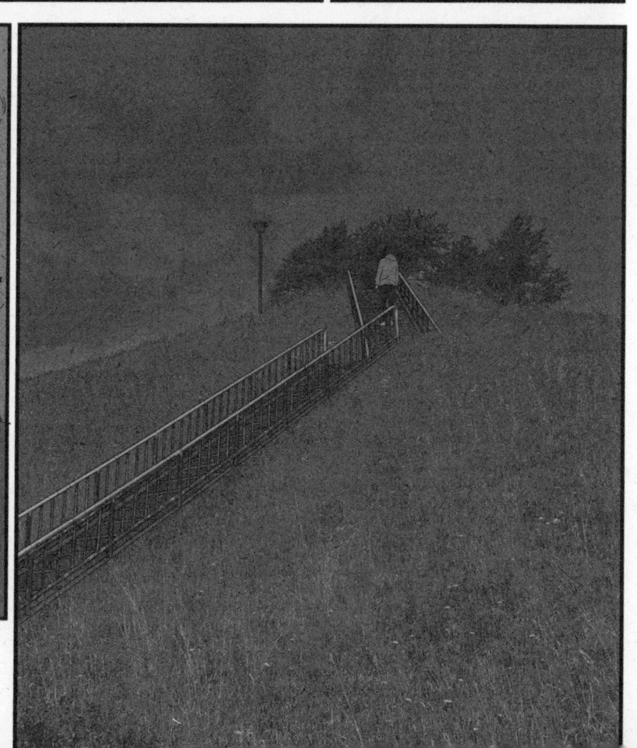

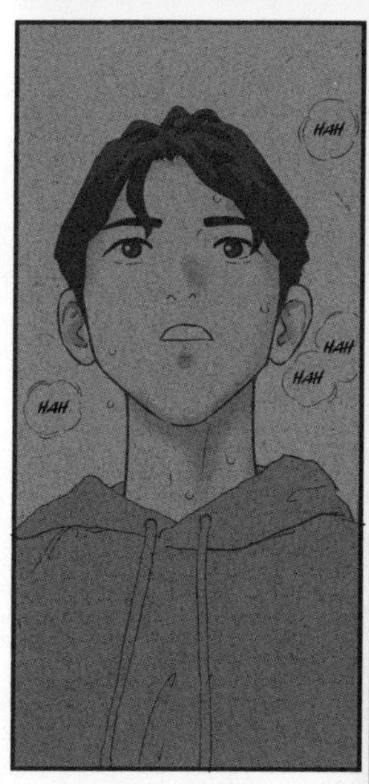

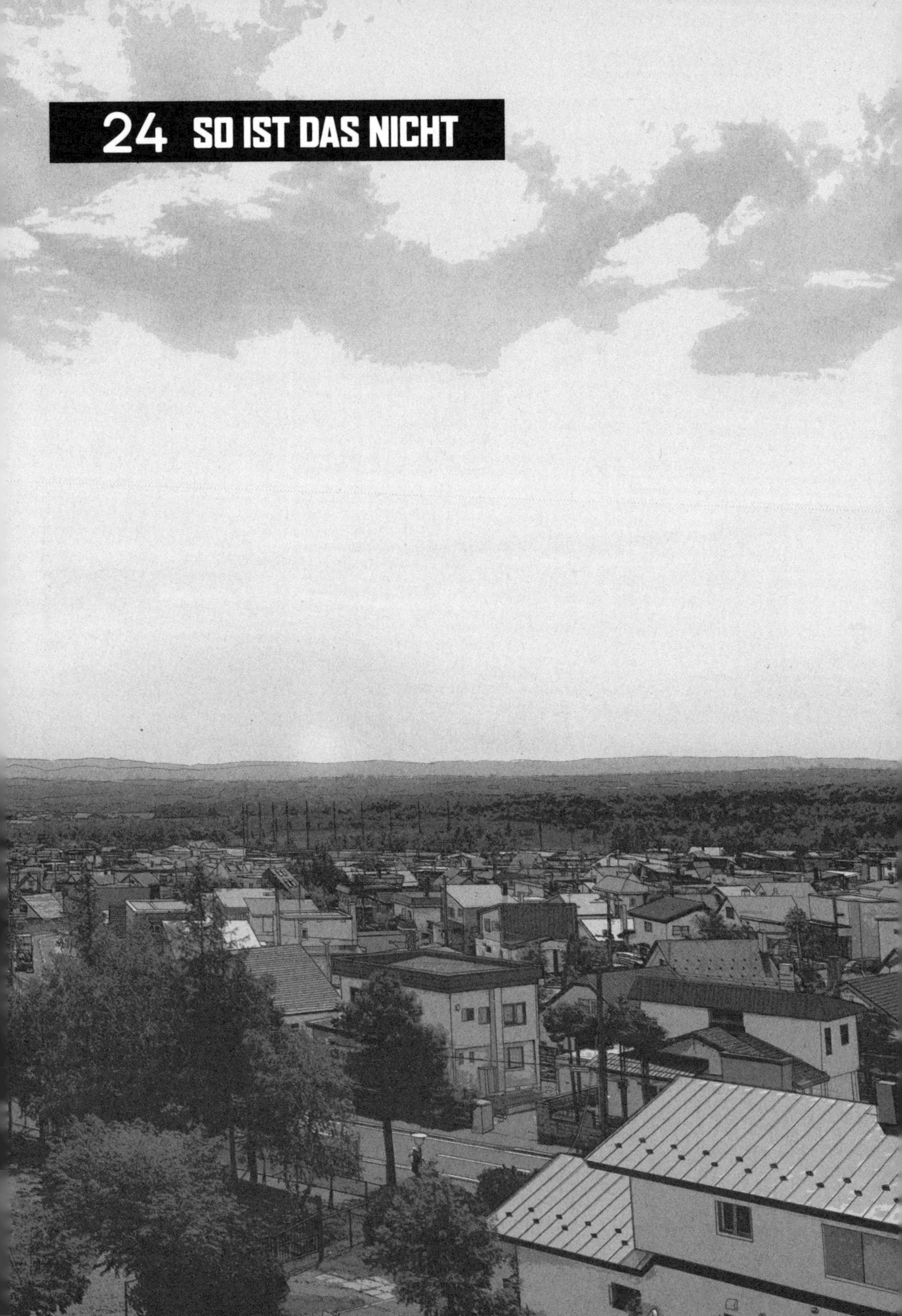
24 SO IST DAS NICHT

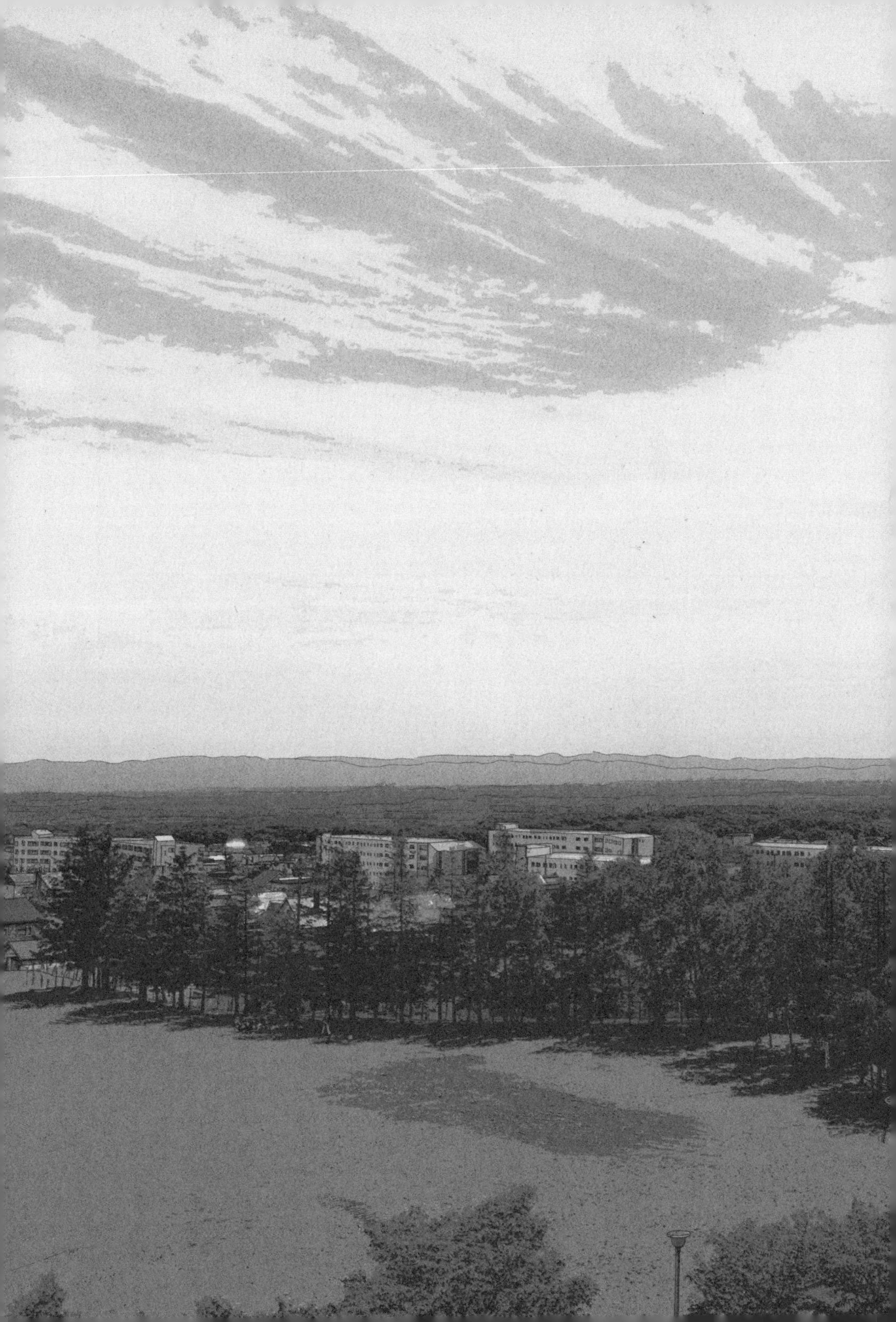

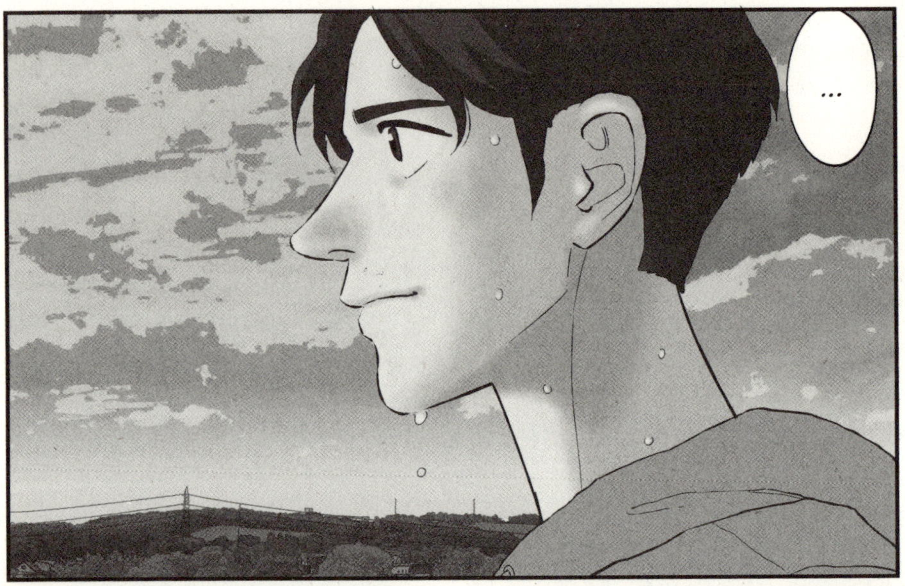

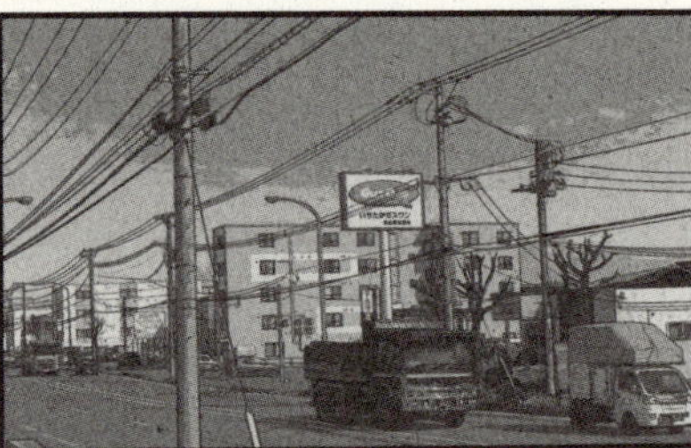

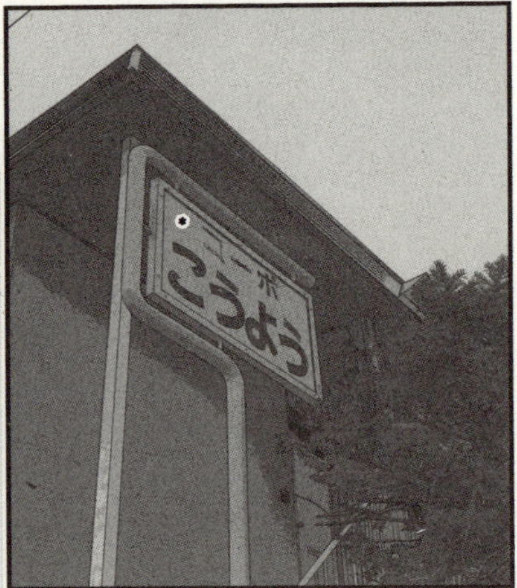

* Einzelapartments

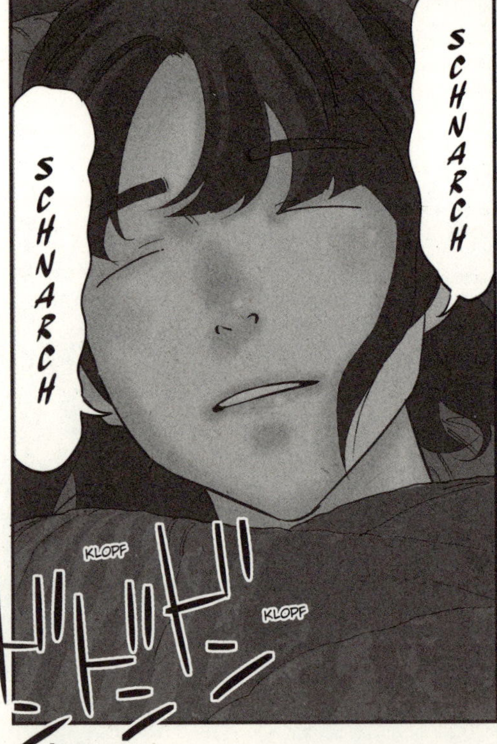

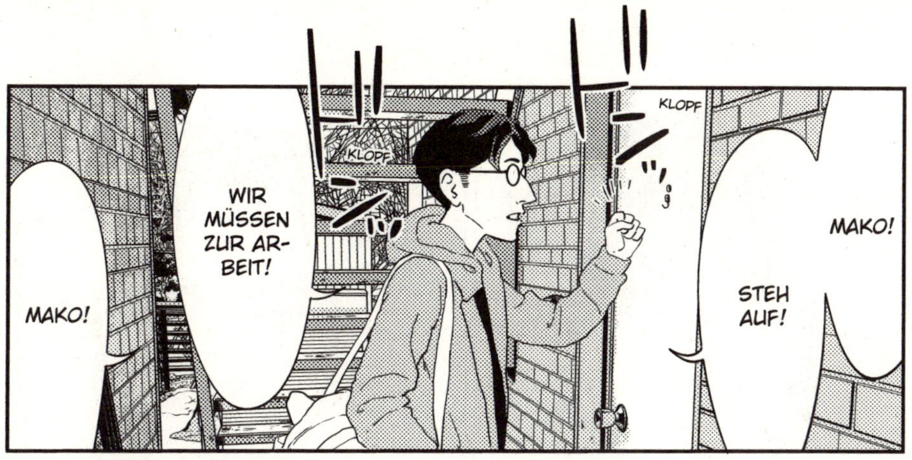
MAKO!
STEH AUF!
KLOPF
KLOPF
WIR MÜSSEN ZUR AR-BEIT!
MAKO!

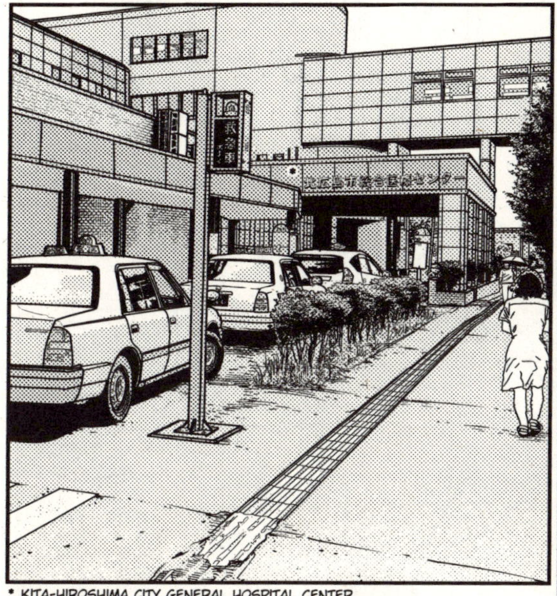

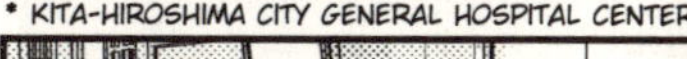
* KITA-HIROSHIMA CITY GENERAL HOSPITAL CENTER

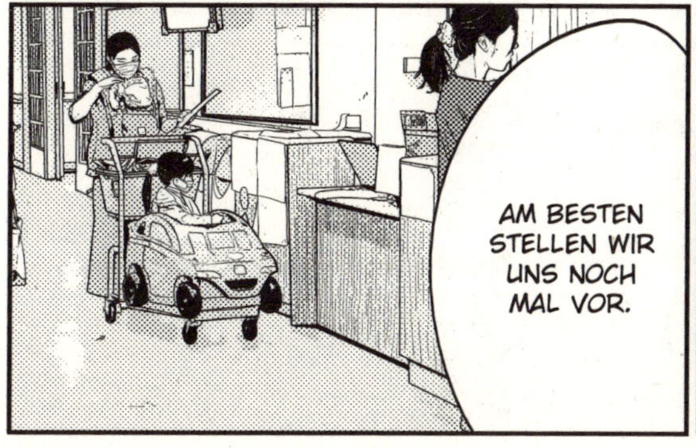
AM BESTEN STELLEN WIR UNS NOCH MAL VOR.

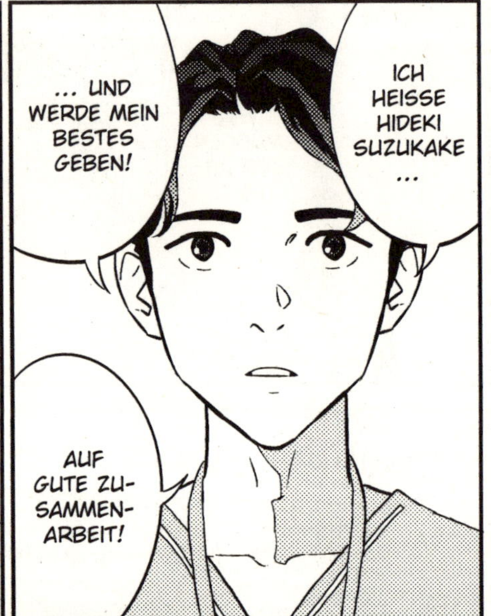
ICH HEISSE HIDEKI SUZUKAKE …
… UND WERDE MEIN BESTES GEBEN!
AUF GUTE ZUSAMMENARBEIT!

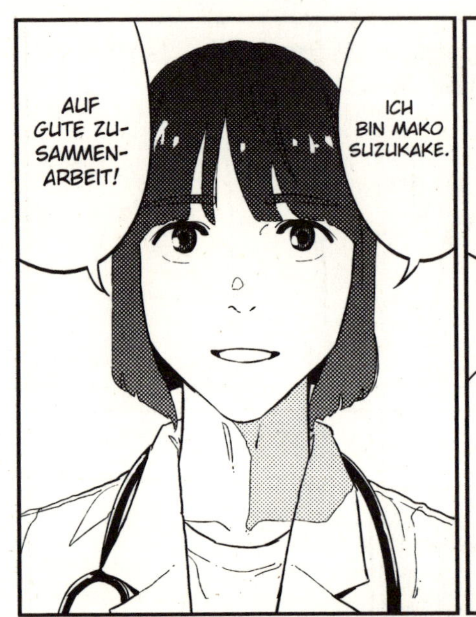
ICH BIN MAKO SUZUKAKE.
AUF GUTE ZUSAMMENARBEIT!

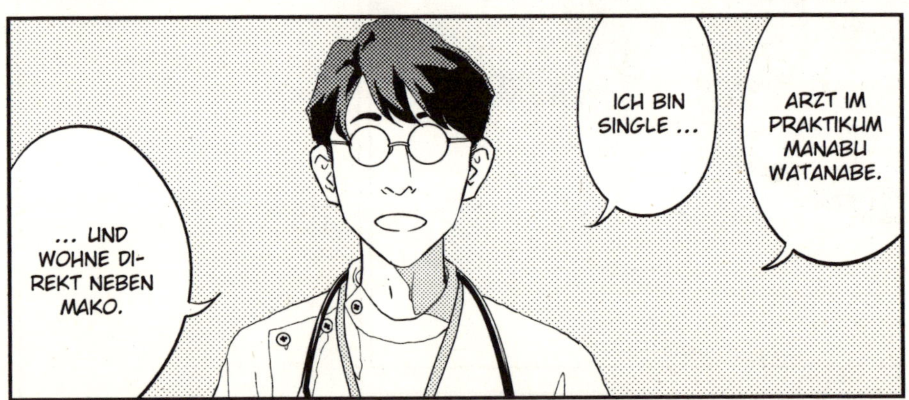
ARZT IM PRAKTIKUM MANABU WATANABE.
ICH BIN SINGLE …
… UND WOHNE DIREKT NEBEN MAKO.

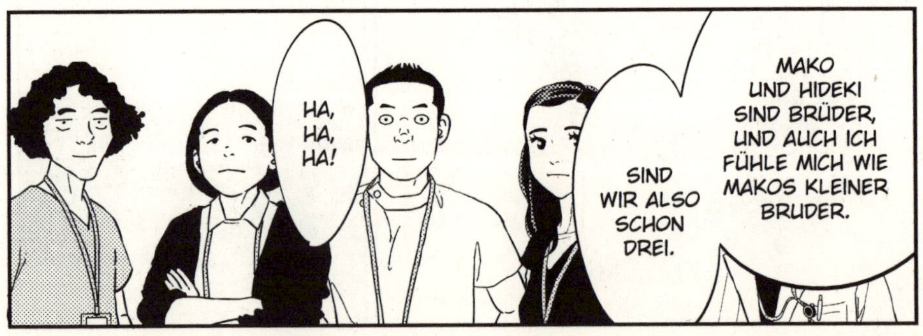
MAKO UND HIDEKI SIND BRÜDER, UND AUCH ICH FÜHLE MICH WIE MAKOS KLEINER BRUDER.
SIND WIR ALSO SCHON DREI.
HA, HA, HA!

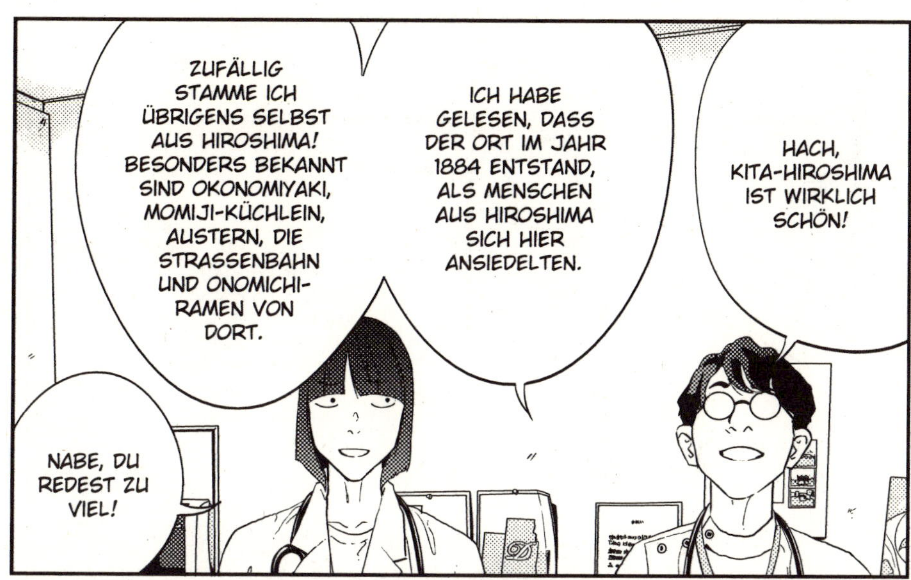

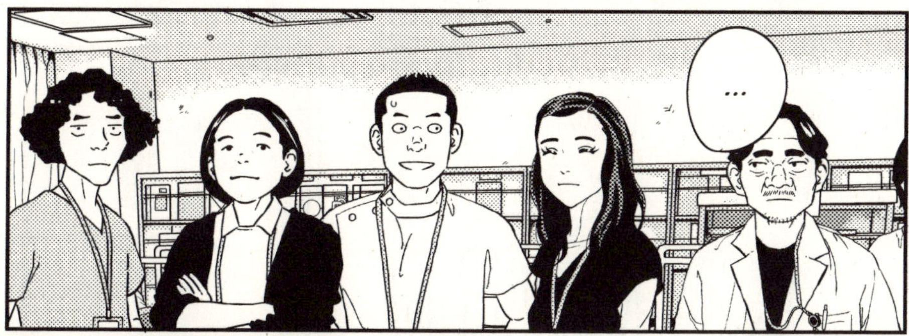

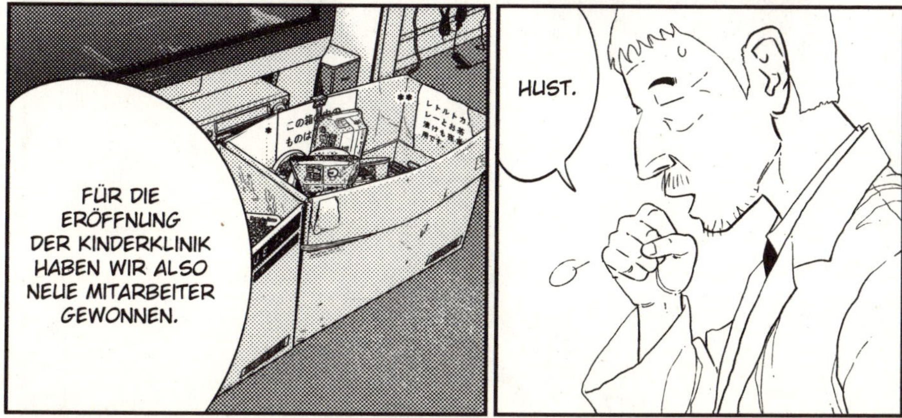

* ALLES IN DIESER KISTE GEHÖRT ...

** CURRY-FERTIGWÜRFEL, TEE, EINGELEGTES GEMÜSE ...

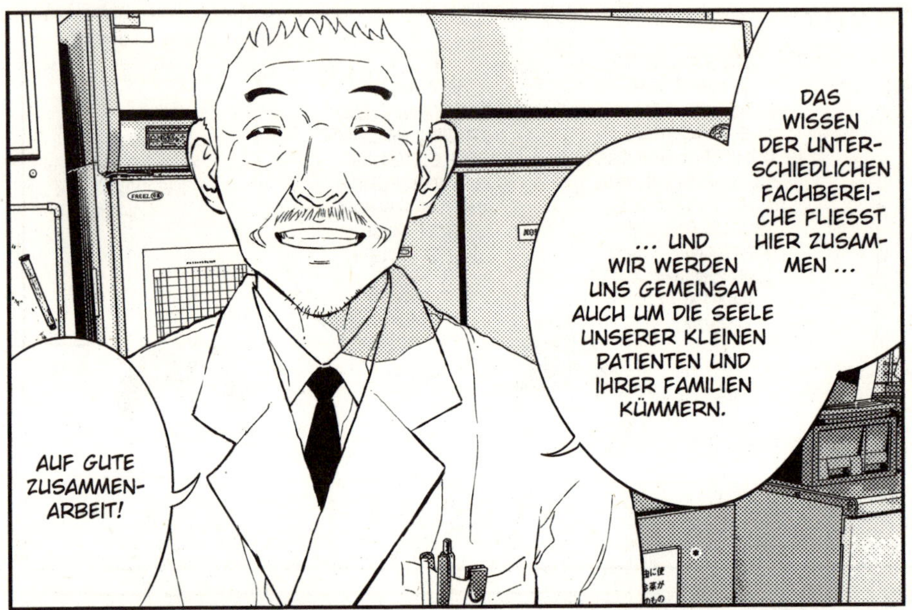

* BEDIENEN SIE SICH SELBST AUS DIESER KISTE.

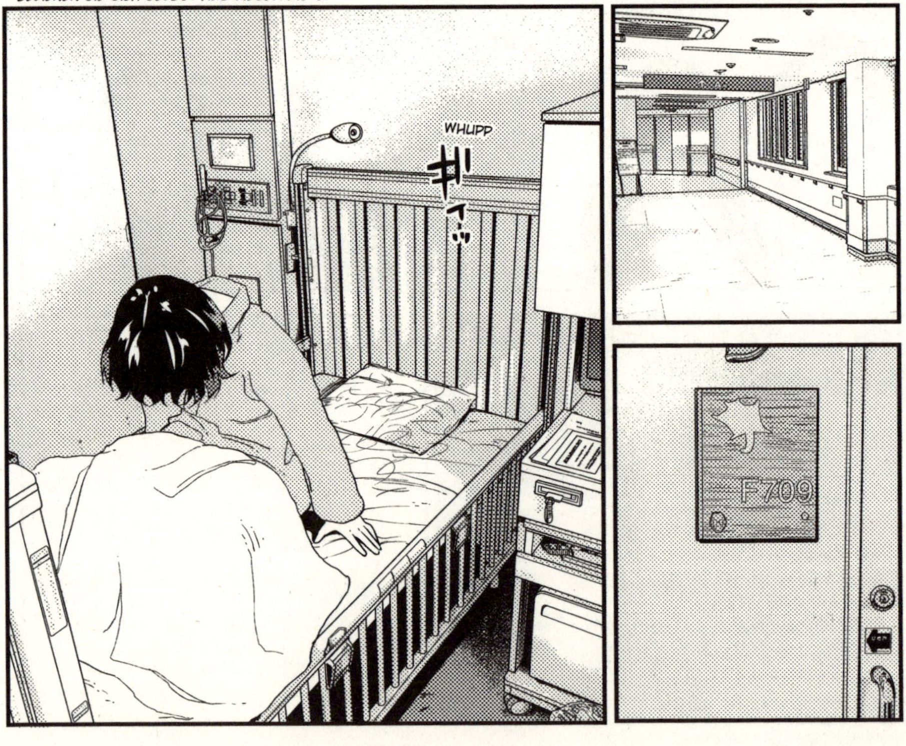

WHUPP

F709

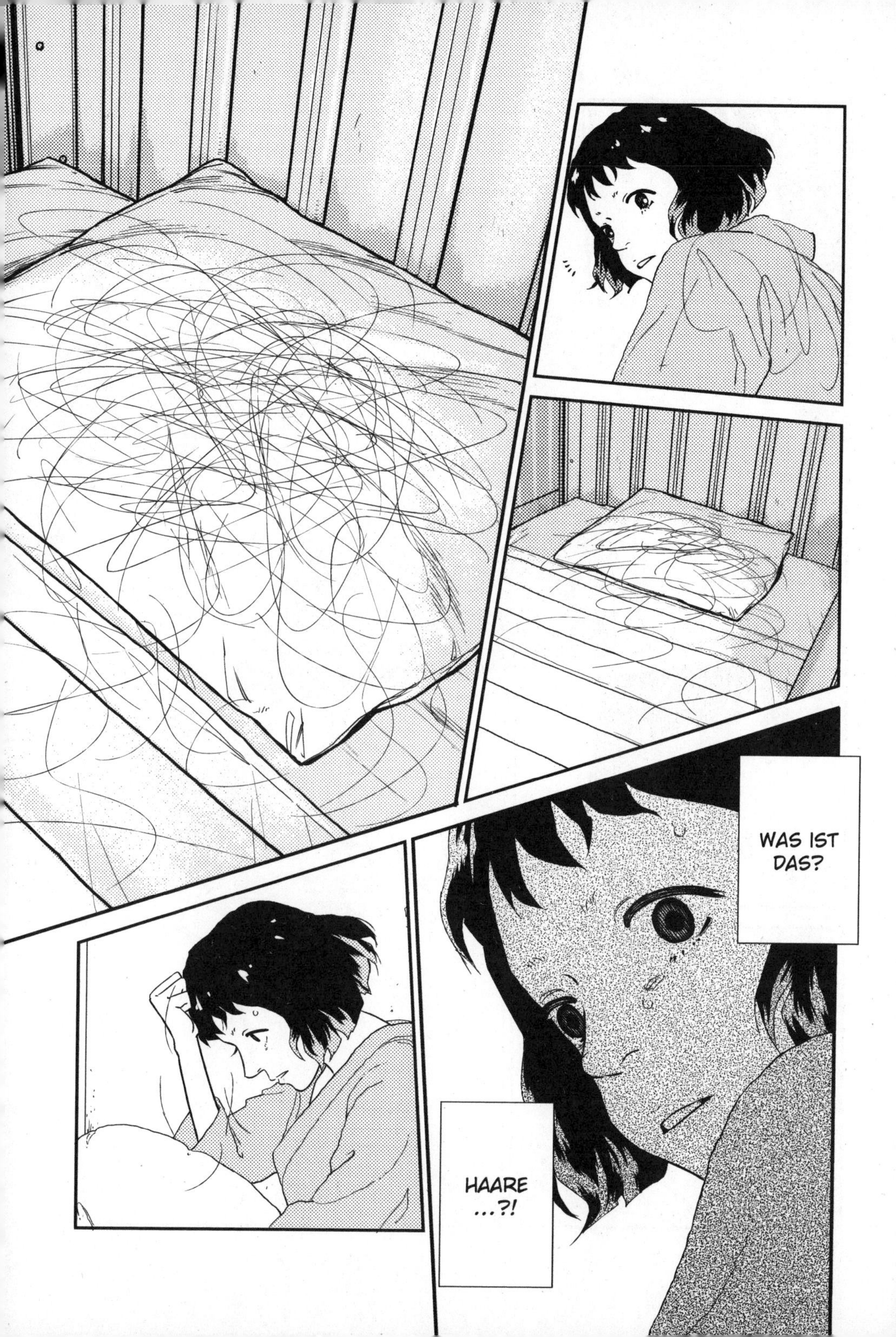
WAS IST DAS?
HAARE ...?!

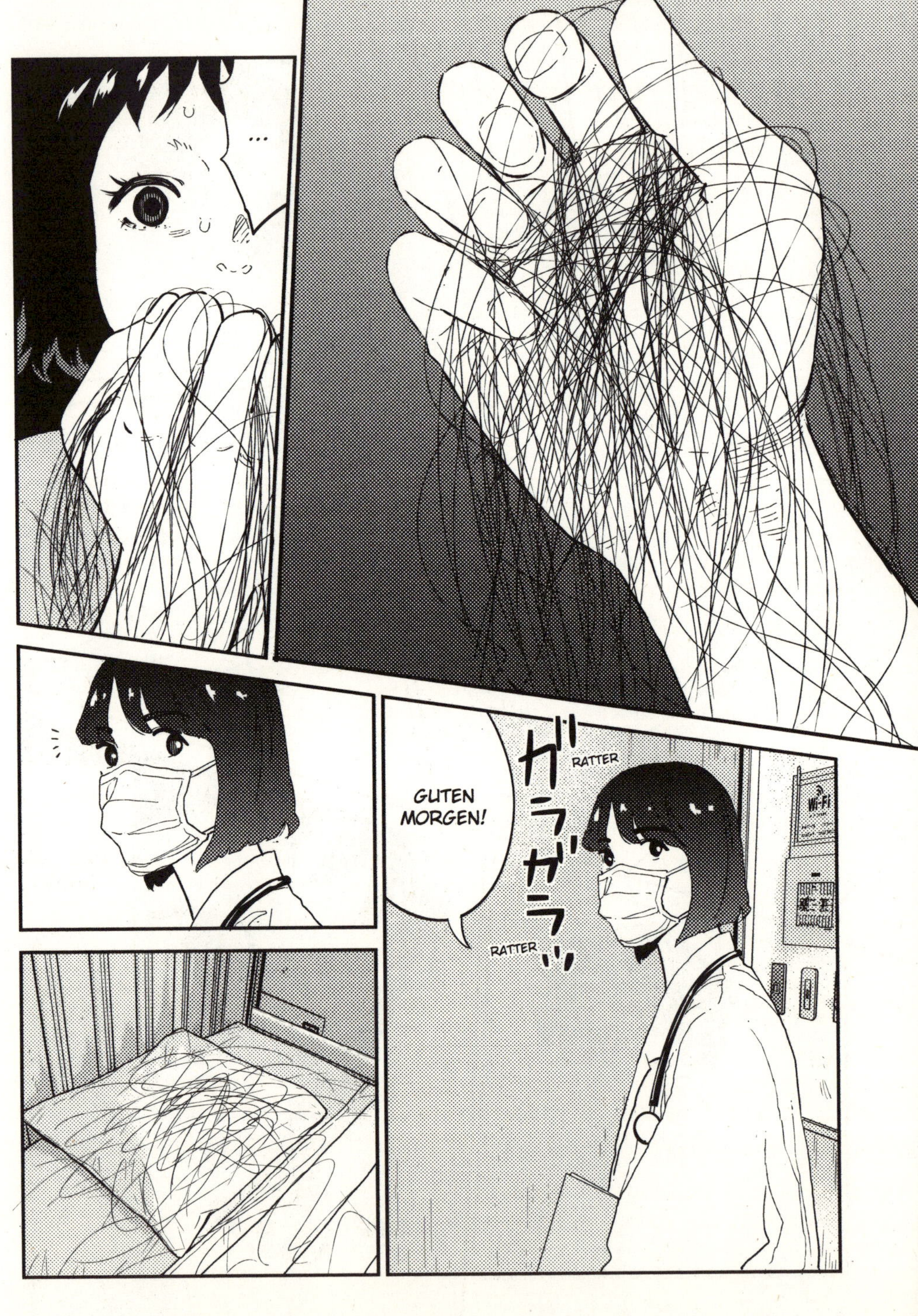
...
ガラガラッ
RATTER
RATTER
GUTEN MORGEN!

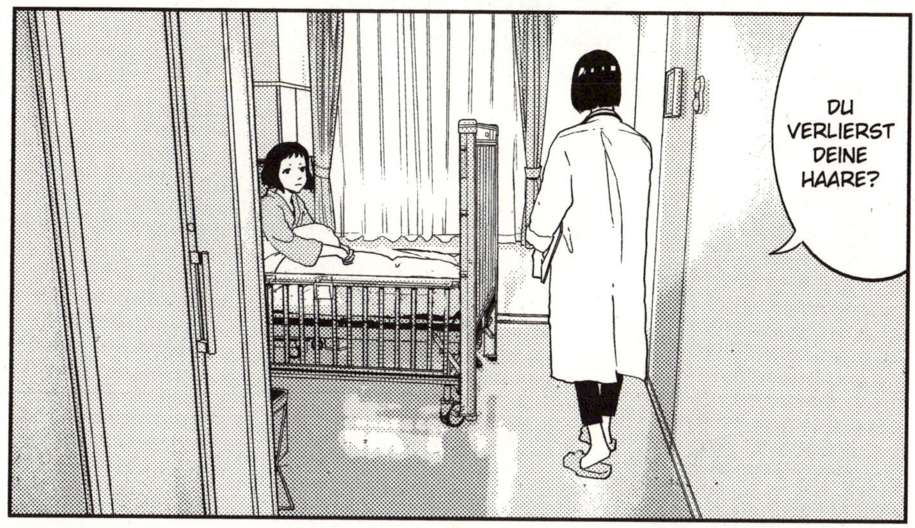
DU VERLIERST DEINE HAARE?

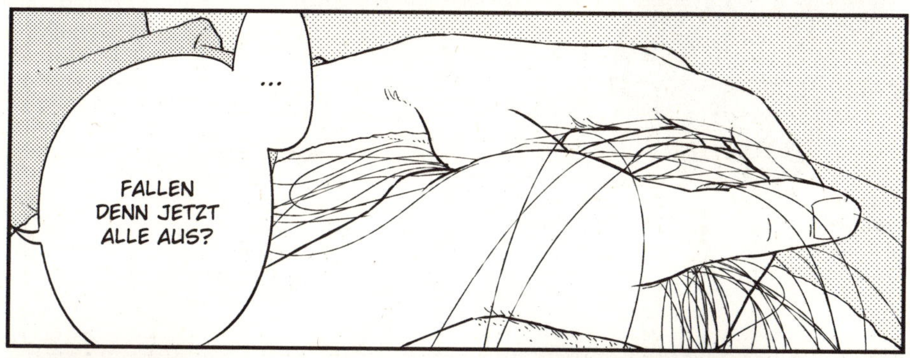
...
FALLEN DENN JETZT ALLE AUS?

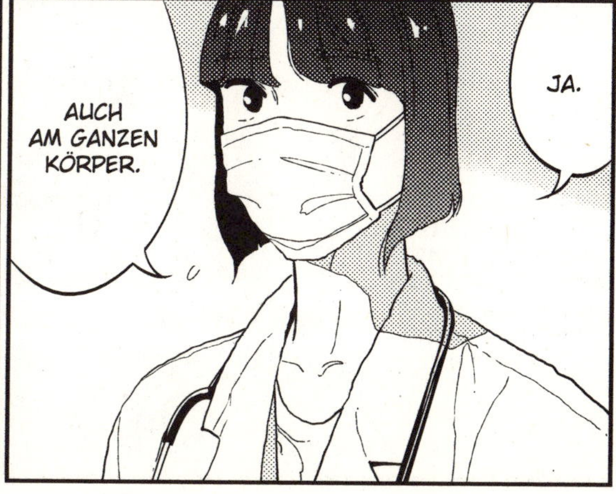
JA.
AUCH AM GANZEN KÖRPER.

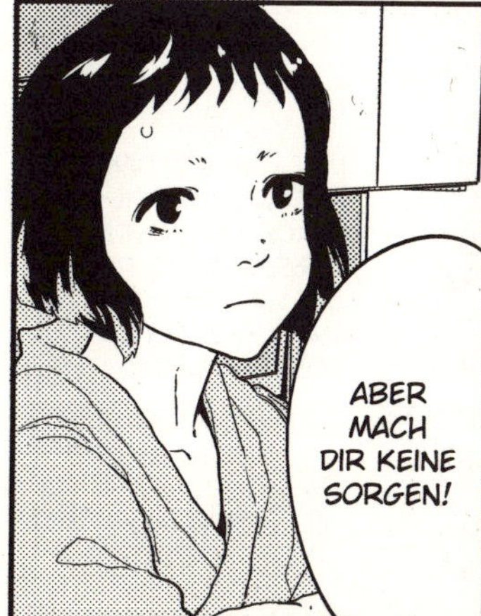
ABER MACH DIR KEINE SORGEN!

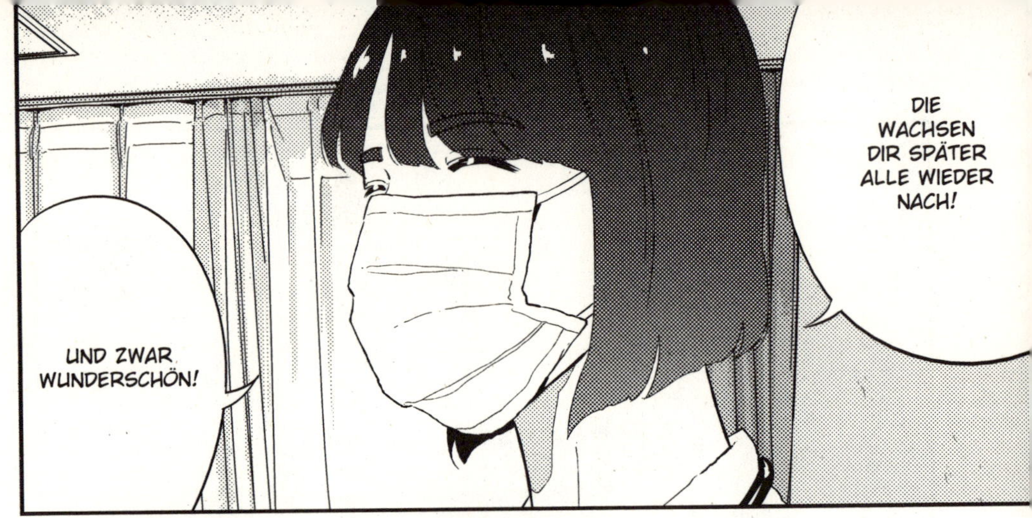
DIE WACHSEN DIR SPÄTER ALLE WIEDER NACH!
UND ZWAR WUNDERSCHÖN!

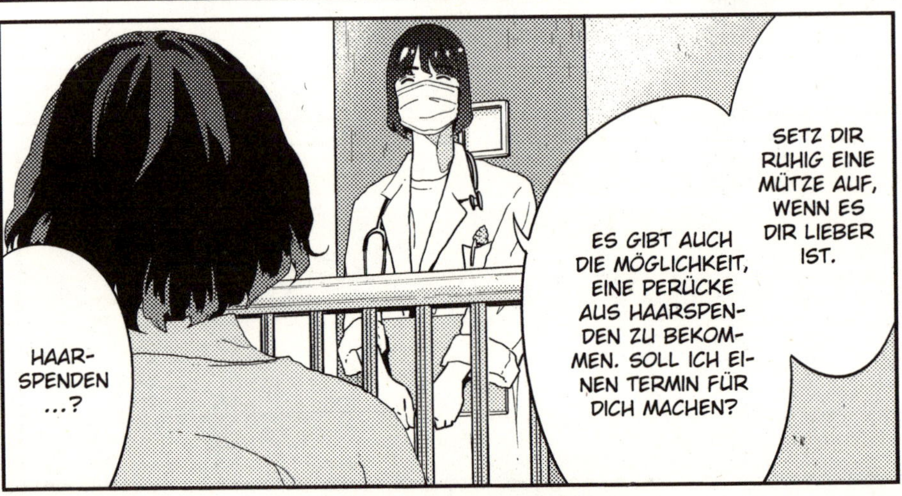
SETZ DIR RUHIG EINE MÜTZE AUF, WENN ES DIR LIEBER IST.
ES GIBT AUCH DIE MÖGLICHKEIT, EINE PERÜCKE AUS HAARSPENDEN ZU BEKOMMEN. SOLL ICH EINEN TERMIN FÜR DICH MACHEN?
HAARSPENDEN …?

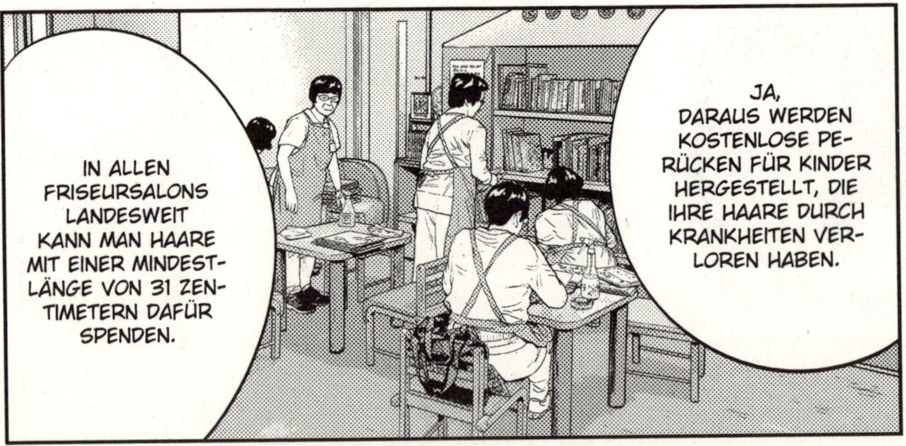
JA, DARAUS WERDEN KOSTENLOSE PERÜCKEN FÜR KINDER HERGESTELLT, DIE IHRE HAARE DURCH KRANKHEITEN VERLOREN HABEN.
IN ALLEN FRISEURSALONS LANDESWEIT KANN MAN HAARE MIT EINER MINDESTLÄNGE VON 31 ZENTIMETERN DAFÜR SPENDEN.

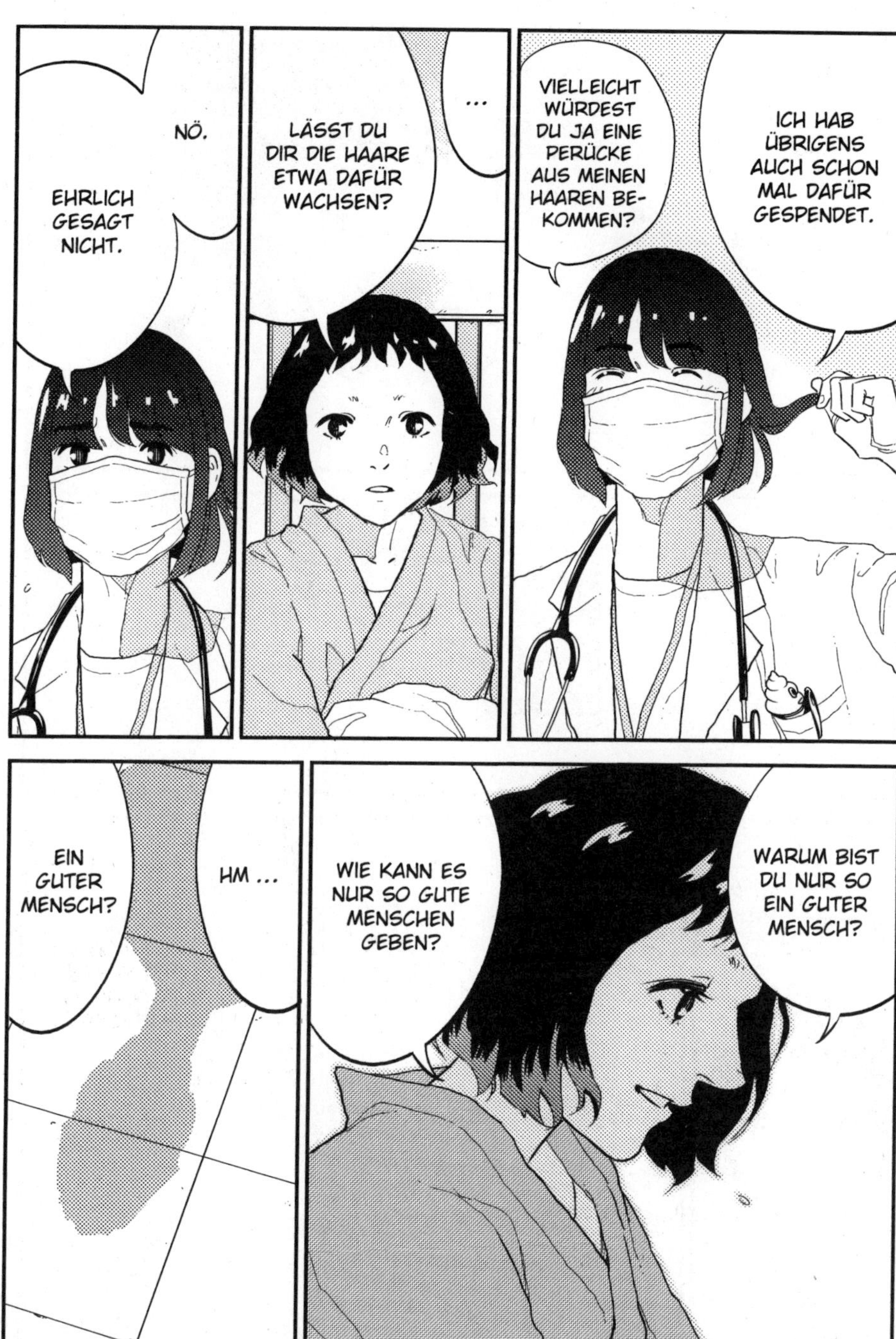
ICH HAB ÜBRIGENS AUCH SCHON MAL DAFÜR GESPENDET.
VIELLEICHT WÜRDEST DU JA EINE PERÜCKE AUS MEINEN HAAREN BEKOMMEN?
…
LÄSST DU DIR DIE HAARE ETWA DAFÜR WACHSEN?
NÖ.
EHRLICH GESAGT NICHT.
WARUM BIST DU NUR SO EIN GUTER MENSCH?
WIE KANN ES NUR SO GUTE MENSCHEN GEBEN?
HM …
EIN GUTER MENSCH?

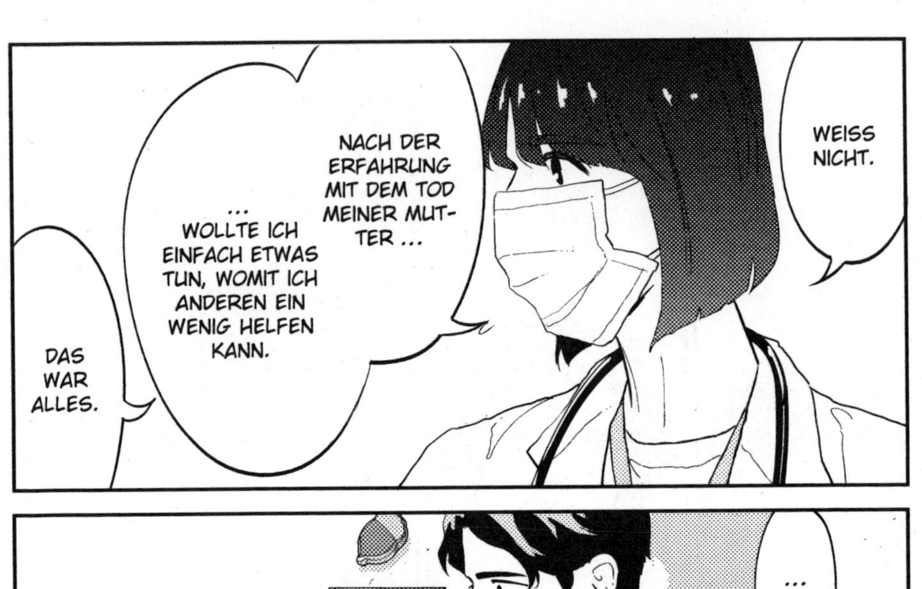
WEISS NICHT.
NACH DER ERFAHRUNG MIT DEM TOD MEINER MUTTER …
… WOLLTE ICH EINFACH ETWAS TUN, WOMIT ICH ANDEREN EIN WENIG HELFEN KANN.
DAS WAR ALLES.

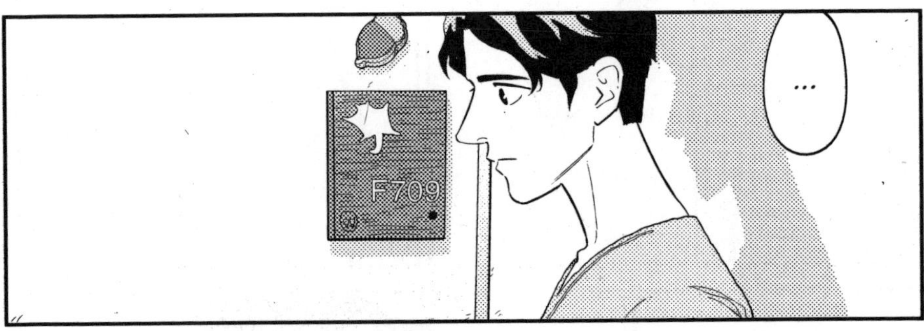
…
F709

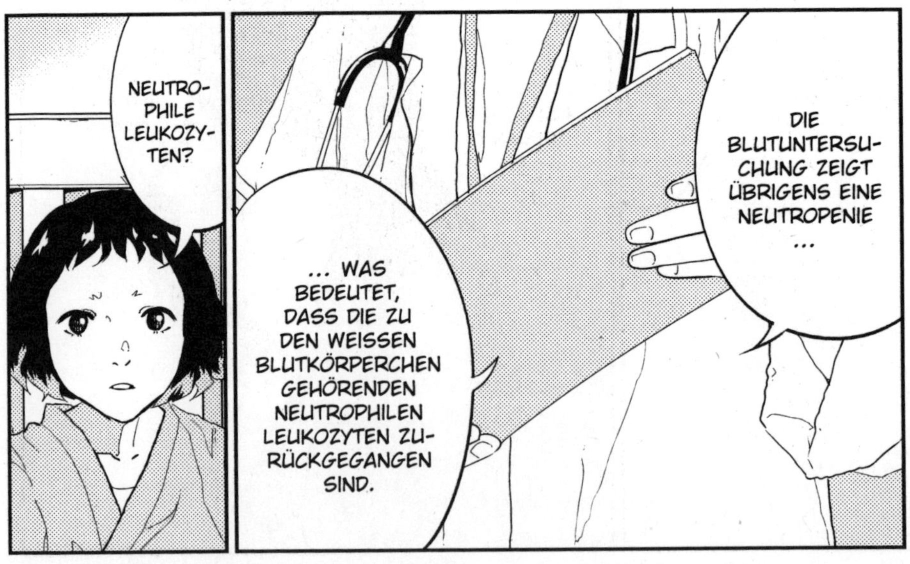
DIE BLUTUNTERSUCHUNG ZEIGT ÜBRIGENS EINE NEUTROPENIE …
… WAS BEDEUTET, DASS DIE ZU DEN WEISSEN BLUTKÖRPERCHEN GEHÖRENDEN NEUTROPHILEN LEUKOZYTEN ZURÜCKGEGANGEN SIND.
NEUTROPHILE LEUKOZYTEN?

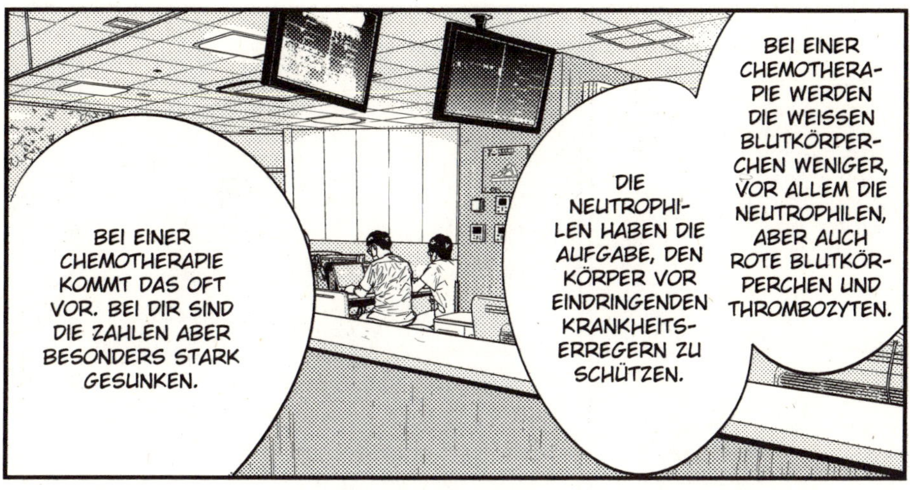
BEI EINER CHEMOTHERAPIE WERDEN DIE WEISSEN BLUTKÖRPERCHEN WENIGER, VOR ALLEM DIE NEUTROPHILEN, ABER AUCH ROTE BLUTKÖRPERCHEN UND THROMBOZYTEN.
DIE NEUTROPHILEN HABEN DIE AUFGABE, DEN KÖRPER VOR EINDRINGENDEN KRANKHEITSERREGERN ZU SCHÜTZEN.
BEI EINER CHEMOTHERAPIE KOMMT DAS OFT VOR. BEI DIR SIND DIE ZAHLEN ABER BESONDERS STARK GESUNKEN.

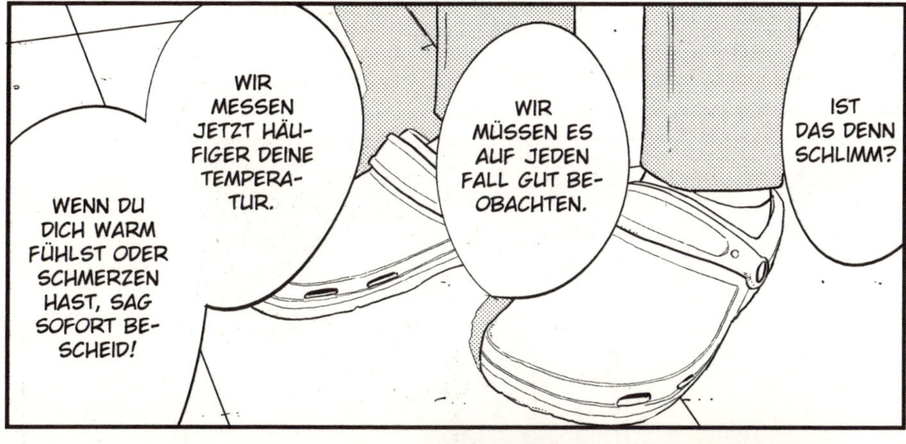
IST DAS DENN SCHLIMM?
WIR MÜSSEN ES AUF JEDEN FALL GUT BEOBACHTEN.
WIR MESSEN JETZT HÄUFIGER DEINE TEMPERATUR.
WENN DU DICH WARM FÜHLST ODER SCHMERZEN HAST, SAG SOFORT BESCHEID!

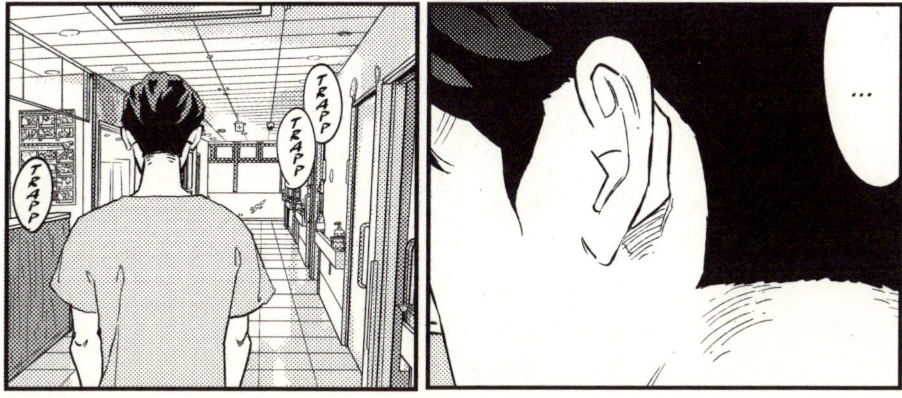
...
TRAPP
TRAPP
TRAPP

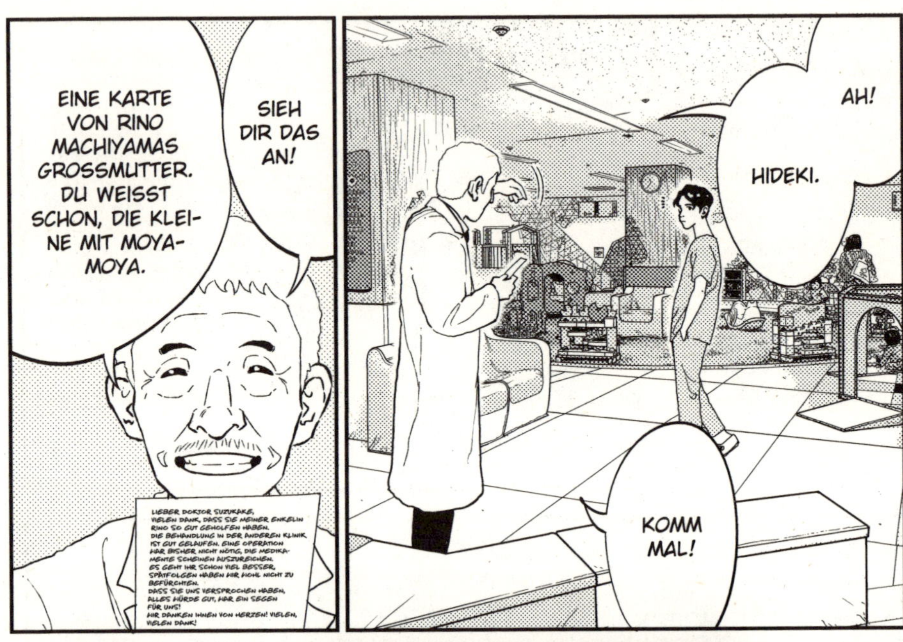

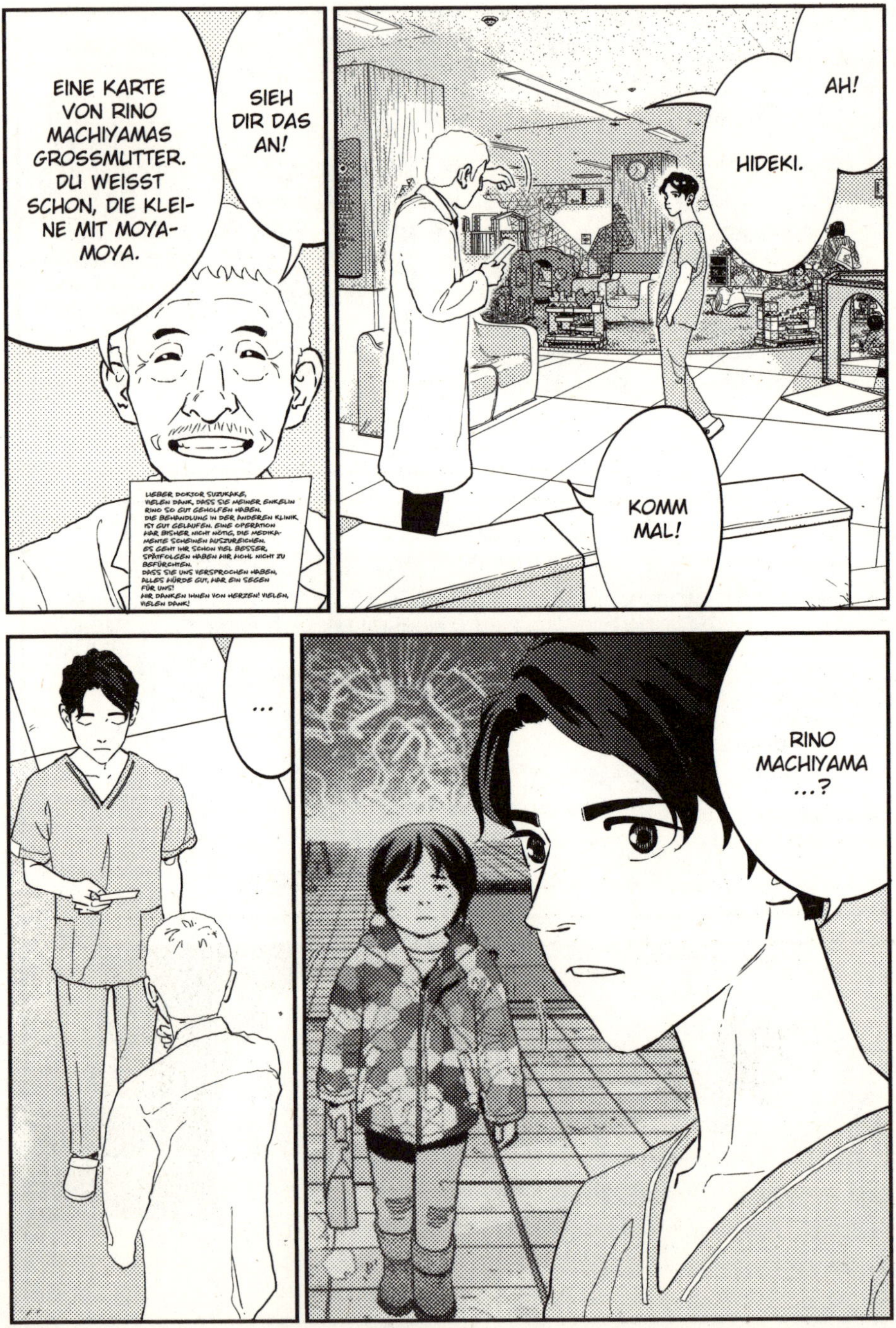

RINO MACHIYAMA ...?

...

LIEBER DO… E,
VIELEN DA… EINER ENKELI…
RINO SO G… ABEN.
DIE BEHA… NDEREN KLI…
IST GUT GE… PERATION
… DIE MEDIKA-
… REICHEN.
… BESSER, SPÄT-
… OHL NICHT ZU BE-

… VERSPROCHEN HABEN,
… GUT, WAR EIN SEGEN FÜR

… HNEN VON HERZEN! VIELEN,

WIR HABEN SIE MEDIKAMENTÖS BEHANDELT, UM NICHT OPERIEREN ZU MÜSSEN.

SIE WIRD WIEDER GANZ GESUND, OHNE DROHENDE SPÄTFOLGEN!

SIE FREUEN SICH SEHR, DASS WIR DIE KRANKHEIT RECHTZEITIG ERKANNT HABEN.

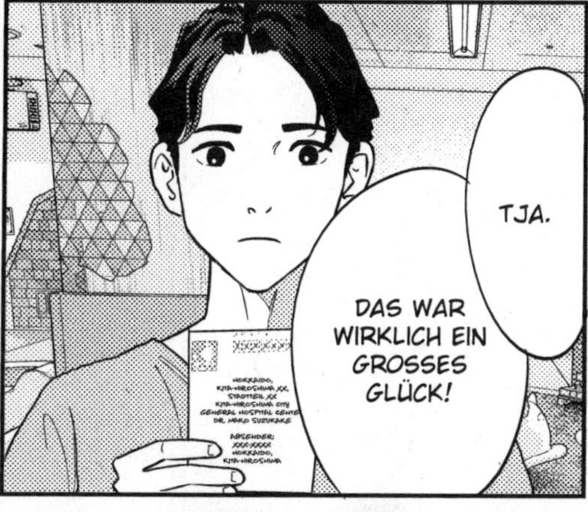

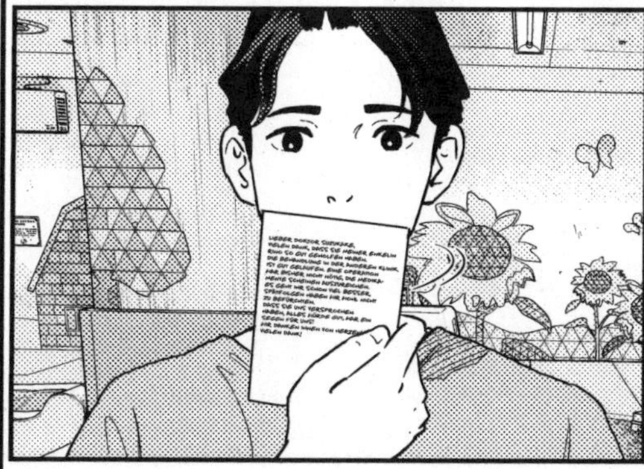

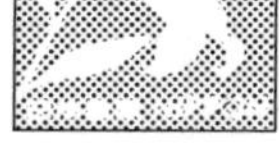

HOKKAIDO,
KITA-HIROSHIMA XX,
STADTTEIL XX
KITA-HIROSHIMA CITY
GENERAL HOSPITAL CENTER
DR. MAKO SUZUKAKE

ABSENDER:
XXX-XXXX
HOKKAIDO,
KITA-HIROSHIMA

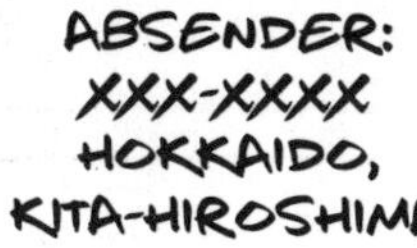

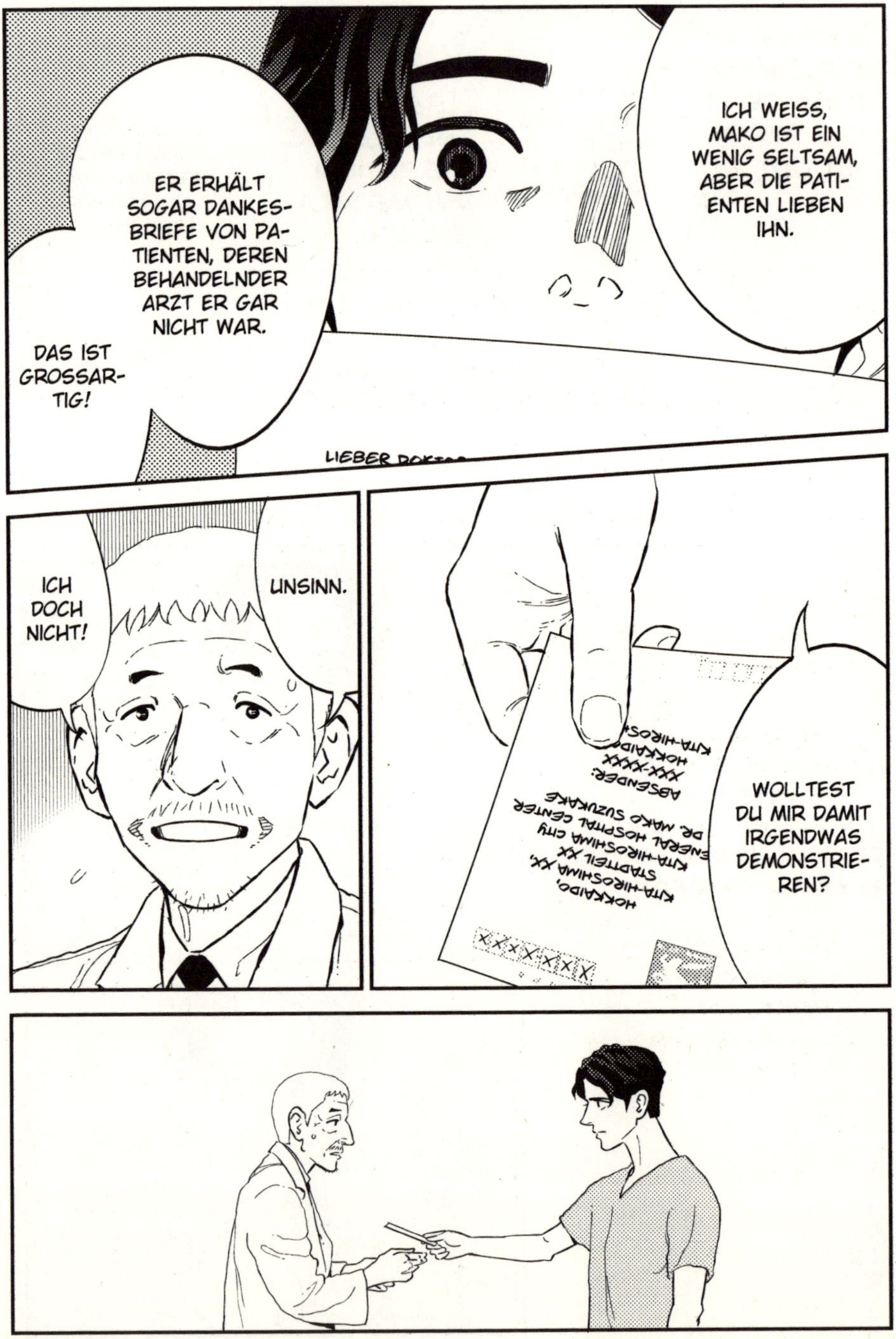

ICH WEISS, MAKO IST EIN WENIG SELTSAM, ABER DIE PATIENTEN LIEBEN IHN.

ER ERHÄLT SOGAR DANKESBRIEFE VON PATIENTEN, DEREN BEHANDELNDER ARZT ER GAR NICHT WAR.

DAS IST GROSSARTIG!

WOLLTEST DU MIR DAMIT IRGENDWAS DEMONSTRIEREN?

UNSINN.

ICH DOCH NICHT!

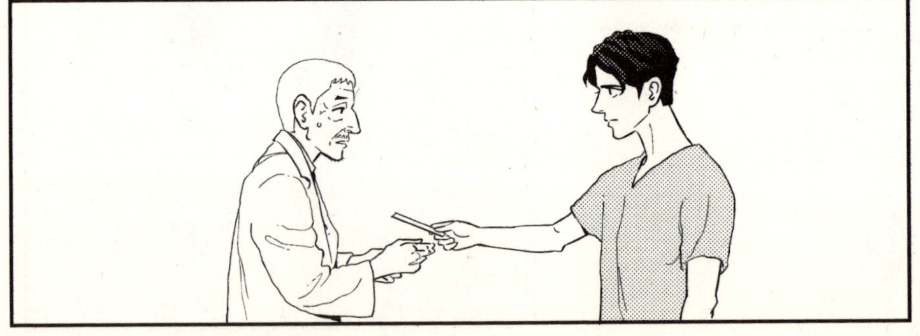

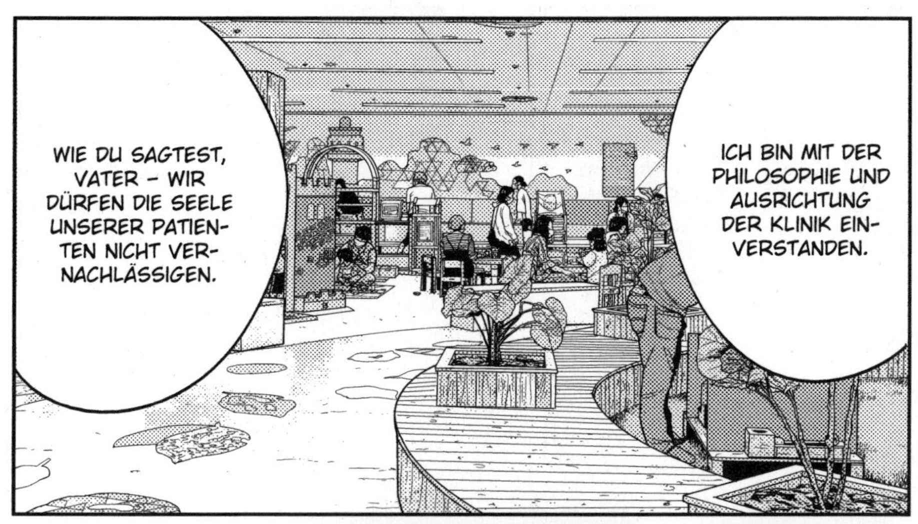

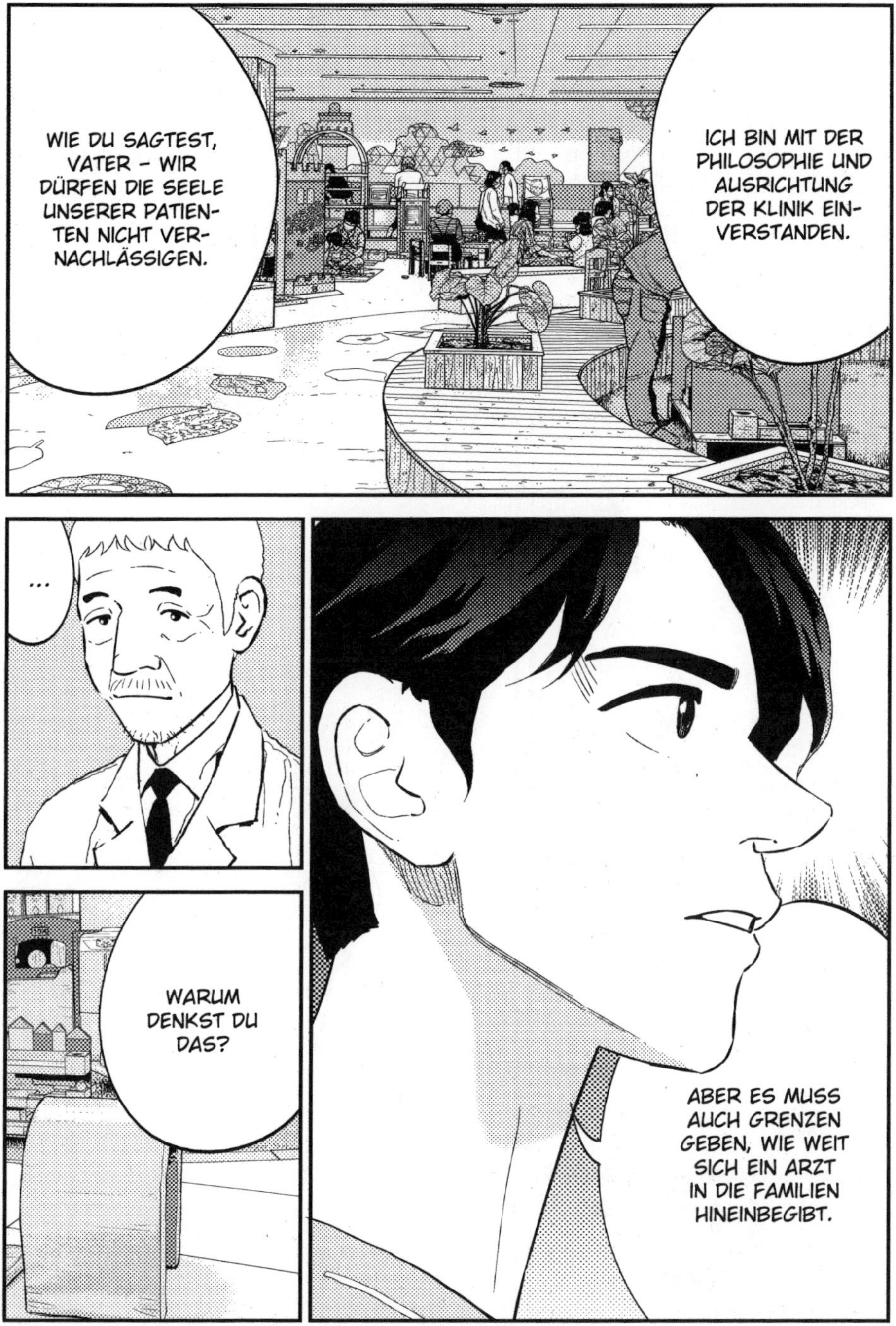

ABER ES MUSS AUCH GRENZEN GEBEN, WIE WEIT SICH EIN ARZT IN DIE FAMILIEN HINEINBEGIBT.

...

WARUM DENKST DU DAS?

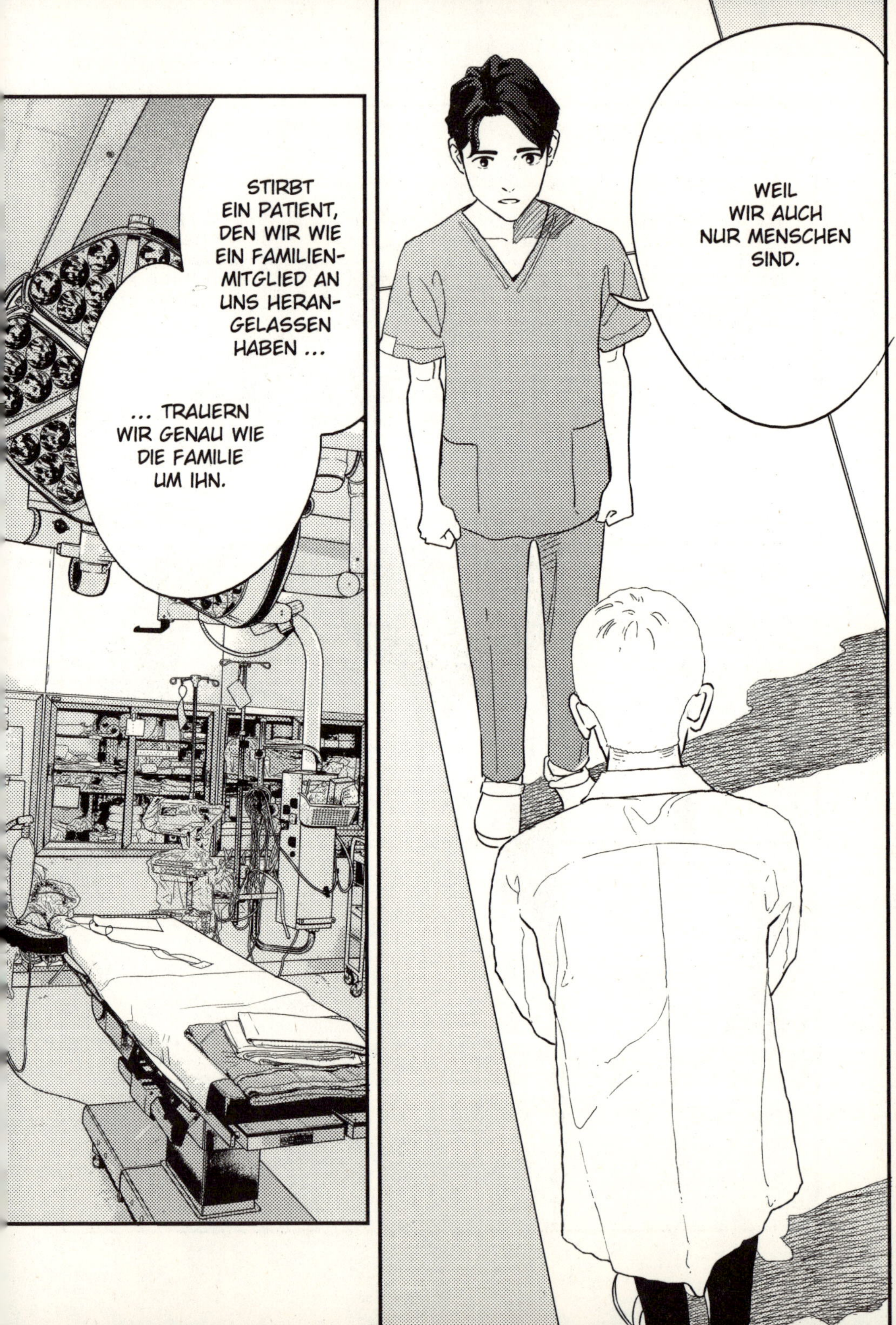
WEIL WIR AUCH NUR MENSCHEN SIND.
STIRBT EIN PATIENT, DEN WIR WIE EIN FAMILIEN-MITGLIED AN UNS HERAN-GELASSEN HABEN ...
... TRAUERN WIR GENAU WIE DIE FAMILIE UM IHN.

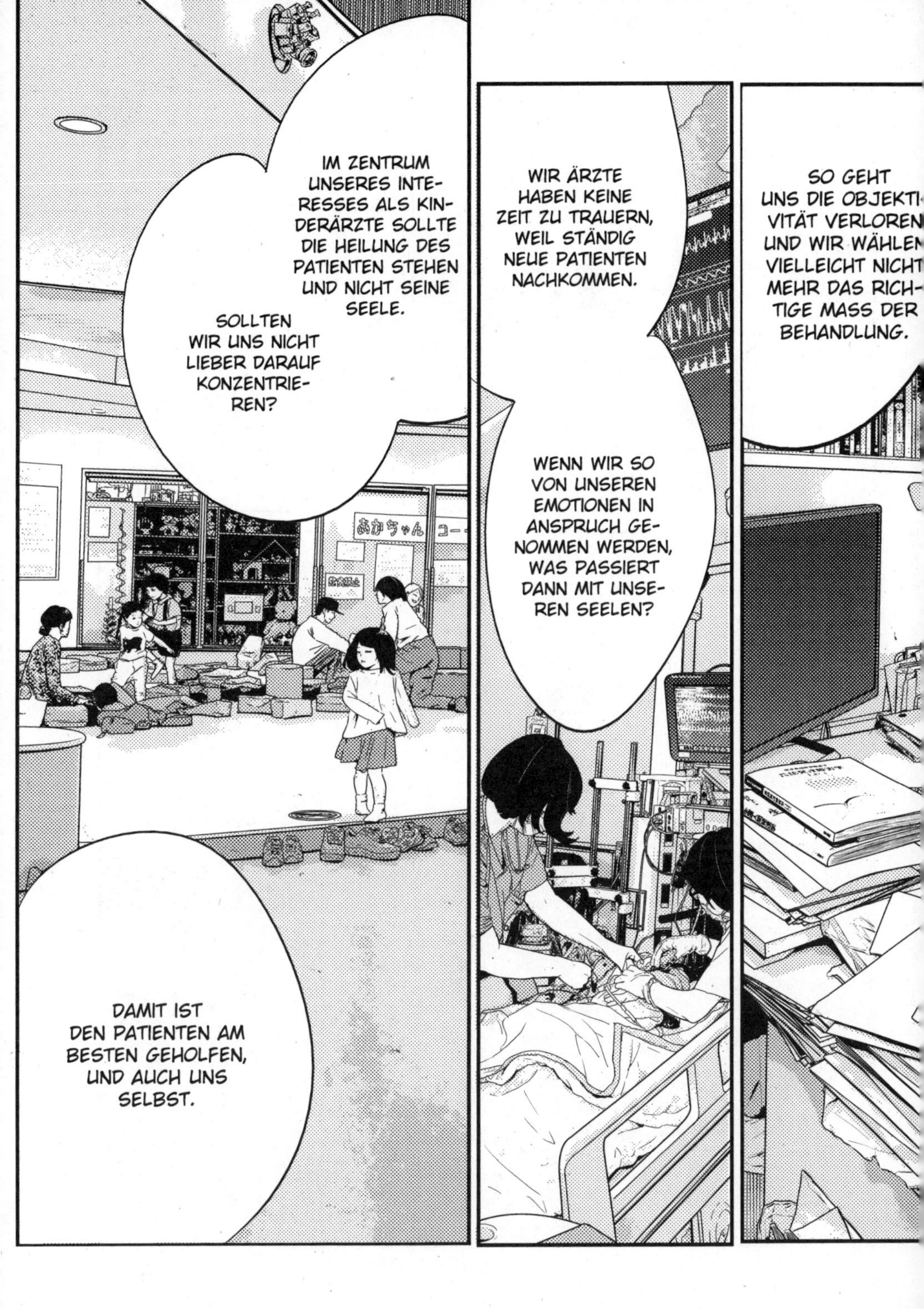
SO GEHT UNS DIE OBJEKTI-VITÄT VERLOREN UND WIR WÄHLEN VIELLEICHT NICHT MEHR DAS RICH-TIGE MASS DER BEHANDLUNG.
WIR ÄRZTE HABEN KEINE ZEIT ZU TRAUERN, WEIL STÄNDIG NEUE PATIENTEN NACHKOMMEN.
WENN WIR SO VON UNSEREN EMOTIONEN IN ANSPRUCH GE-NOMMEN WERDEN, WAS PASSIERT DANN MIT UNSE-REN SEELEN?
IM ZENTRUM UNSERES INTE-RESSES ALS KIN-DERÄRZTE SOLLTE DIE HEILUNG DES PATIENTEN STEHEN UND NICHT SEINE SEELE.
SOLLTEN WIR UNS NICHT LIEBER DARAUF KONZENTRIE-REN?
DAMIT IST DEN PATIENTEN AM BESTEN GEHOLFEN, UND AUCH UNS SELBST.

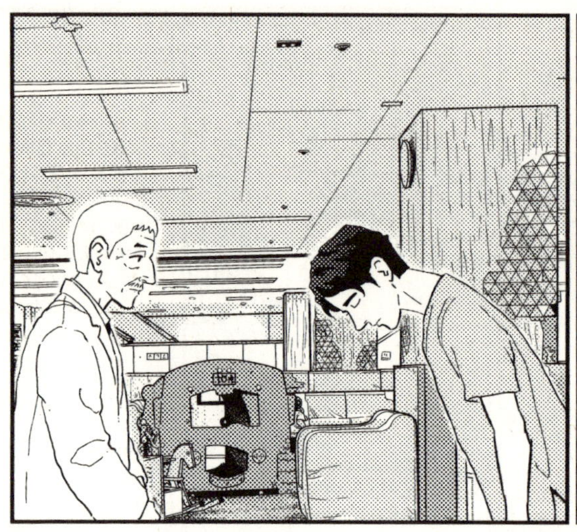

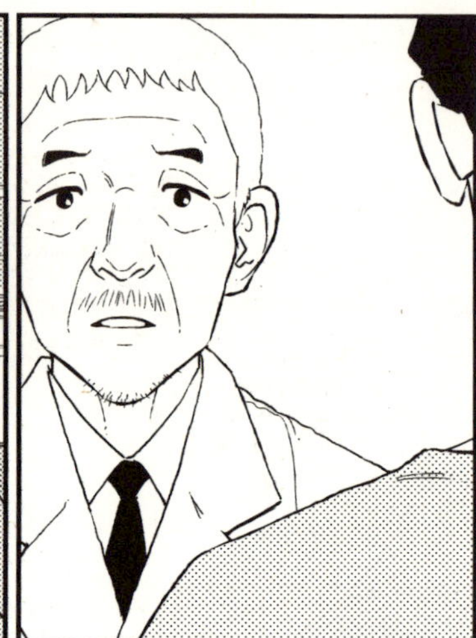

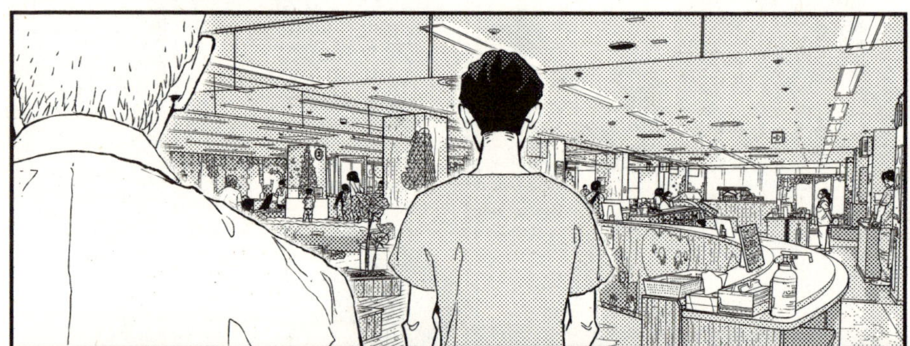

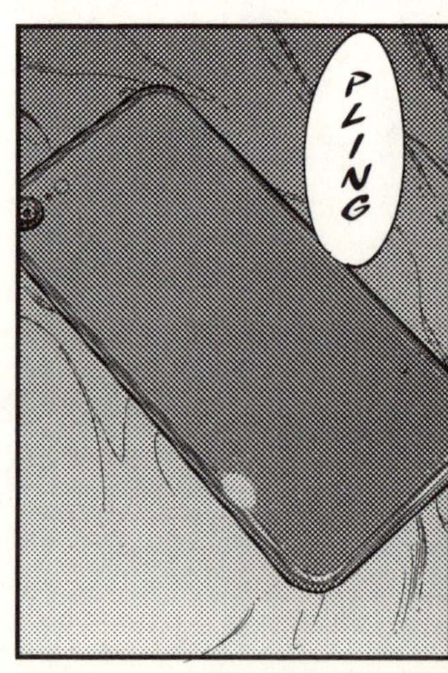

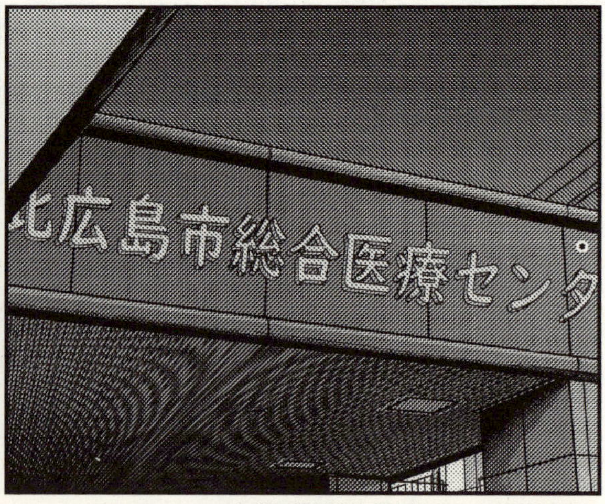

* KITA-HIROSHIMA CITY GENERAL HOSPITAL CENTER

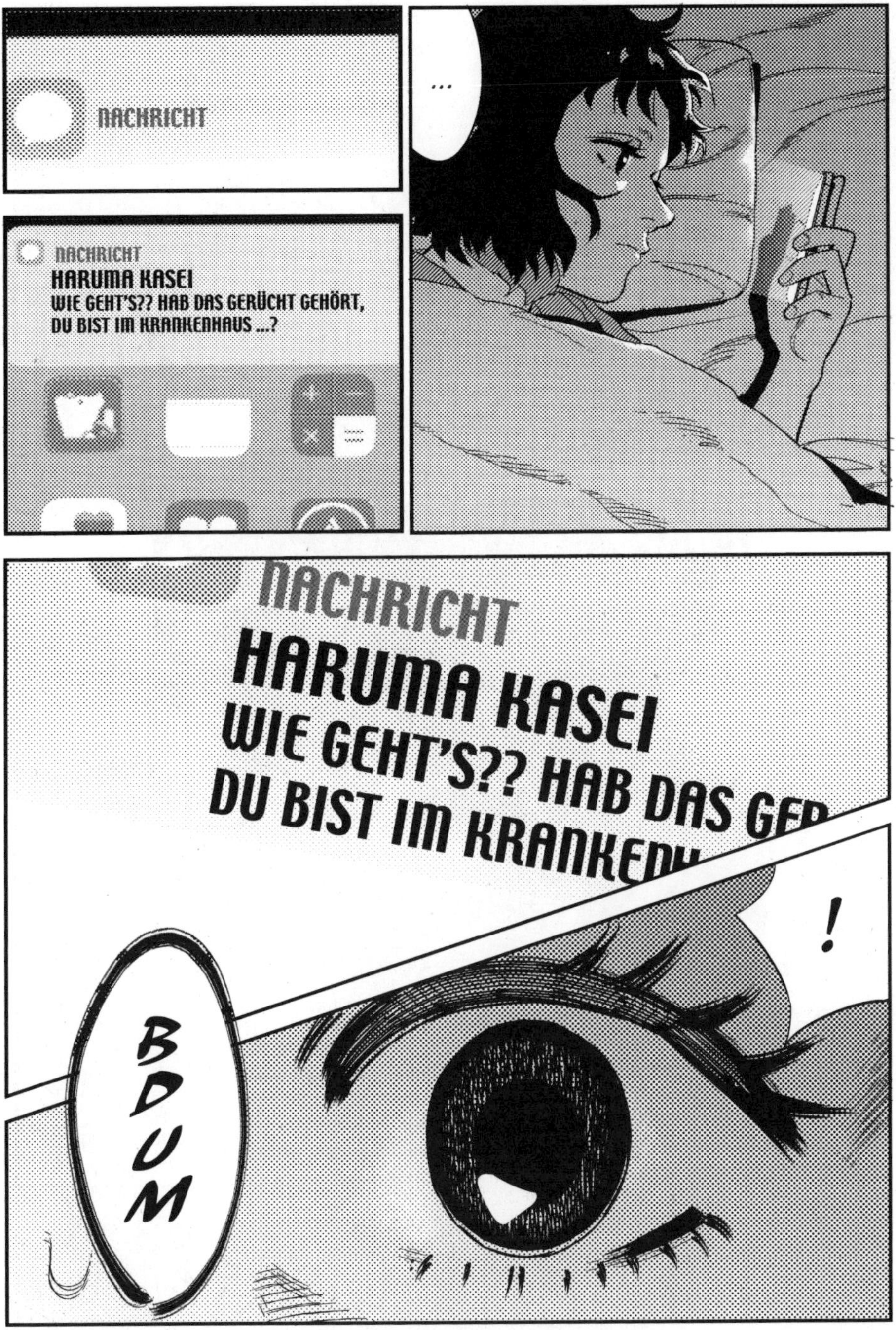

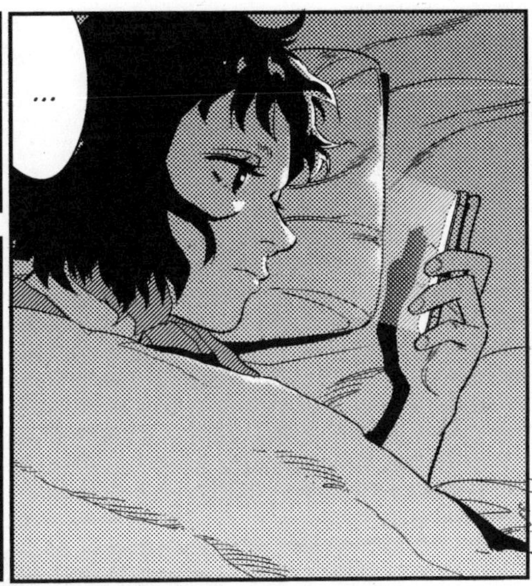

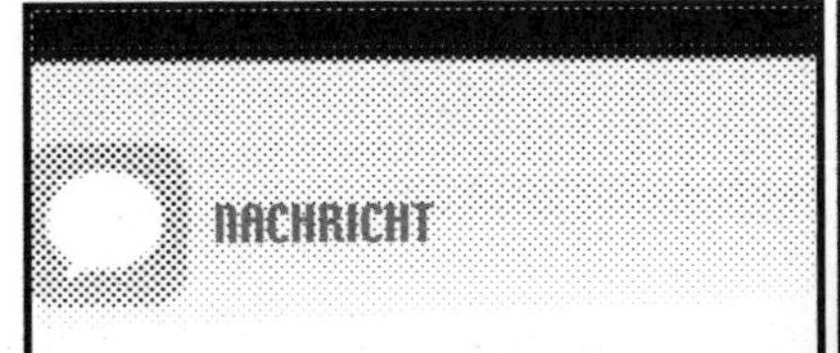

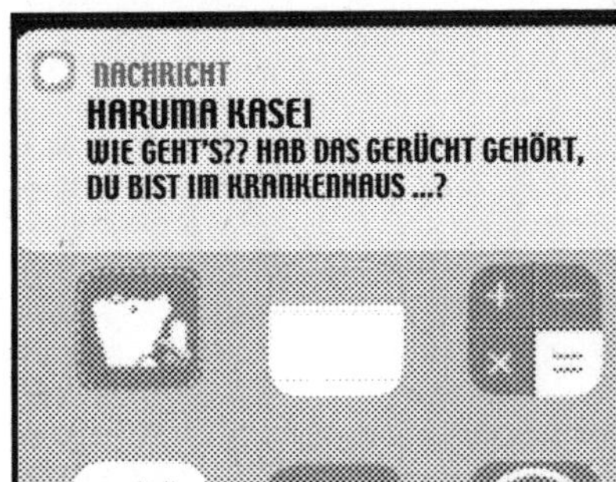

NACHRICHT

HARUMA KASEI

WIE GEHT'S?? HAB DAS GE

DU BIST IM KRANKEN

!

BDUM

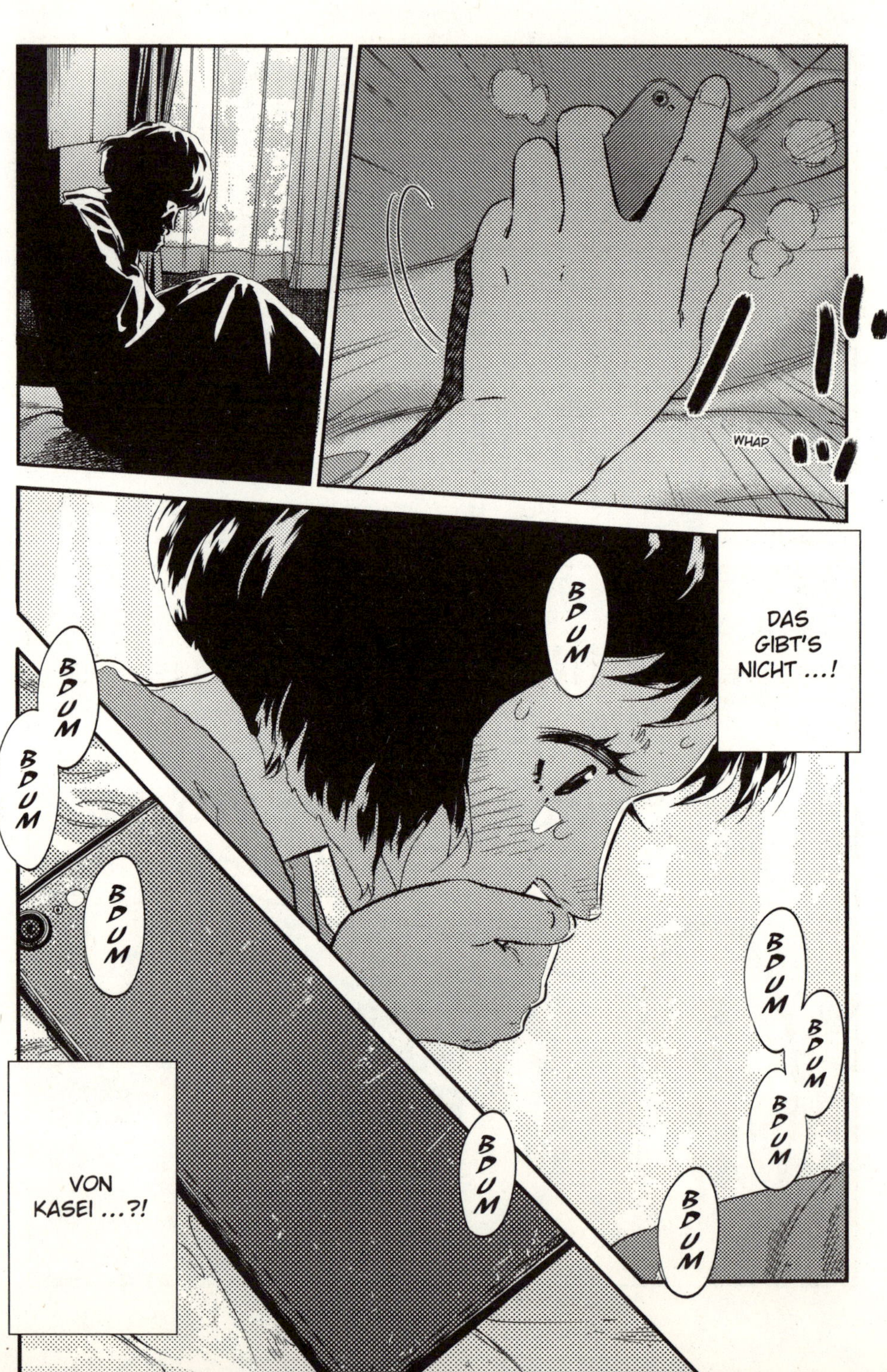
WHAP
DAS GIBT'S NICHT ...!
BDUM
BDUM
BDUM
BDUM
VON KASEI ...?!
BDUM
BDUM
BDUM
BDUM
BDUM

25 DAS GEHÖRT ZUR JUGEND!

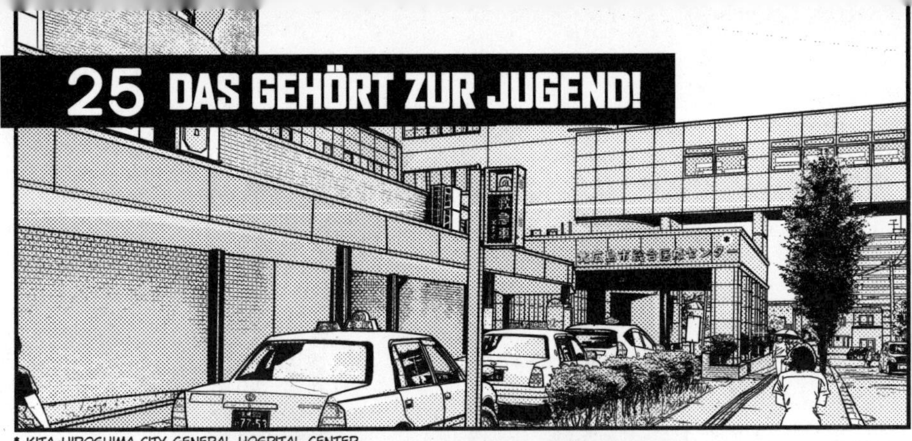

* KITA-HIROSHIMA CITY GENERAL HOSPITAL CENTER

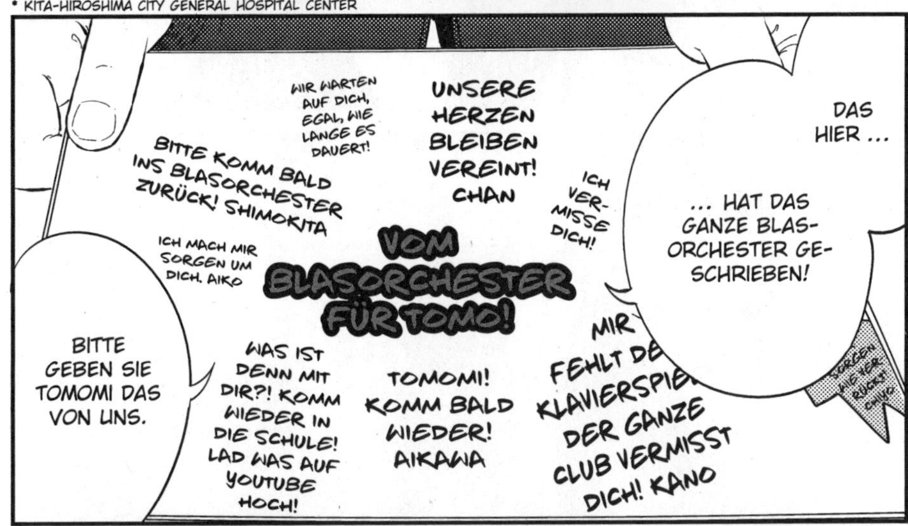

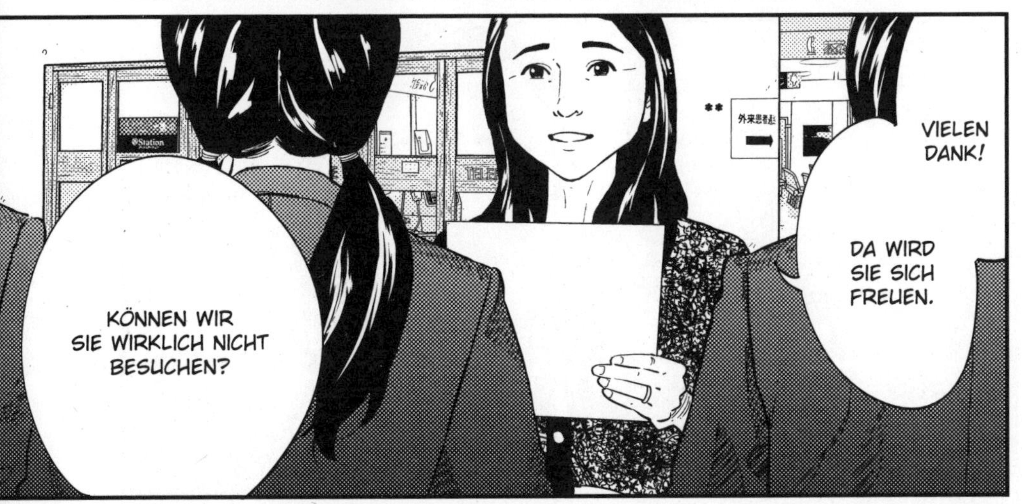

** AMBULANTE PATIENTENANMELDUNG

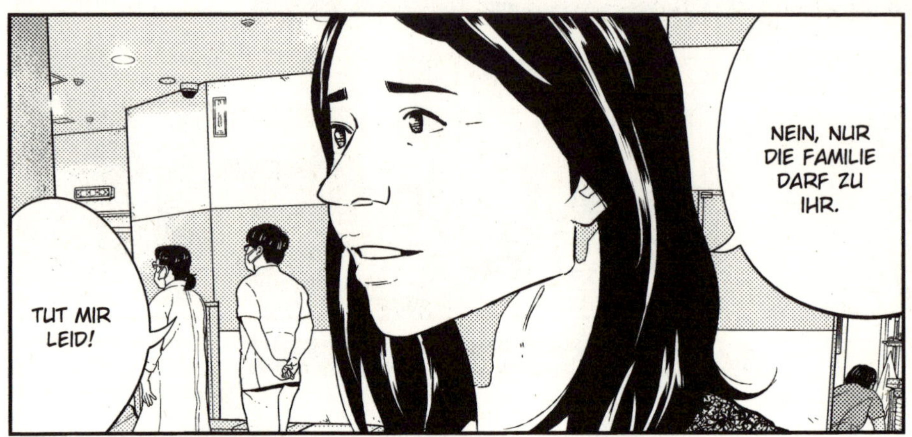
NEIN, NUR DIE FAMILIE DARF ZU IHR.
TUT MIR LEID!

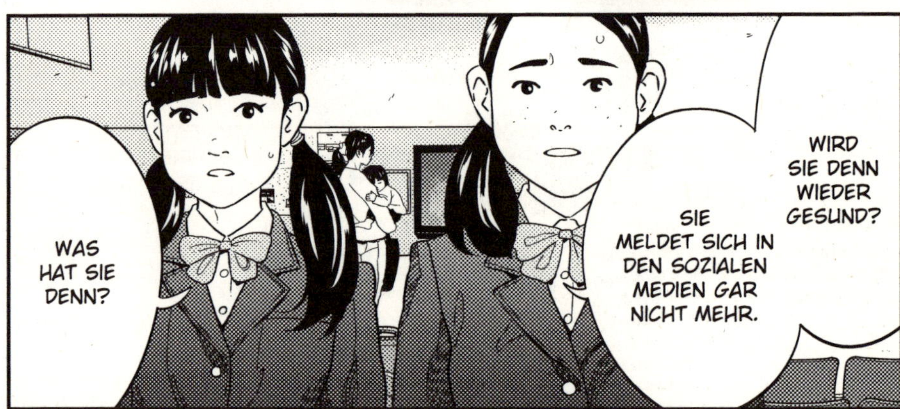
WIRD SIE DENN WIEDER GESUND?
SIE MELDET SICH IN DEN SOZIALEN MEDIEN GAR NICHT MEHR.
WAS HAT SIE DENN?

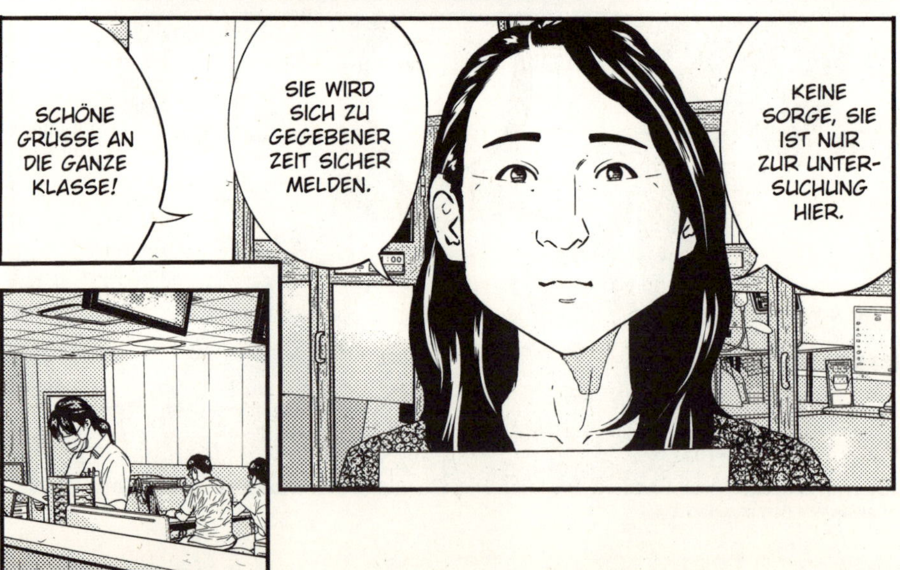
KEINE SORGE, SIE IST NUR ZUR UNTER-SUCHUNG HIER.
SIE WIRD SICH ZU GEGEBENER ZEIT SICHER MELDEN.
SCHÖNE GRÜSSE AN DIE GANZE KLASSE!

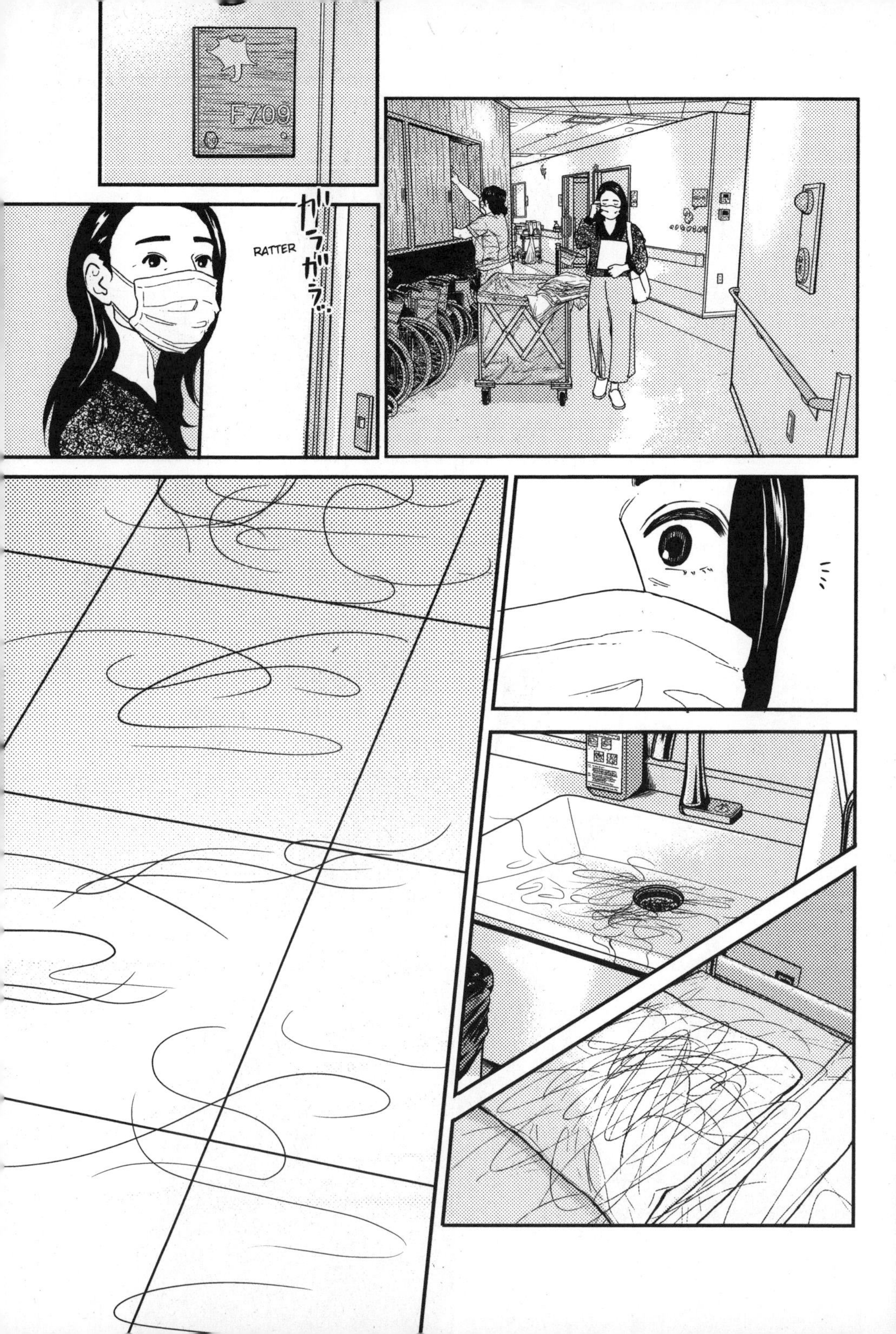
F709
RATTER
ガラガラ…

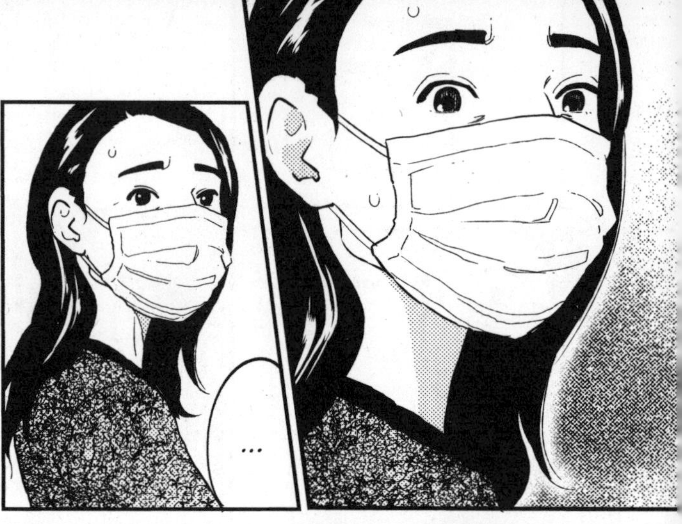
...

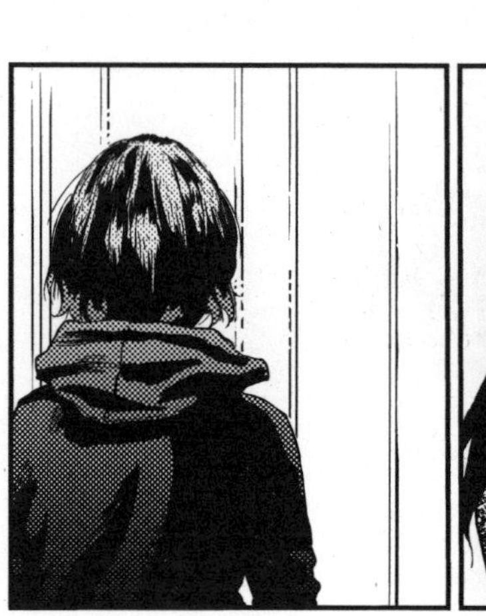

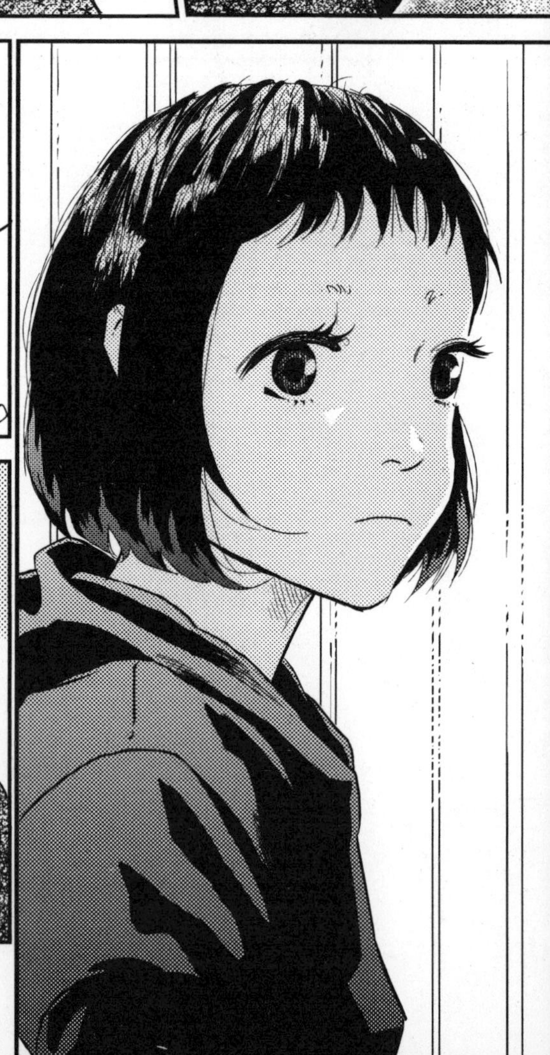

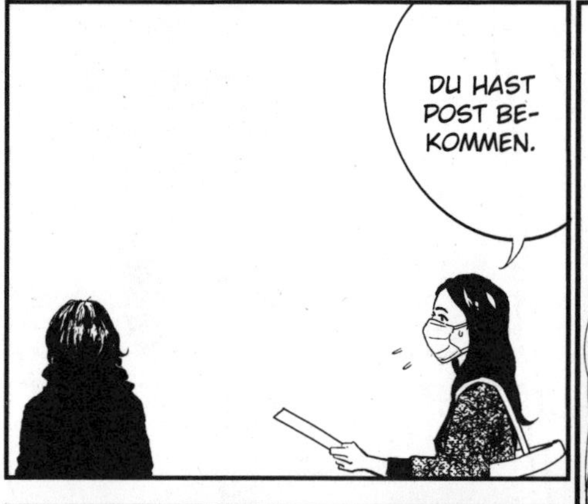
DU HAST POST BEKOMMEN.

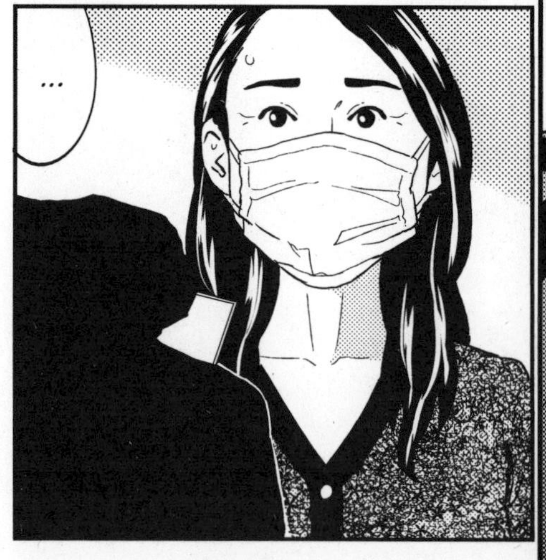
...

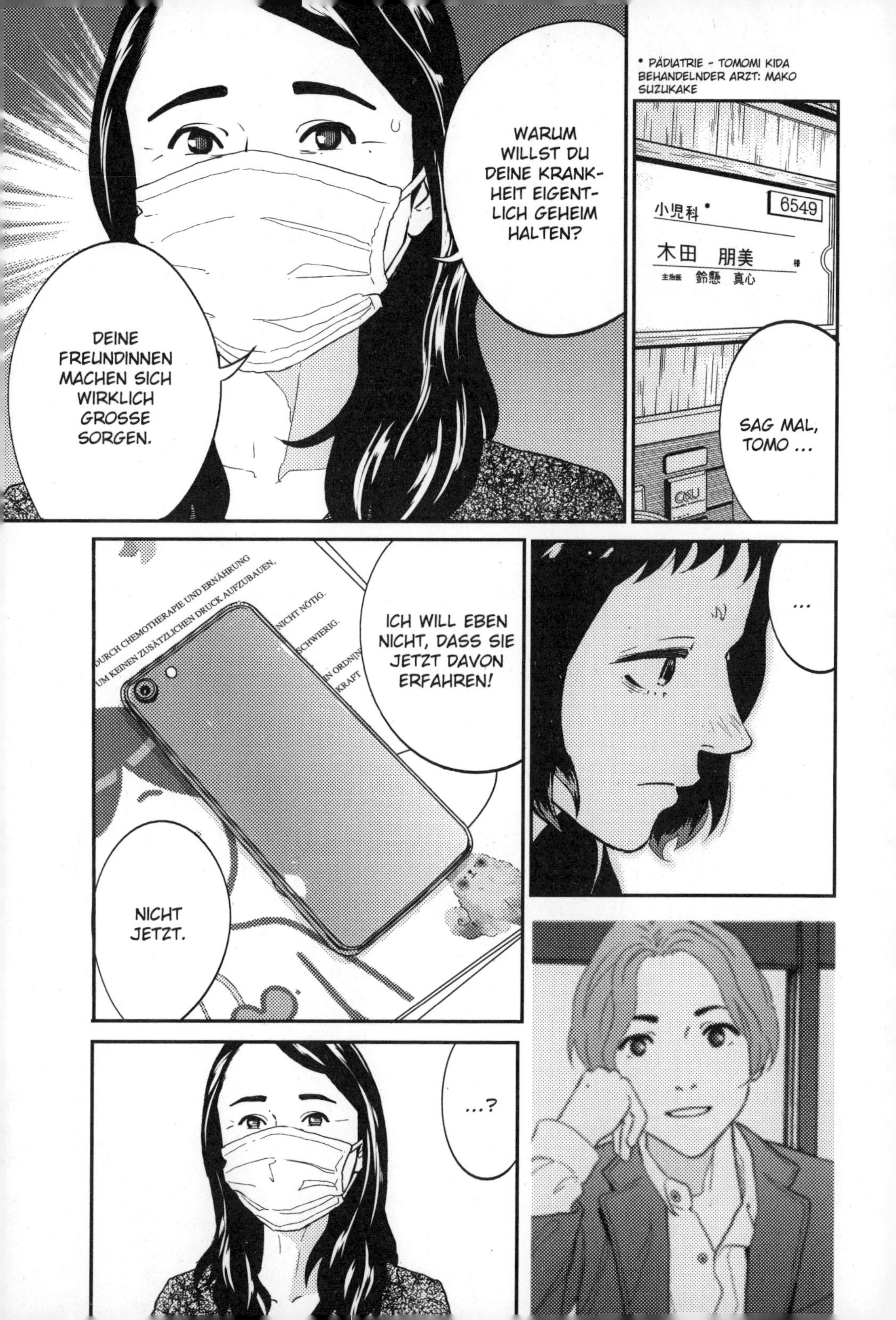

* PÄDIATRIE - TOMOMI KIDA
BEHANDELNDER ARZT: MAKO
SUZUKAKE

小児科 *
6549
木田 朋美
鈴懸 真心

SAG MAL, TOMO ...

WARUM WILLST DU DEINE KRANKHEIT EIGENTLICH GEHEIM HALTEN?

DEINE FREUNDINNEN MACHEN SICH WIRKLICH GROSSE SORGEN.

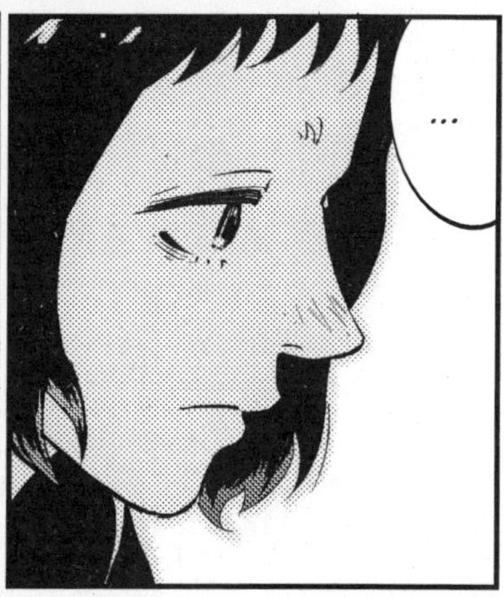

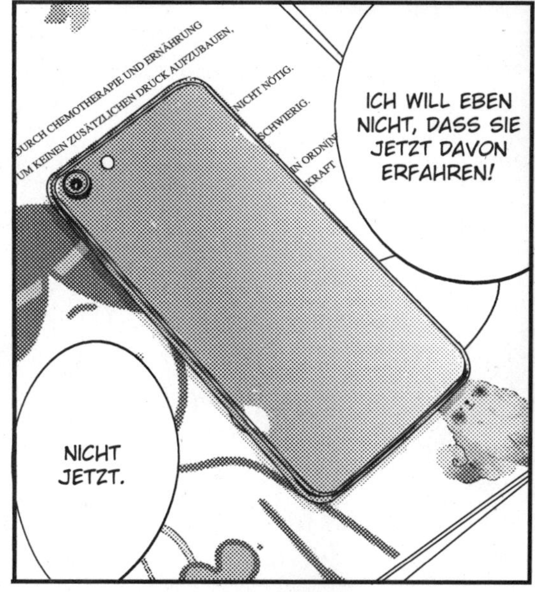

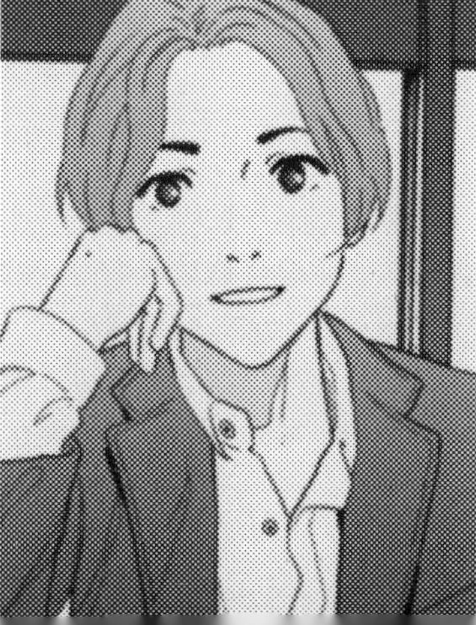

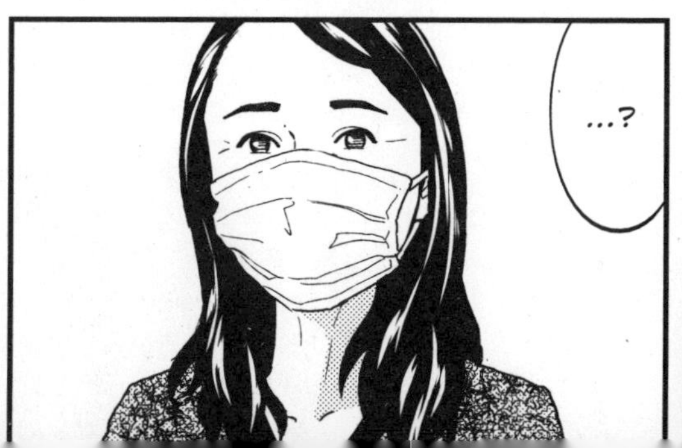

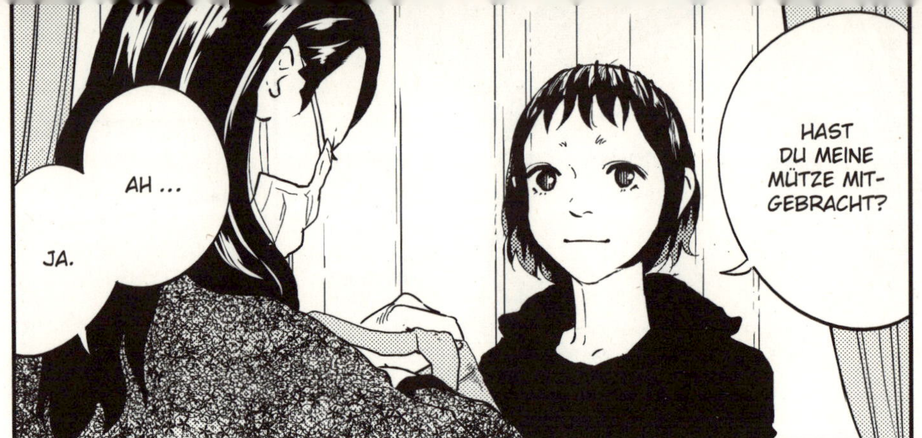
HAST DU MEINE MÜTZE MIT-GEBRACHT?
AH ...
JA.

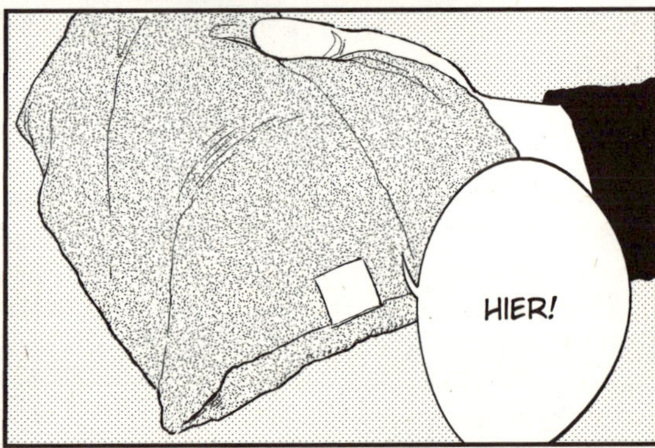
HIER!

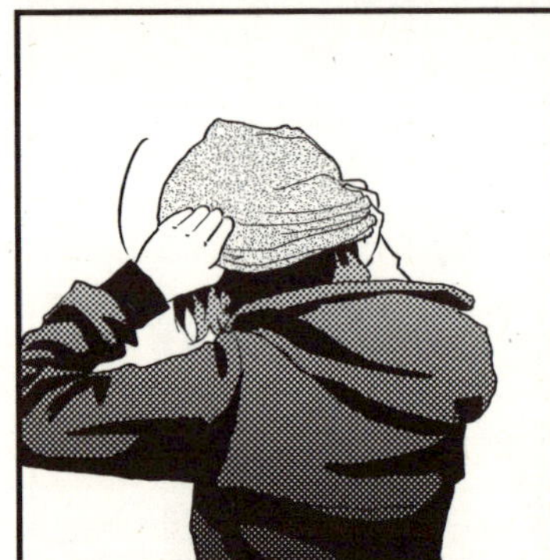

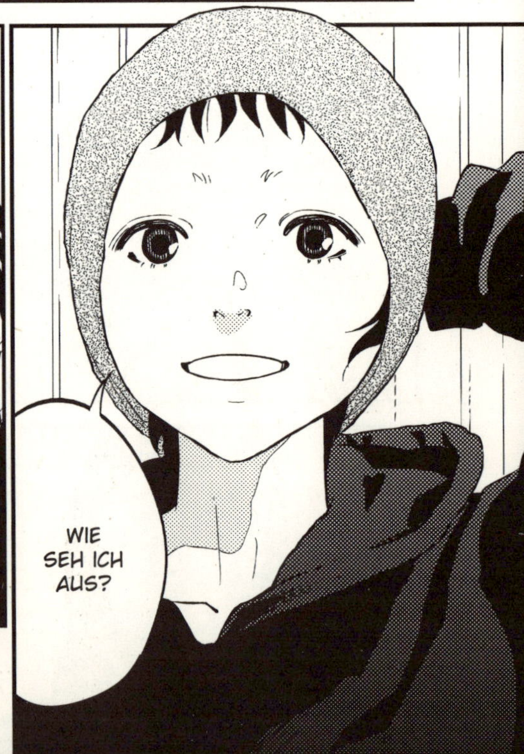
WIE SEH ICH AUS?

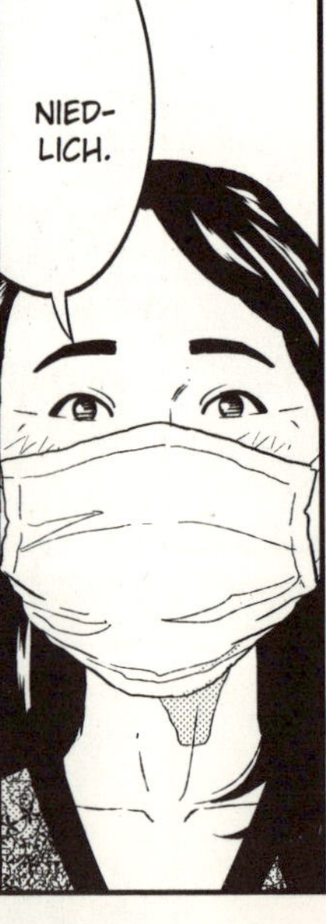
NIED-LICH.

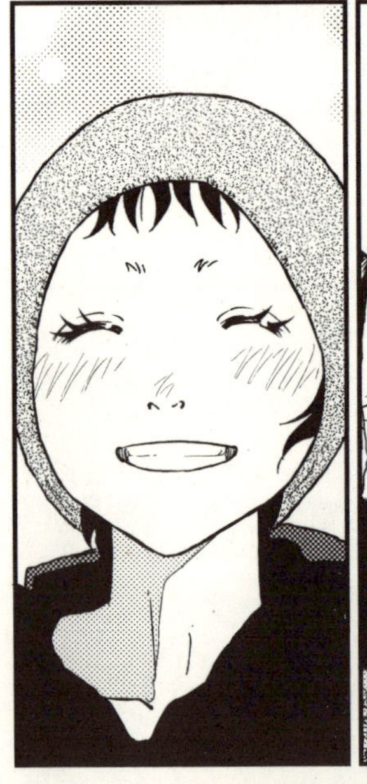

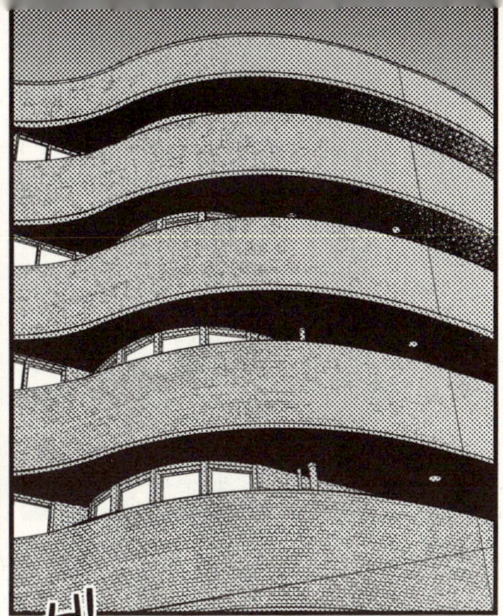
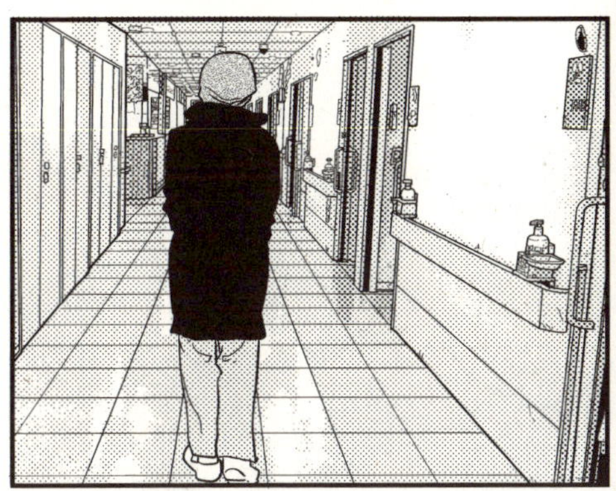
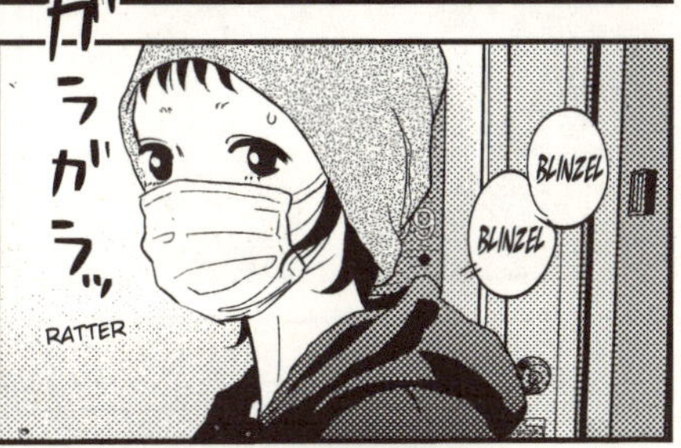
ガラガラッ
RATTER
BLINZEL
BLINZEL
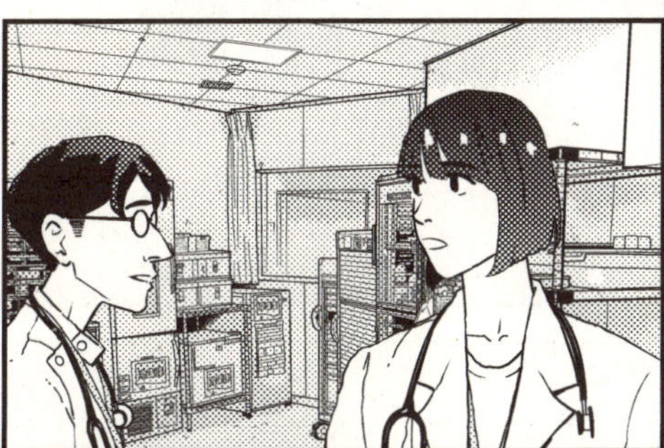
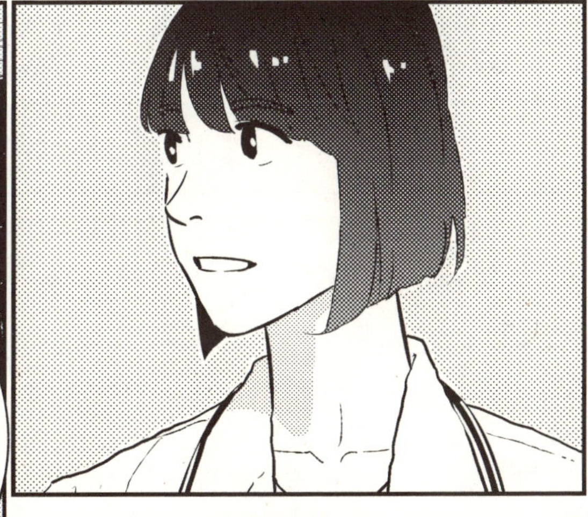
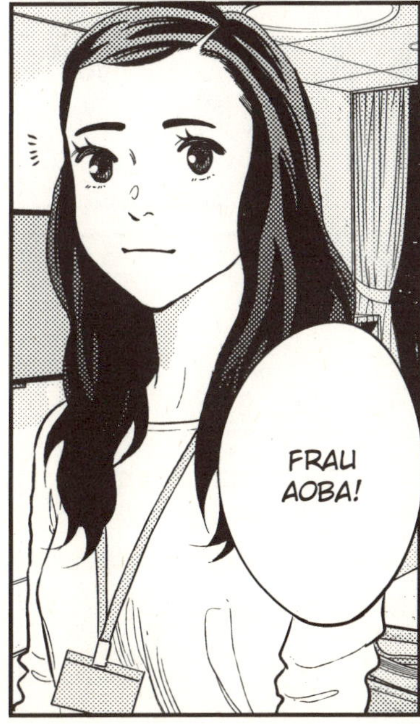
FRAU AOBA!
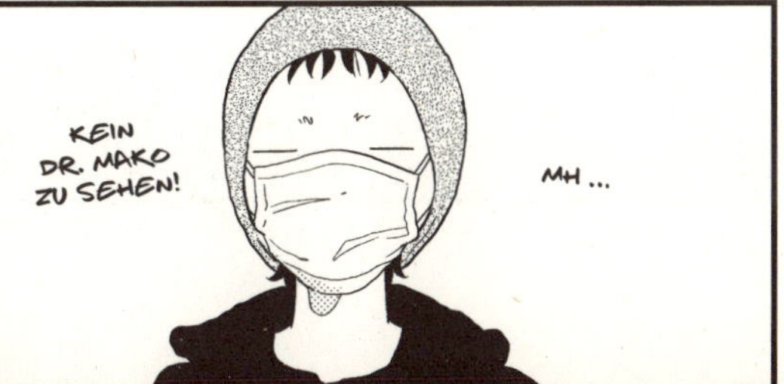
MH ...
KEIN DR. MAKO ZU SEHEN!

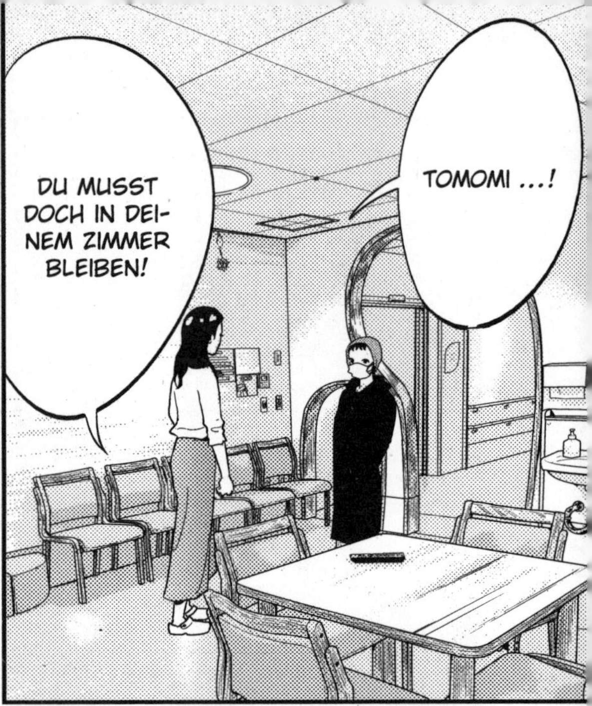
TOMOMI ...!
DU MUSST DOCH IN DEINEM ZIMMER BLEIBEN!

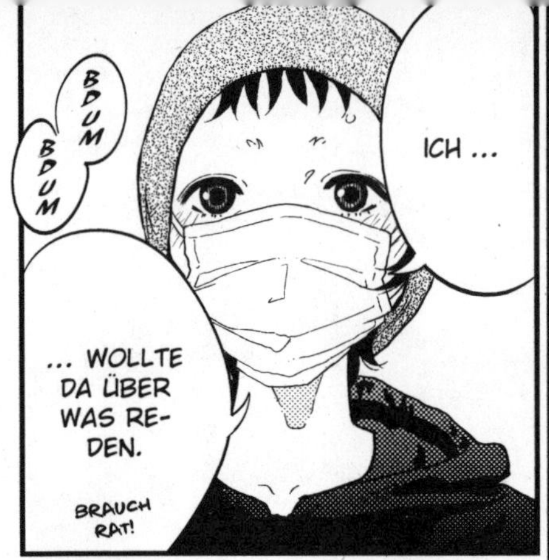
BDUM BDUM
ICH ...
... WOLLTE DA ÜBER WAS REDEN.
BRAUCH RAT!

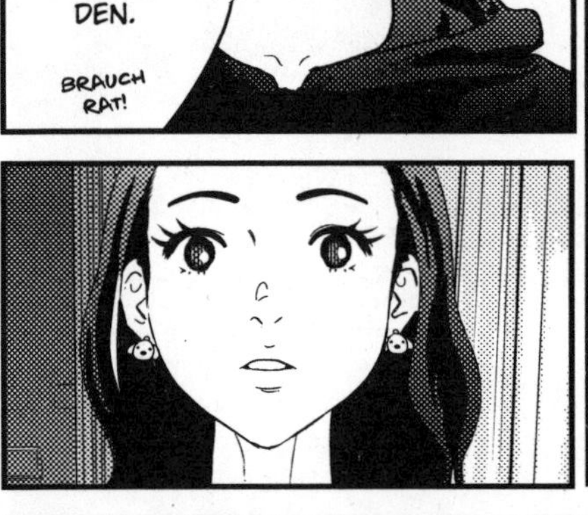

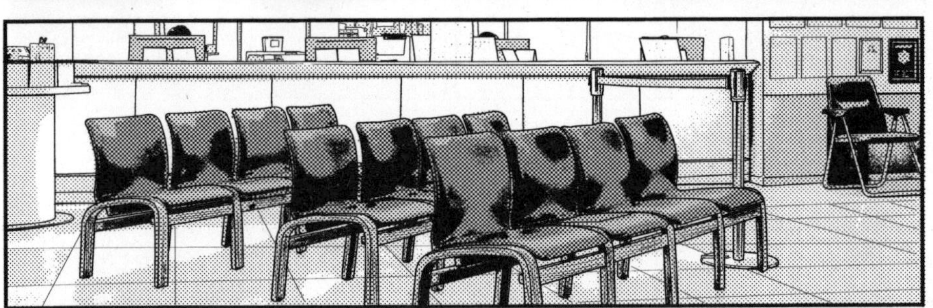

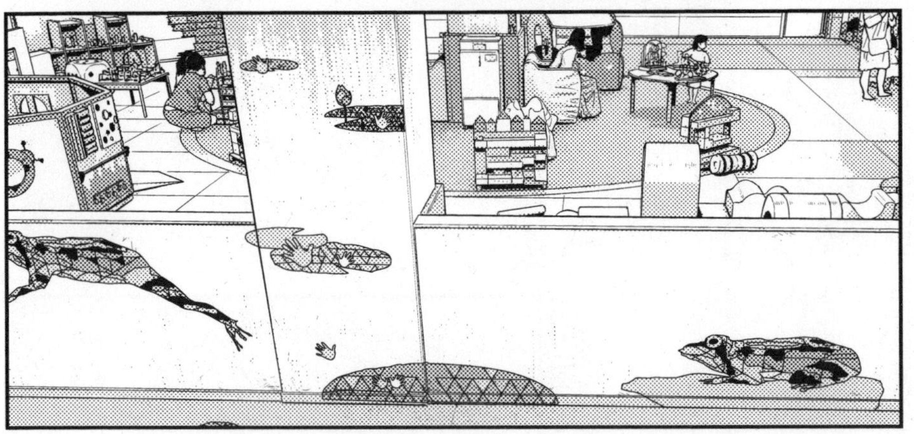

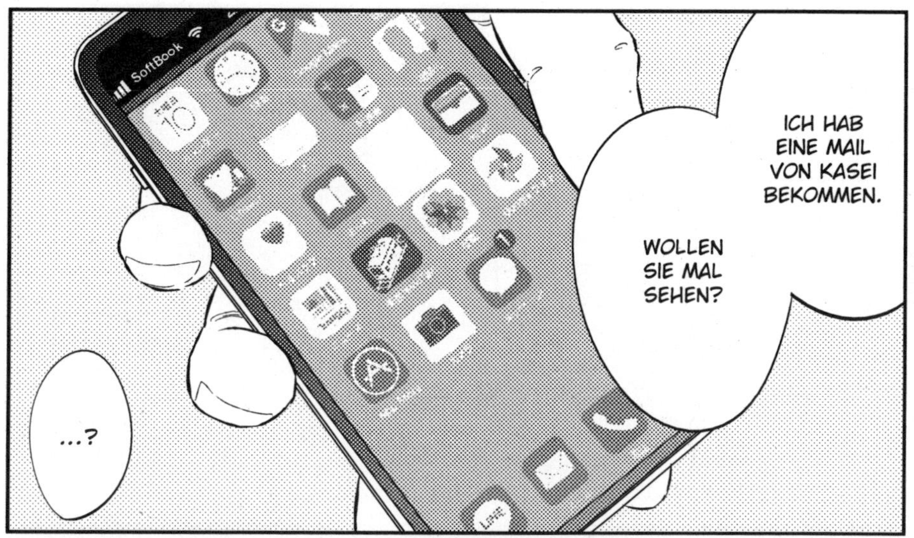
ICH HAB EINE MAIL VON KASEI BEKOMMEN.
WOLLEN SIE MAL SEHEN?
...?
SoftBook

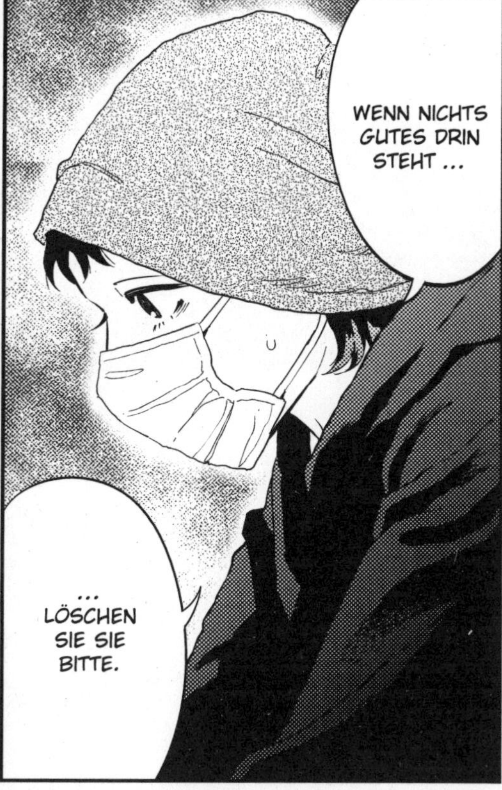
WENN NICHTS GUTES DRIN STEHT ...
... LÖSCHEN SIE SIE BITTE.

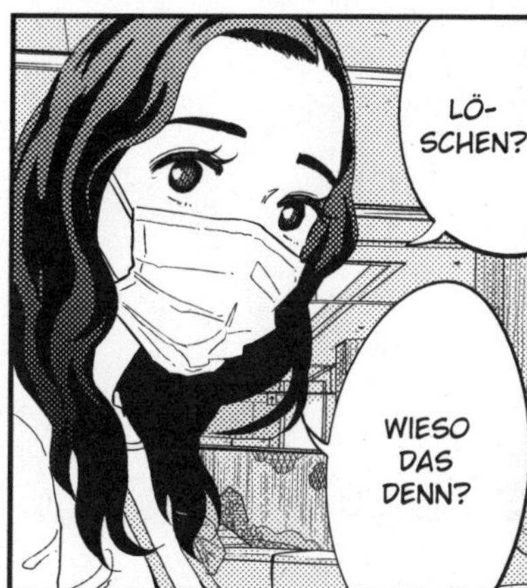
LÖ-SCHEN?
WIESO DAS DENN?

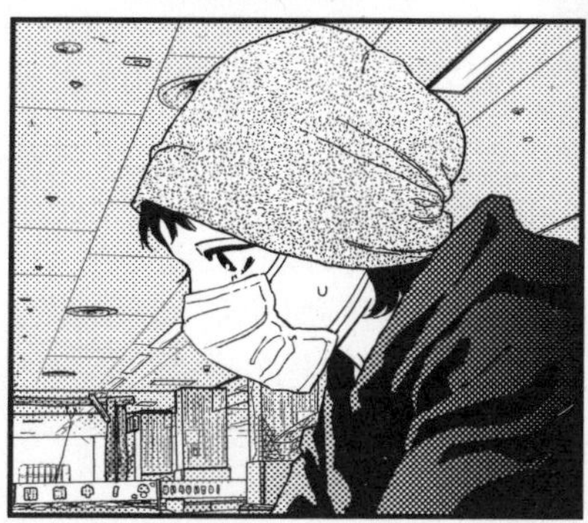

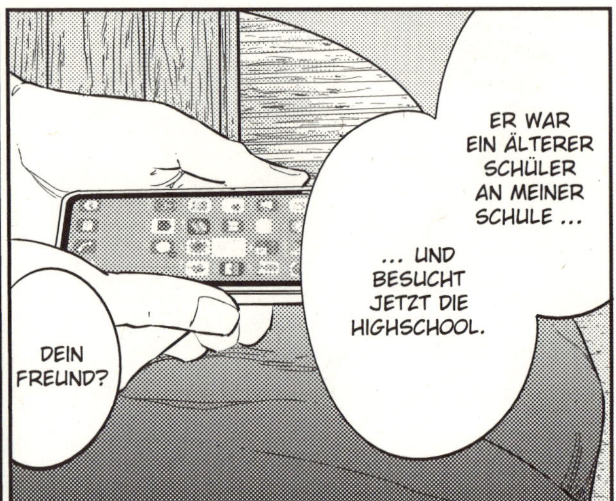
ER WAR EIN ÄLTERER SCHÜLER AN MEINER SCHULE ...
... UND BESUCHT JETZT DIE HIGHSCHOOL.
DEIN FREUND?

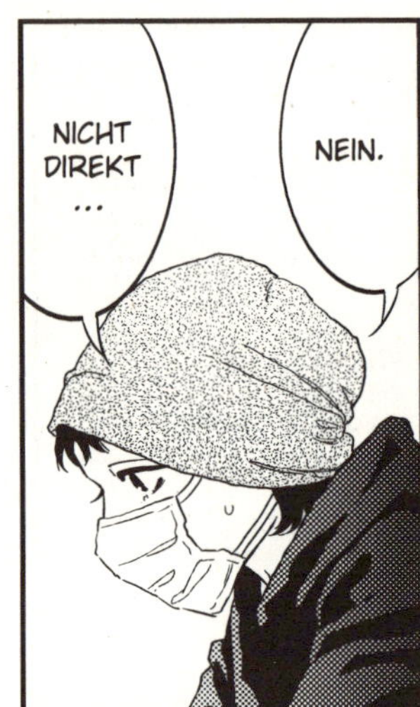
NEIN.
NICHT DIREKT ...

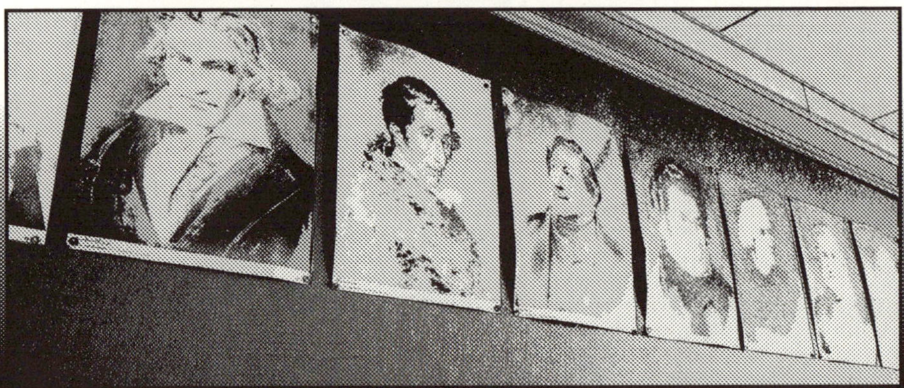

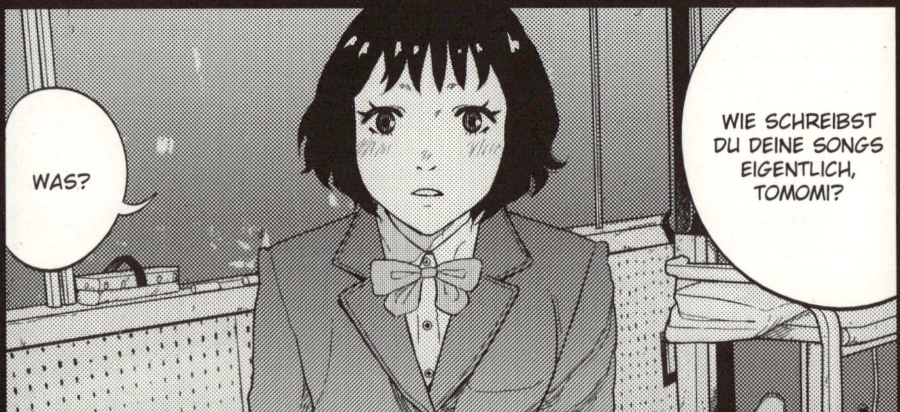
WIE SCHREIBST DU DEINE SONGS EIGENTLICH, TOMOMI?
WAS?

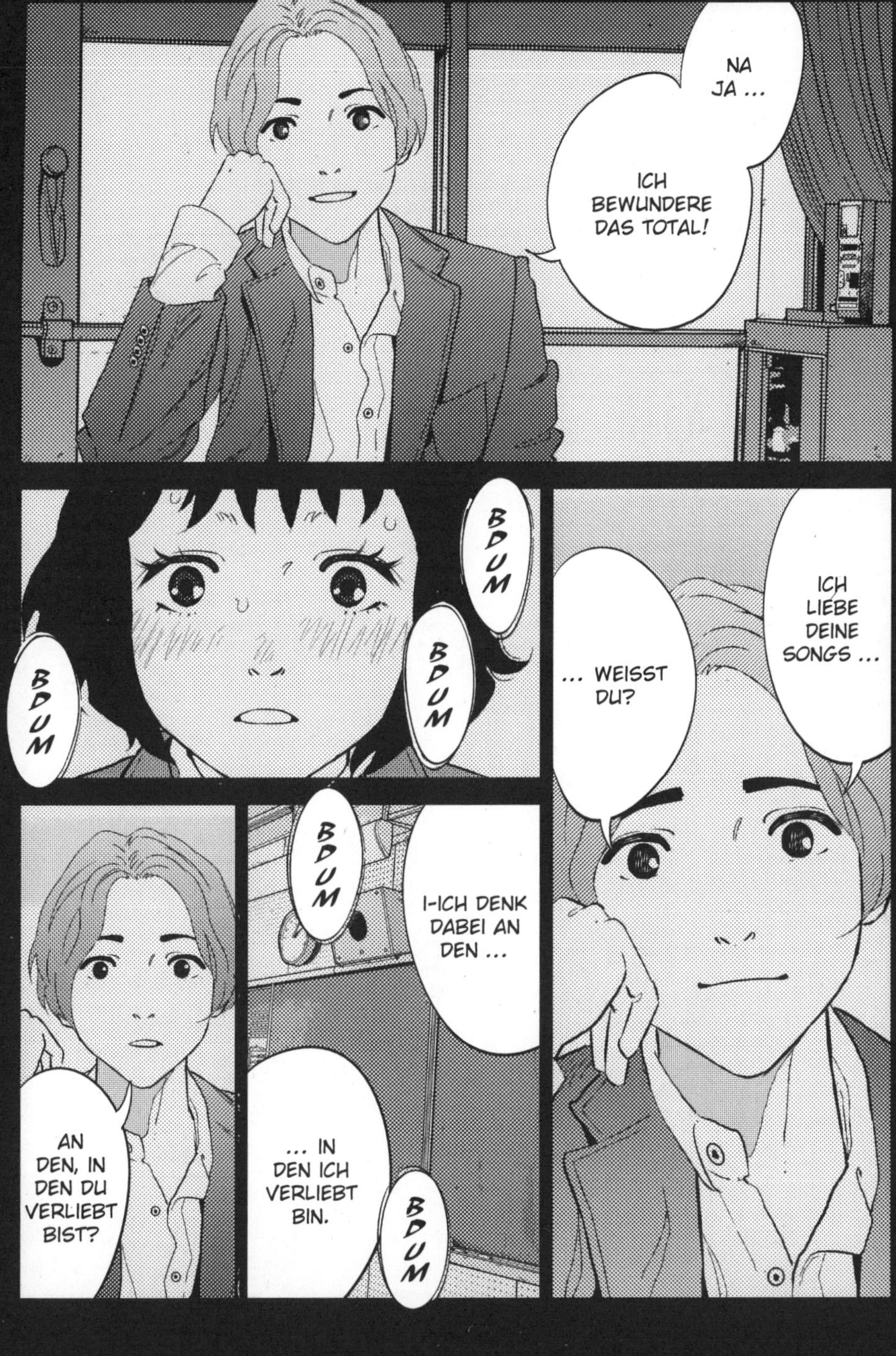
NA JA …
ICH BEWUNDERE DAS TOTAL!
ICH LIEBE DEINE SONGS …
… WEISST DU?
BDUM
BDUM
BDUM
BDUM
I-ICH DENK DABEI AN DEN …
… IN DEN ICH VERLIEBT BIN.
BDUM
AN DEN, IN DEN DU VERLIEBT BIST?

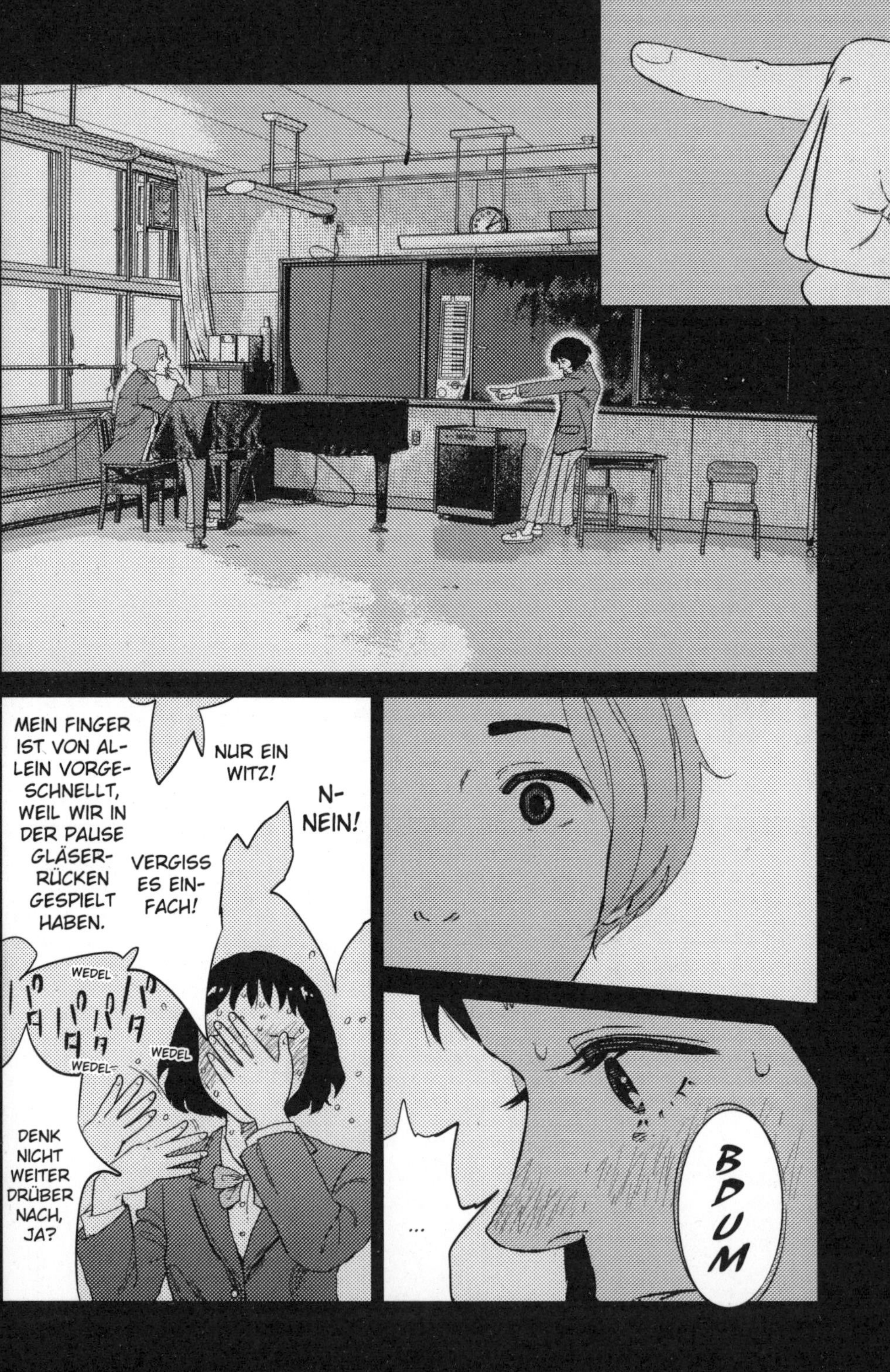
NUR EIN WITZ!
MEIN FINGER IST VON ALLEIN VORGESCHNELLT, WEIL WIR IN DER PAUSE GLÄSERRÜCKEN GESPIELT HABEN.
N-NEIN!
VERGISS ES EINFACH!
WEDEL
WEDEL
WEDEL
DENK NICHT WEITER DRÜBER NACH, JA?
BDUM
...

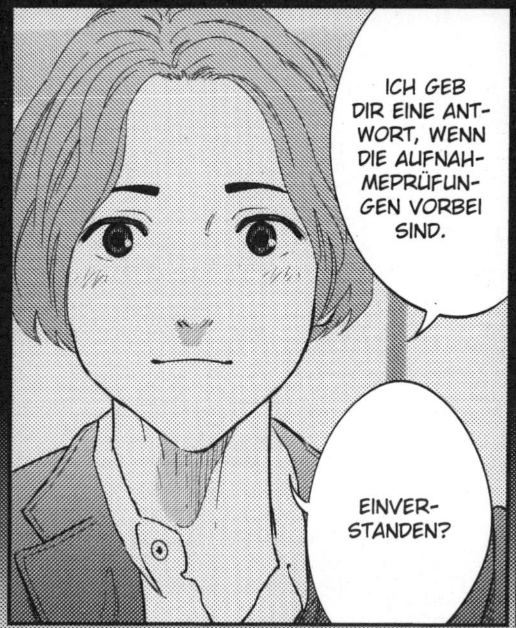
ICH GEB DIR EINE ANT-WORT, WENN DIE AUFNAH-MEPRÜFUN-GEN VORBEI SIND.
EINVER-STANDEN?
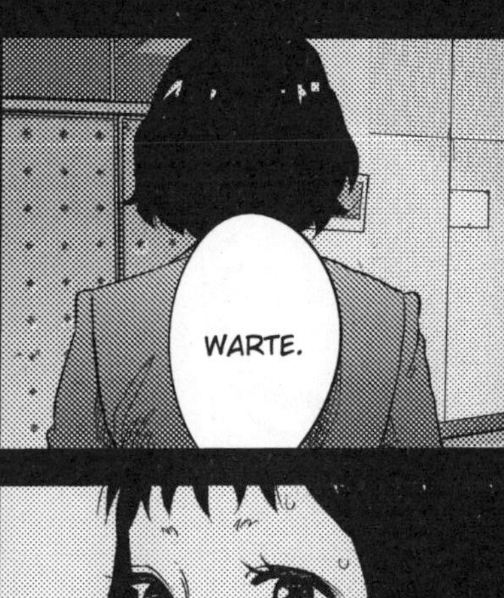
WARTE.
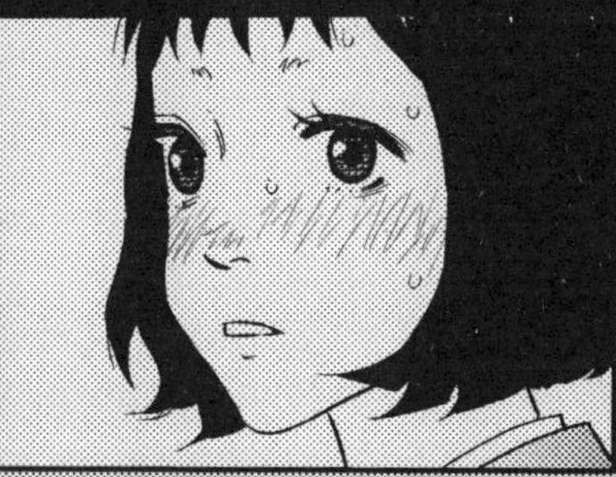
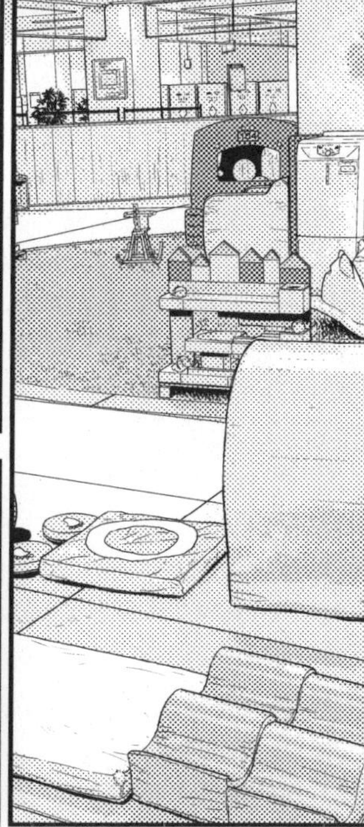
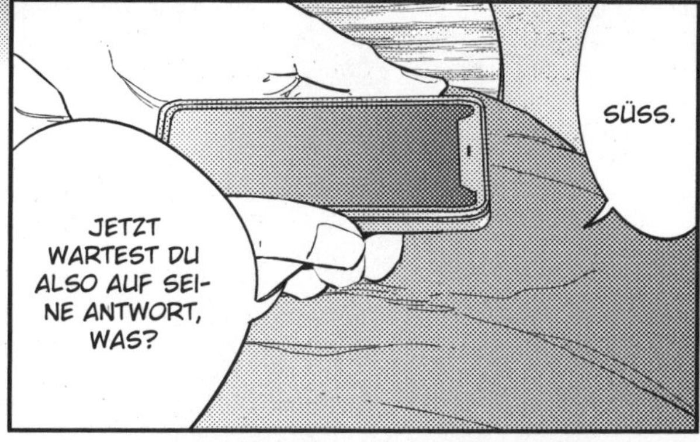
SÜSS.
JETZT WARTEST DU ALSO AUF SEI-NE ANTWORT, WAS?
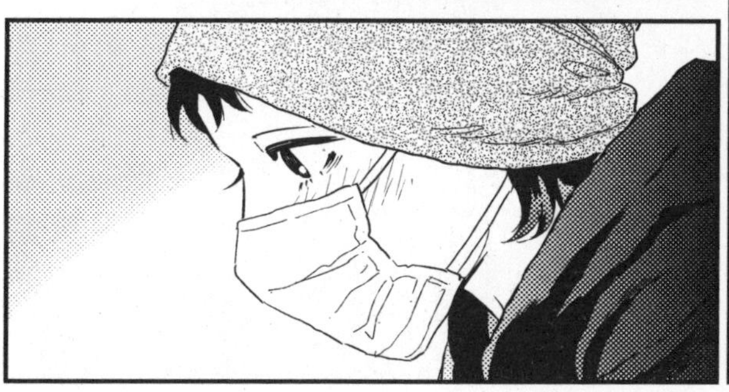

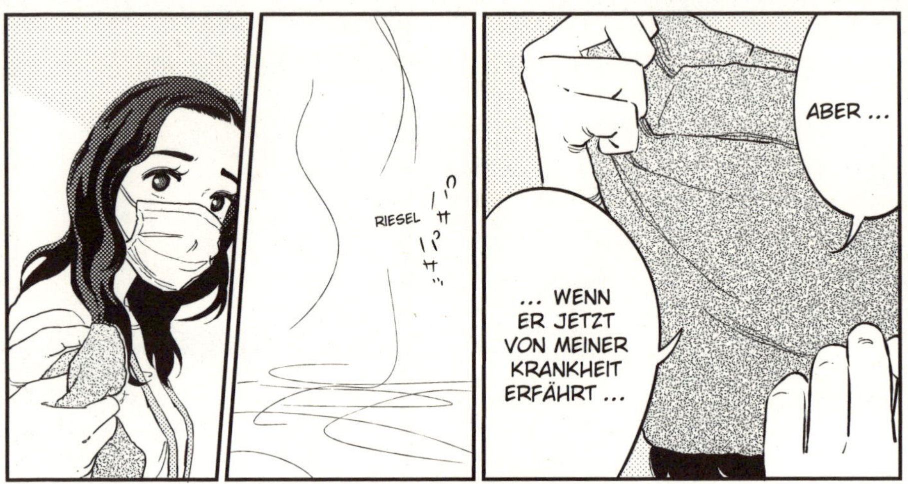
ABER ...
... WENN ER JETZT VON MEINER KRANKHEIT ERFÄHRT ...
RIESEL

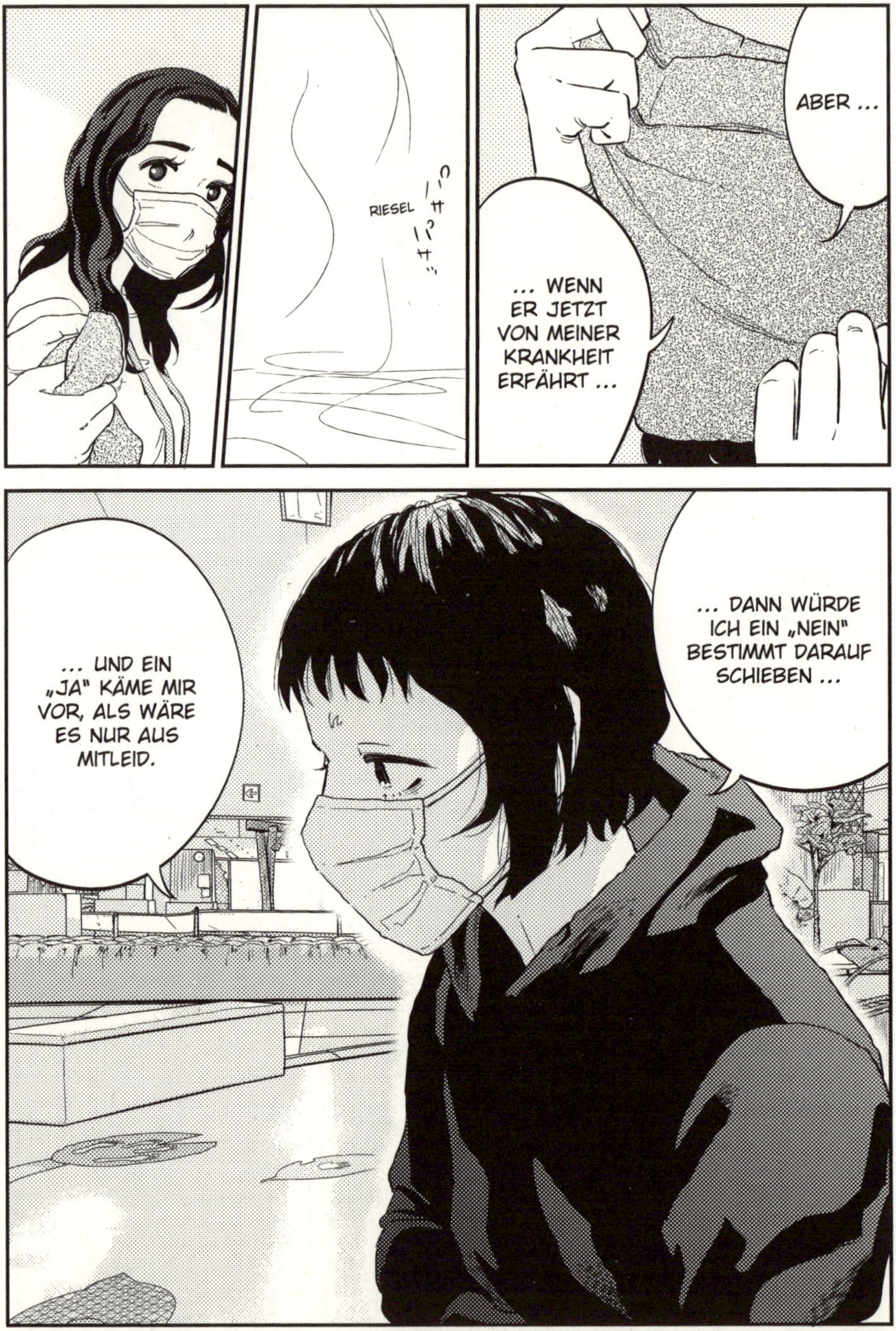

... DANN WÜRDE ICH EIN „NEIN" BESTIMMT DARAUF SCHIEBEN ...
... UND EIN „JA" KÄME MIR VOR, ALS WÄRE ES NUR AUS MITLEID.

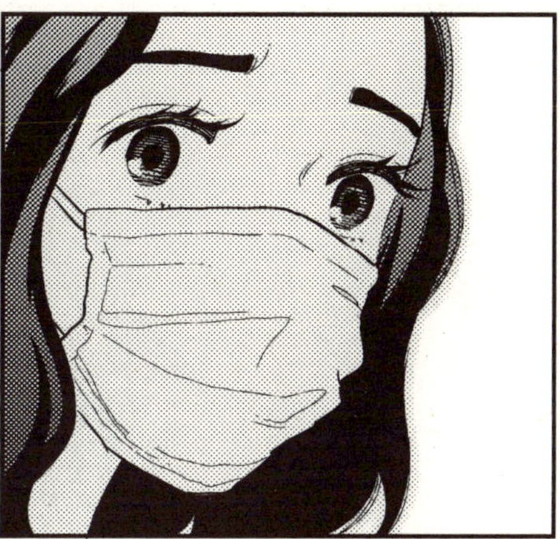
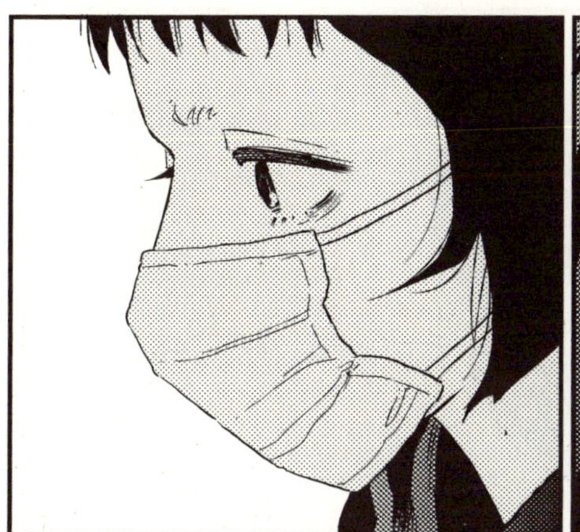
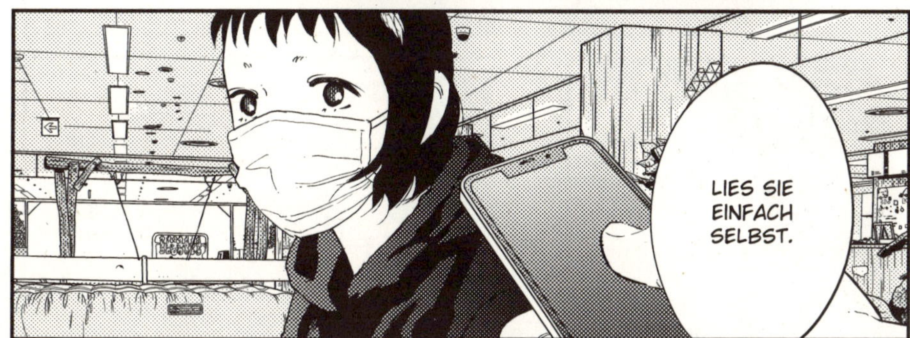
LIES SIE EINFACH SELBST.
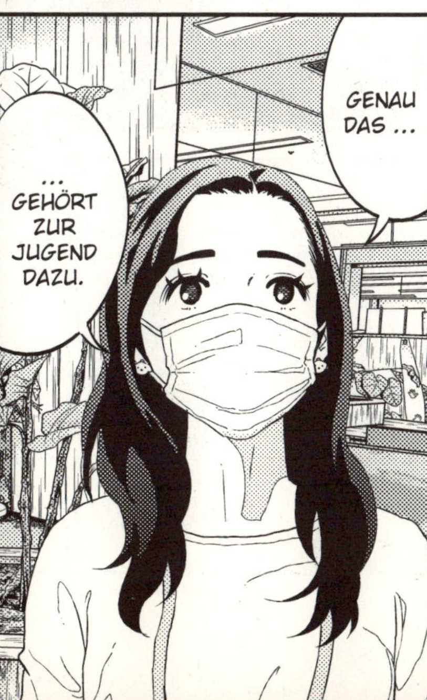
GENAU DAS …
… GEHÖRT ZUR JUGEND DAZU.
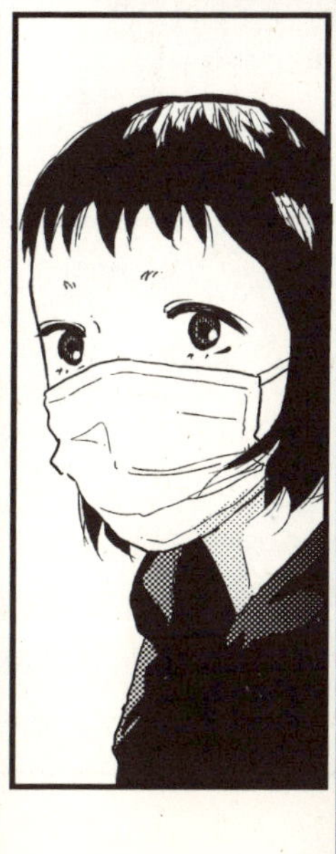
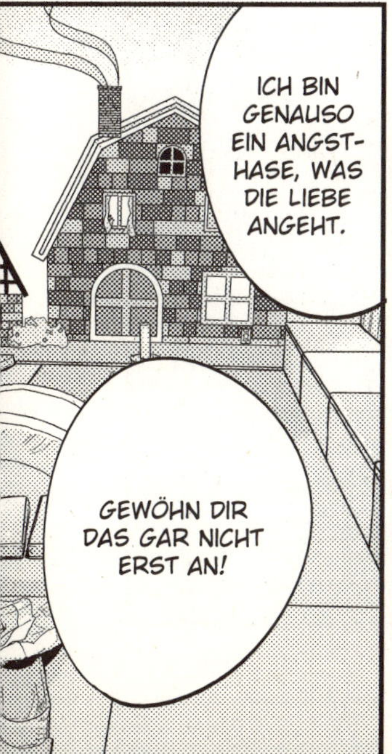
ICH BIN GENAUSO EIN ANGST-HASE, WAS DIE LIEBE ANGEHT.
GEWÖHN DIR DAS GAR NICHT ERST AN!

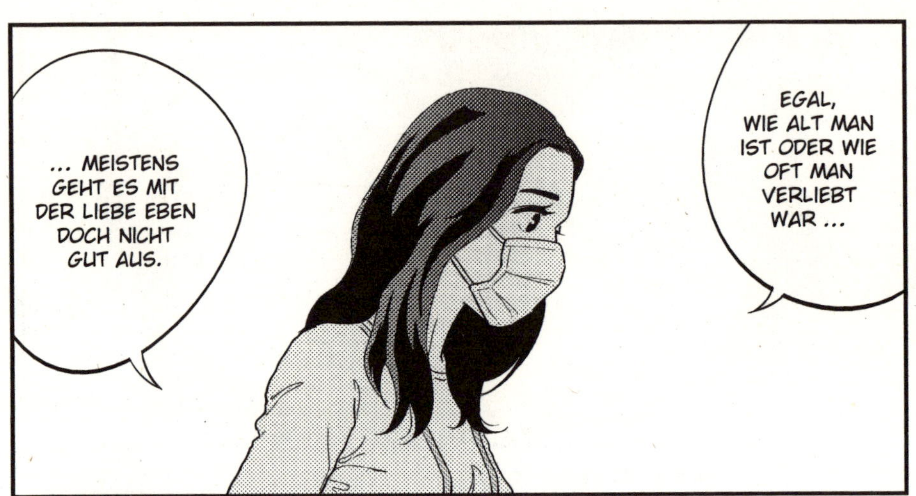

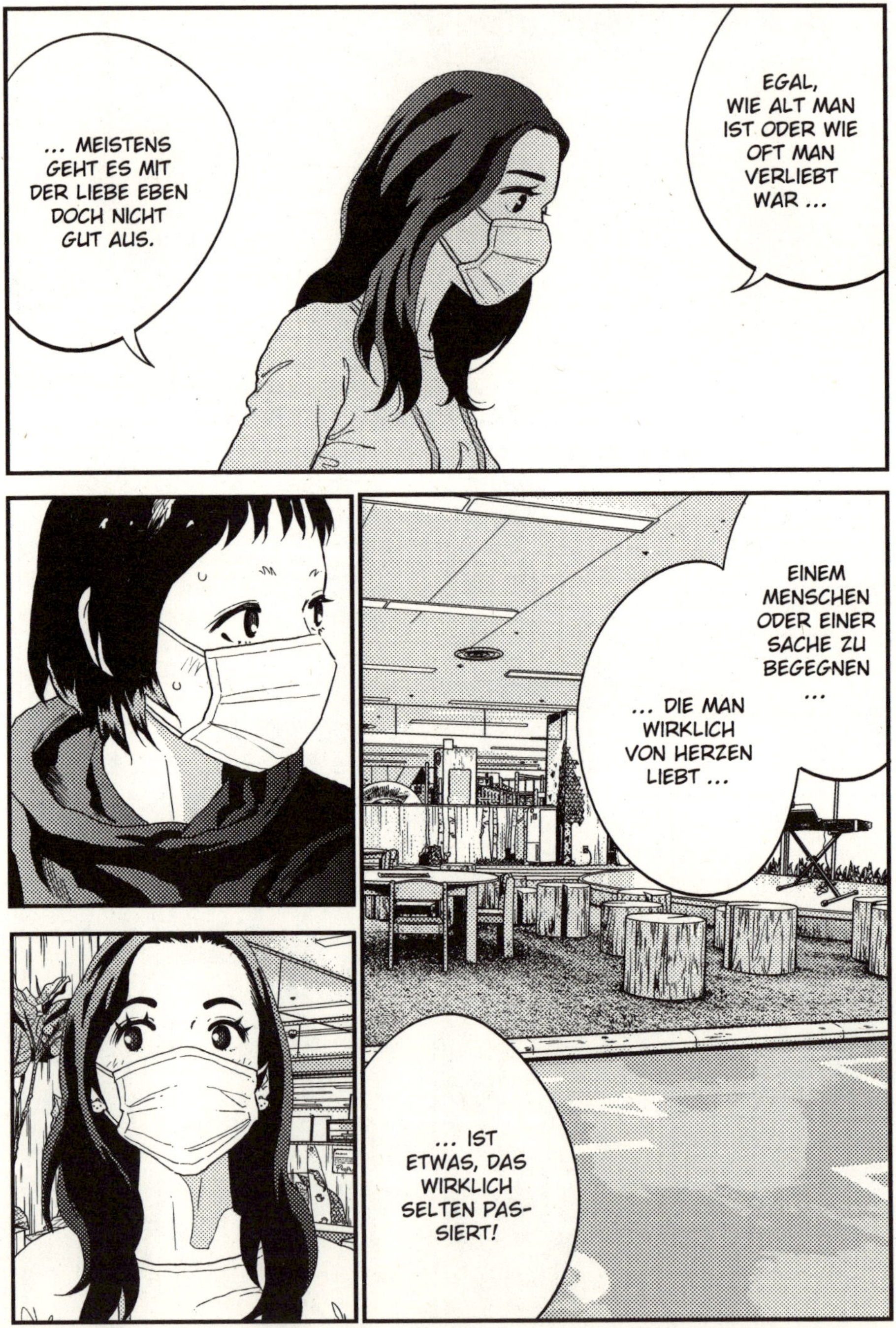

EINEM MENSCHEN ODER EINER SACHE ZU BEGEGNEN ...
... DIE MAN WIRKLICH VON HERZEN LIEBT ...
... IST ETWAS, DAS WIRKLICH SELTEN PAS-SIERT!

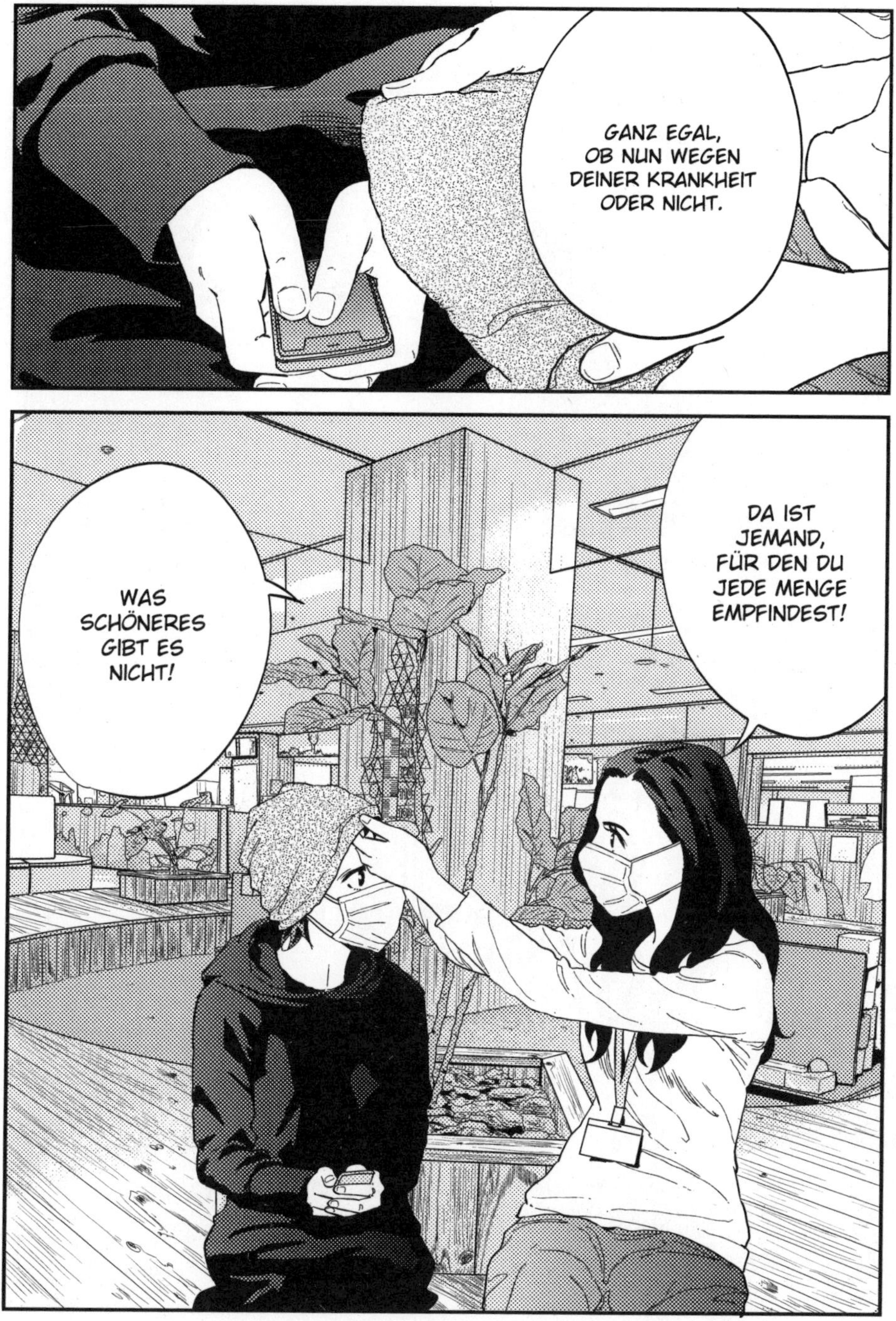

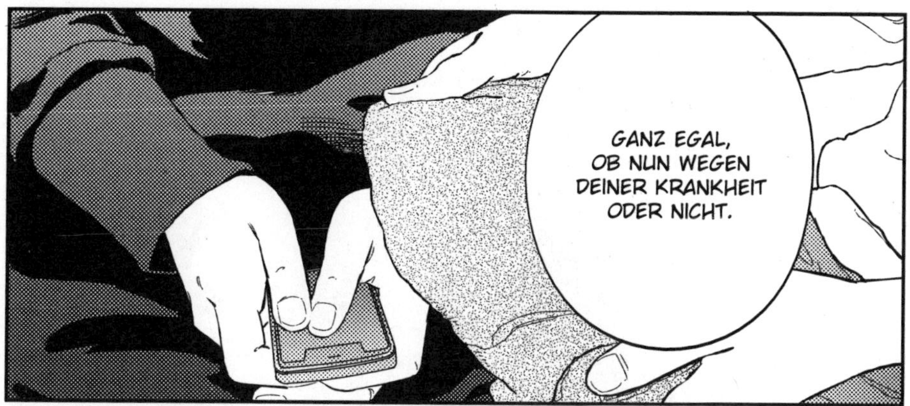

DA IST JEMAND, FÜR DEN DU JEDE MENGE EMPFINDEST!

WAS SCHÖNERES GIBT ES NICHT!

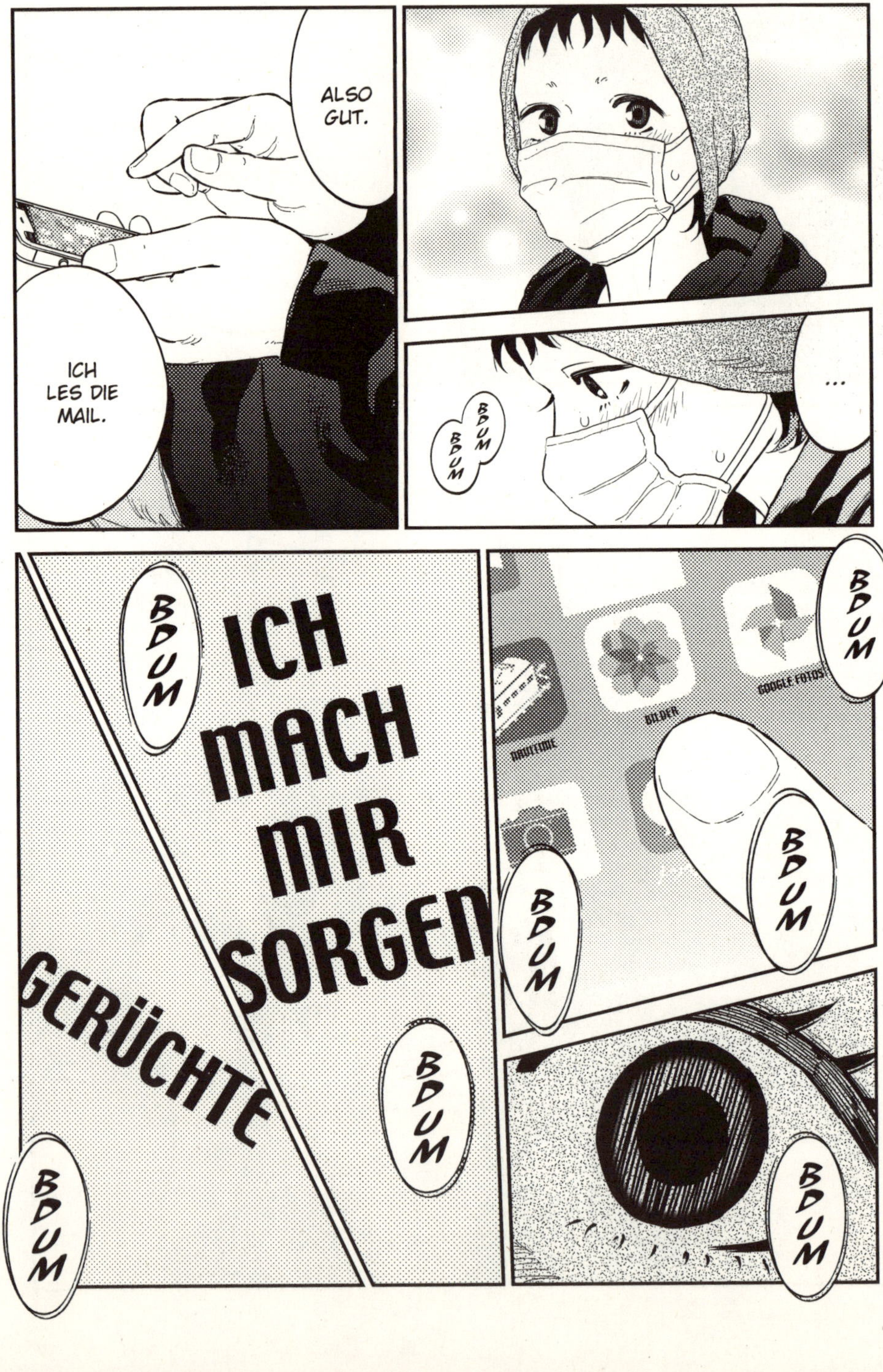

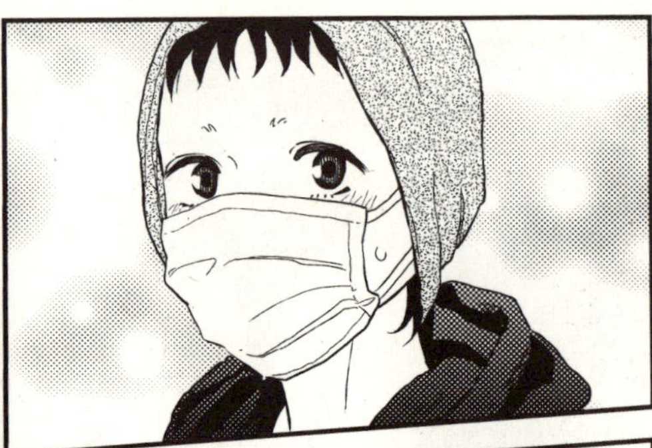

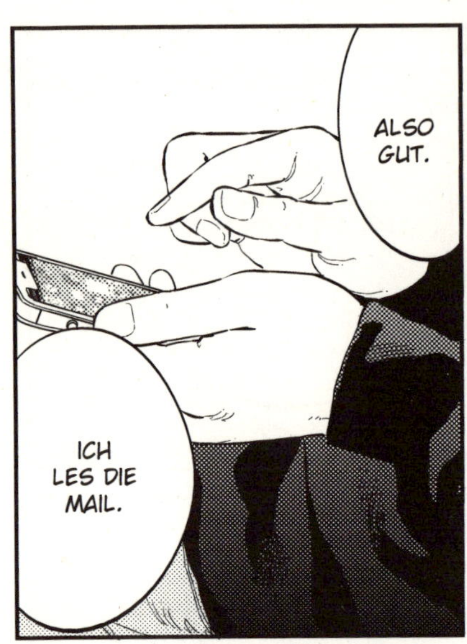

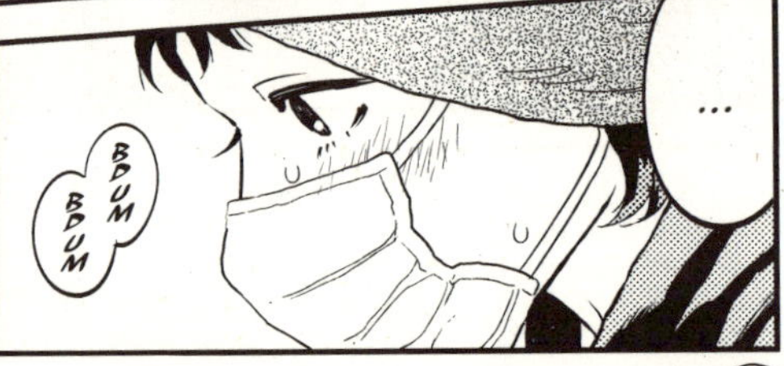

BDUM

BDUM

GOOGLE FOTOS

BILDER

ICH MACH MIR SORGEN

BDUM

BDUM

GERÜCHTE

BDUM

BDUM

BDUM

WIE GEHT'S??

HAB DAS GERÜCHT GEHÖRT, DU BIST IM KRANKENHAUS ...?

WIE GEHT'S??
HAB DAS GERÜCHT GEHÖRT,
DU BIST IM KRANKENHAUS ...?
ALLES OKAY BEI DIR?
ICH MACH MIR SORGEN ...
BITTE MELDE DICH BEI MI

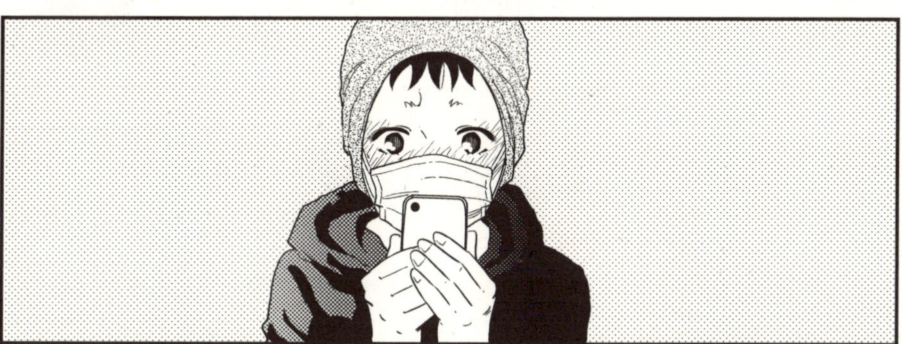

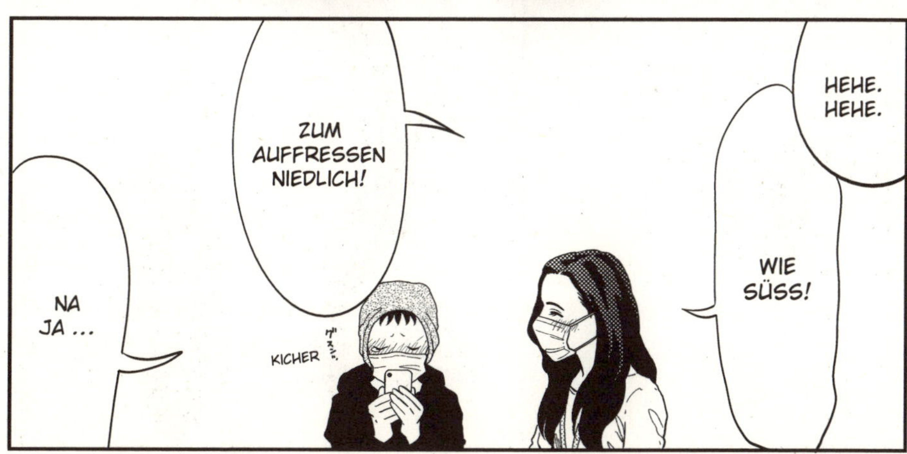

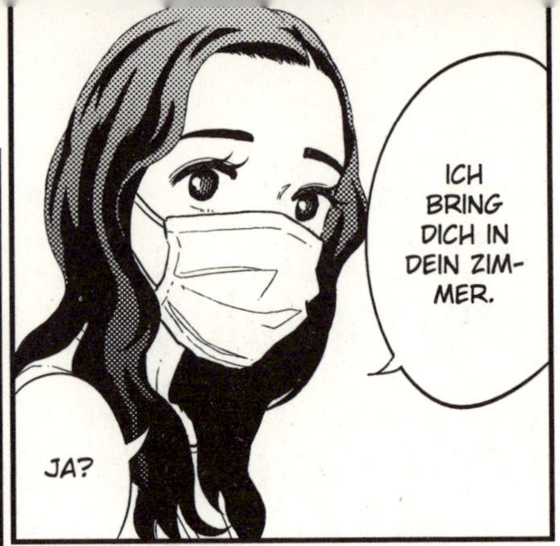
ICH BRING DICH IN DEIN ZIMMER.
JA?

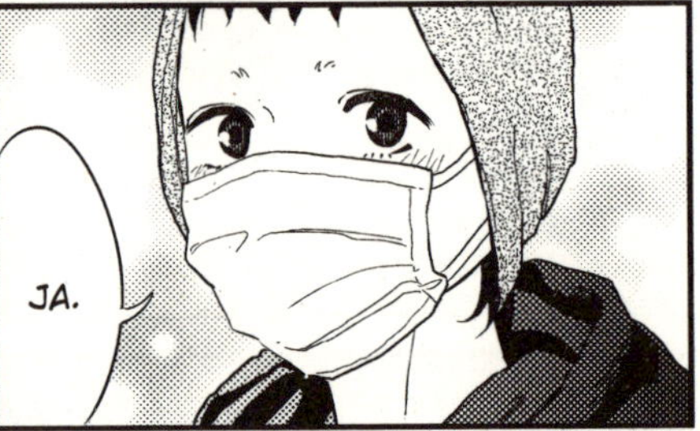
JA.

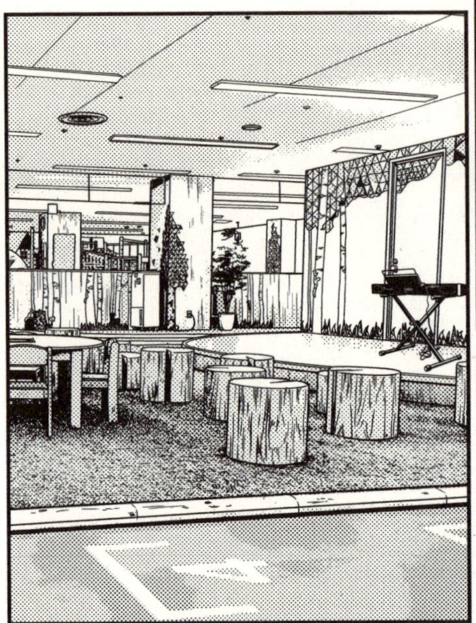

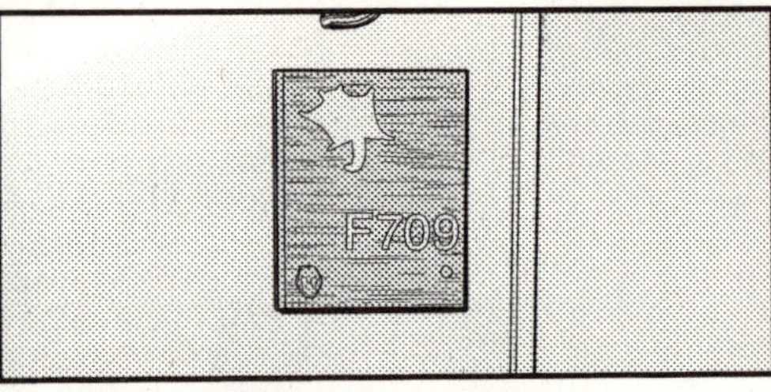
F709

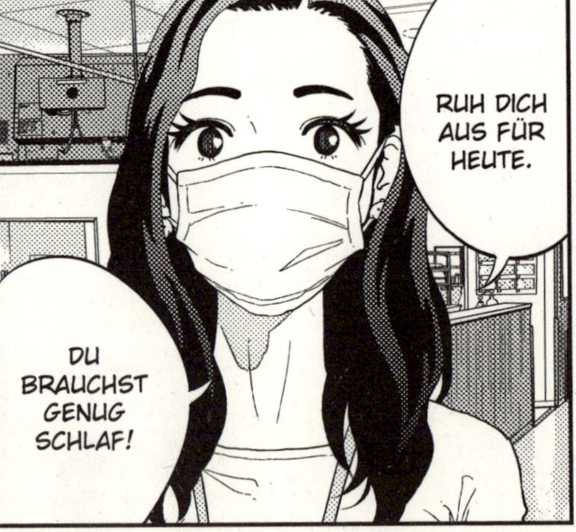
RUH DICH AUS FÜR HEUTE.
DU BRAUCHST GENUG SCHLAF!

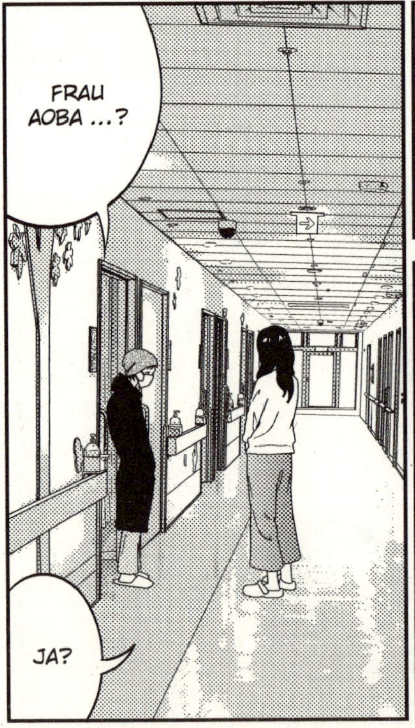
FRAU AOBA ...?
JA?

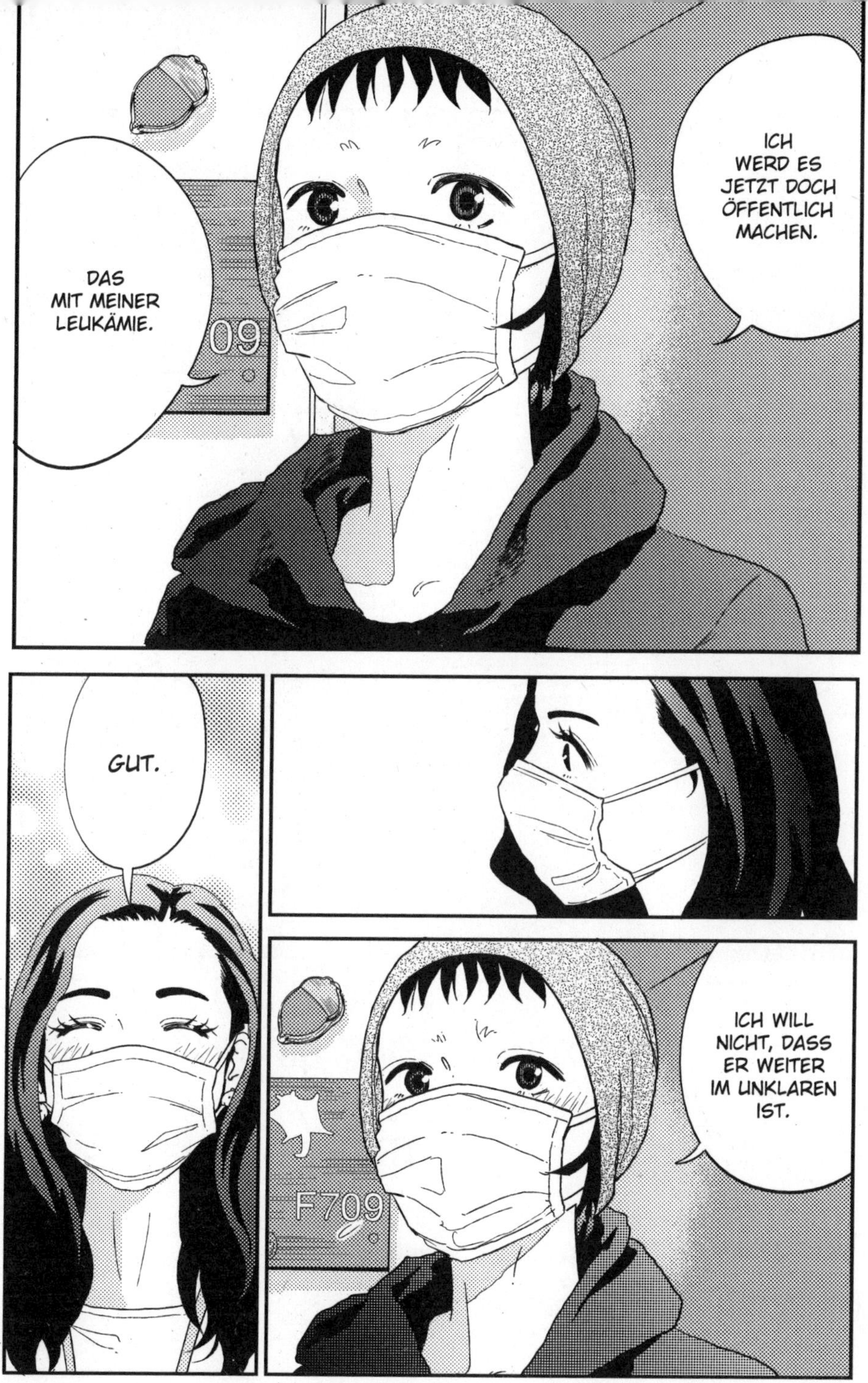

ICH WERD ES JETZT DOCH ÖFFENTLICH MACHEN.
DAS MIT MEINER LEUKÄMIE.

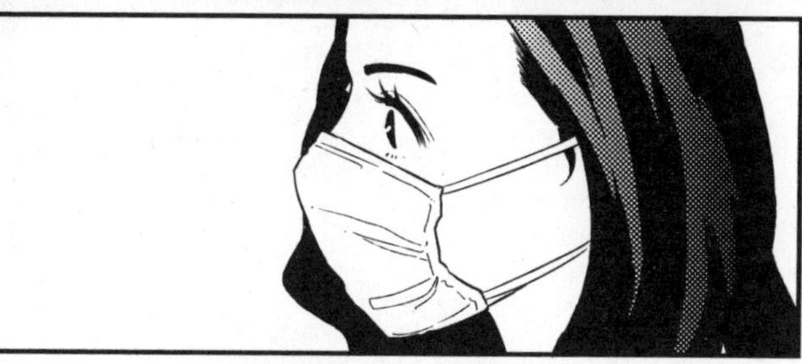

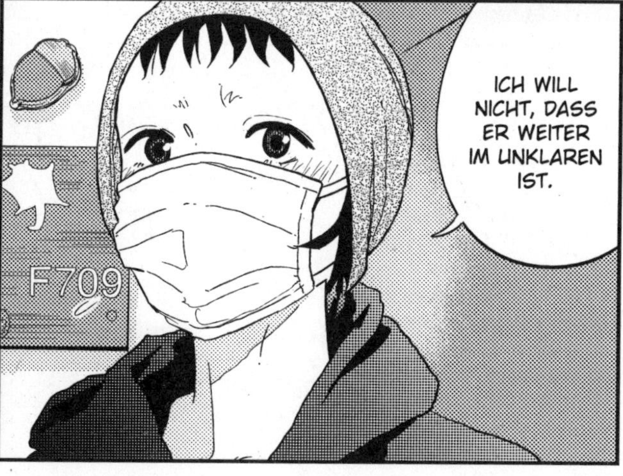

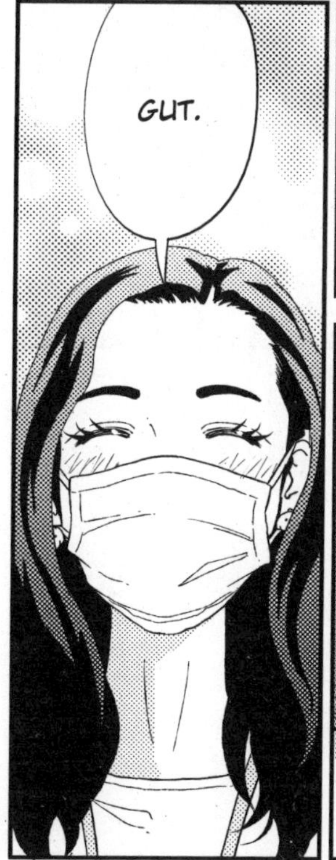

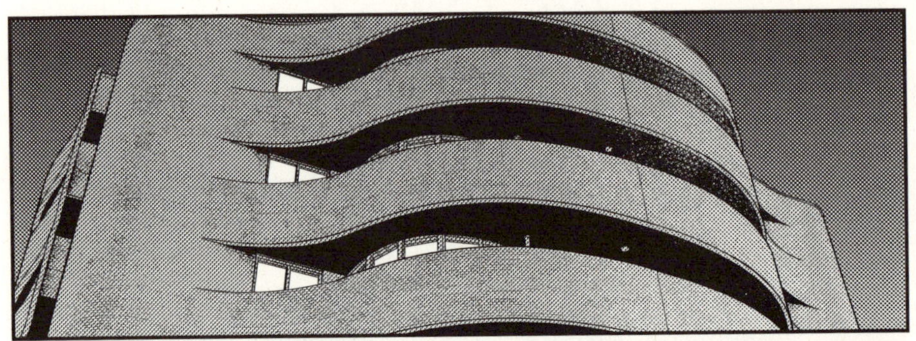

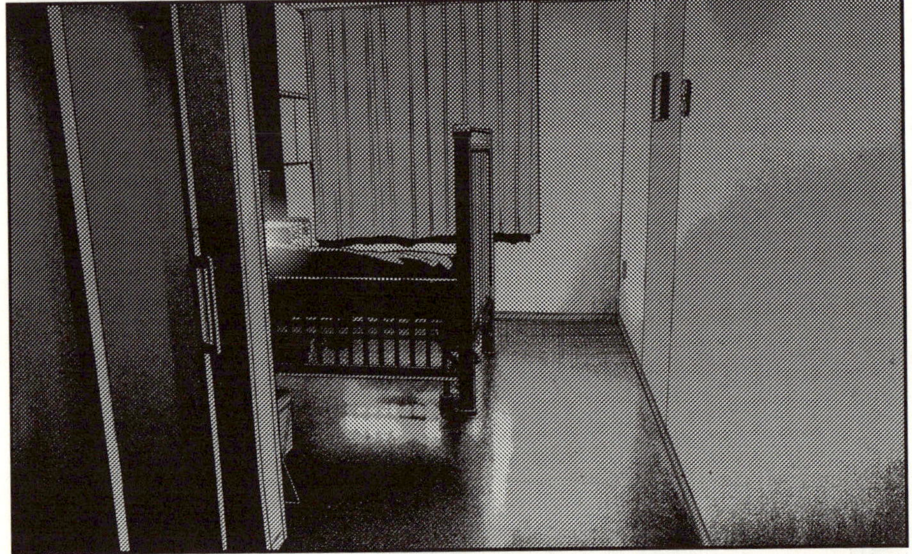

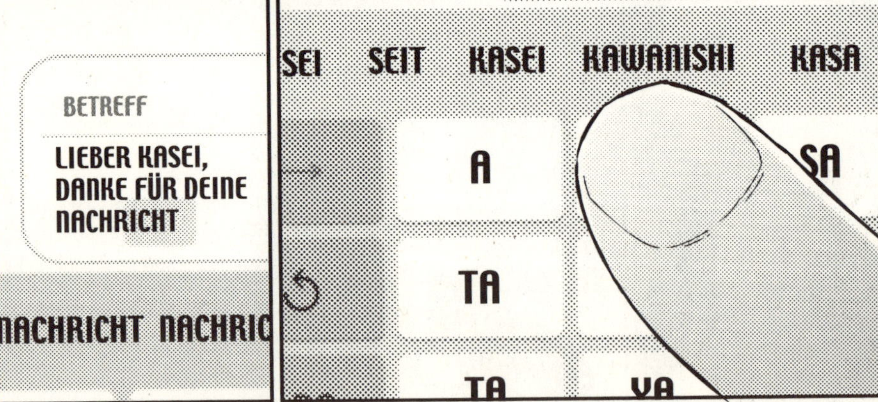
BETREFF
LIEBER KASEI, DANKE FÜR DEINE NACHRICHT
NACHRICHT NACHRIC
SEI SEIT KASEI KAWANISHI KASA
A
SA
TA
TA
VA

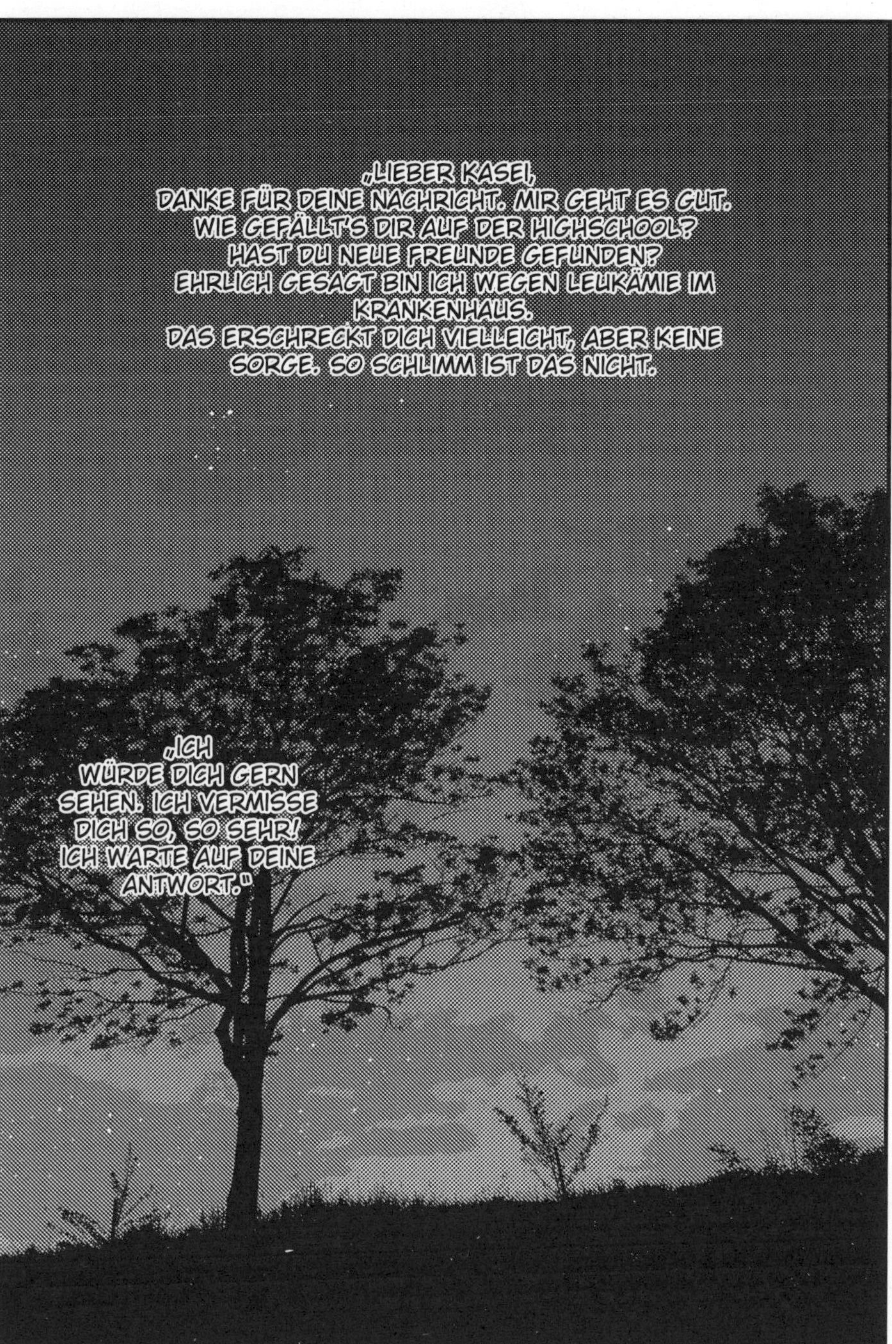
„LIEBER KASEI,
DANKE FÜR DEINE NACHRICHT. MIR GEHT ES GUT.
WIE GEFÄLLT'S DIR AUF DER HIGHSCHOOL?
HAST DU NEUE FREUNDE GEFUNDEN?
EHRLICH GESAGT BIN ICH WEGEN LEUKÄMIE IM KRANKENHAUS.
DAS ERSCHRECKT DICH VIELLEICHT, ABER KEINE SORGE. SO SCHLIMM IST DAS NICHT.
„ICH WÜRDE DICH GERN SEHEN. ICH VERMISSE DICH SO, SO SEHR! ICH WARTE AUF DEINE ANTWORT."

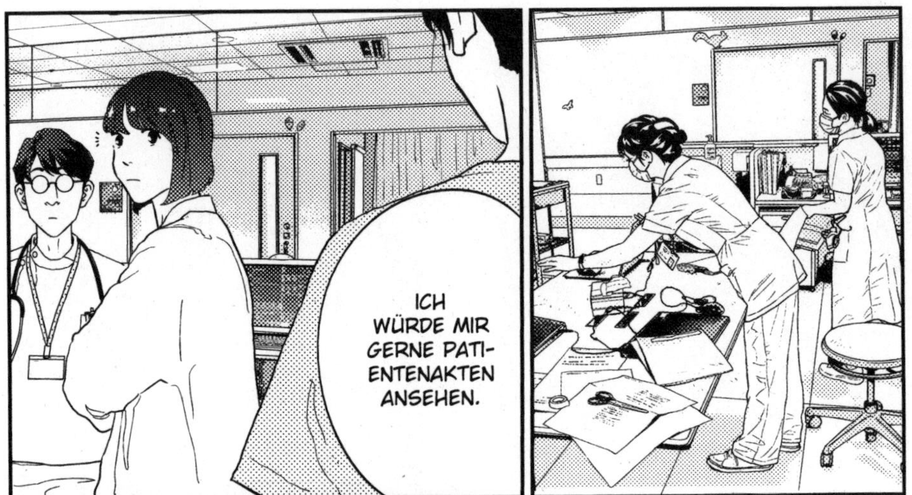
ICH WÜRDE MIR GERNE PATI-ENTENAKTEN ANSEHEN.

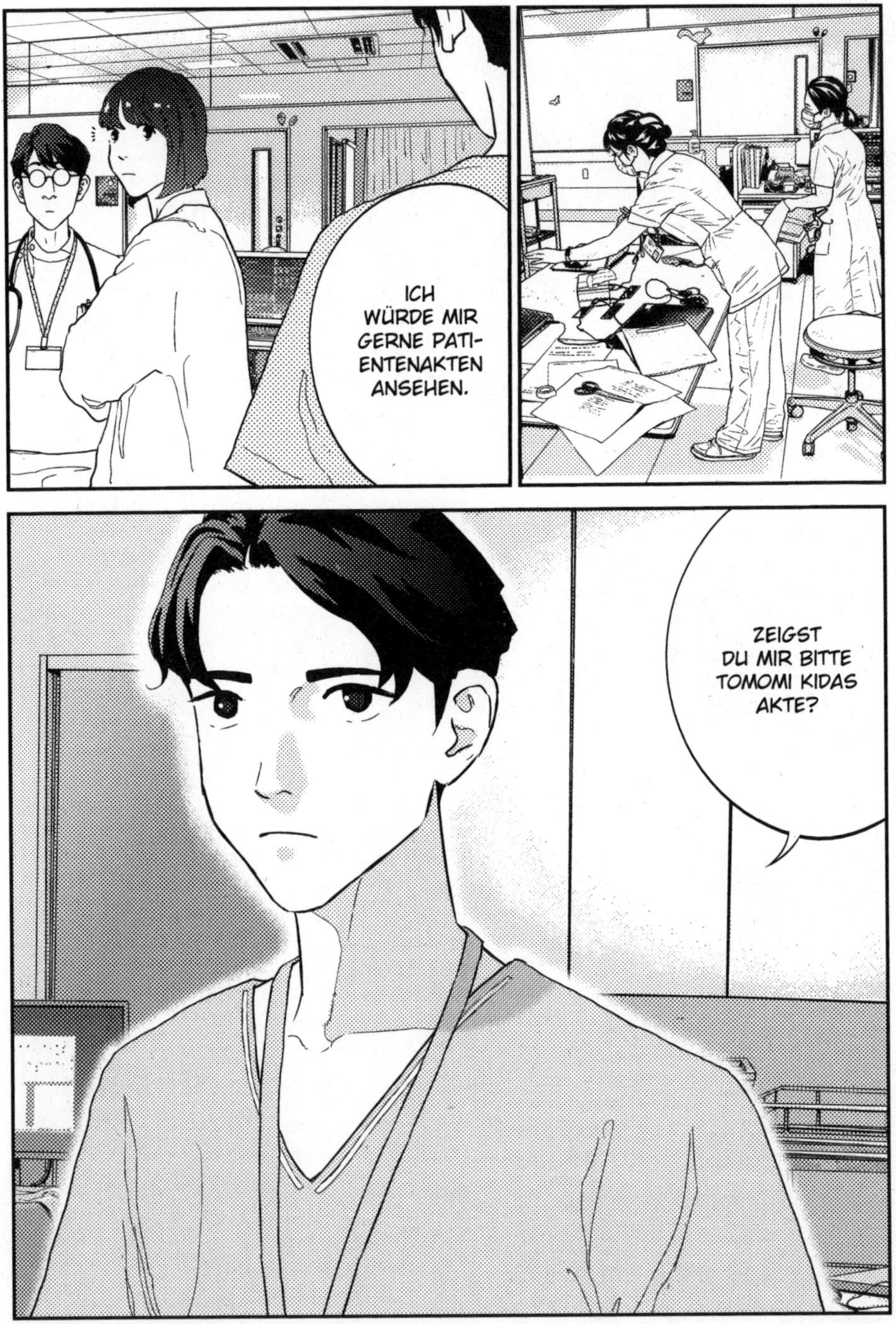

ZEIGST DU MIR BITTE TOMOMI KIDAS AKTE?

Die Früchte der Platane

EIN KINDERARZT MIT HERZ

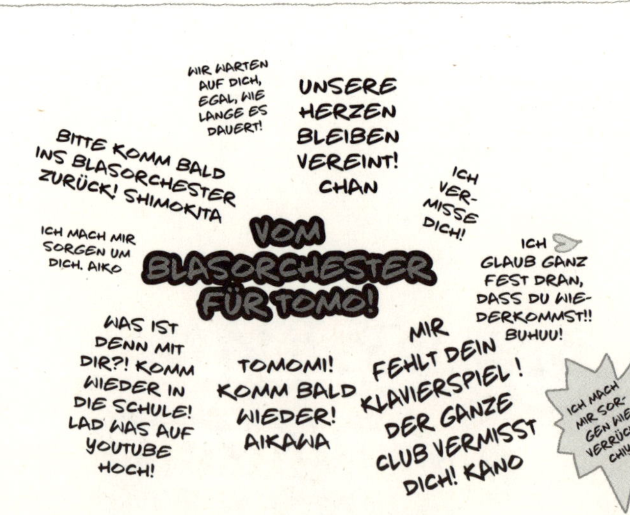
VOM BLASORCHESTER FÜR TOMO!
WIR WARTEN AUF DICH, EGAL, WIE LANGE ES DAUERT!
UNSERE HERZEN BLEIBEN VEREINT! CHAN
BITTE KOMM BALD INS BLASORCHESTER ZURÜCK! SHIMOKITA
ICH VER-MISSE DICH!
ICH MACH MIR SORGEN UM DICH. AIKO
ICH GLAUB GANZ FEST DRAN, DASS DU WIE-DERKOMMST!! BUHUU!
WAS IST DENN MIT DIR?! KOMM WIEDER IN DIE SCHULE! LAD WAS AUF YOUTUBE HOCH!
TOMOMI! KOMM BALD WIEDER! AIKAWA
MIR FEHLT DEIN KLAVIERSPIEL! DER GANZE CLUB VERMISST DICH! KANO
ICH MACH MIR SOR-GEN WIE VERRÜCKT! CHIYO

26 ICH HAB SO LANG GEWARTET

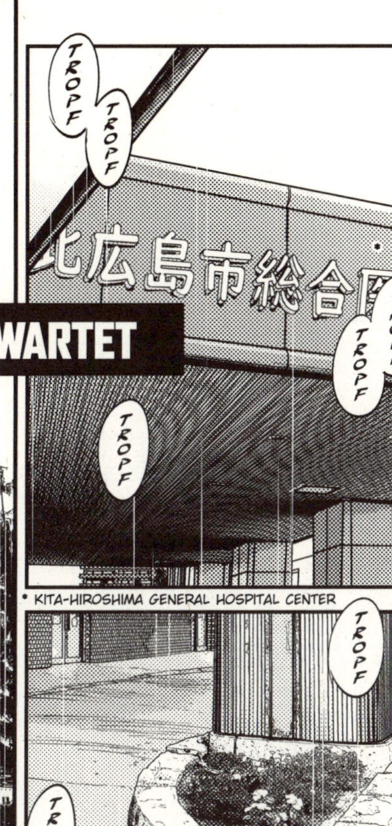

* KITA-HIROSHIMA GENERAL HOSPITAL CENTER

DAS WAR WOHL …

DANKE FÜR DEINE NACHRICHT.
MIR GEHT ES GUT.
WIE GEFÄLLT'S DIR AUF DER HIGHSCHO
HAST DU NEUE FREUNDE GEFUNDEN?
EHRLICH GESAGT BIN ICH WEGEN LEUKÄ-
MIE IM KRANKENHAUS.
DAS ERSCHRECKT DICH VIELLEICHT, ABER
KEINE SORGE. SO SCHLIMM IST DAS NICHT.
ICH WÜRDE DICH GERN SEHEN.
ICH VERMISSE DICH SO, SO SEHR!

… DOCH ZU EHRLICH.

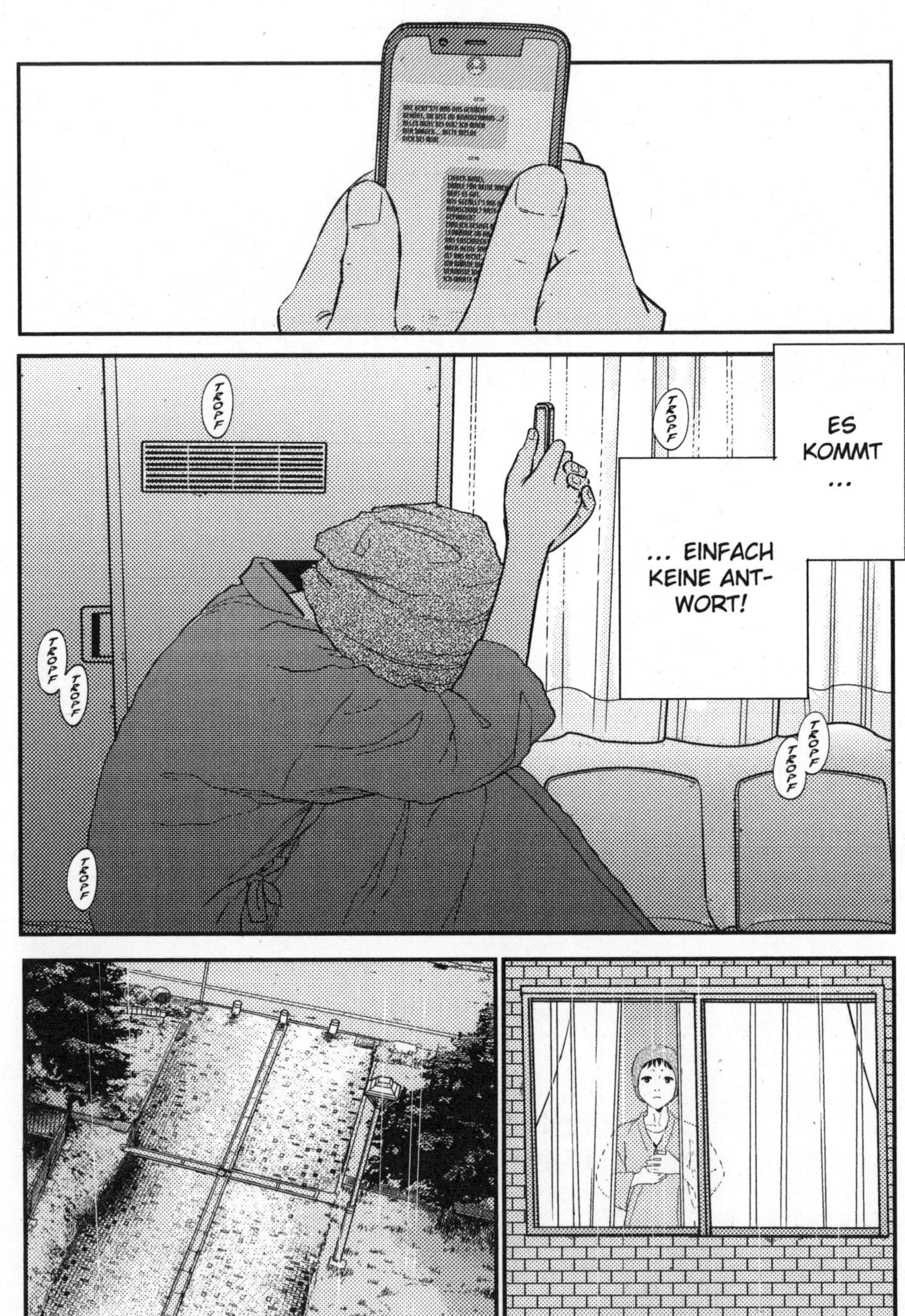
ES KOMMT ...
... EINFACH KEINE ANT-WORT!
TROPF
TROPF
TROPF
TROPF
TROPF
TROPF
TROPF

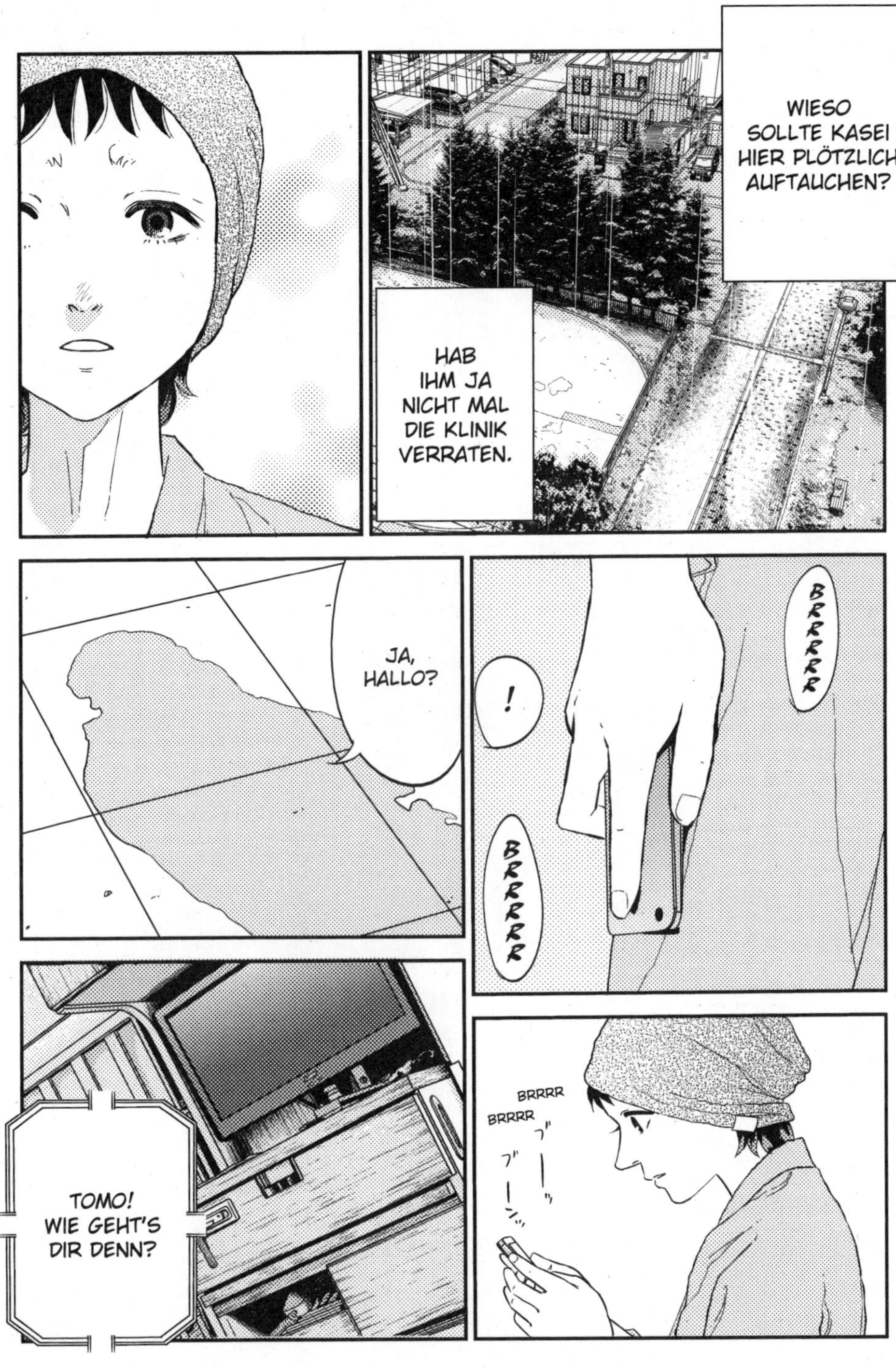
WIESO SOLLTE KASEI HIER PLÖTZLICH AUFTAUCHEN?
HAB IHM JA NICHT MAL DIE KLINIK VERRATEN.
BRRRRRR
!
BRRRRRR
JA, HALLO?
BRRRR
BRRRR
TOMO! WIE GEHT'S DIR DENN?

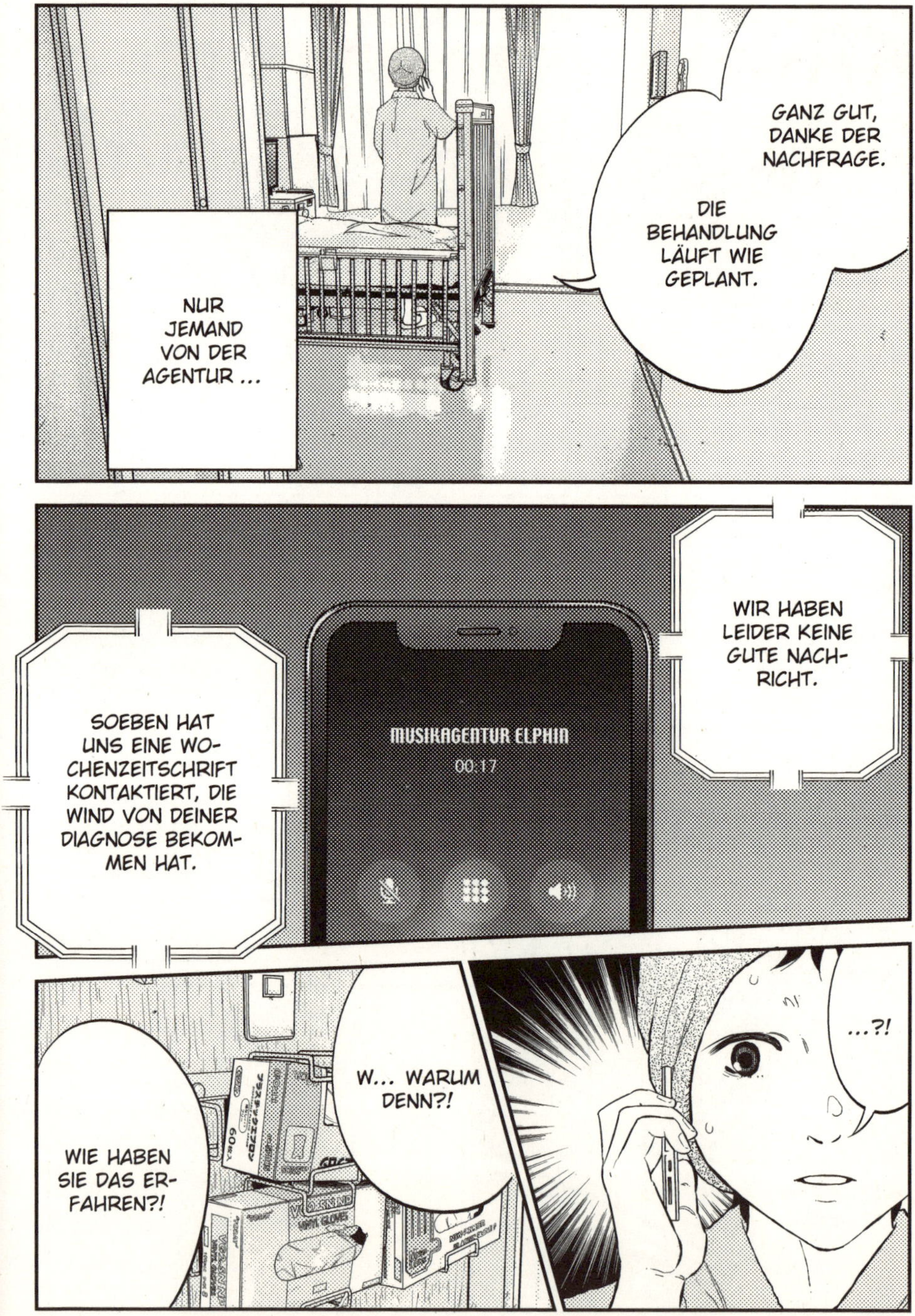

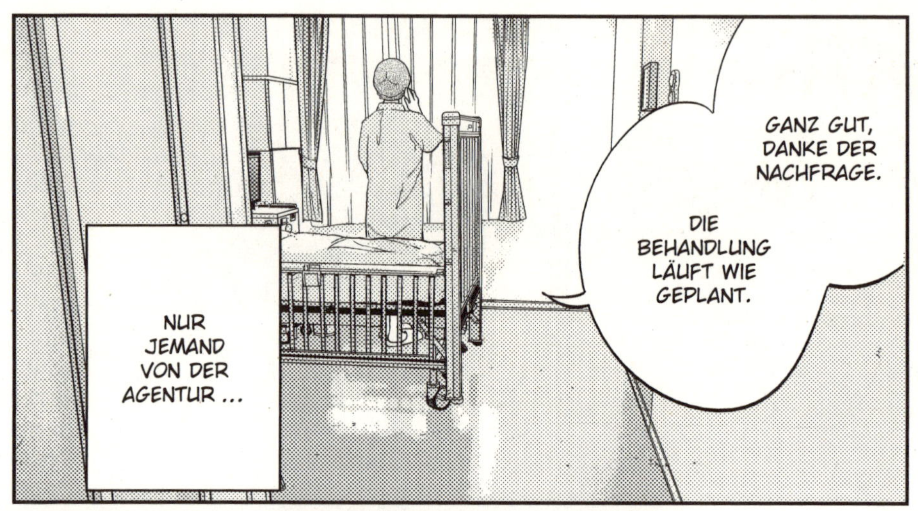

WIR HABEN LEIDER KEINE GUTE NACHRICHT.

MUSIKAGENTUR ELPHIN
00:17

SOEBEN HAT UNS EINE WOCHENZEITSCHRIFT KONTAKTIERT, DIE WIND VON DEINER DIAGNOSE BEKOMMEN HAT.

...?!

W... WARUM DENN?!

WIE HABEN SIE DAS ERFAHREN?!

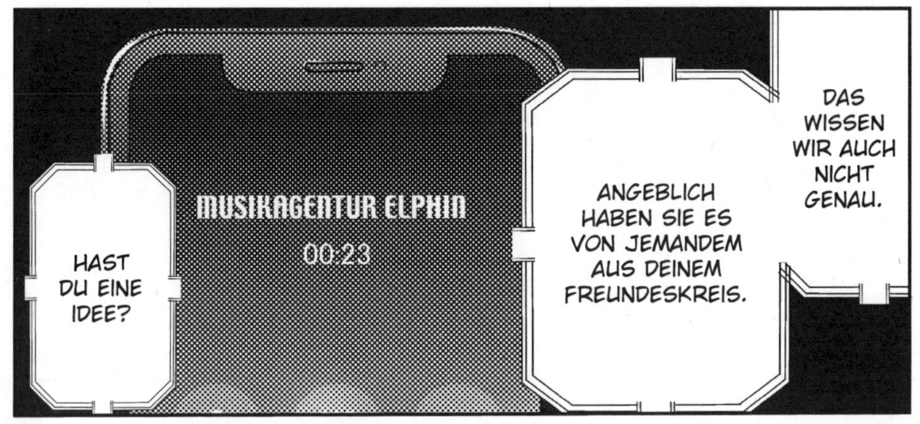

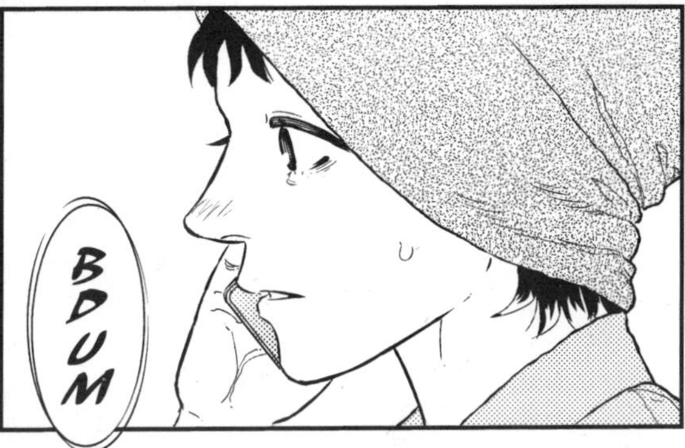

NEUE FREUNDE GEFU
BIN ICH WEGEN LEU
IM KRANKENHAUS.
DICH VIELLEICHT, A
SCHLIMM IST DAS N
DICH GERN SEHEN.

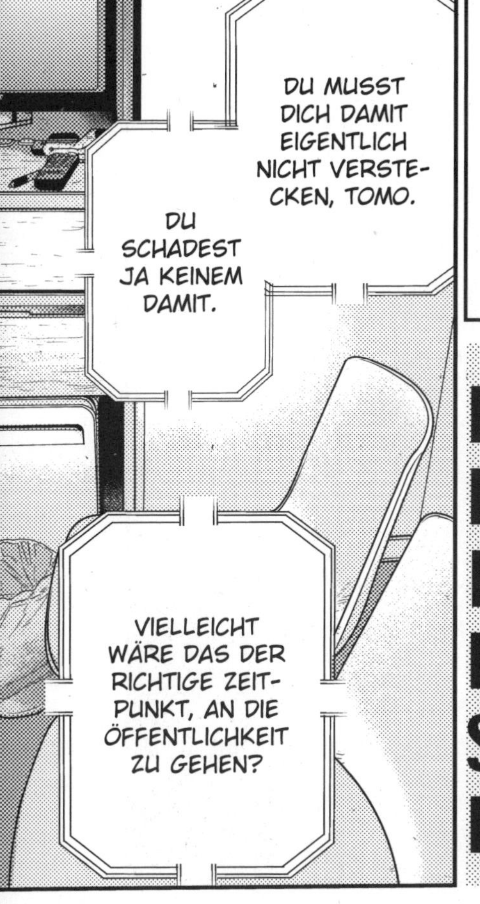

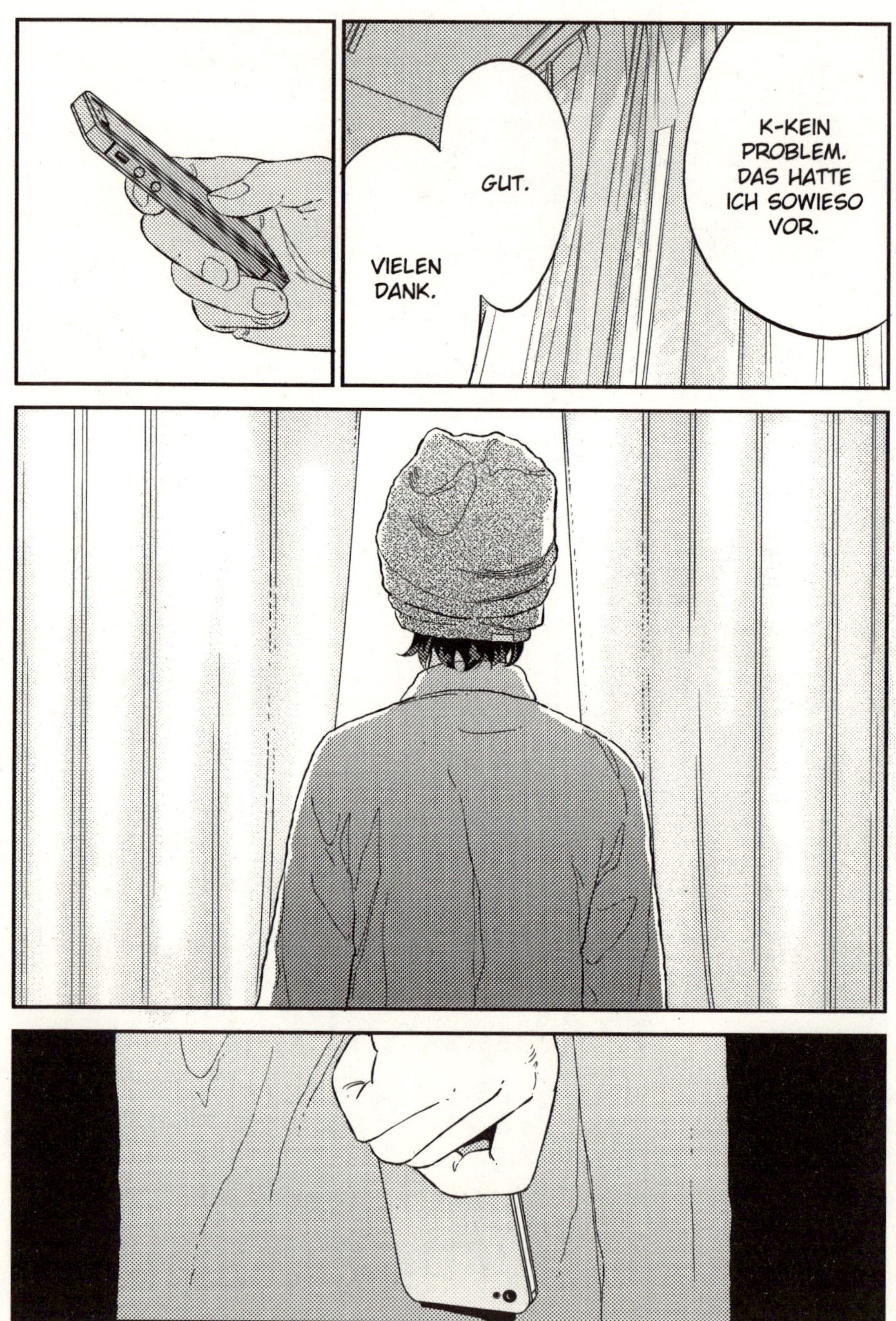
K-KEIN PROBLEM. DAS HATTE ICH SOWIESO VOR.
GUT.
VIELEN DANK.

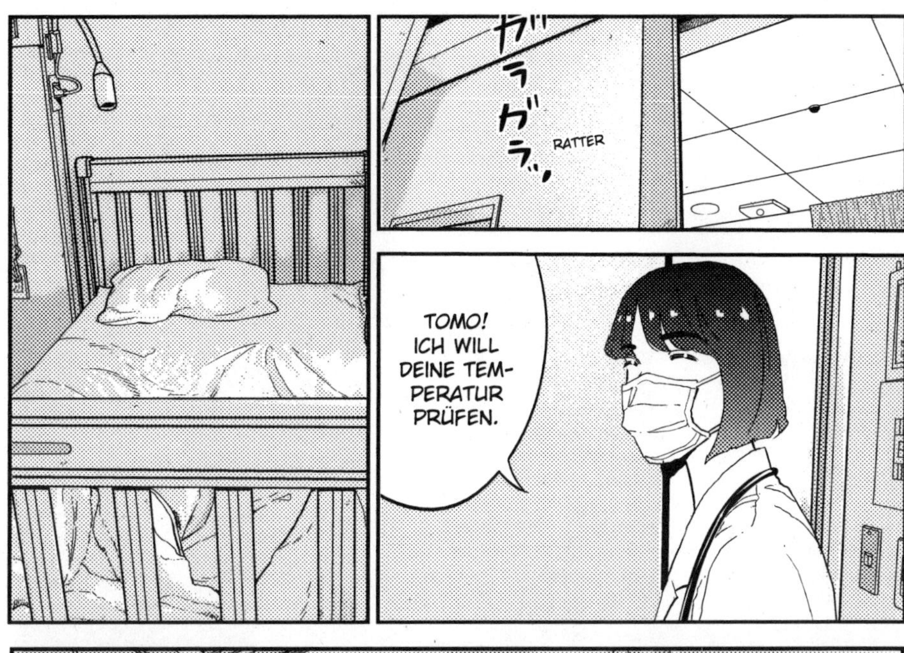

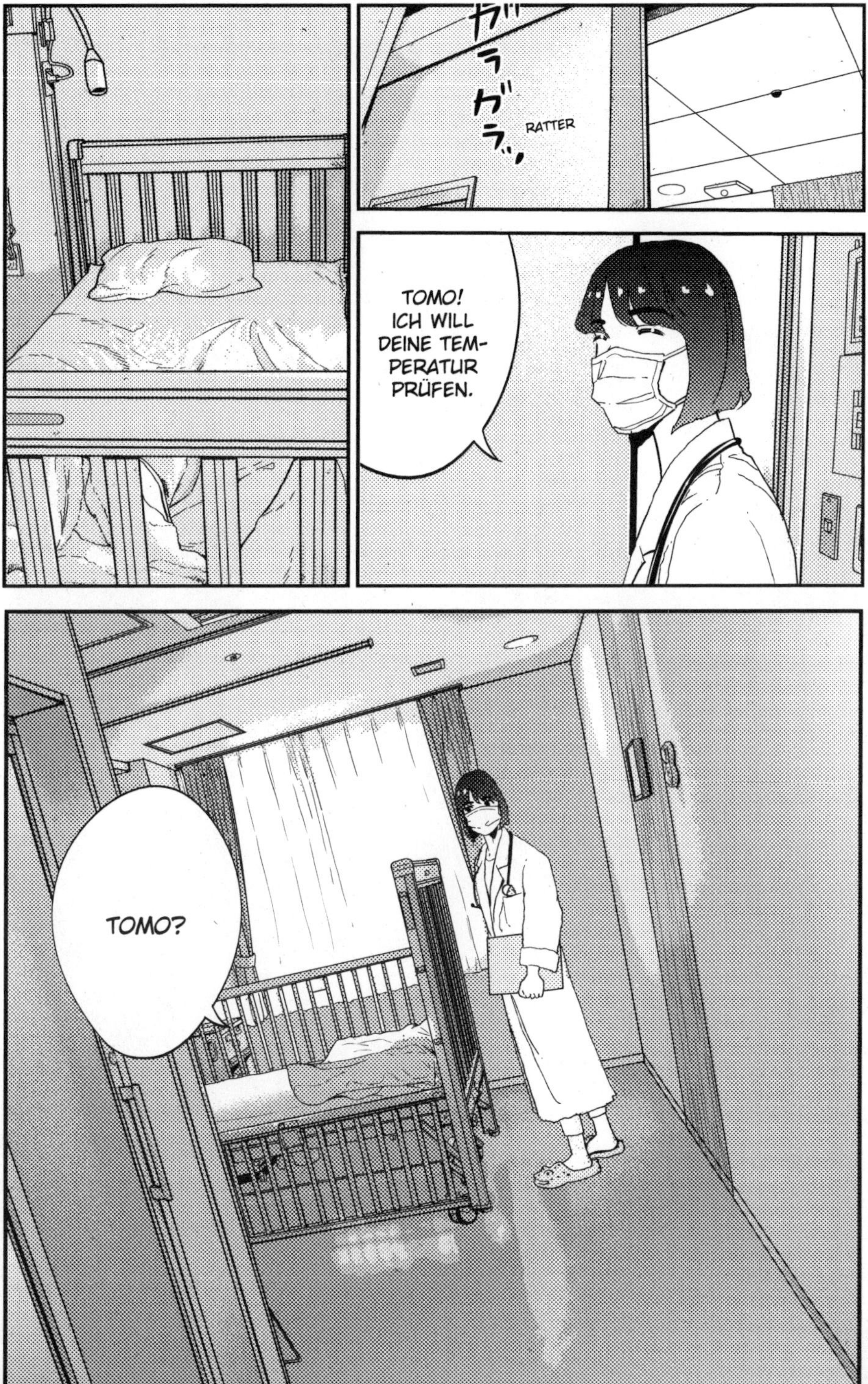

TOMO?

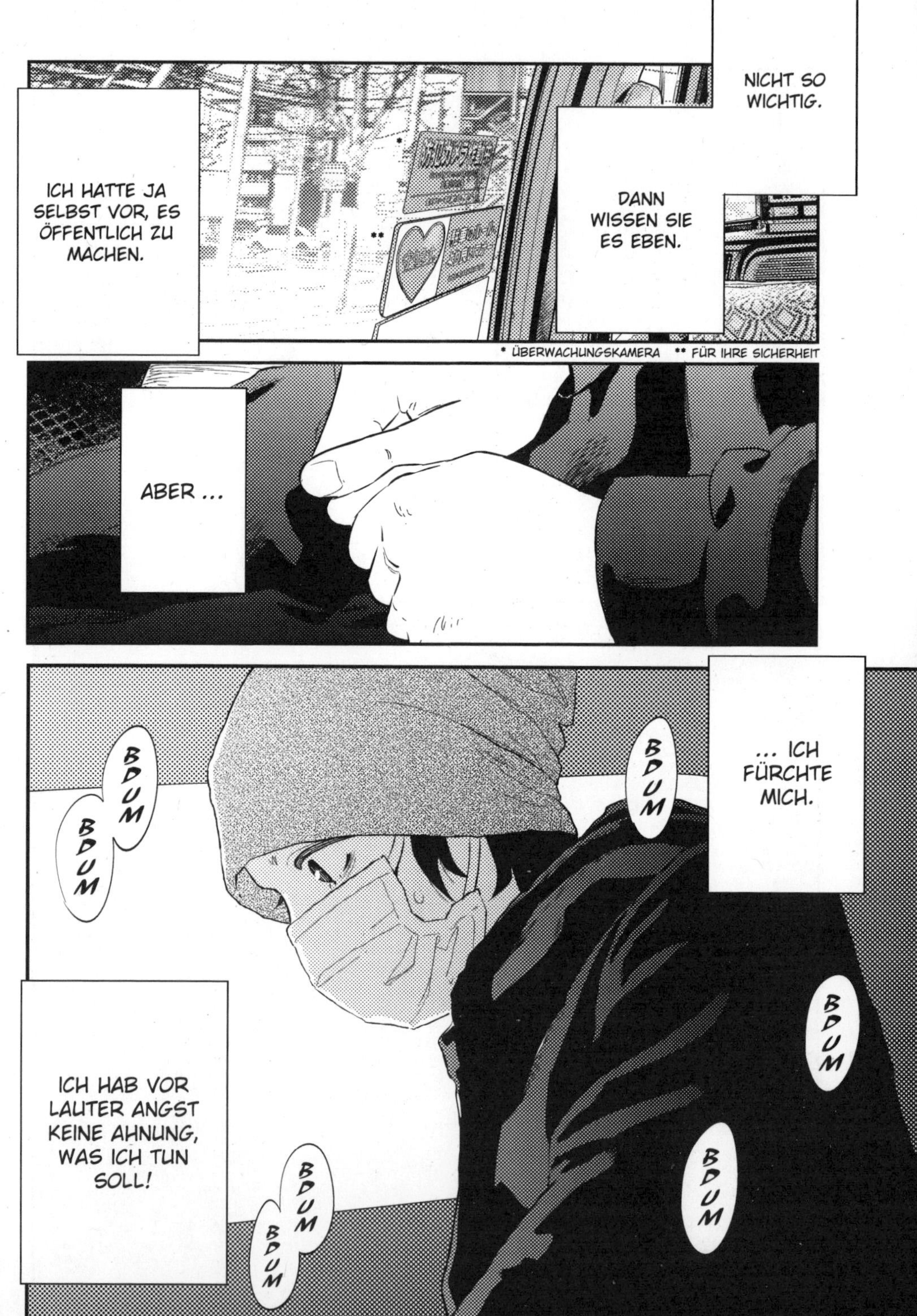
NICHT SO WICHTIG.
DANN WISSEN SIE ES EBEN.
ICH HATTE JA SELBST VOR, ES ÖFFENTLICH ZU MACHEN.
* ÜBERWACHUNGSKAMERA ** FÜR IHRE SICHERHEIT
ABER …
… ICH FÜRCHTE MICH.
BDUM
BDUM
BDUM
BDUM
BDUM
ICH HAB VOR LAUTER ANGST KEINE AHNUNG, WAS ICH TUN SOLL!
BDUM
BDUM

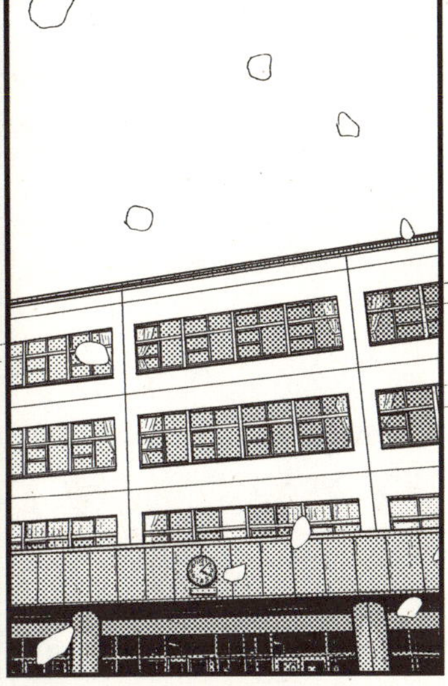

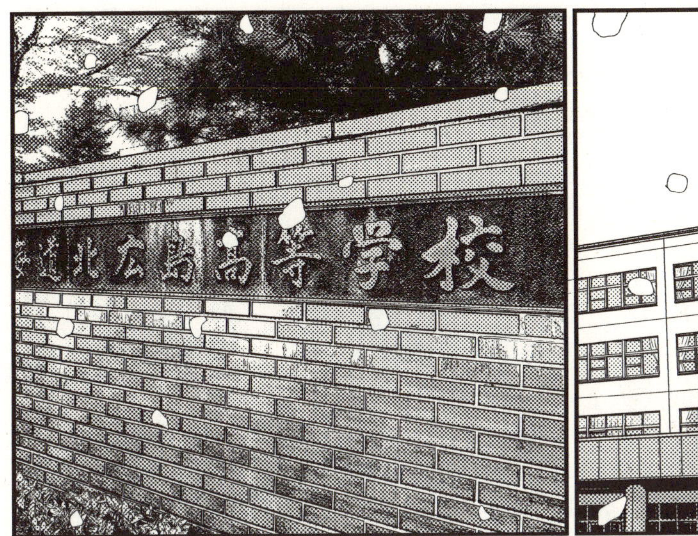
道北広島高等学校

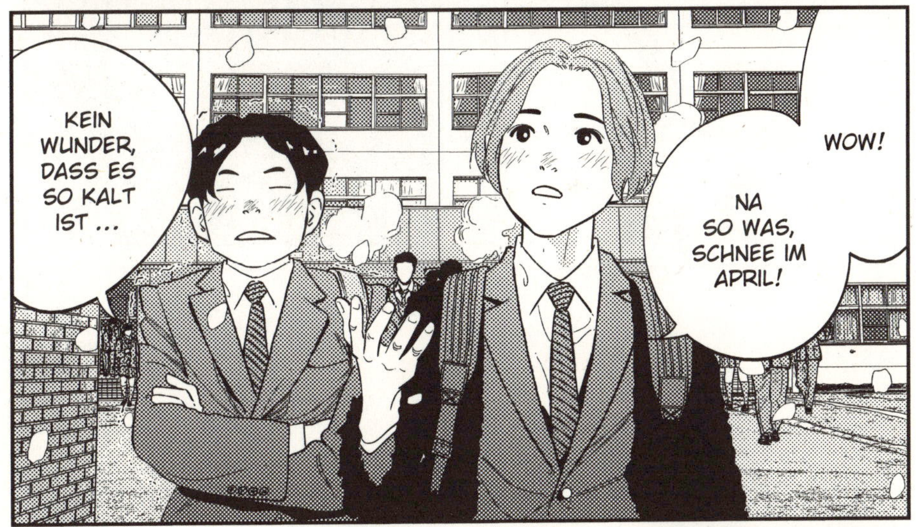
WOW!
NA SO WAS, SCHNEE IM APRIL!
KEIN WUNDER, DASS ES SO KALT IST …

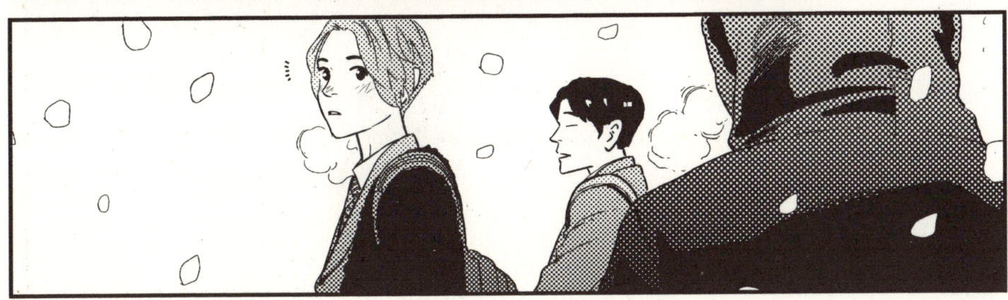

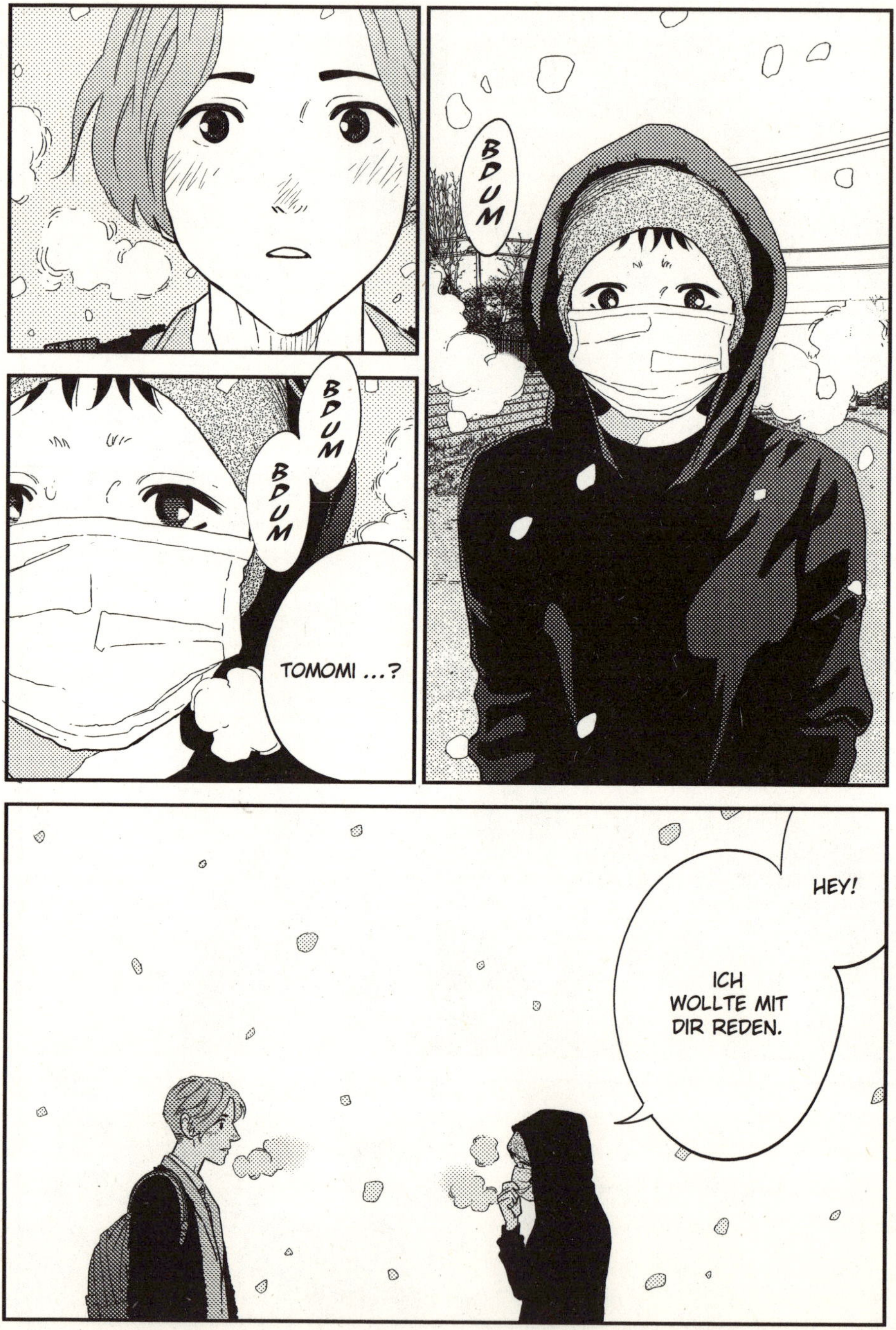

BDUM

BDUM

BDUM

TOMOMI ...?

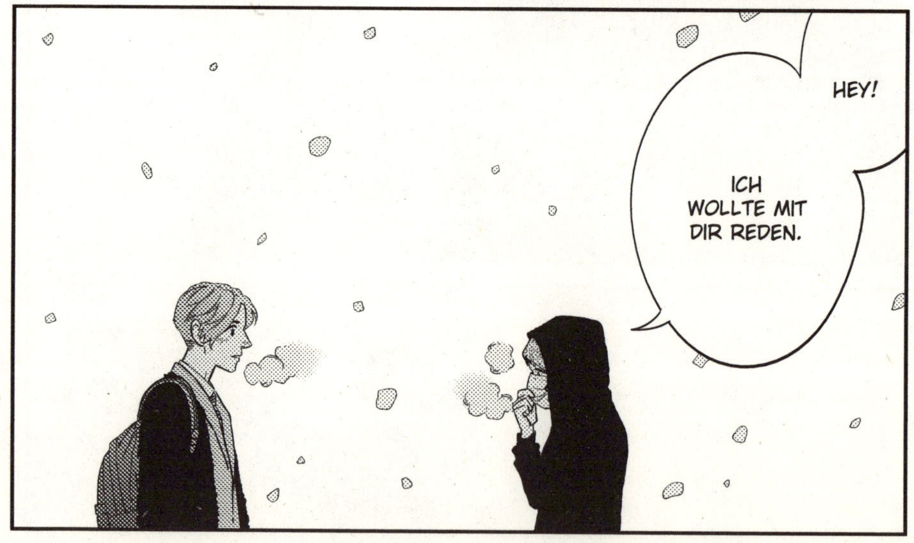

* STADTHALLE KITA-HIROSHIMA
** CHUO-BUS - STADTHALLE KITA-HIROSHIMA - ZENTRALKLINIK KITA-HIROSHIMA
*** SCHNELLBUS - SCHNELL! GÜNSTIG! EINFACH!
**** NEBENGEBÄUDE RATHAUS
***** LINLIN-PARK - KITA-HIROSHIMA

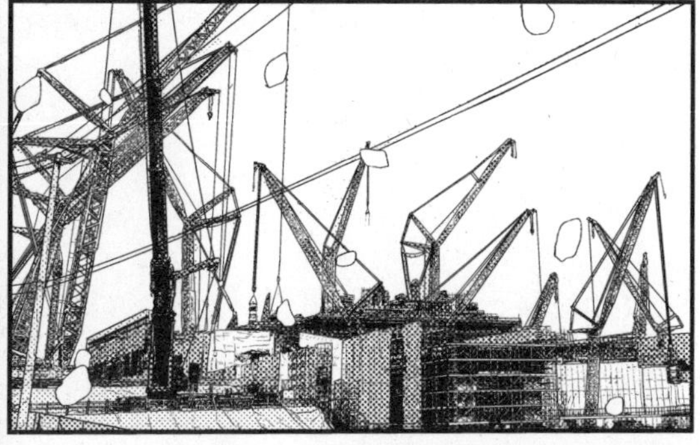

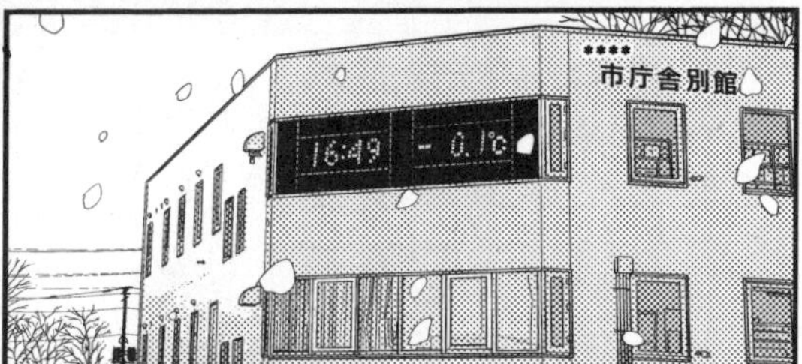

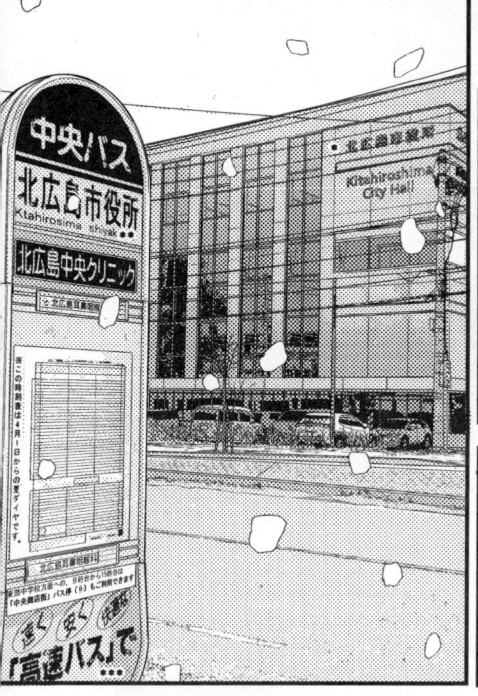

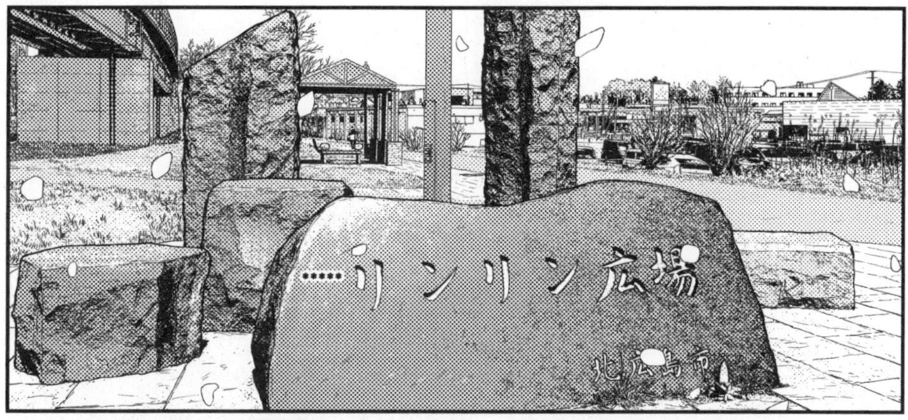

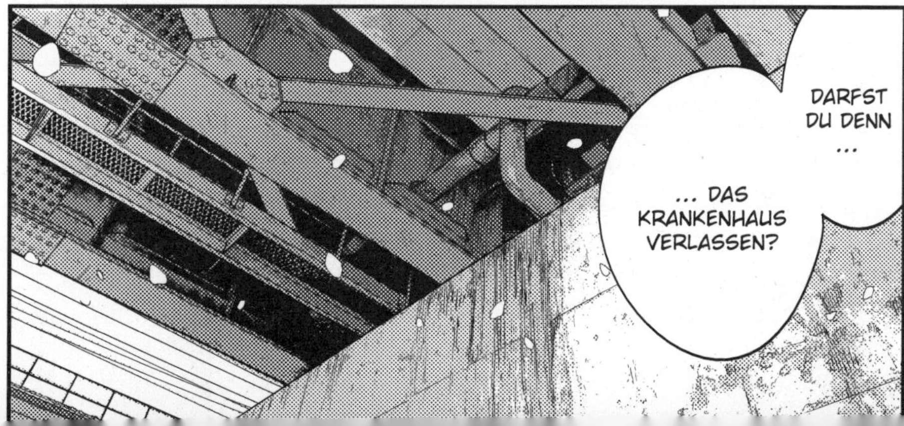

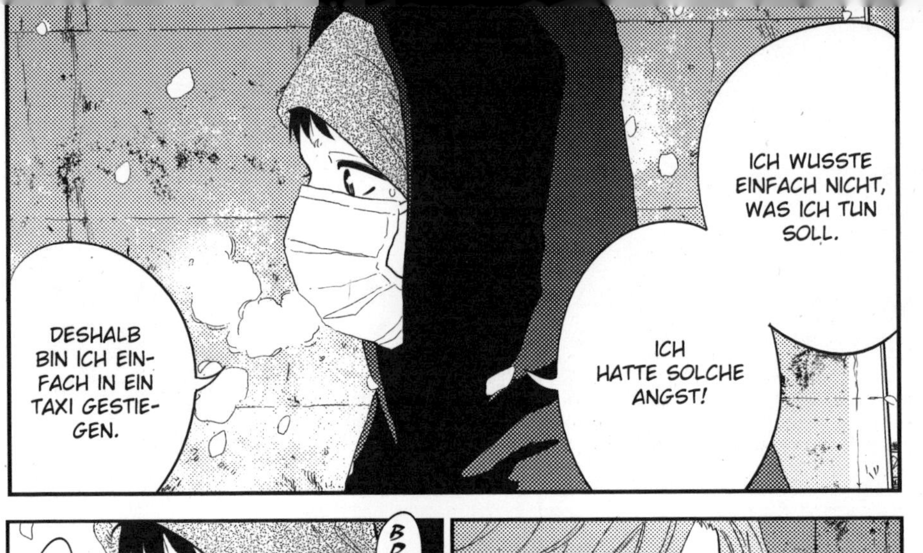

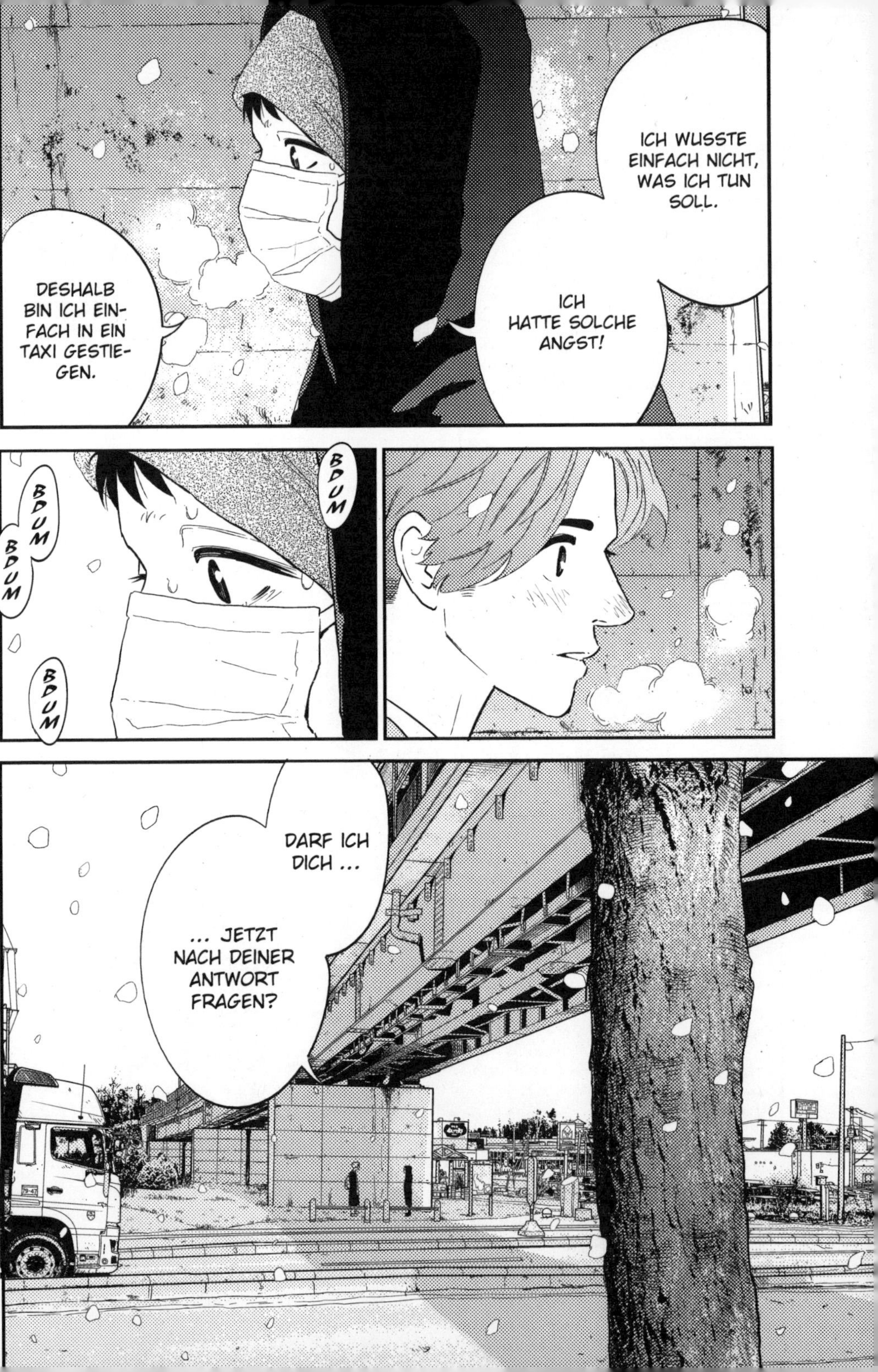

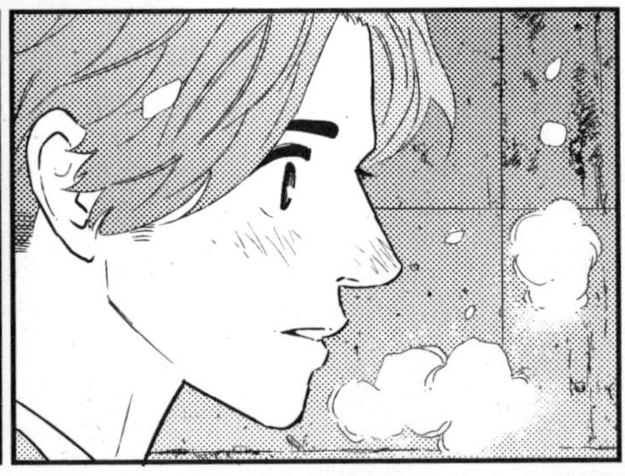

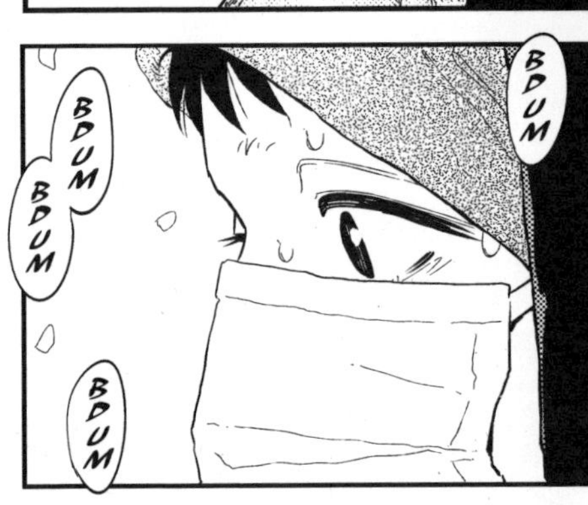

DARF ICH DICH ...

... JETZT NACH DEINER ANTWORT FRAGEN?

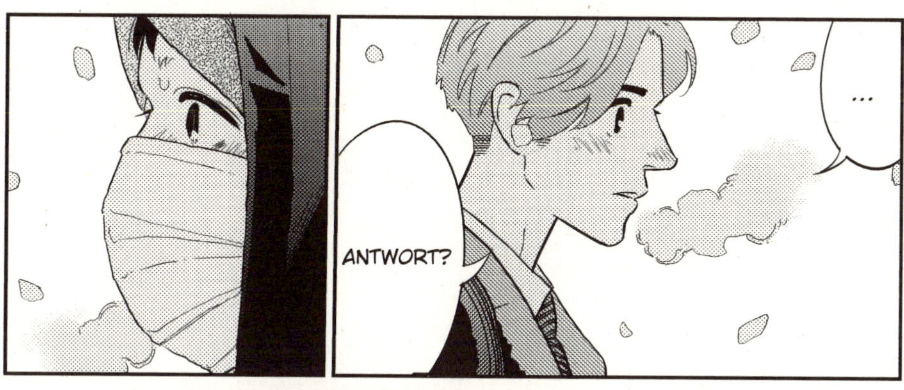
...
ANTWORT?

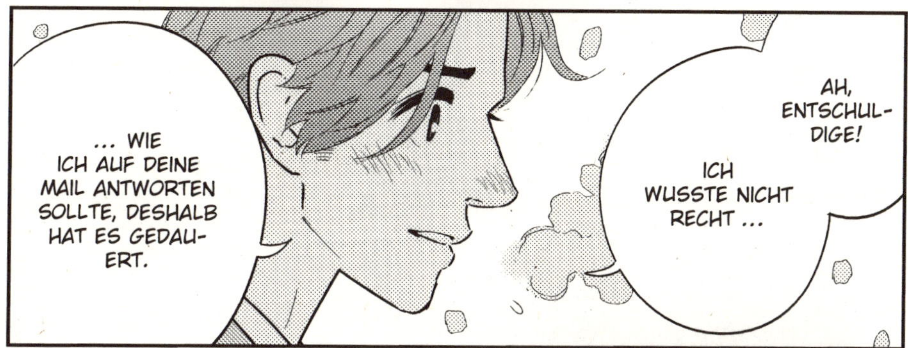
AH, ENTSCHULDIGE!
ICH WUSSTE NICHT RECHT ...
... WIE ICH AUF DEINE MAIL ANTWORTEN SOLLTE, DESHALB HAT ES GEDAUERT.

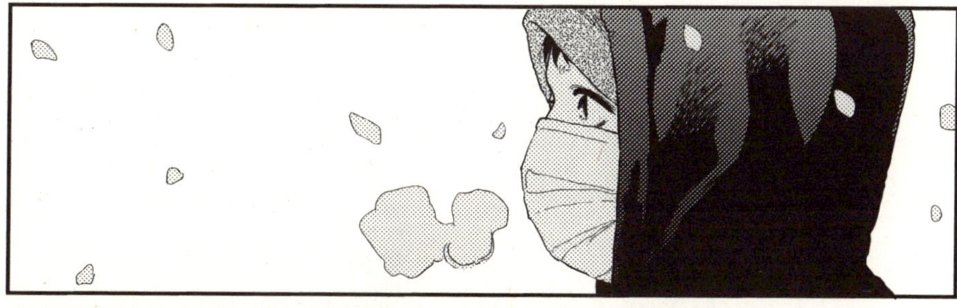

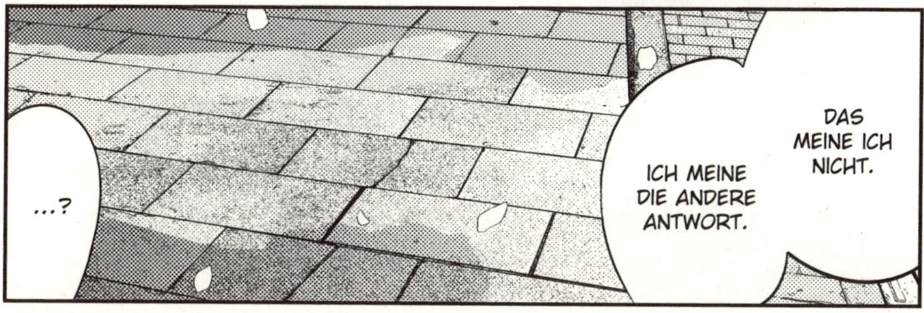
DAS MEINE ICH NICHT.
ICH MEINE DIE ANDERE ANTWORT.
...?

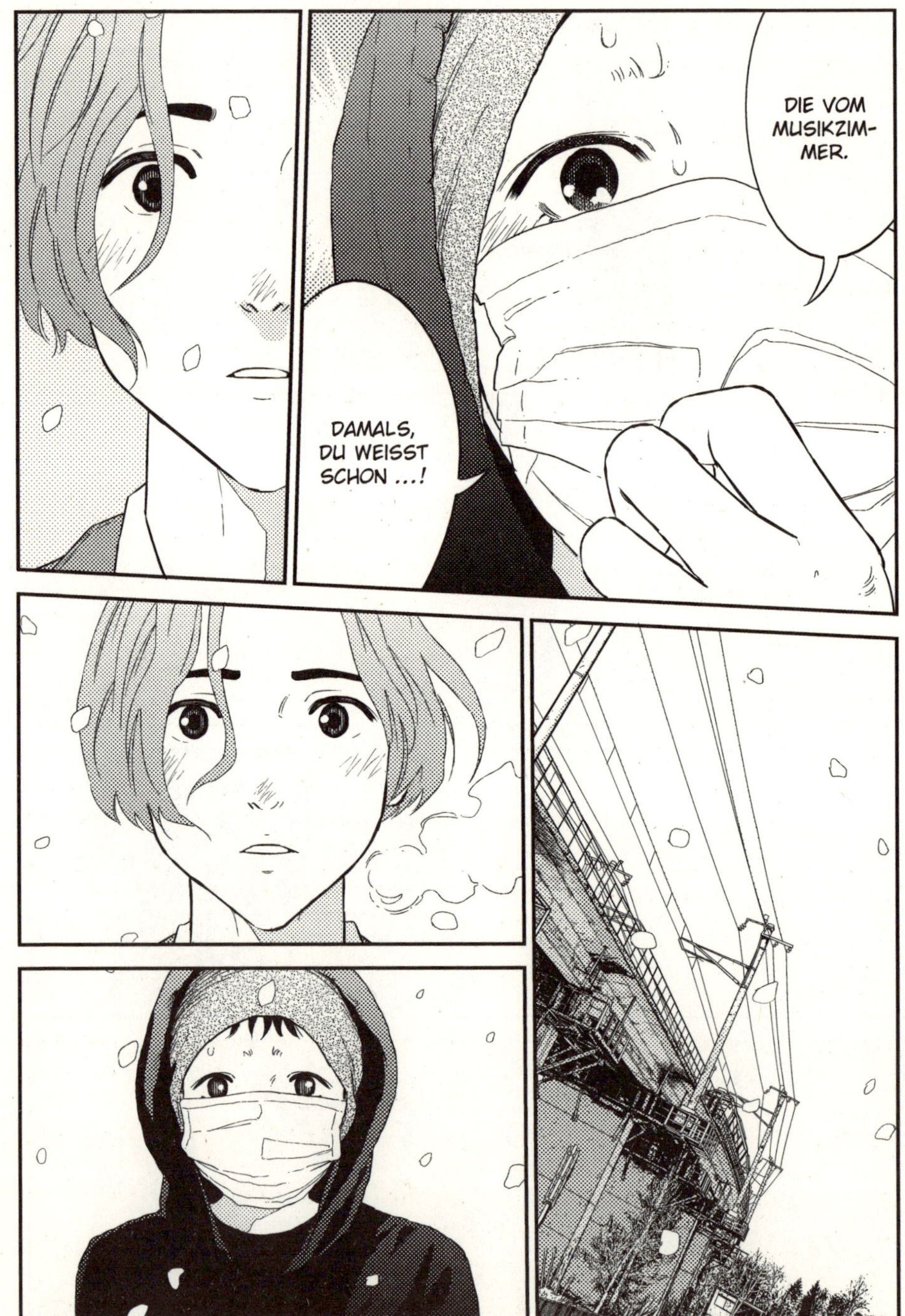
DIE VOM MUSIKZIMMER.
DAMALS, DU WEISST SCHON ...!

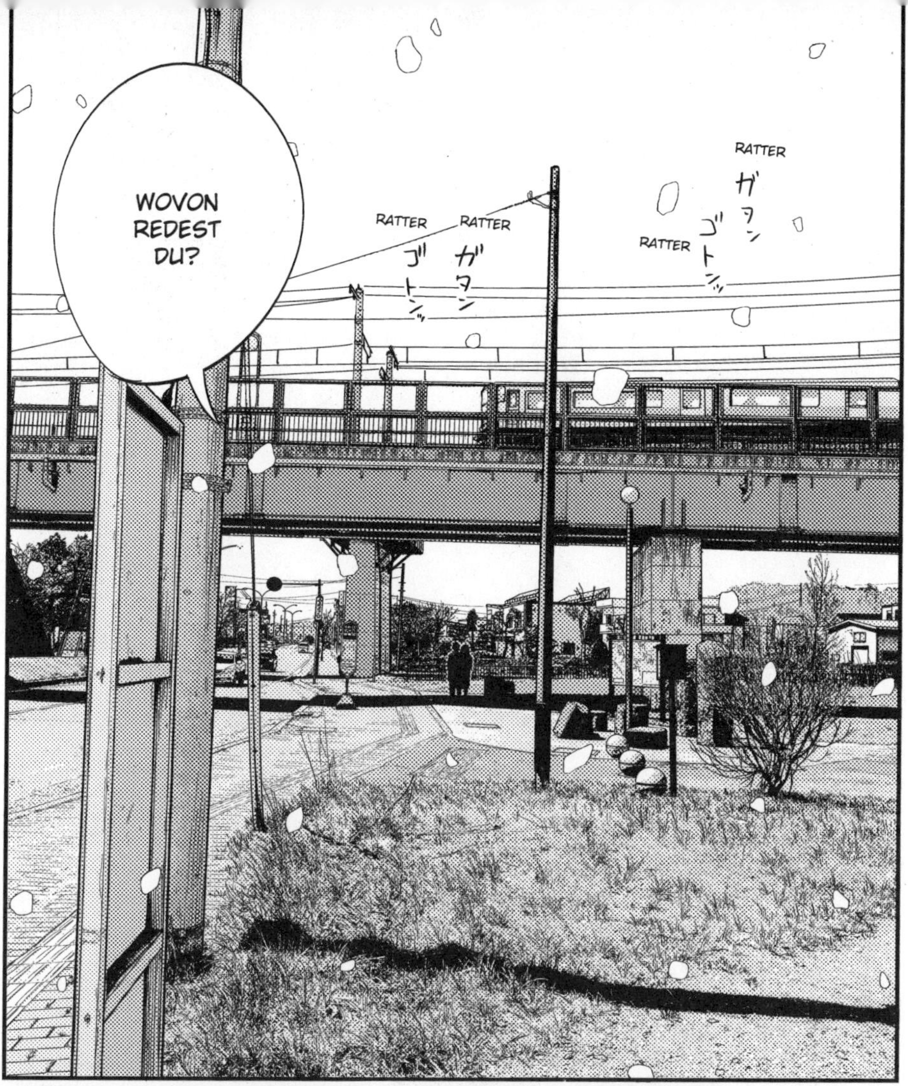

RATTER
ガタン
RATTER
ゴトンッ
RATTER
ガタン
RATTER
ゴトンッ
WOVON REDEST DU?

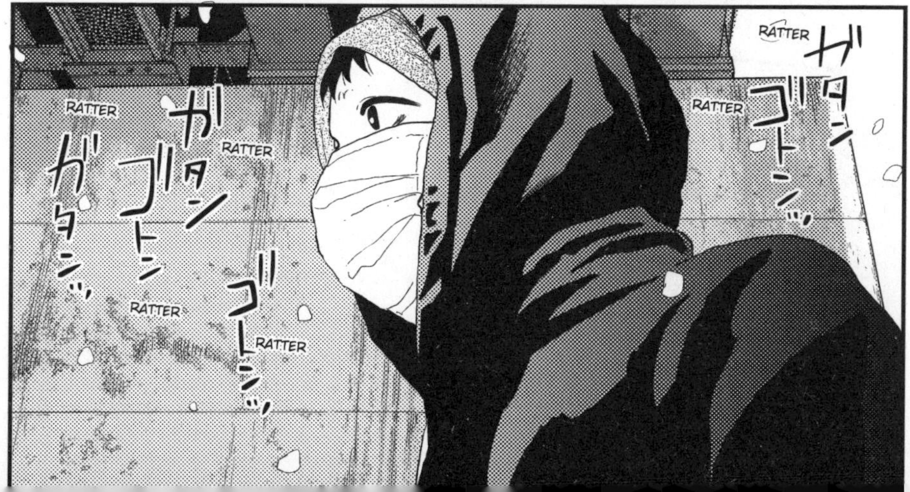

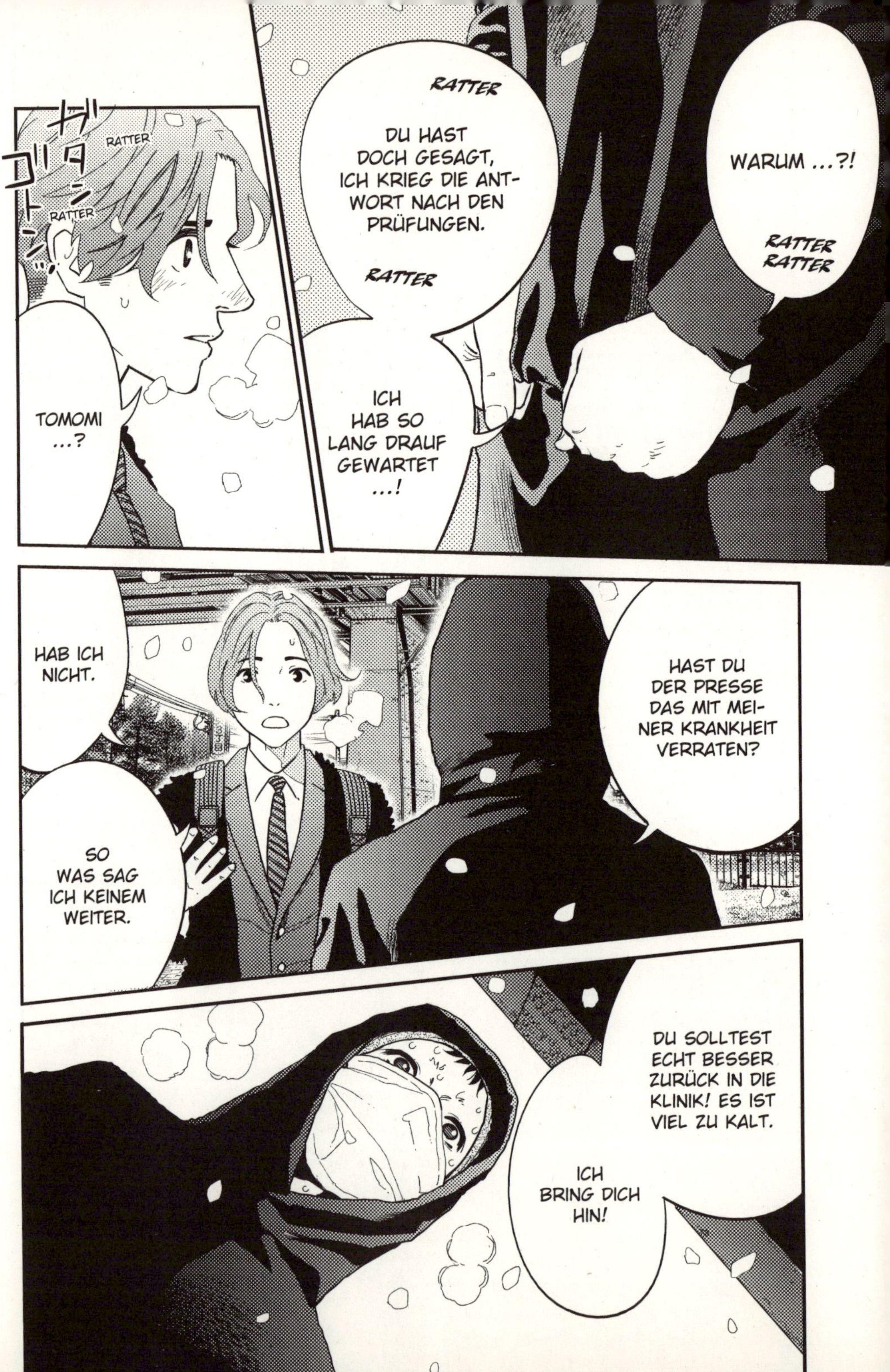

WARUM …?!

RATTER RATTER

RATTER

DU HAST DOCH GESAGT, ICH KRIEG DIE ANTWORT NACH DEN PRÜFUNGEN.

RATTER

ICH HAB SO LANG DRAUF GEWARTET …!

RATTER

RATTER

TOMOMI …?

HAST DU DER PRESSE DAS MIT MEINER KRANKHEIT VERRATEN?

HAB ICH NICHT.

SO WAS SAG ICH KEINEM WEITER.

DU SOLLTEST ECHT BESSER ZURÜCK IN DIE KLINIK! ES IST VIEL ZU KALT.

ICH BRING DICH HIN!

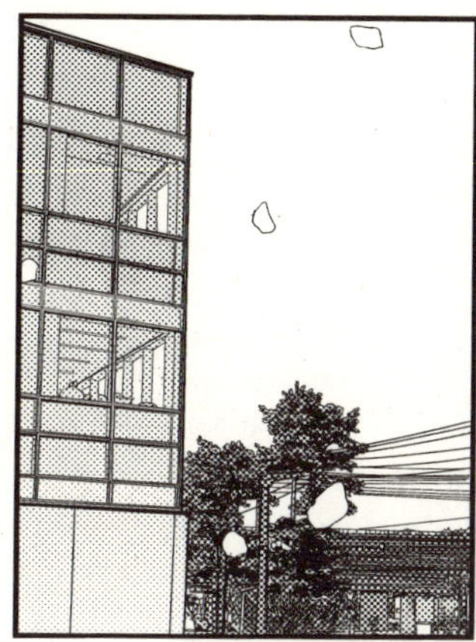

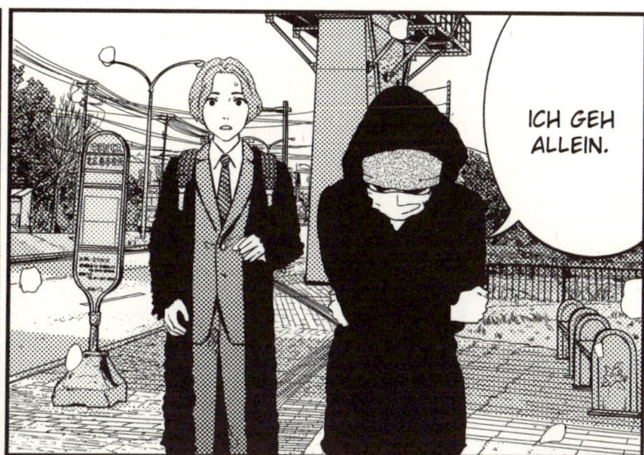

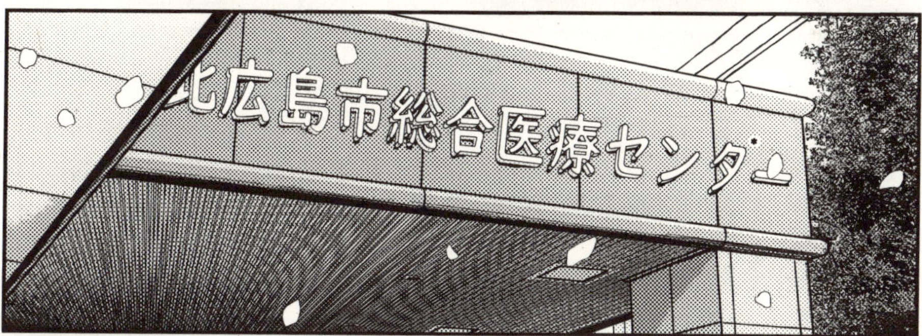

* KITA-HIROSHIMA GENERAL HOSPITAL CENTER

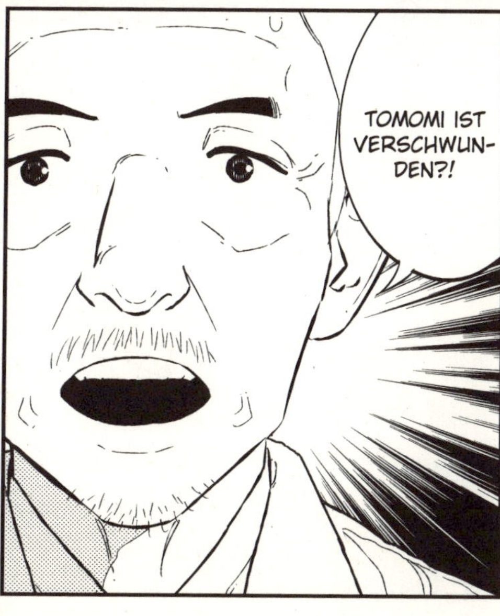

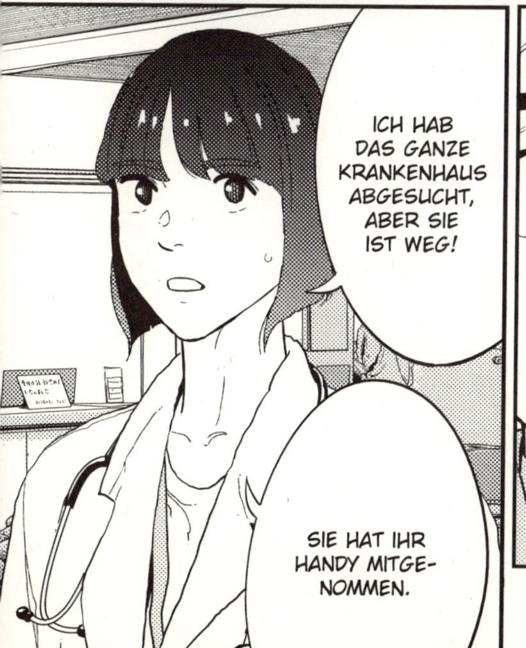

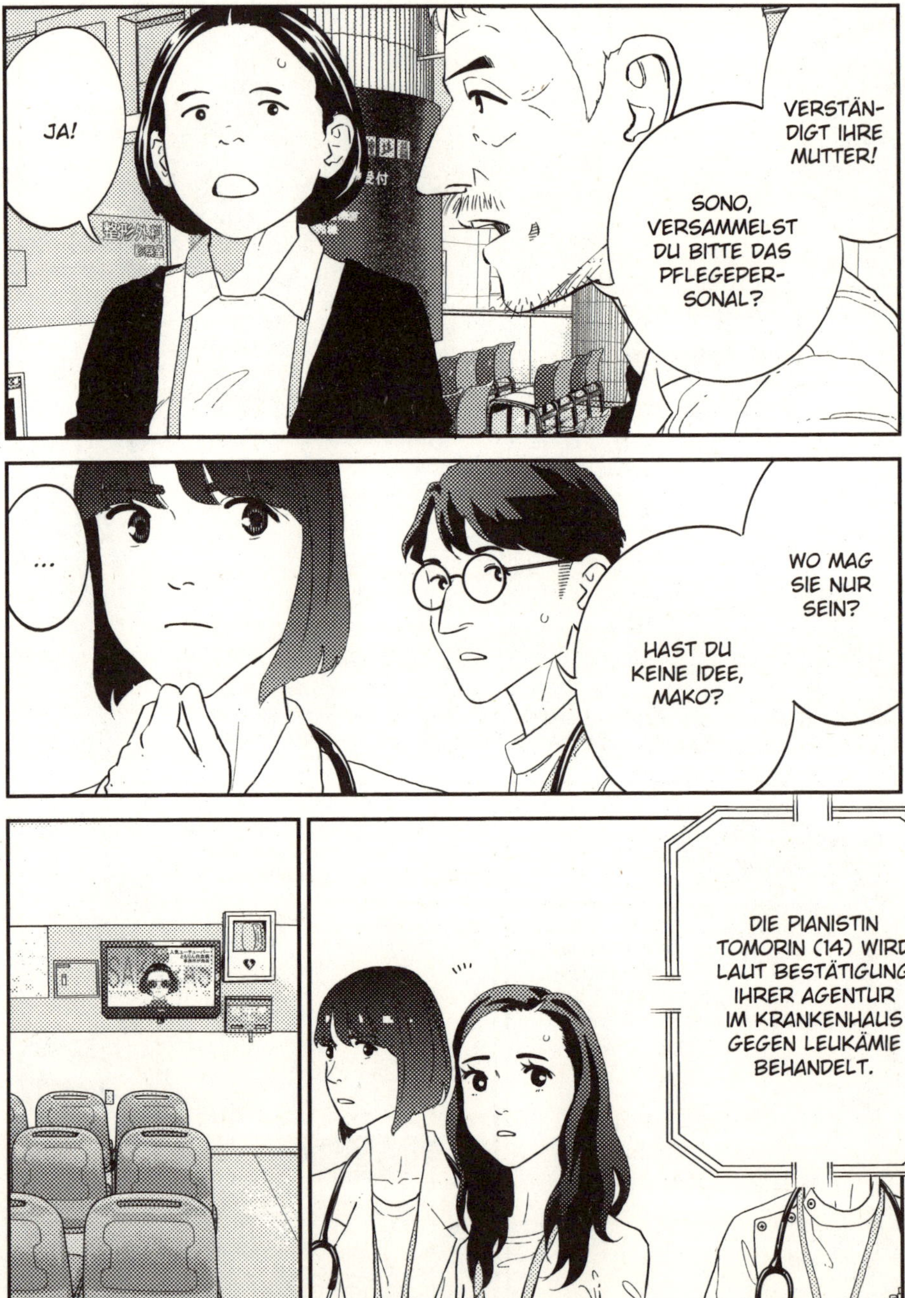

VERSTÄNDIGT IHRE MUTTER!
SONO, VERSAMMELST DU BITTE DAS PFLEGEPERSONAL?
JA!
WO MAG SIE NUR SEIN?
HAST DU KEINE IDEE, MAKO?
...

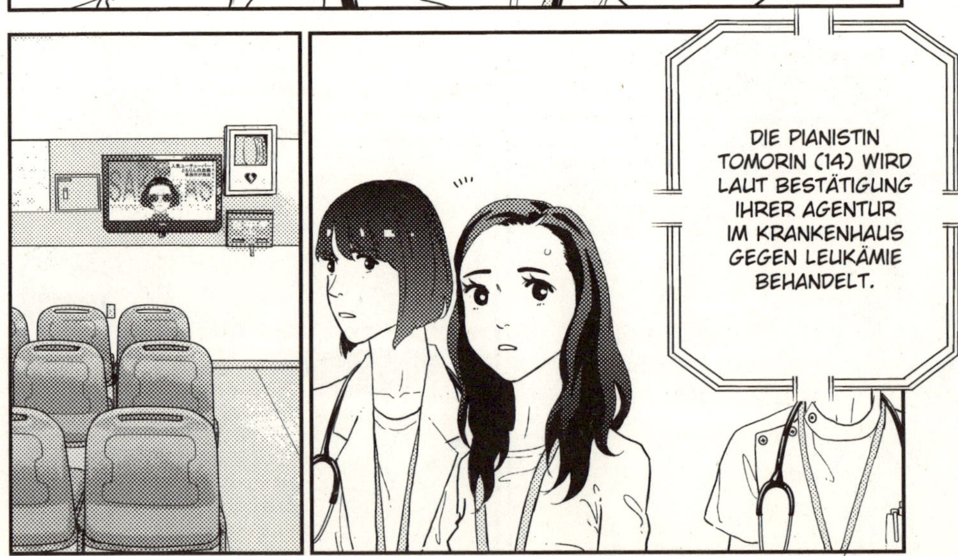

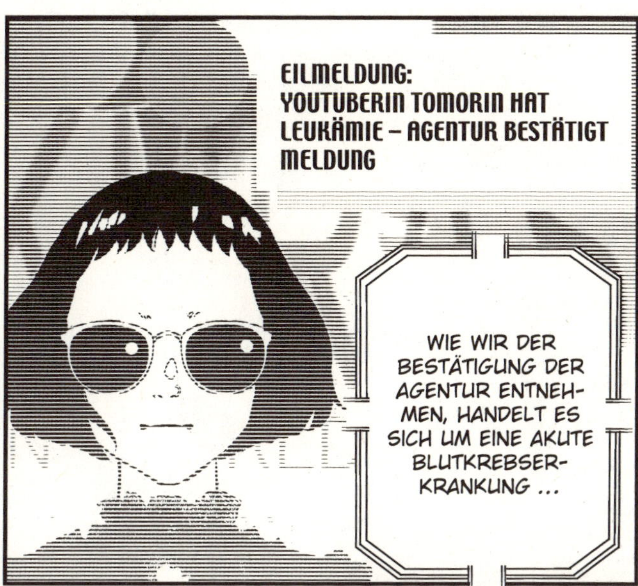
EILMELDUNG:
YOUTUBERIN TOMORIN HAT LEUKÄMIE – AGENTUR BESTÄTIGT MELDUNG
WIE WIR DER BESTÄTIGUNG DER AGENTUR ENTNEHMEN, HANDELT ES SICH UM EINE AKUTE BLUTKREBSERKRANKUNG …

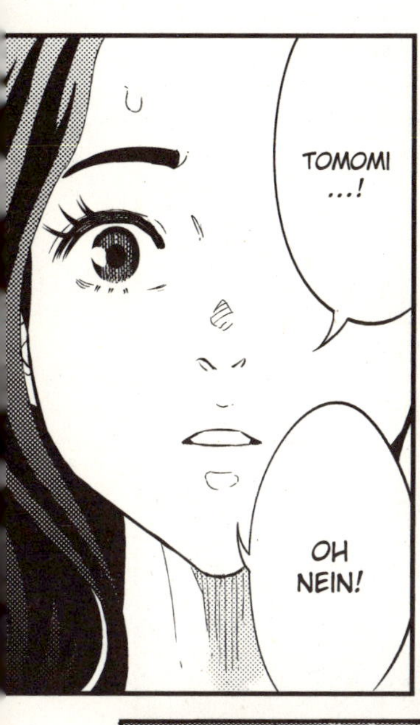
TOMOMI …!
OH NEIN!

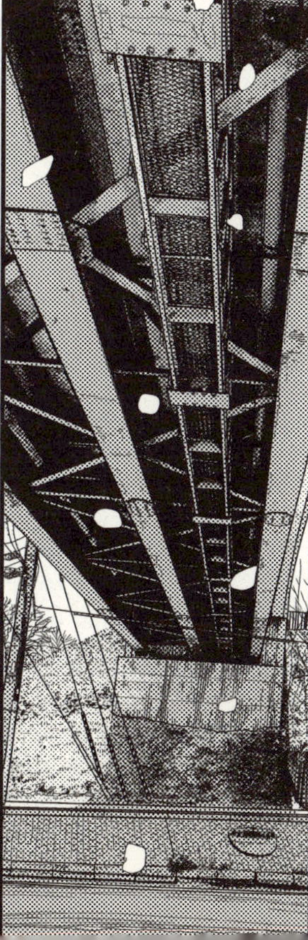

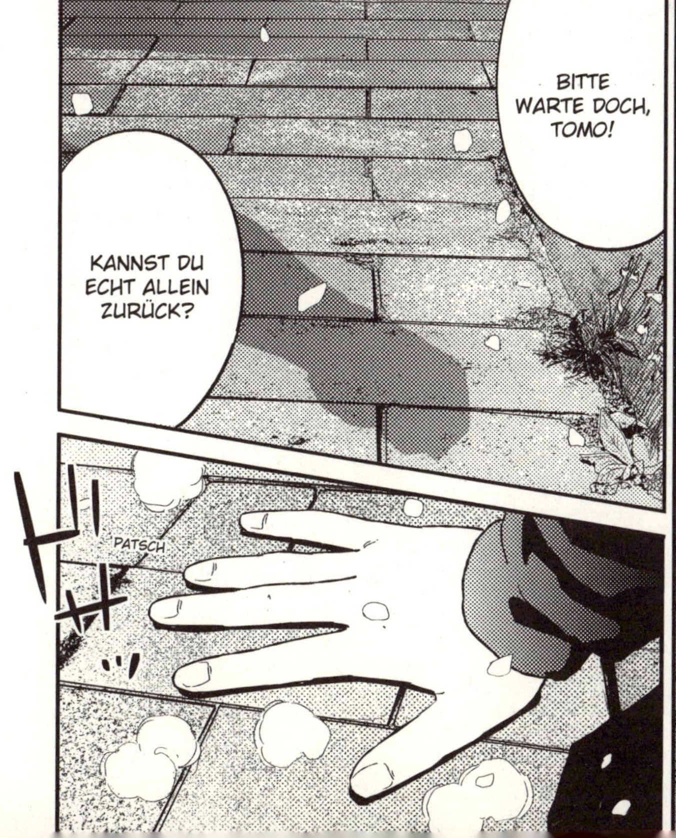
BITTE WARTE DOCH, TOMO!
KANNST DU ECHT ALLEIN ZURÜCK?
PATSCH

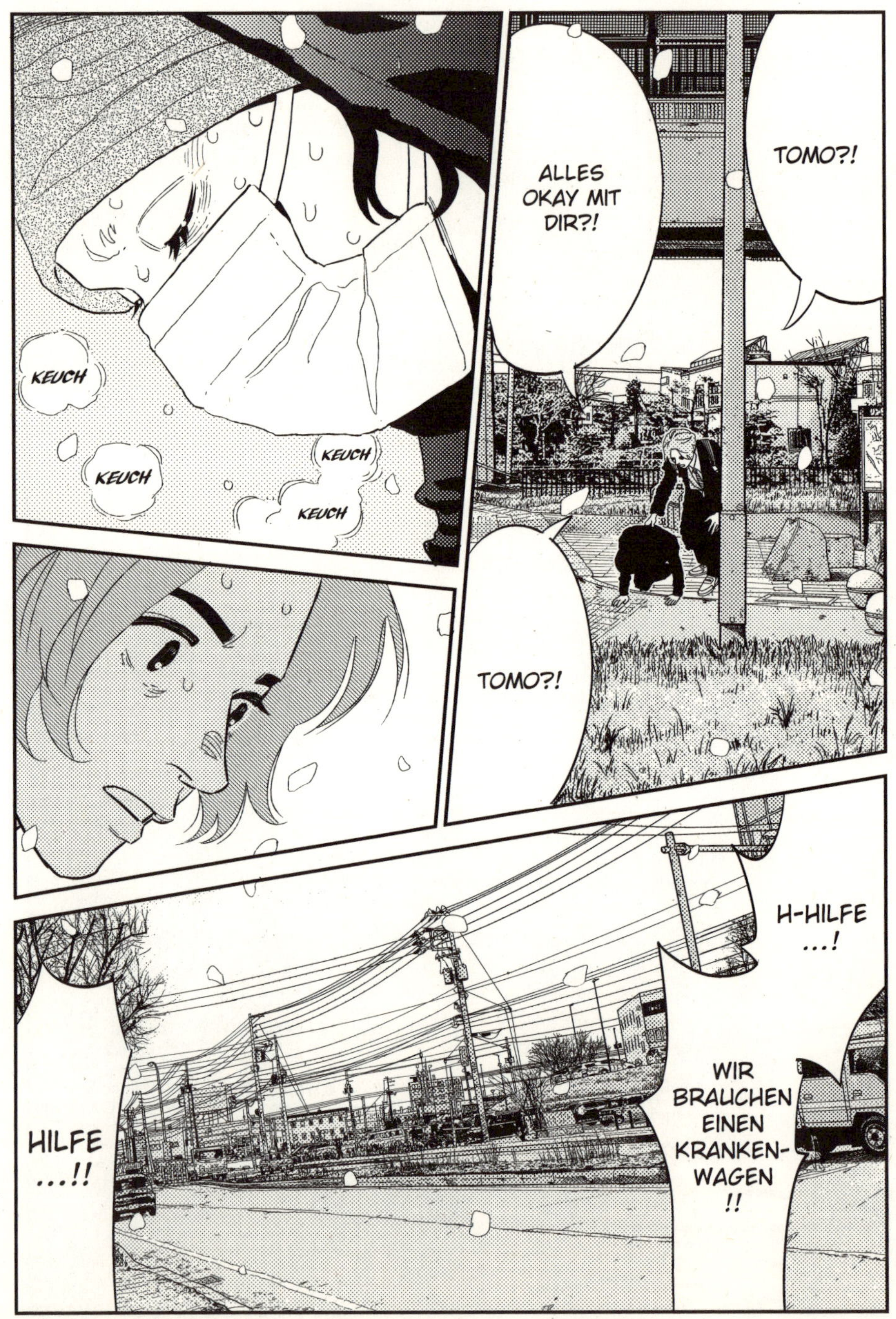
KEUCH
KEUCH
KEUCH
KEUCH
TOMO?!
ALLES OKAY MIT DIR?!
TOMO?!
H-HILFE ...!
WIR BRAUCHEN EINEN KRANKEN-WAGEN !!
HILFE ...!!

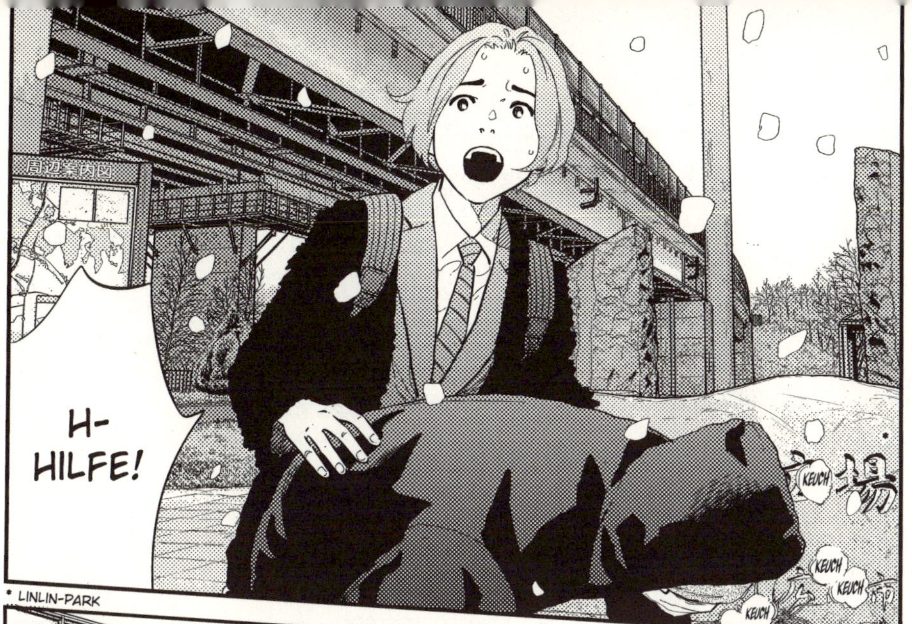

* LINLIN-PARK

27 EINFACH NUR ARZT

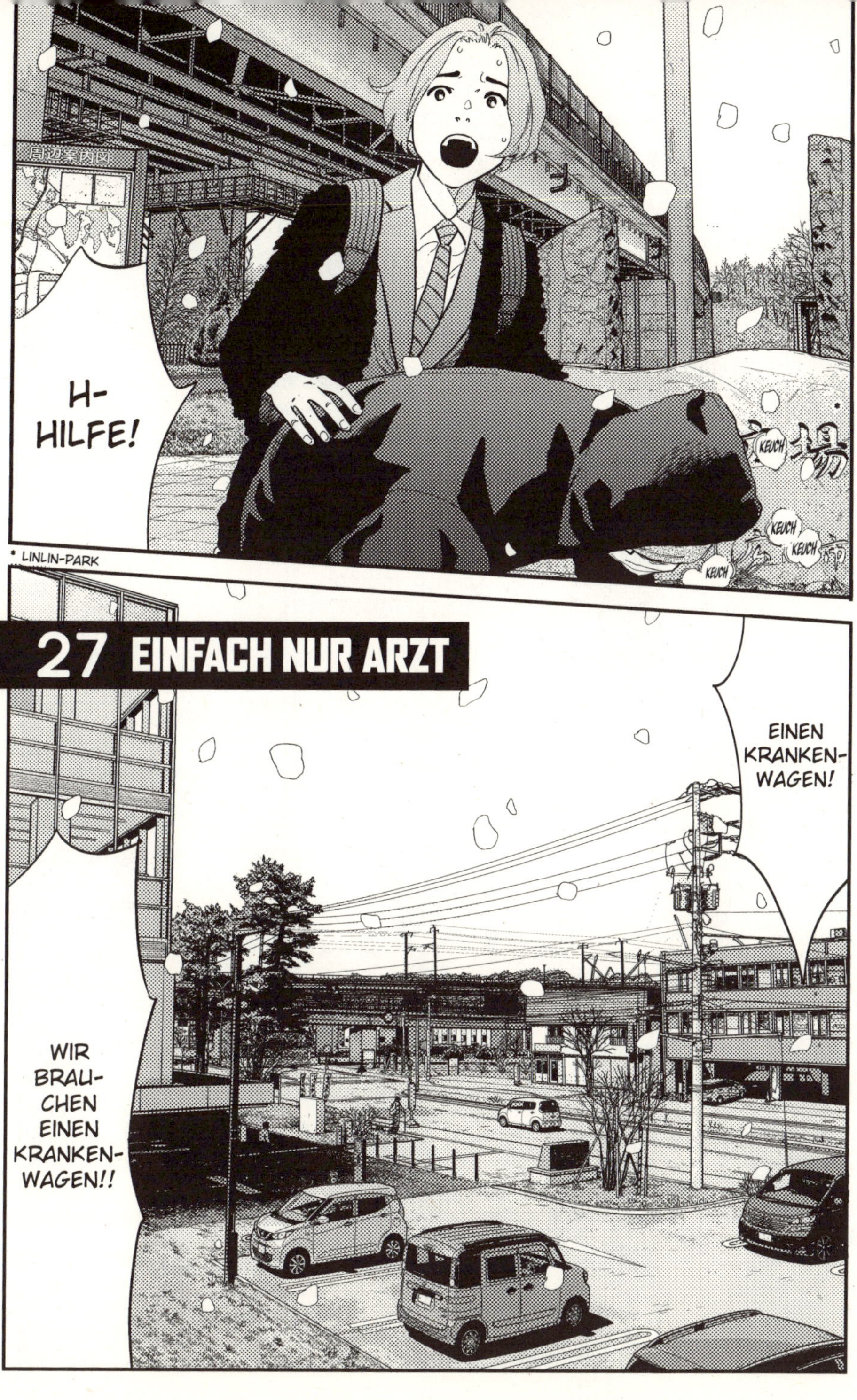

EINEN KRANKENWAGEN!

WIR BRAUCHEN EINEN KRANKENWAGEN!!

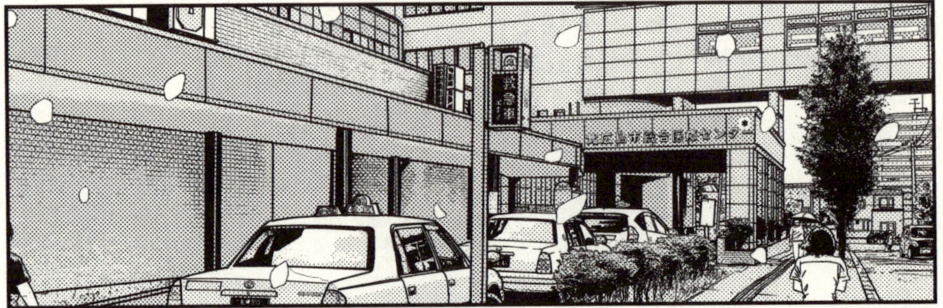

* KITA-HIROSHIMA GENERAL HOSPITAL CENTER

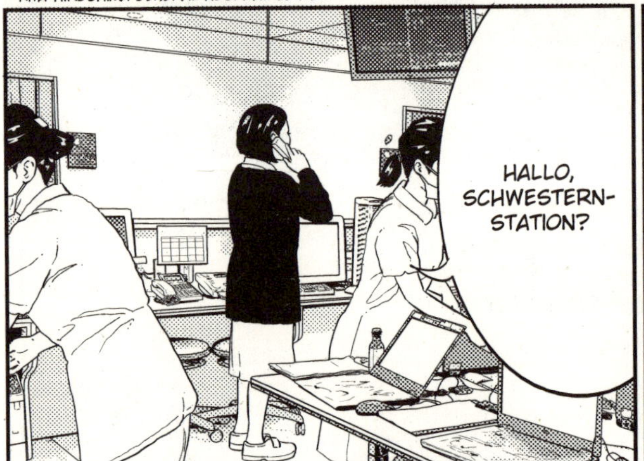

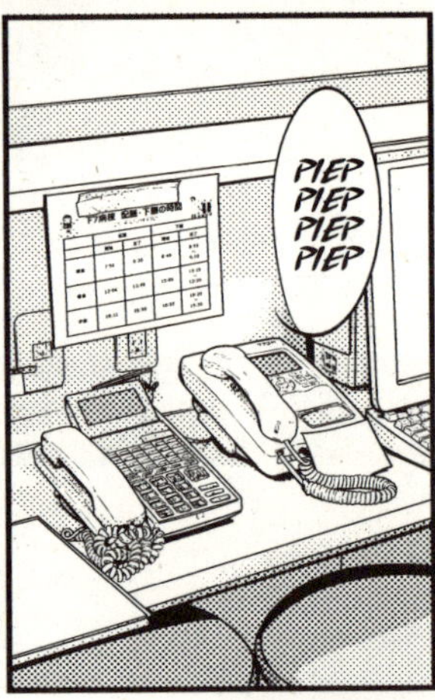

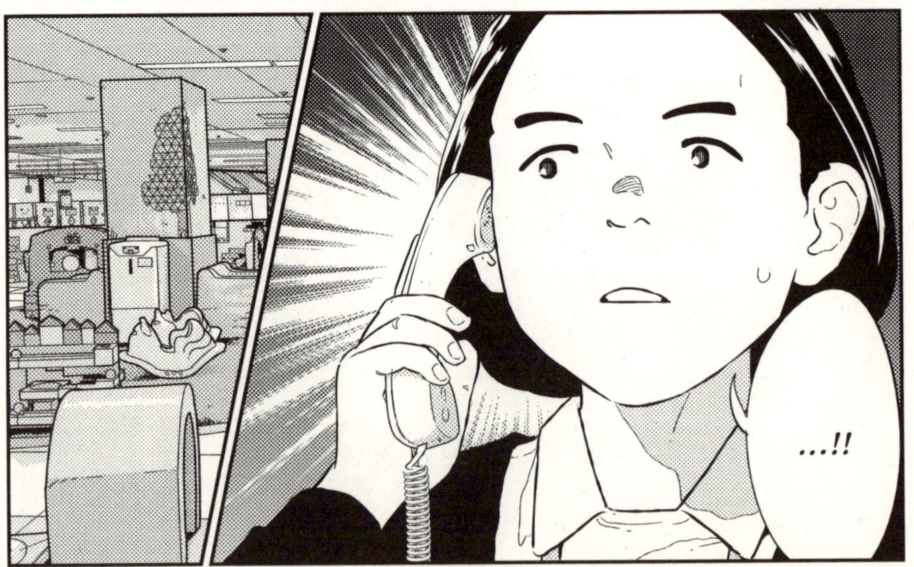

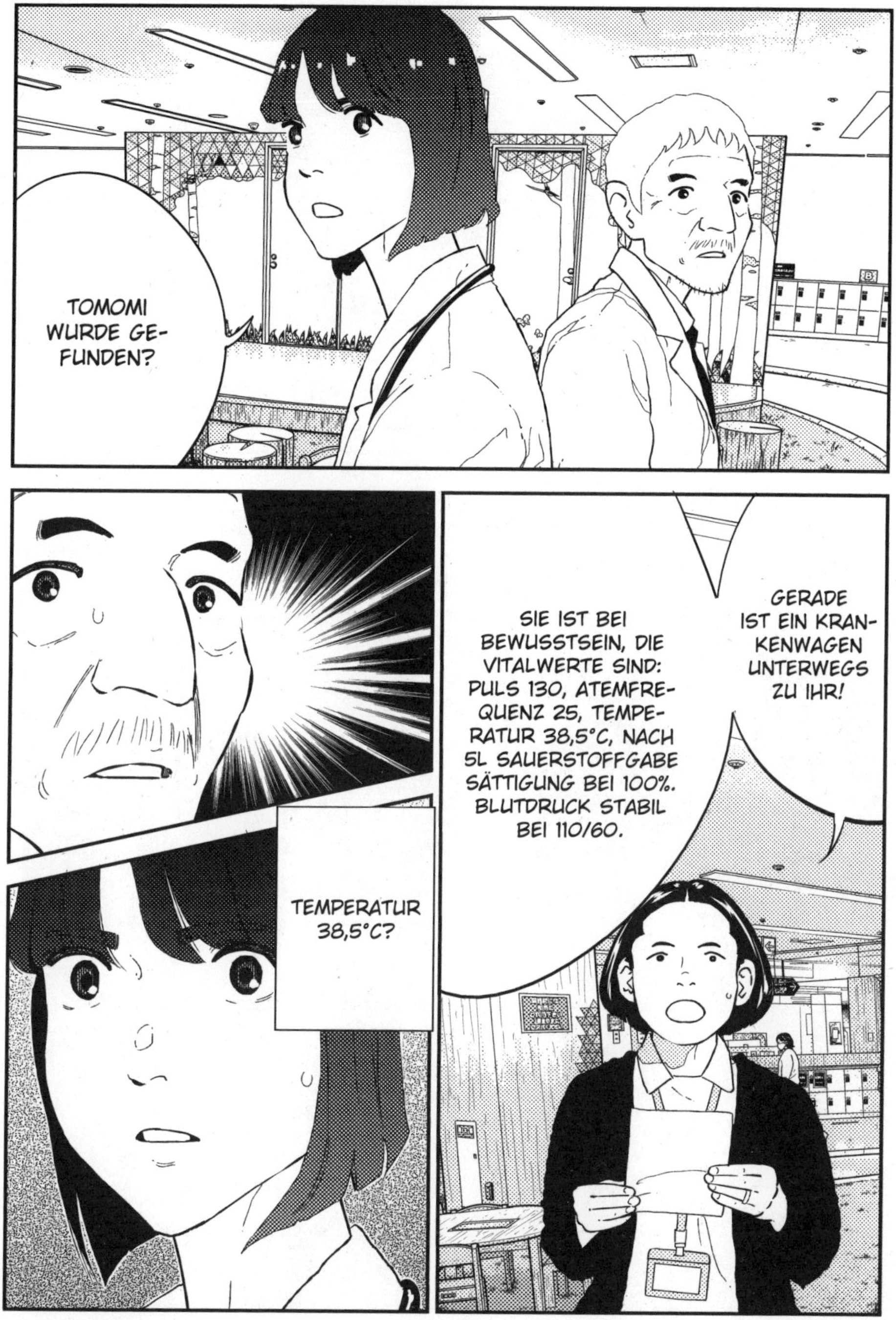

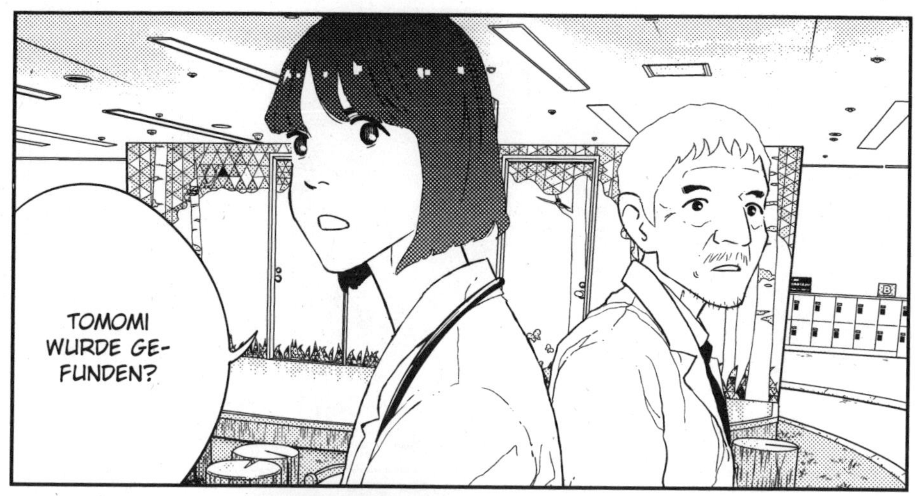

GERADE IST EIN KRANKENWAGEN UNTERWEGS ZU IHR!

SIE IST BEI BEWUSSTSEIN, DIE VITALWERTE SIND: PULS 130, ATEMFREQUENZ 25, TEMPERATUR 38,5°C, NACH 5L SAUERSTOFFGABE SÄTTIGUNG BEI 100%. BLUTDRUCK STABIL BEI 110/60.

TEMPERATUR 38,5°C?

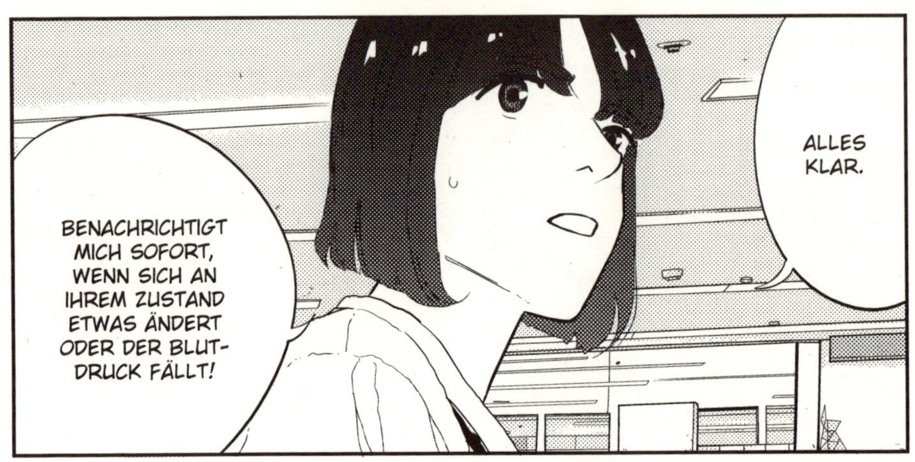

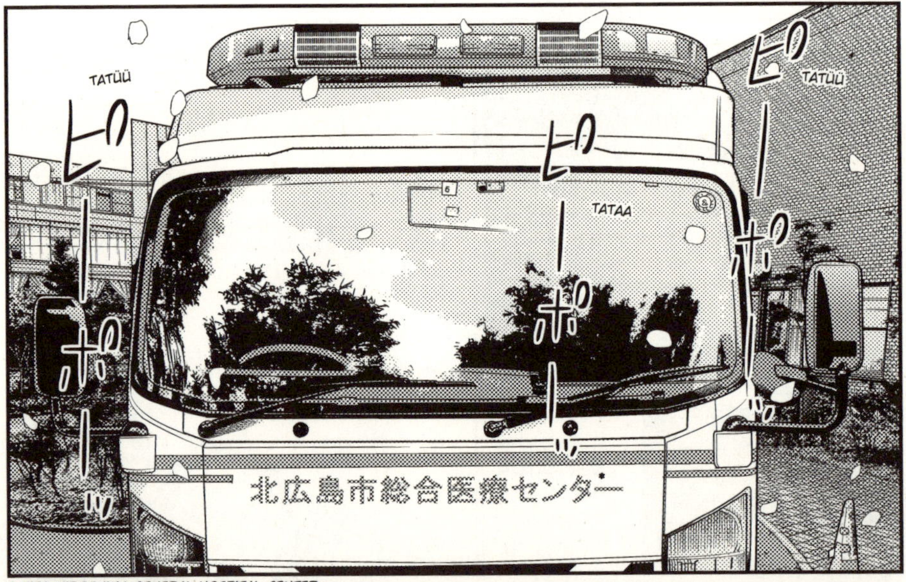

* KITA-HIROSHIMA GENERAL HOSPITAL CENTER

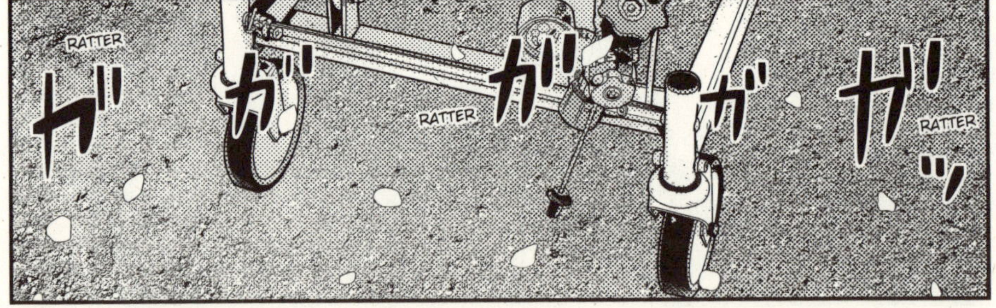

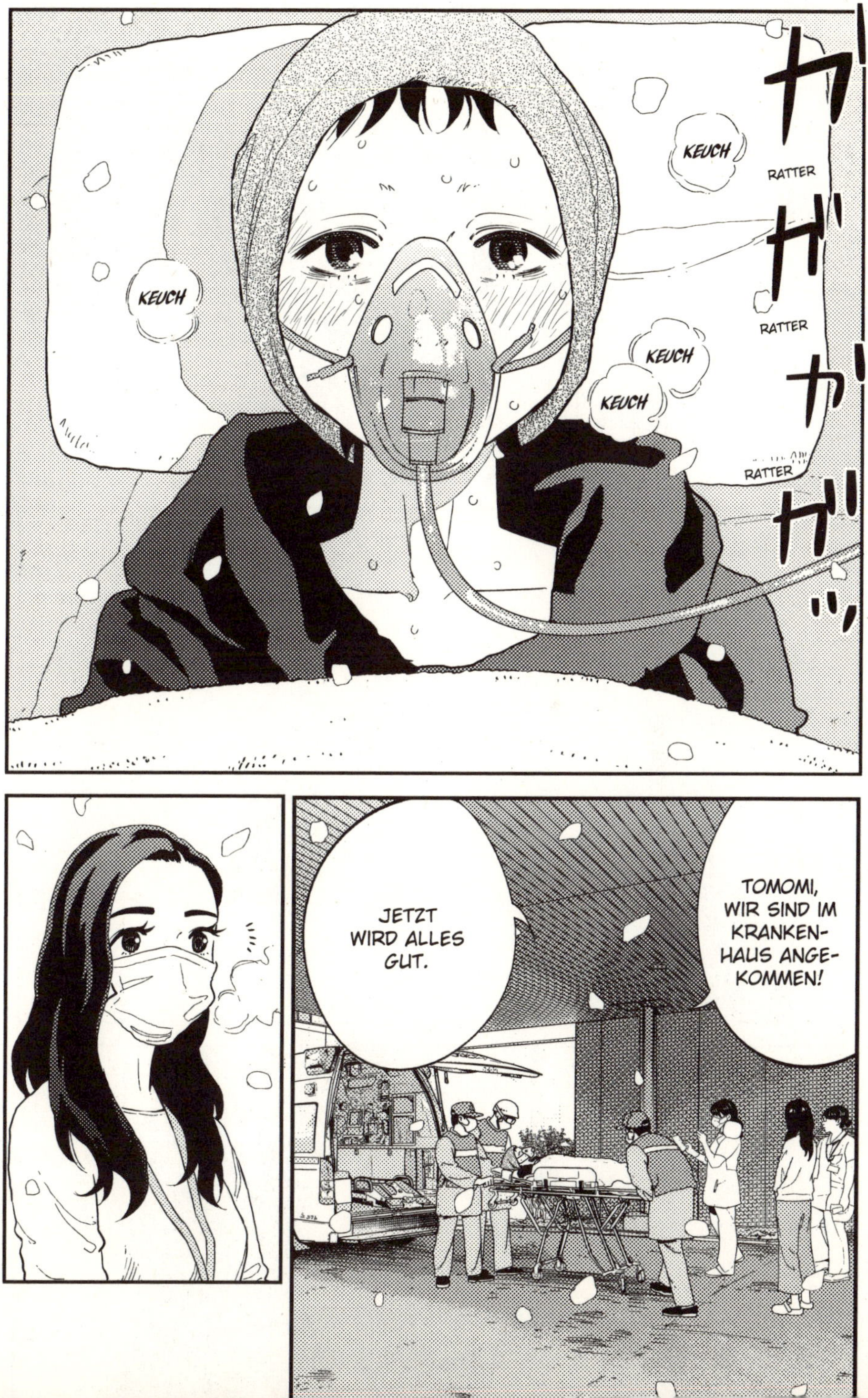

KEUCH
RATTER
KEUCH
RATTER
KEUCH
KEUCH
RATTER

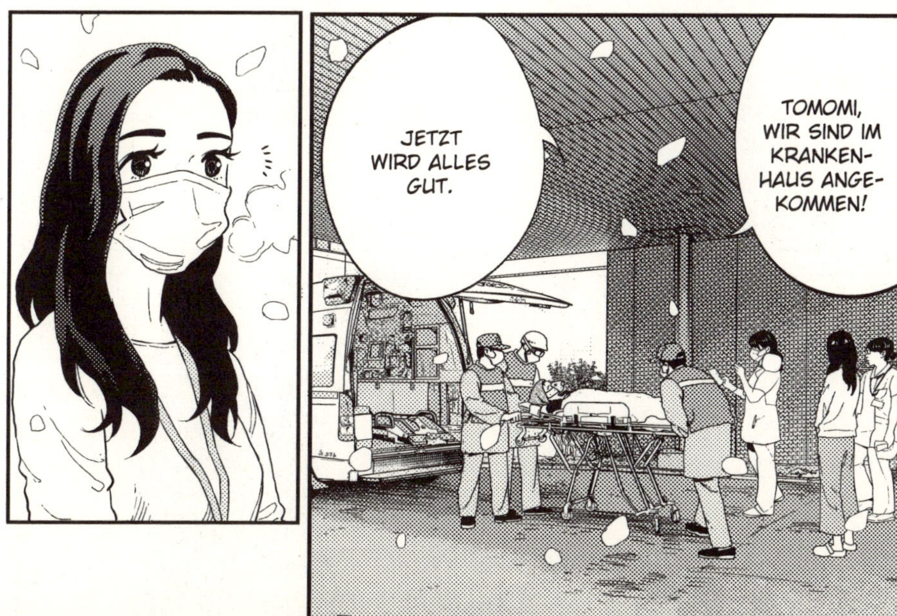

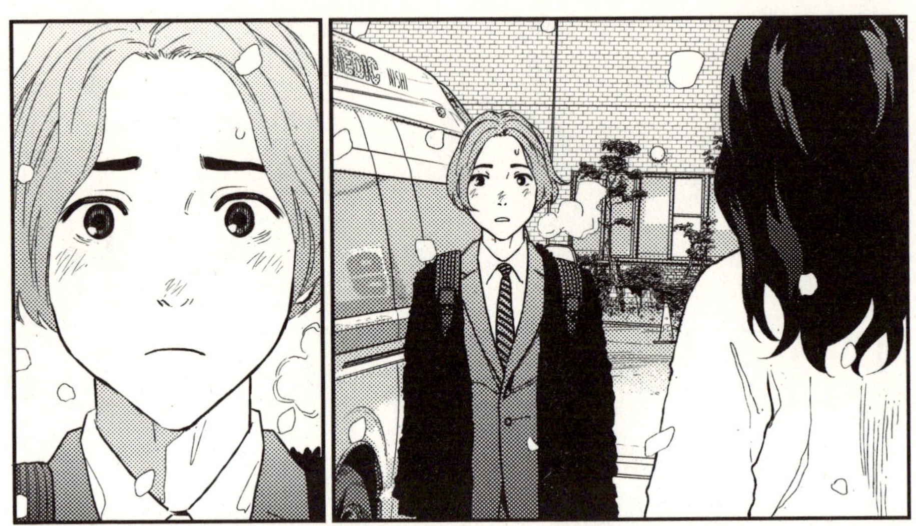

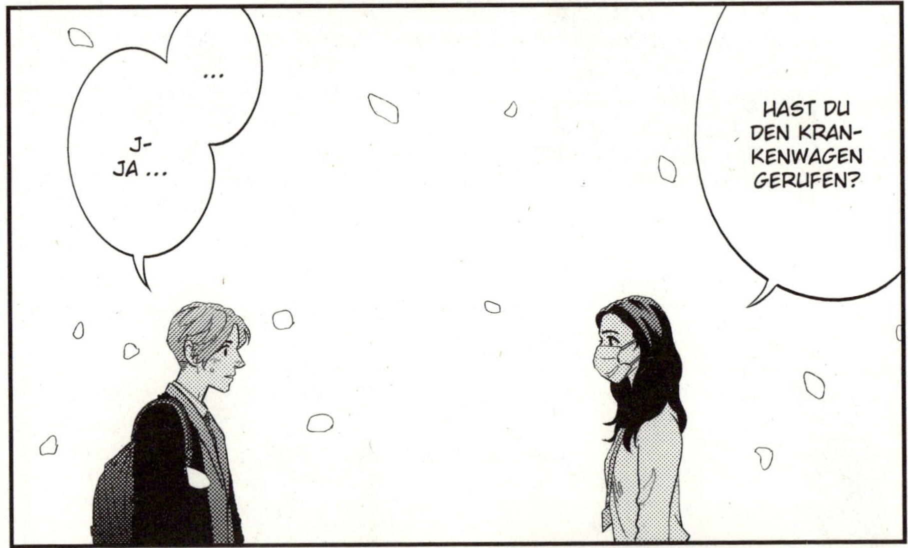
HAST DU DEN KRAN-KENWAGEN GERUFEN?
... J- JA ...

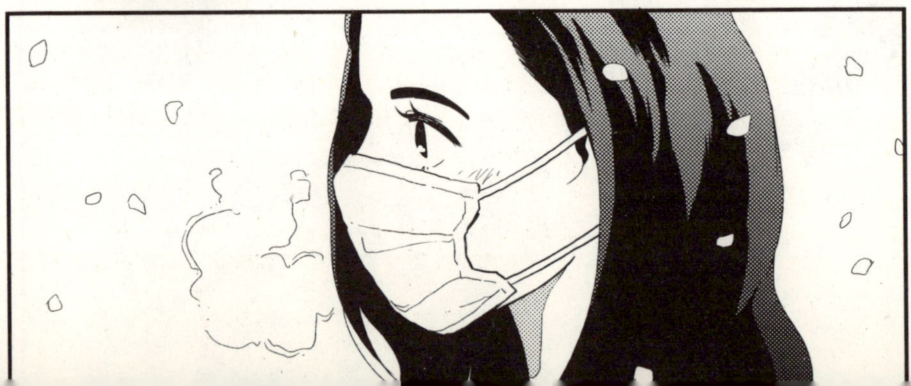

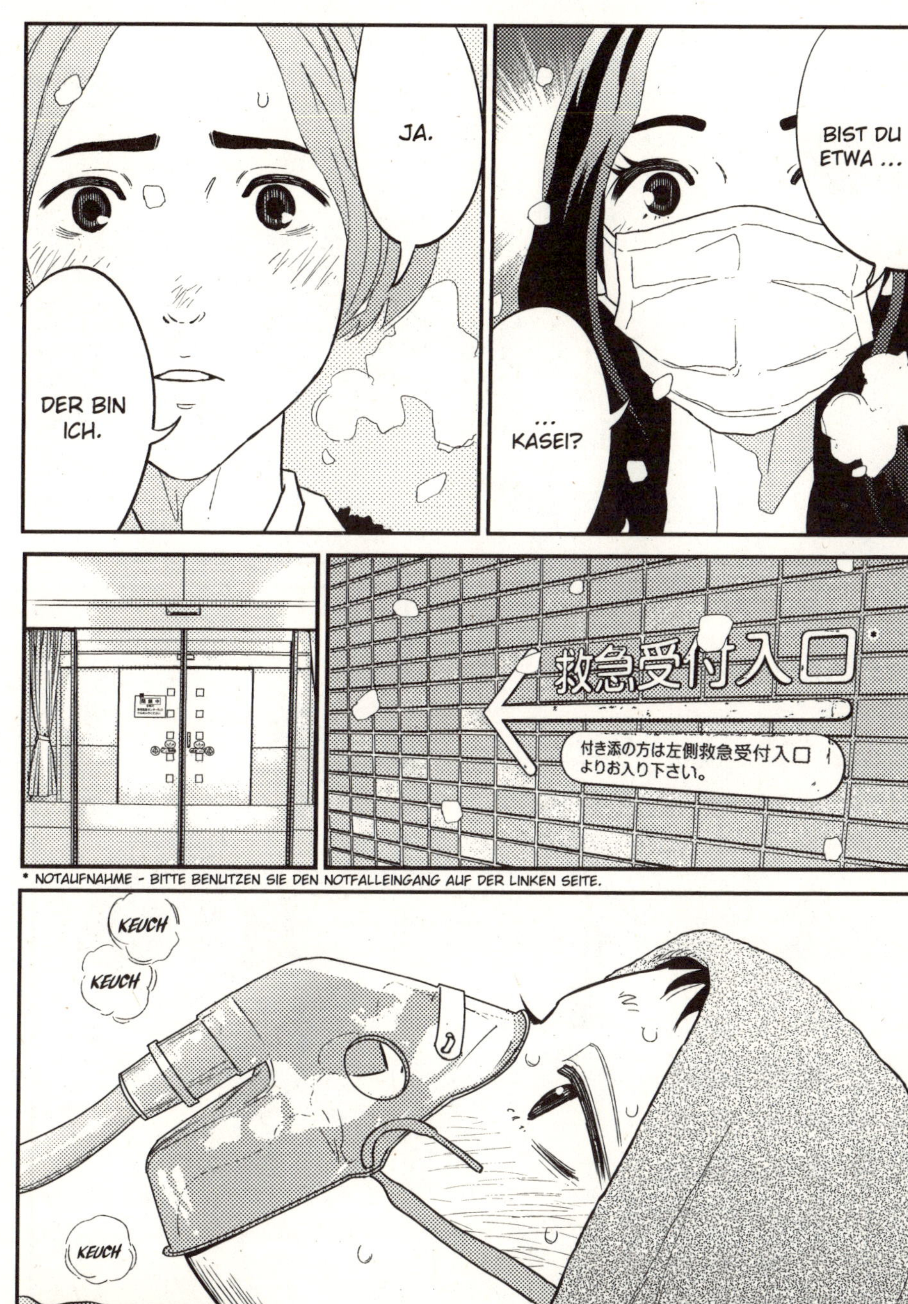

* NOTAUFNAHME - BITTE BENUTZEN SIE DEN NOTFALLEINGANG AUF DER LINKEN SEITE.

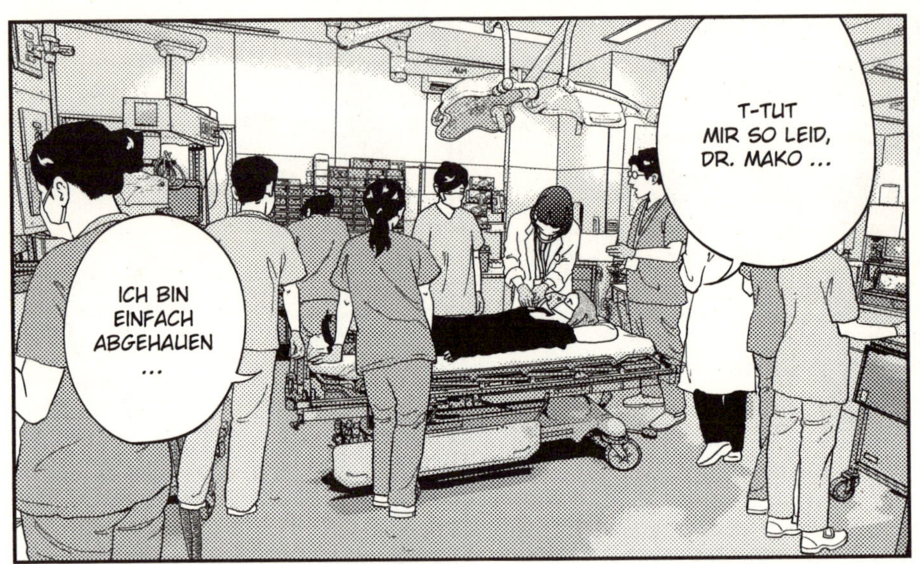

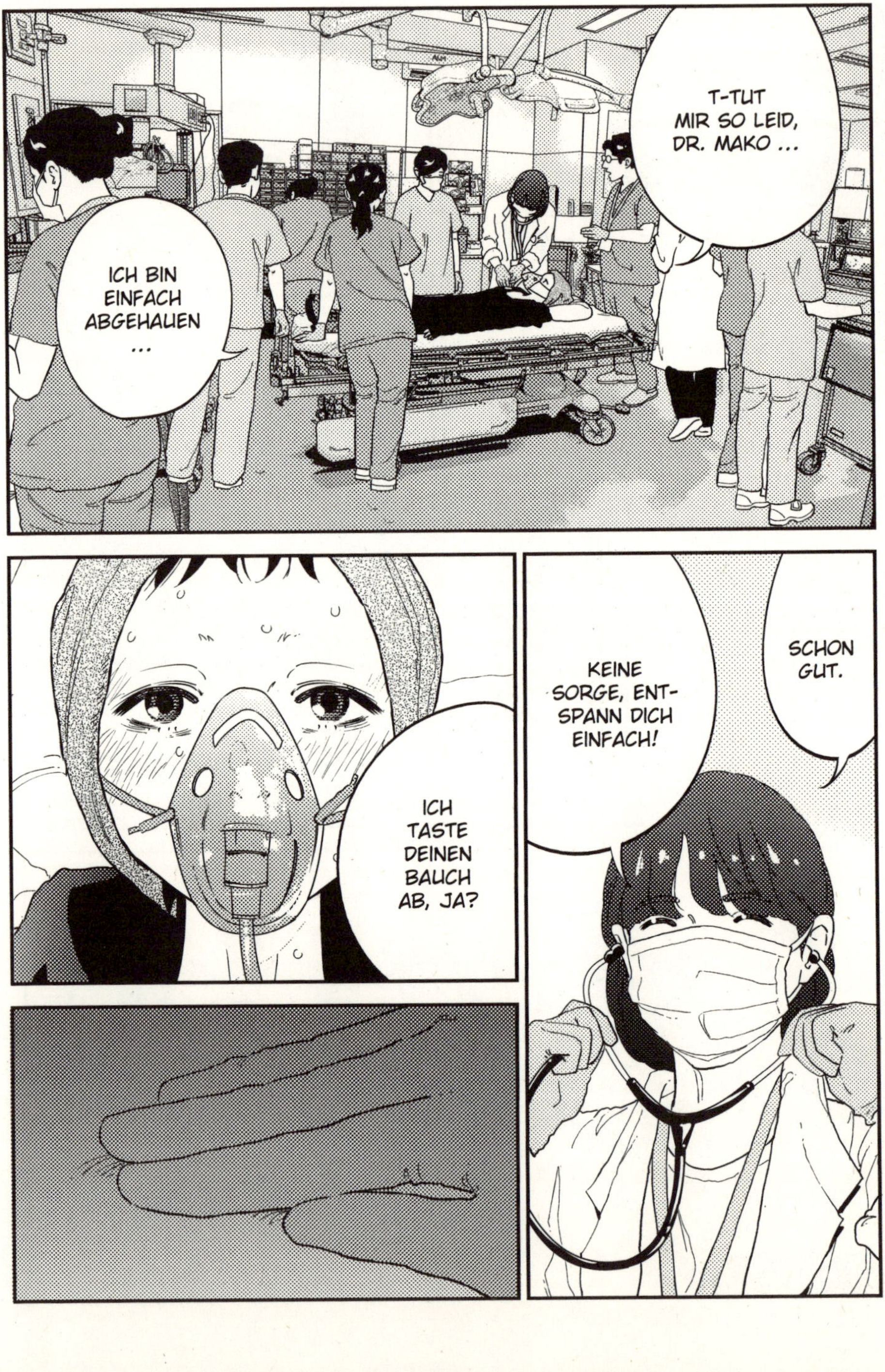

SCHON GUT.

KEINE SORGE, ENT-SPANN DICH EINFACH!

ICH TASTE DEINEN BAUCH AB, JA?

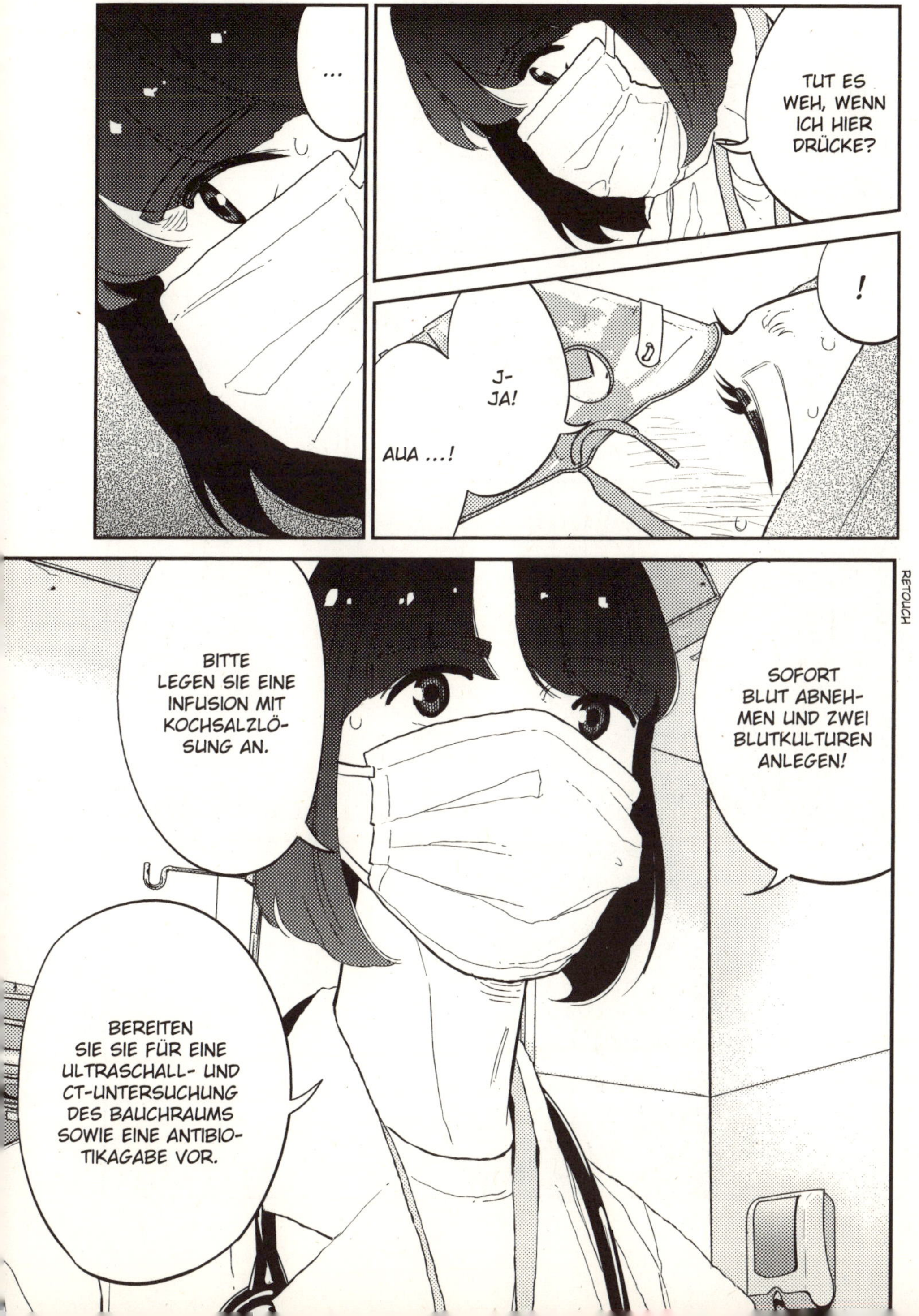

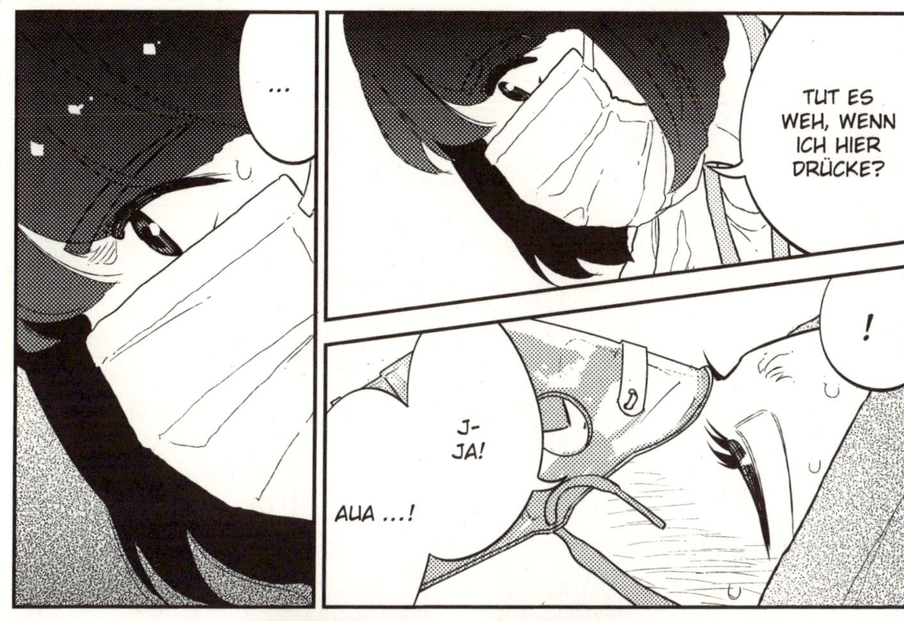

SOFORT BLUT ABNEHMEN UND ZWEI BLUTKULTUREN ANLEGEN!

BITTE LEGEN SIE EINE INFUSION MIT KOCHSALZLÖSUNG AN.

BEREITEN SIE SIE FÜR EINE ULTRASCHALL- UND CT-UNTERSUCHUNG DES BAUCHRAUMS SOWIE EINE ANTIBIOTIKAGABE VOR.

RETOUCH

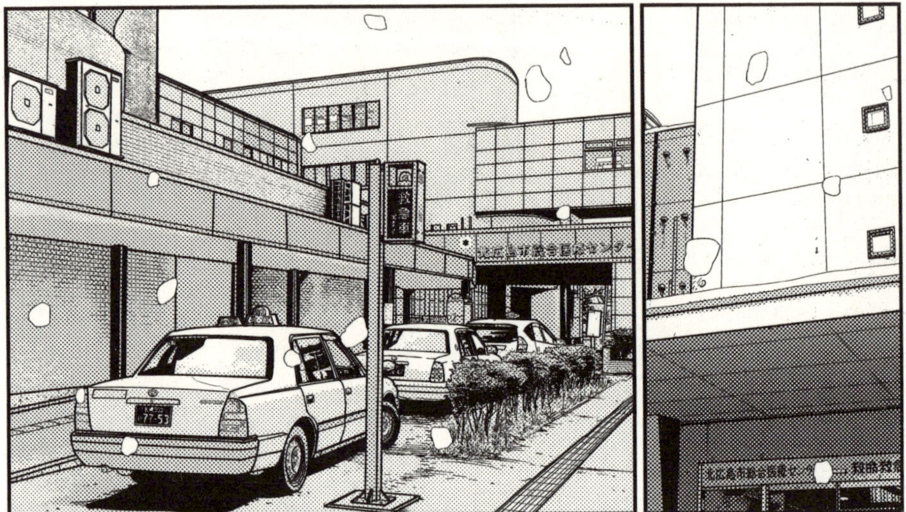

* KITA-HIROSHIMA GENERAL HOSPITAL CENTER

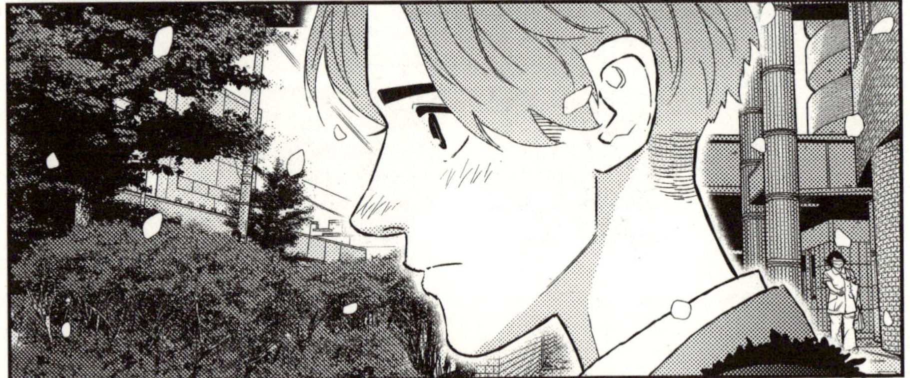

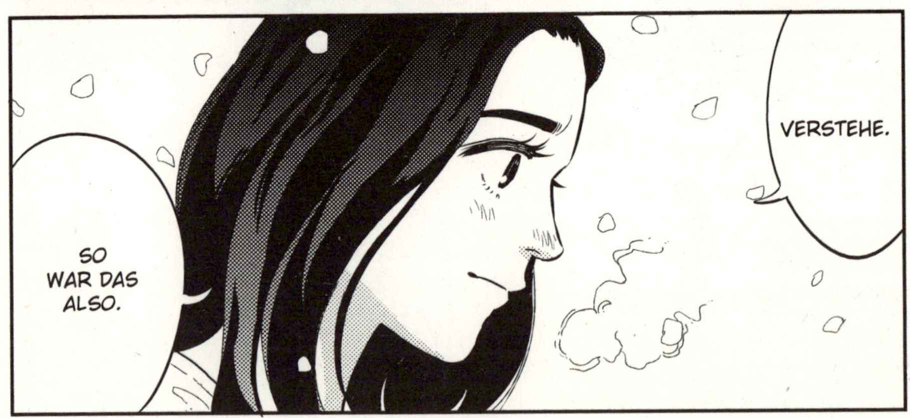

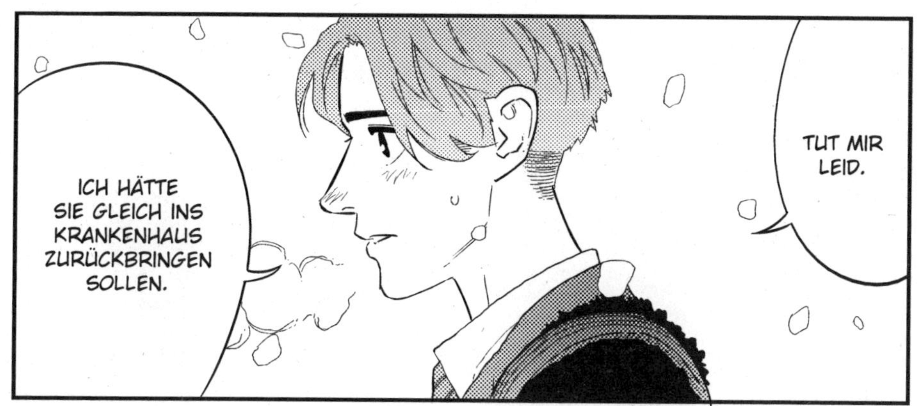

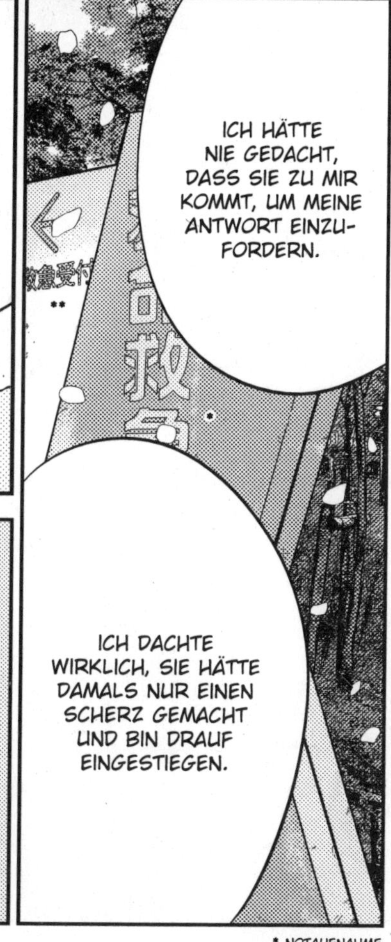

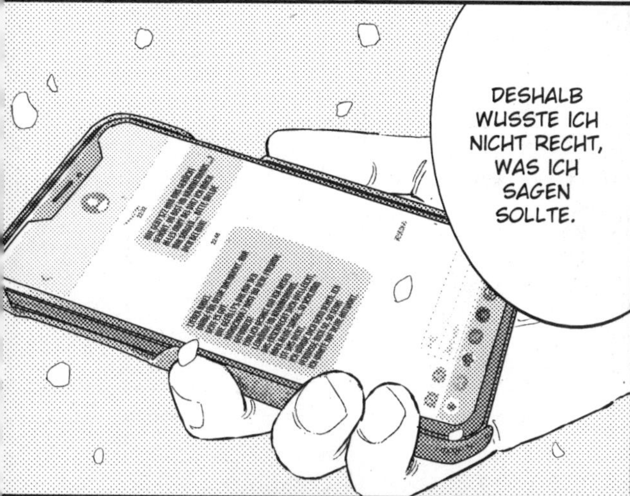

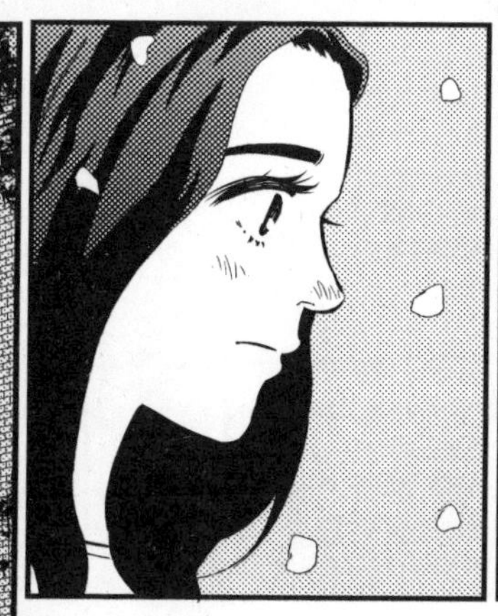

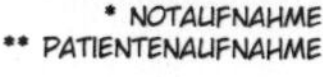
* NOTAUFNAHME
** PATIENTENAUFNAHME

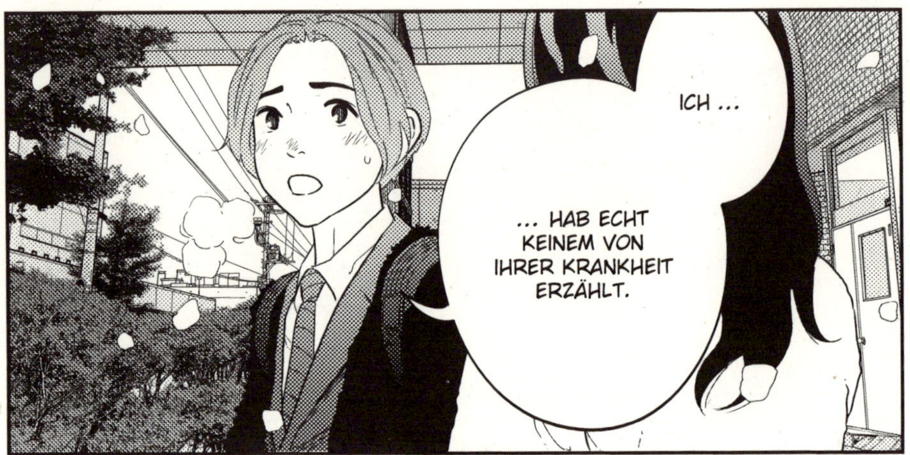
ICH ...
... HAB ECHT KEINEM VON IHRER KRANKHEIT ERZÄHLT.

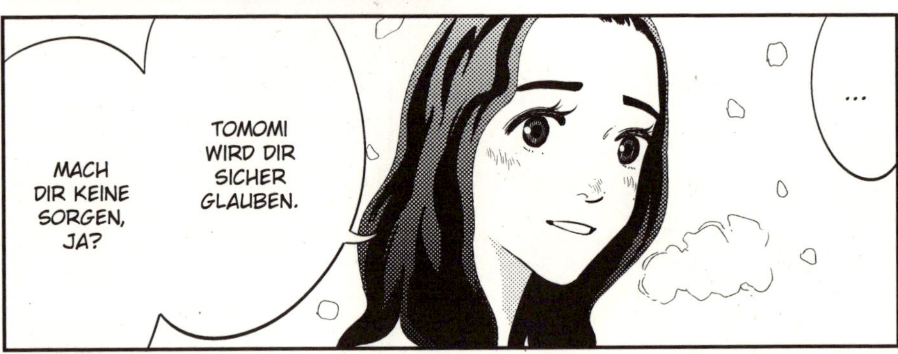
...
TOMOMI WIRD DIR SICHER GLAUBEN.
MACH DIR KEINE SORGEN, JA?

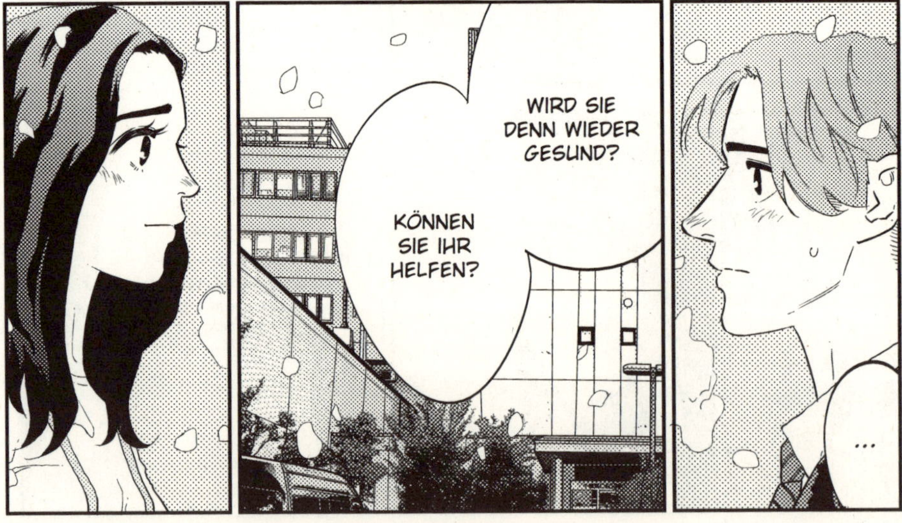
...
WIRD SIE DENN WIEDER GESUND?
KÖNNEN SIE IHR HELFEN?

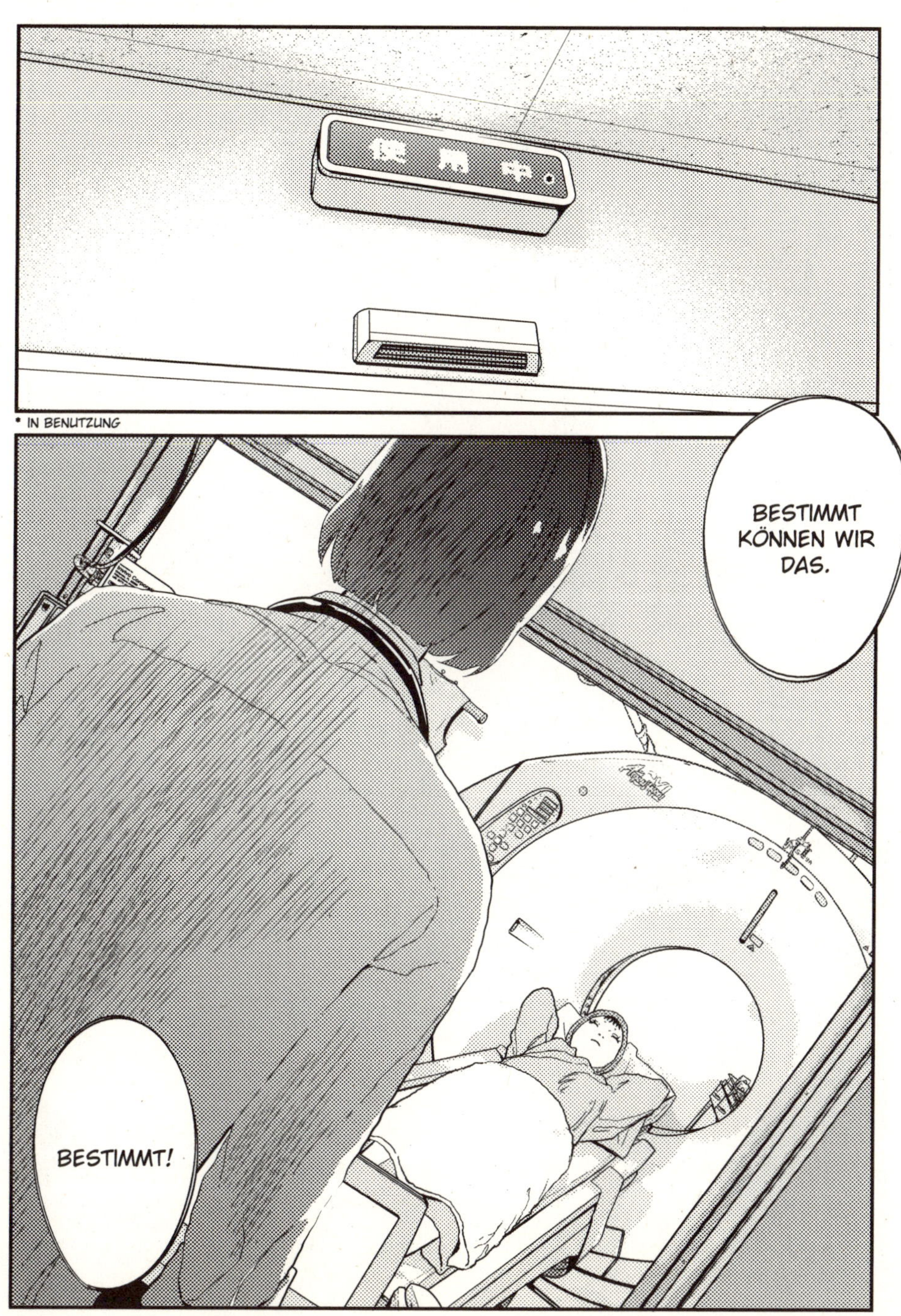
使用中
* IN BENUTZUNG
BESTIMMT KÖNNEN WIR DAS.
BESTIMMT!

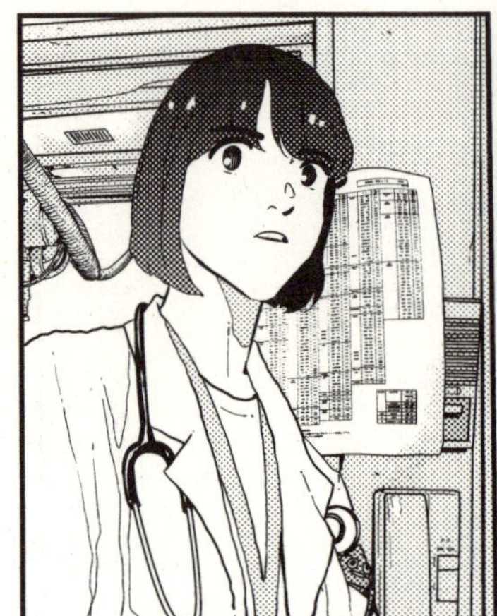

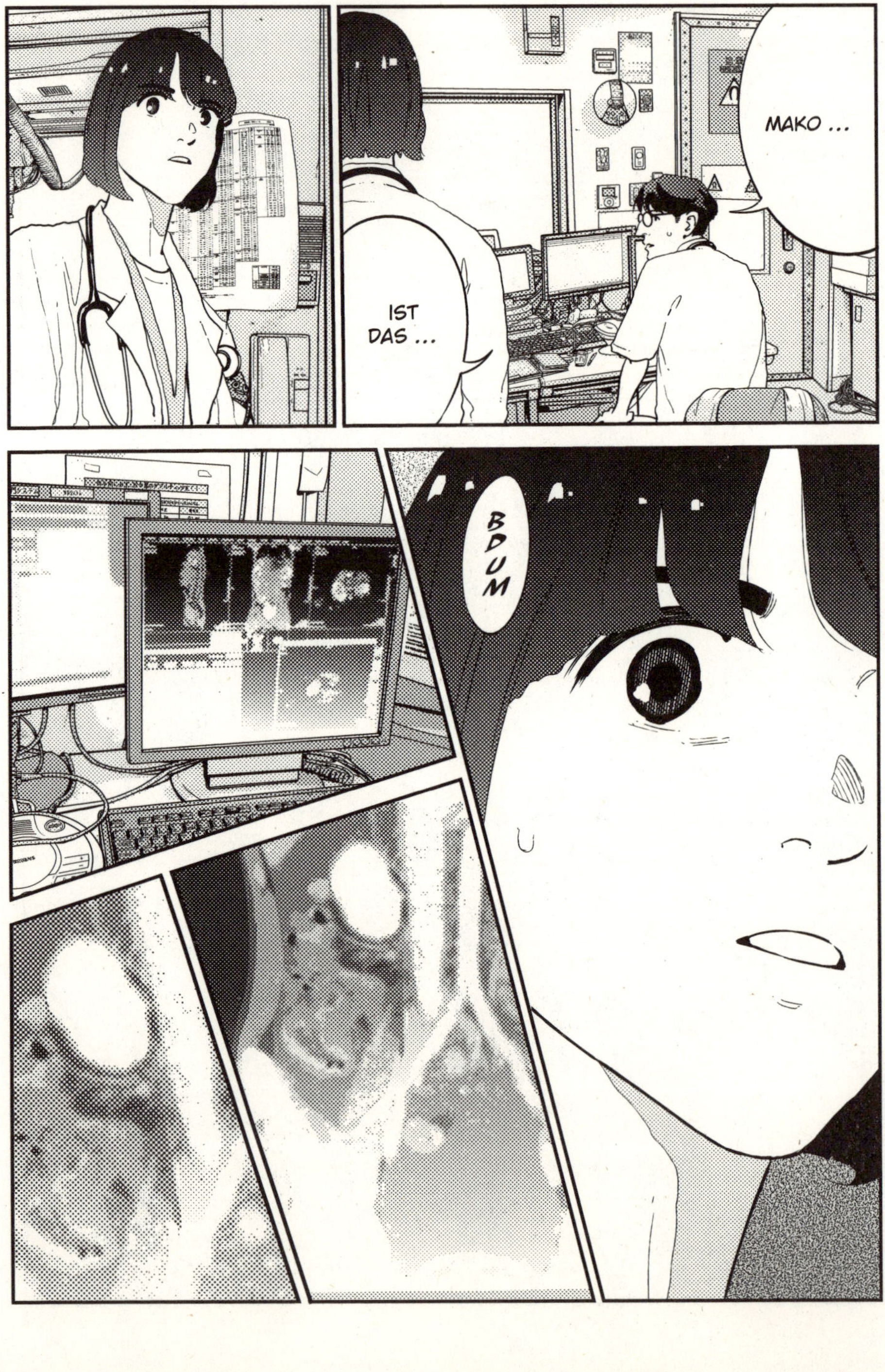

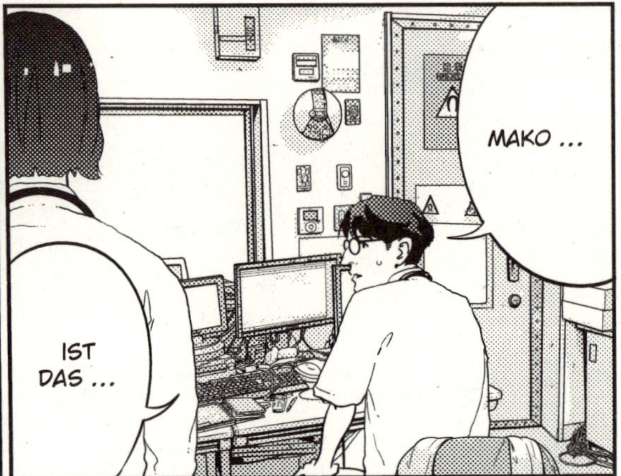

BDUM

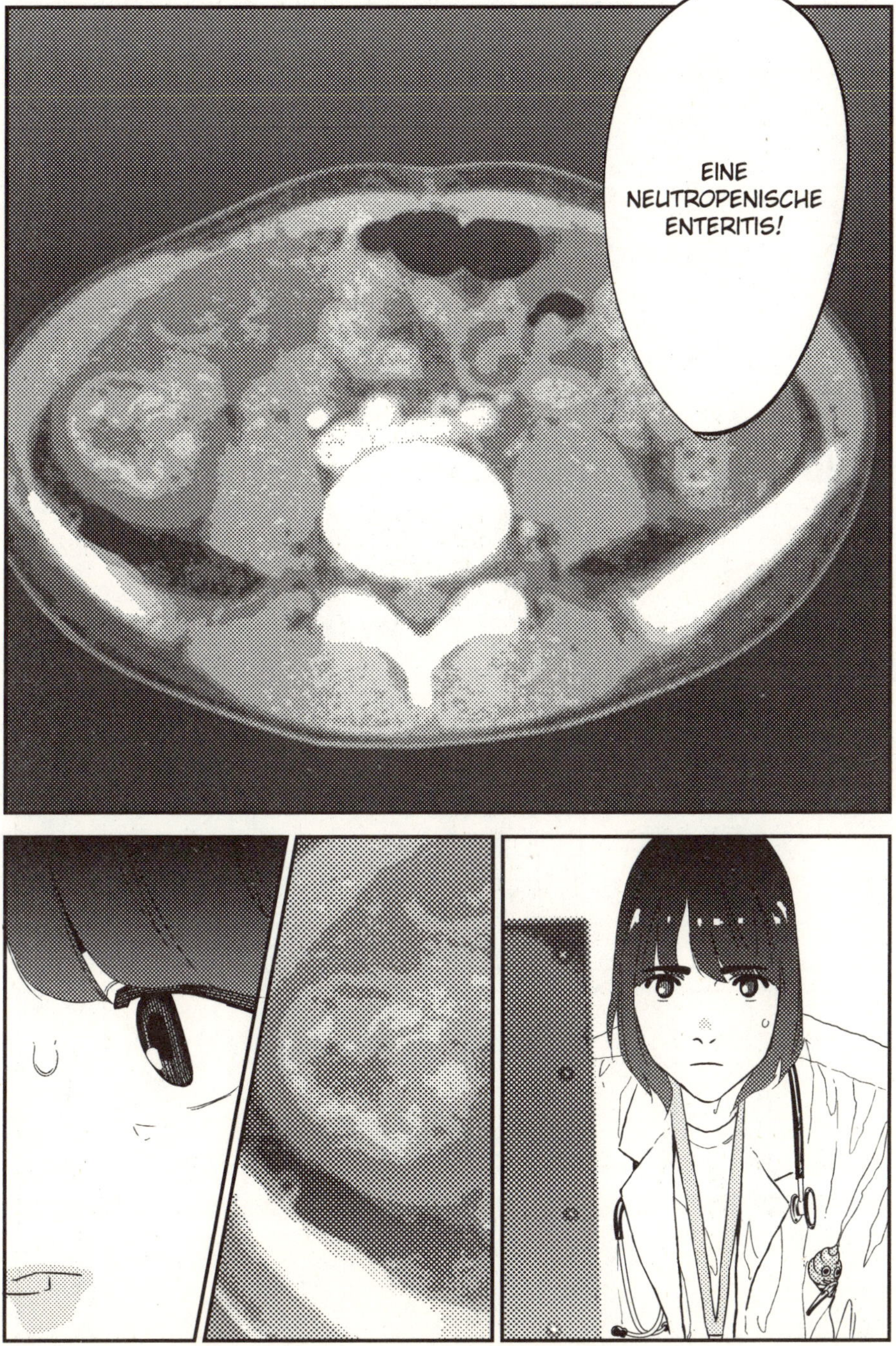

EINE NEUTROPENISCHE ENTERITIS!

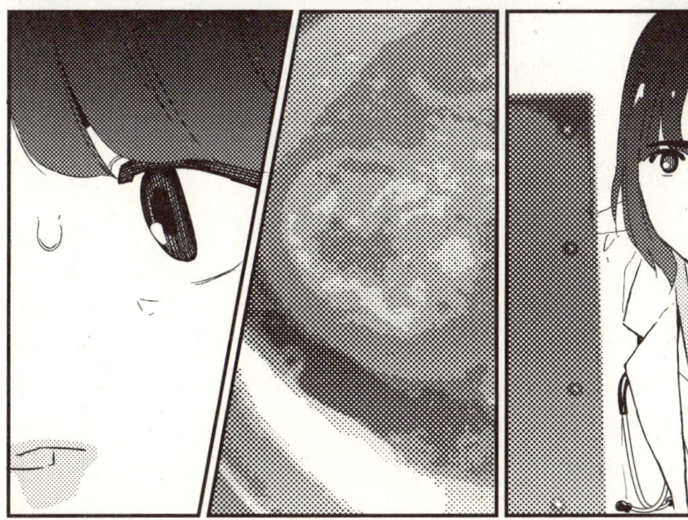

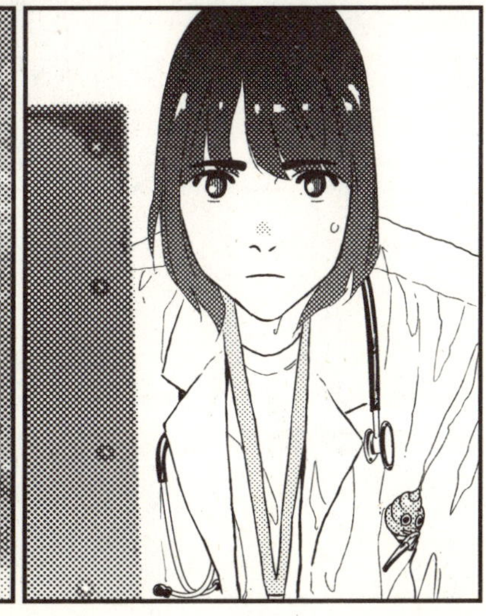

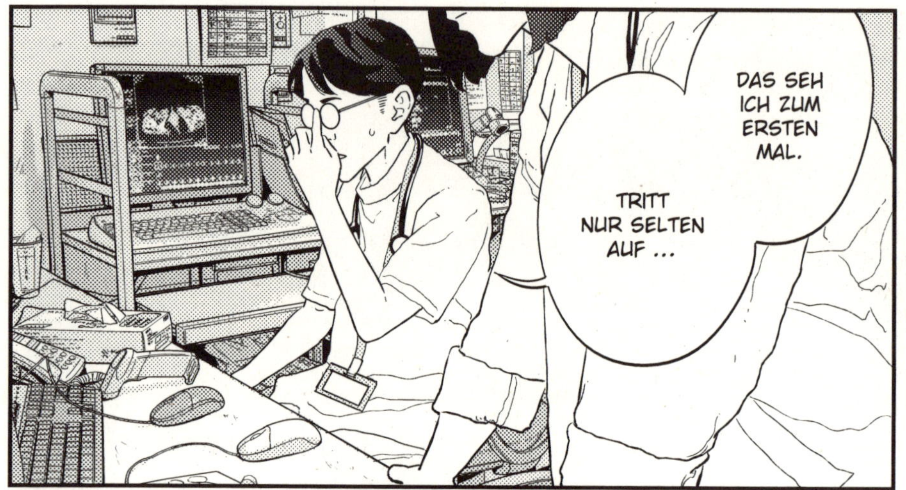
DAS SEH ICH ZUM ERSTEN MAL.
TRITT NUR SELTEN AUF …

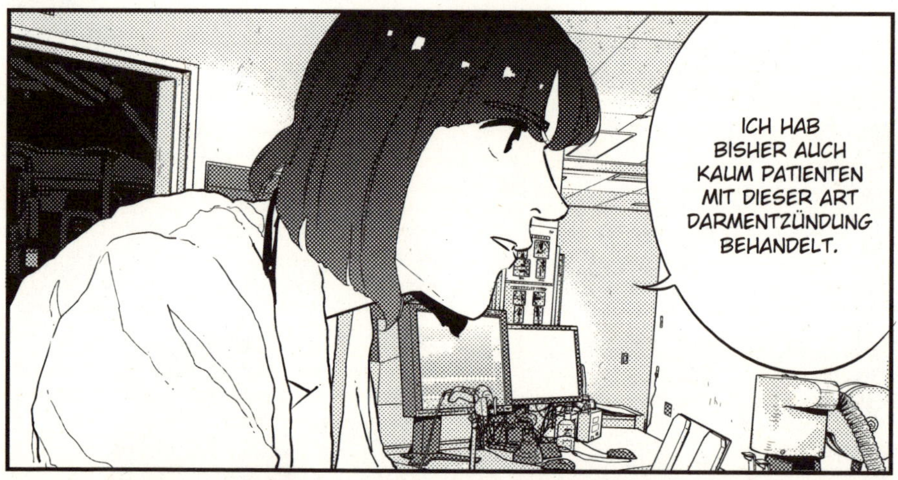
ICH HAB BISHER AUCH KAUM PATIENTEN MIT DIESER ART DARMENTZÜNDUNG BEHANDELT.

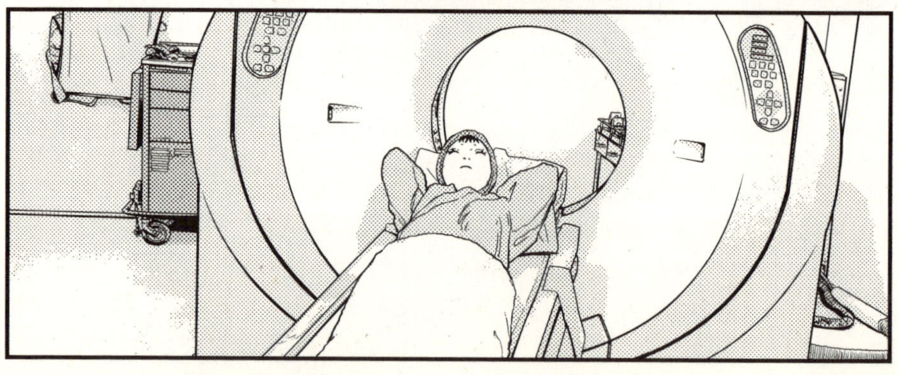

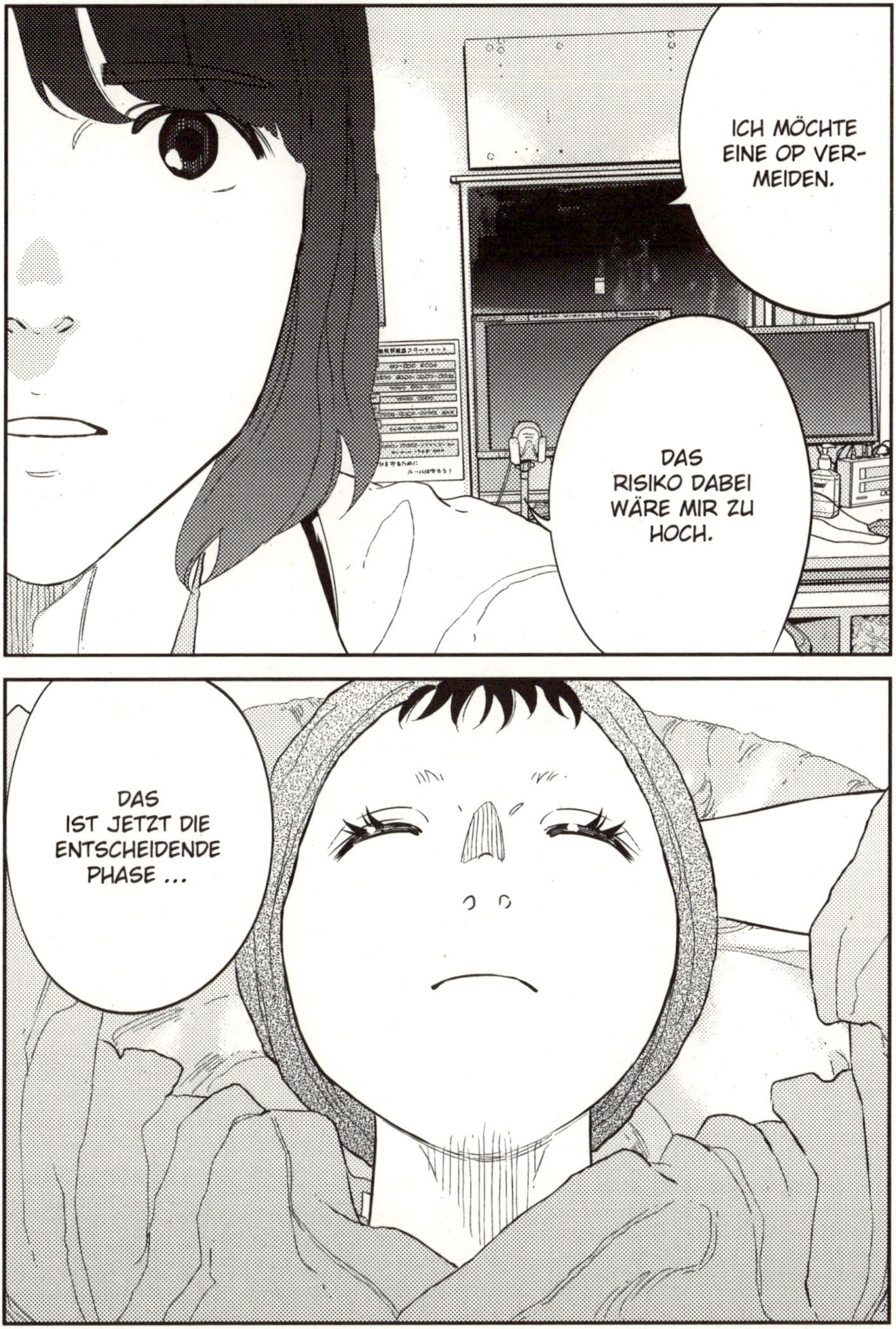

ICH MÖCHTE EINE OP VER-MEIDEN.

DAS RISIKO DABEI WÄRE MIR ZU HOCH.

DAS IST JETZT DIE ENTSCHEIDENDE PHASE ...

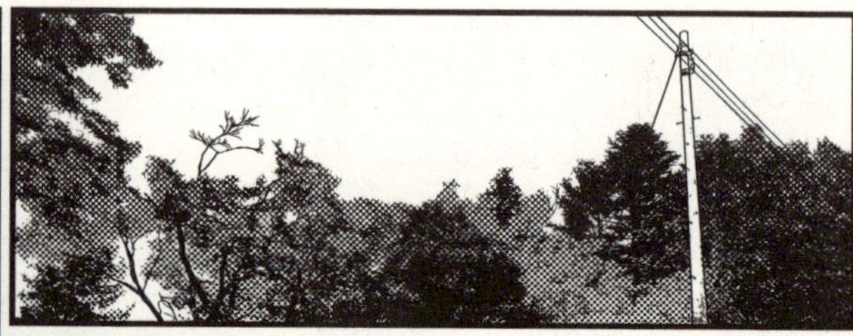

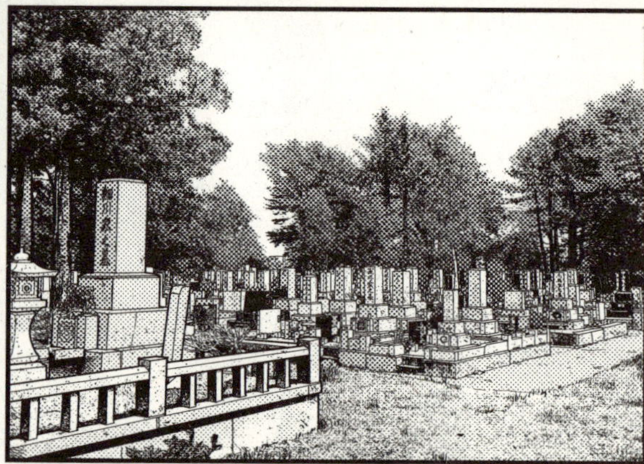

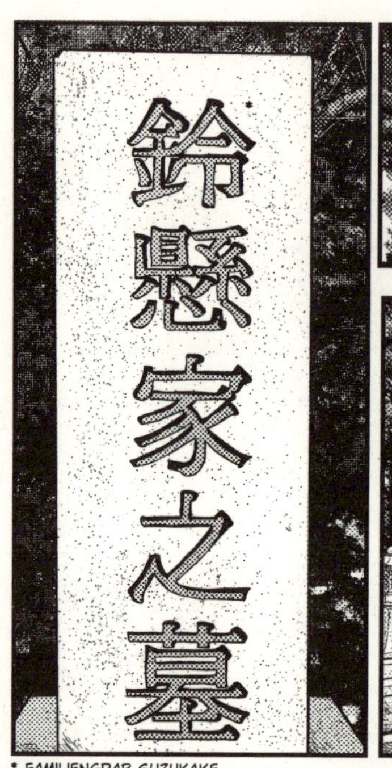

* FAMILIENGRAB SUZUKAKE

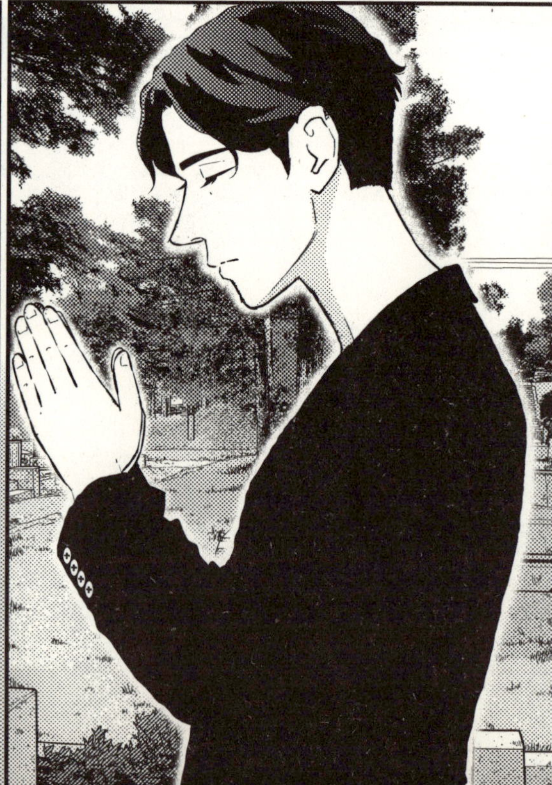

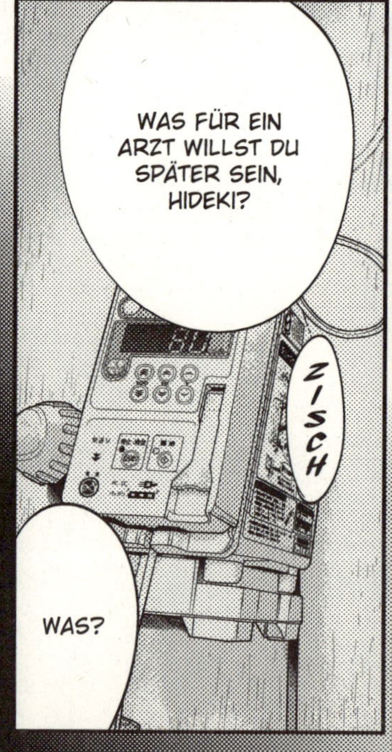

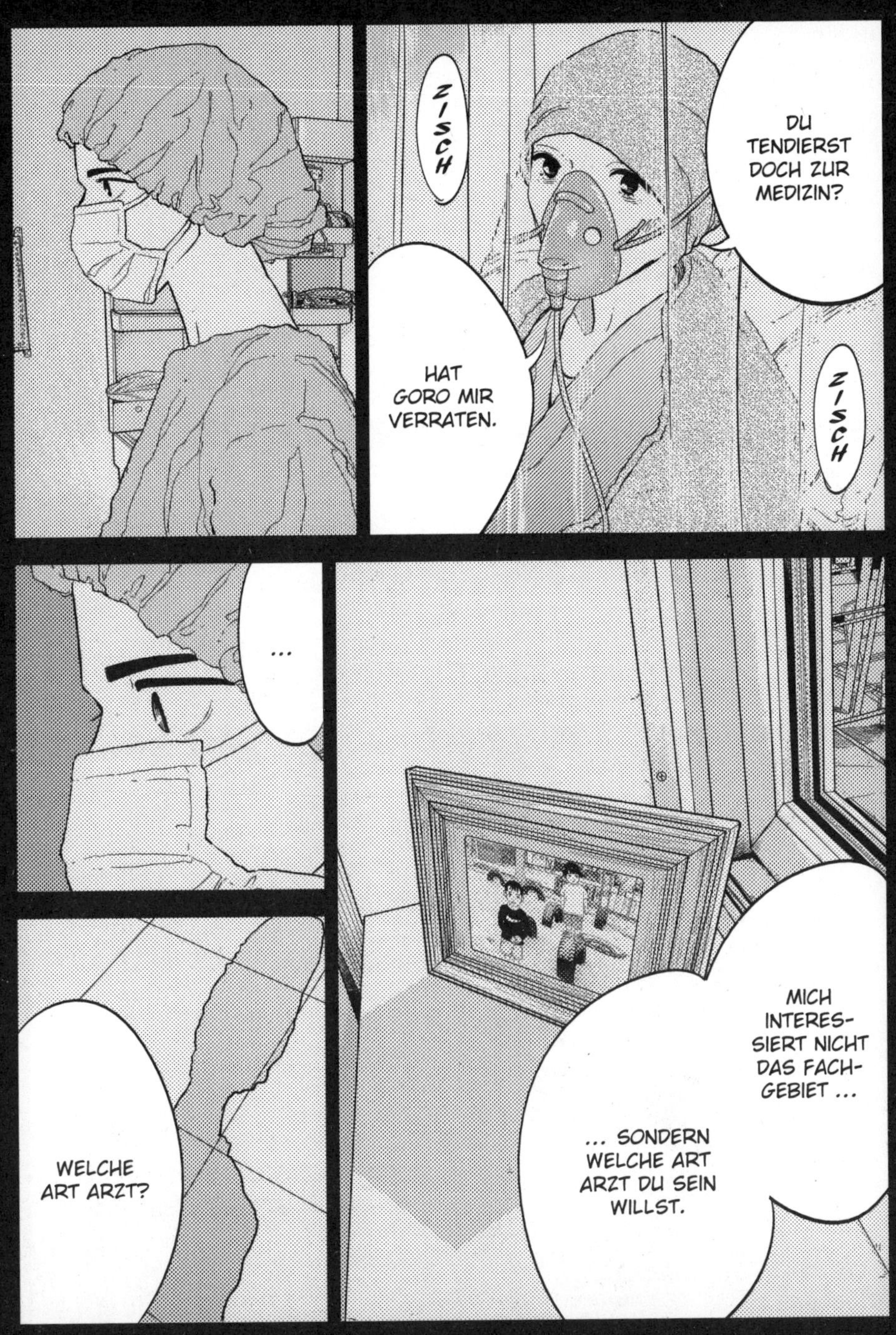
DU TENDIERST DOCH ZUR MEDIZIN?
ZISCH
HAT GORO MIR VERRATEN.
ZISCH
...
MICH INTERES-SIERT NICHT DAS FACH-GEBIET ...
... SONDERN WELCHE ART ARZT DU SEIN WILLST.
WELCHE ART ARZT?

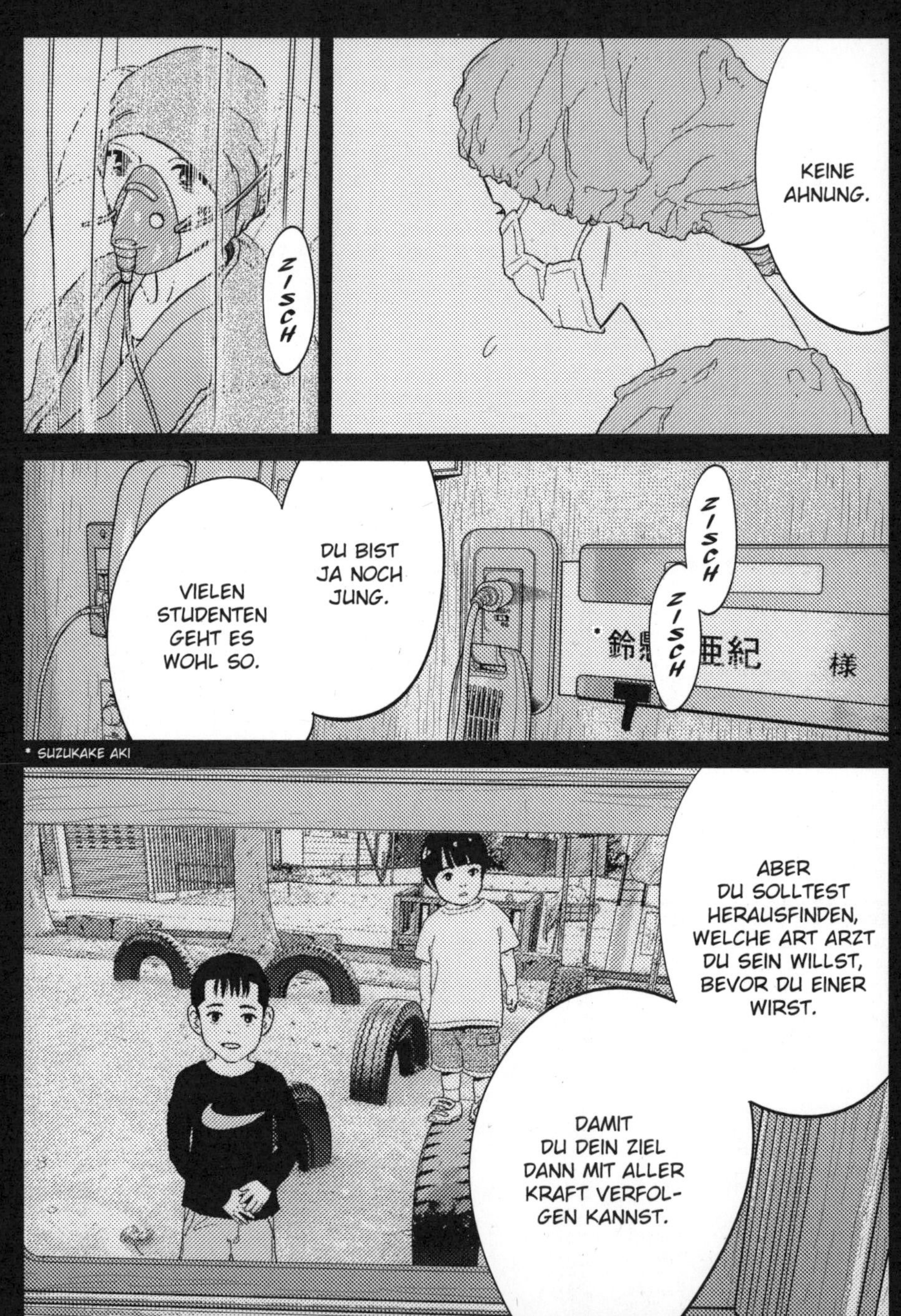

* SUZUKAKE AKI

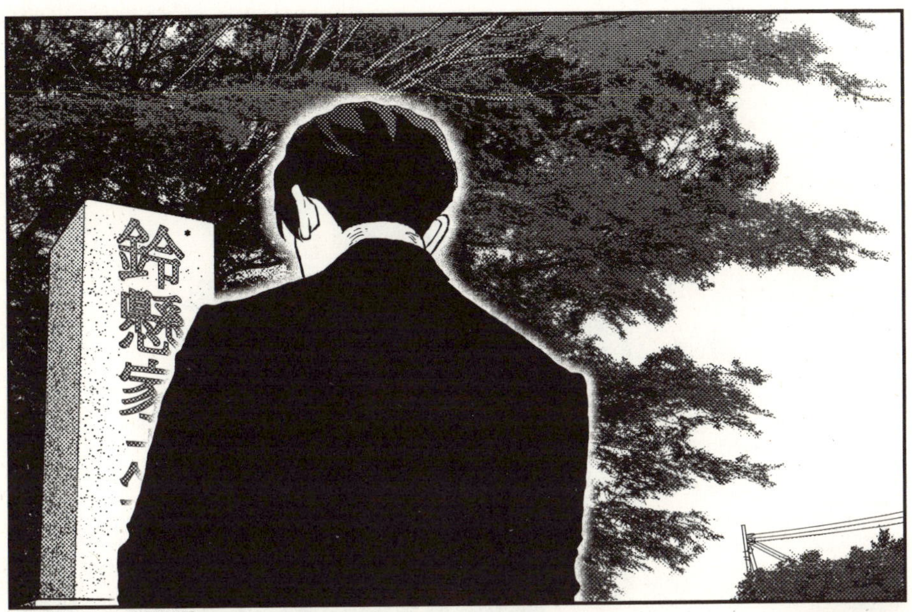

* FAMILIENGRAB SUZUKAKE

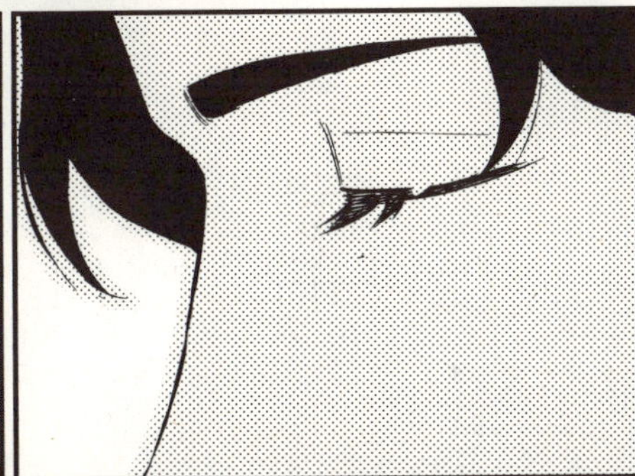

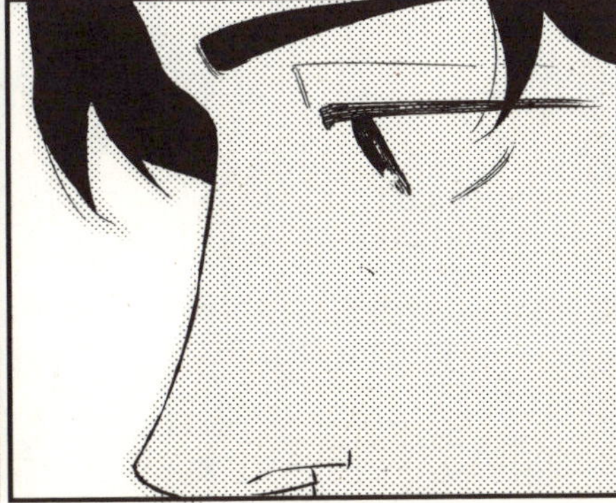

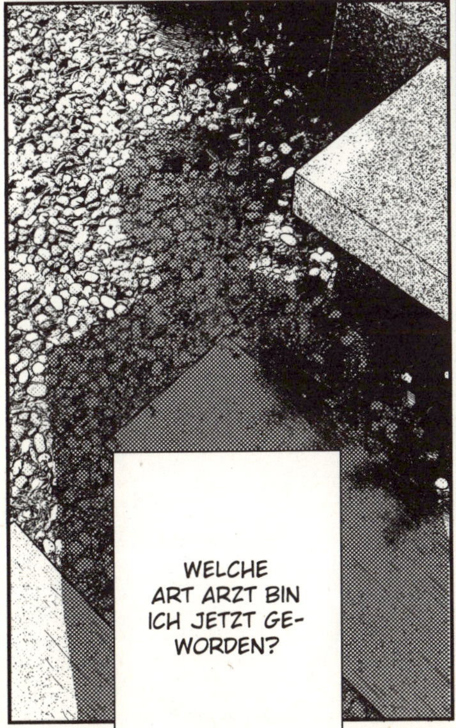

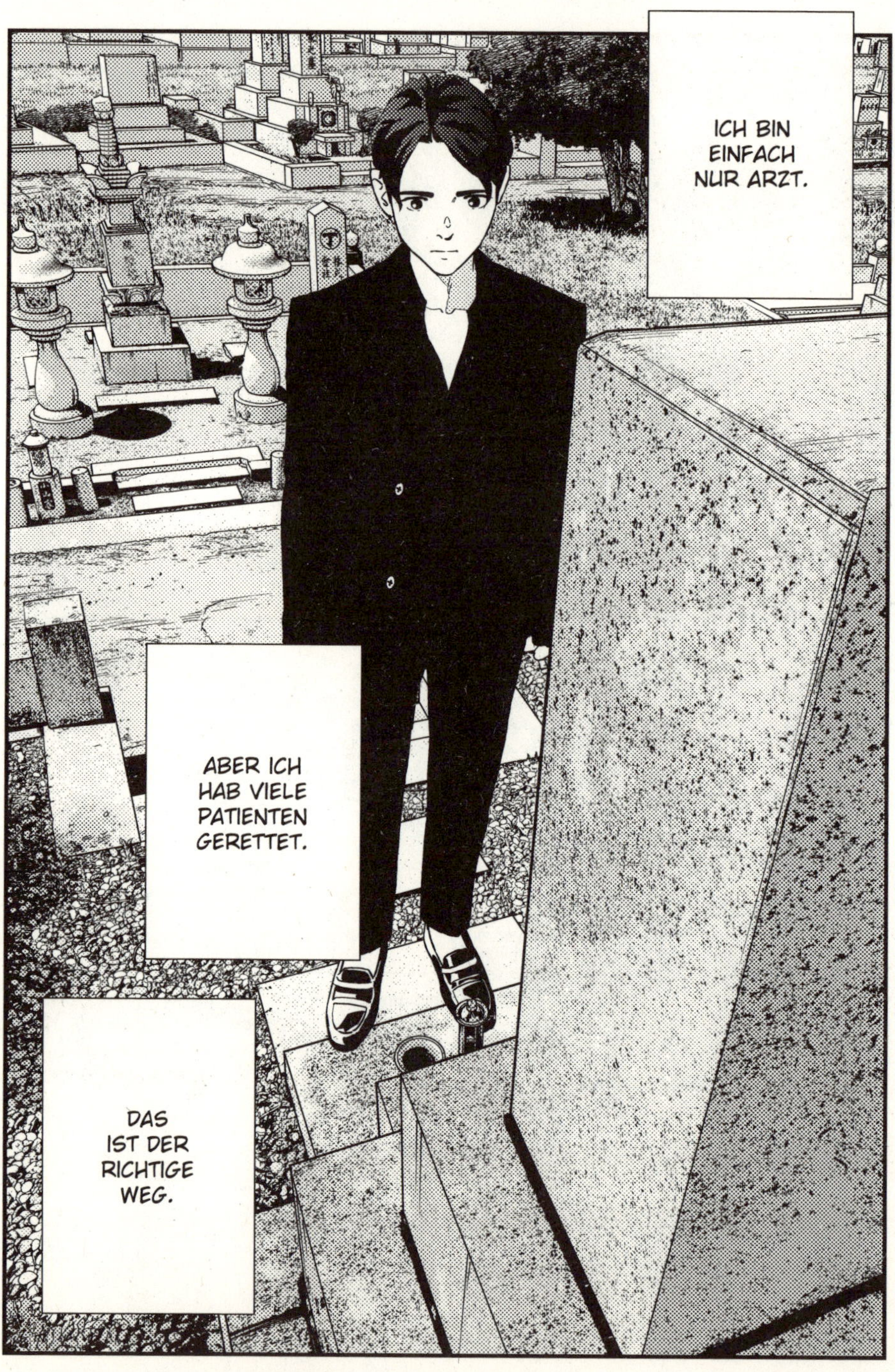
ICH BIN EINFACH NUR ARZT.
ABER ICH HAB VIELE PATIENTEN GERETTET.
DAS IST DER RICHTIGE WEG.

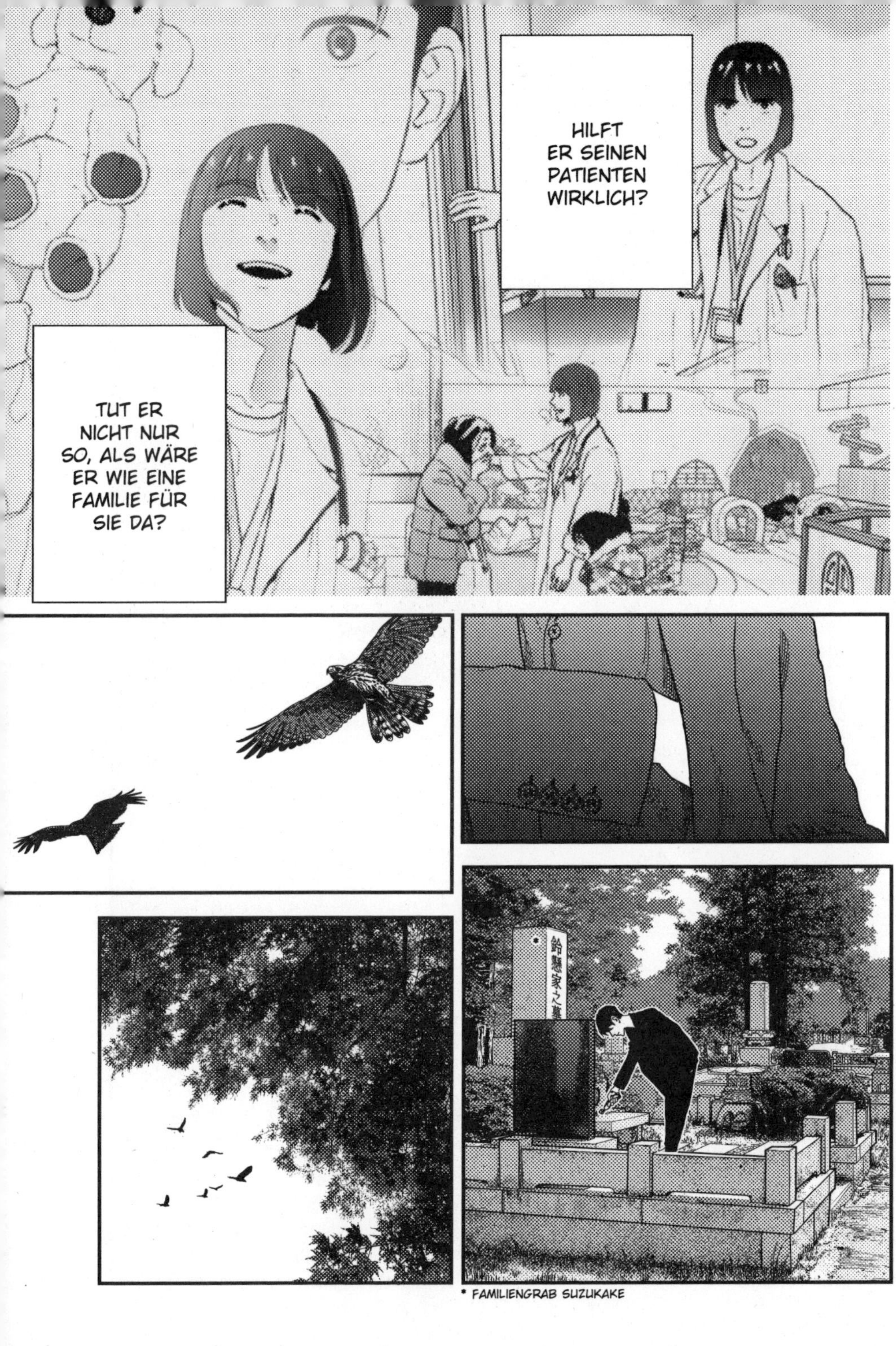

HILFT ER SEINEN PATIENTEN WIRKLICH?

TUT ER NICHT NUR SO, ALS WÄRE ER WIE EINE FAMILIE FÜR SIE DA?

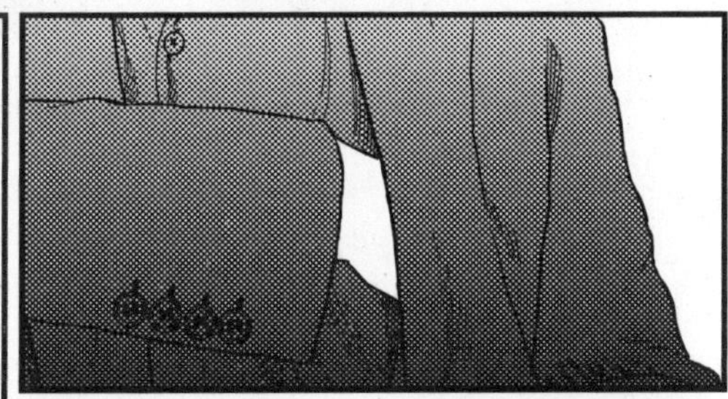

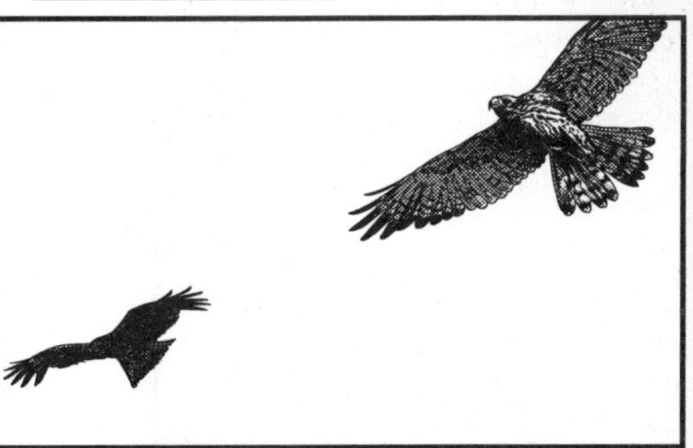

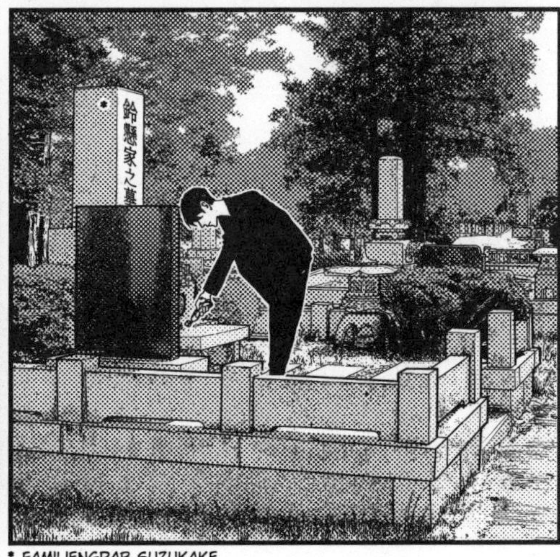

* FAMILIENGRAB SUZUKAKE

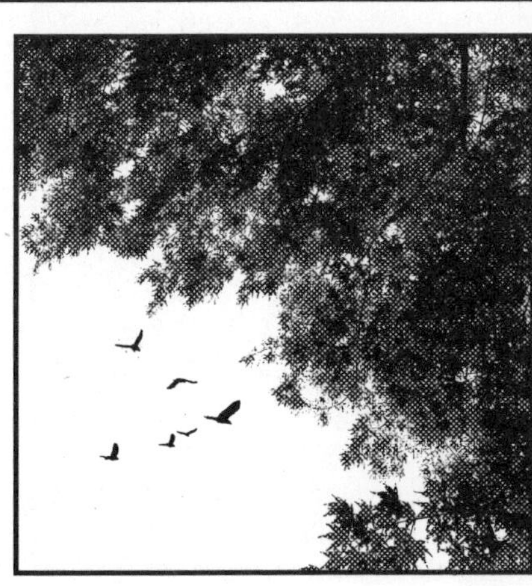

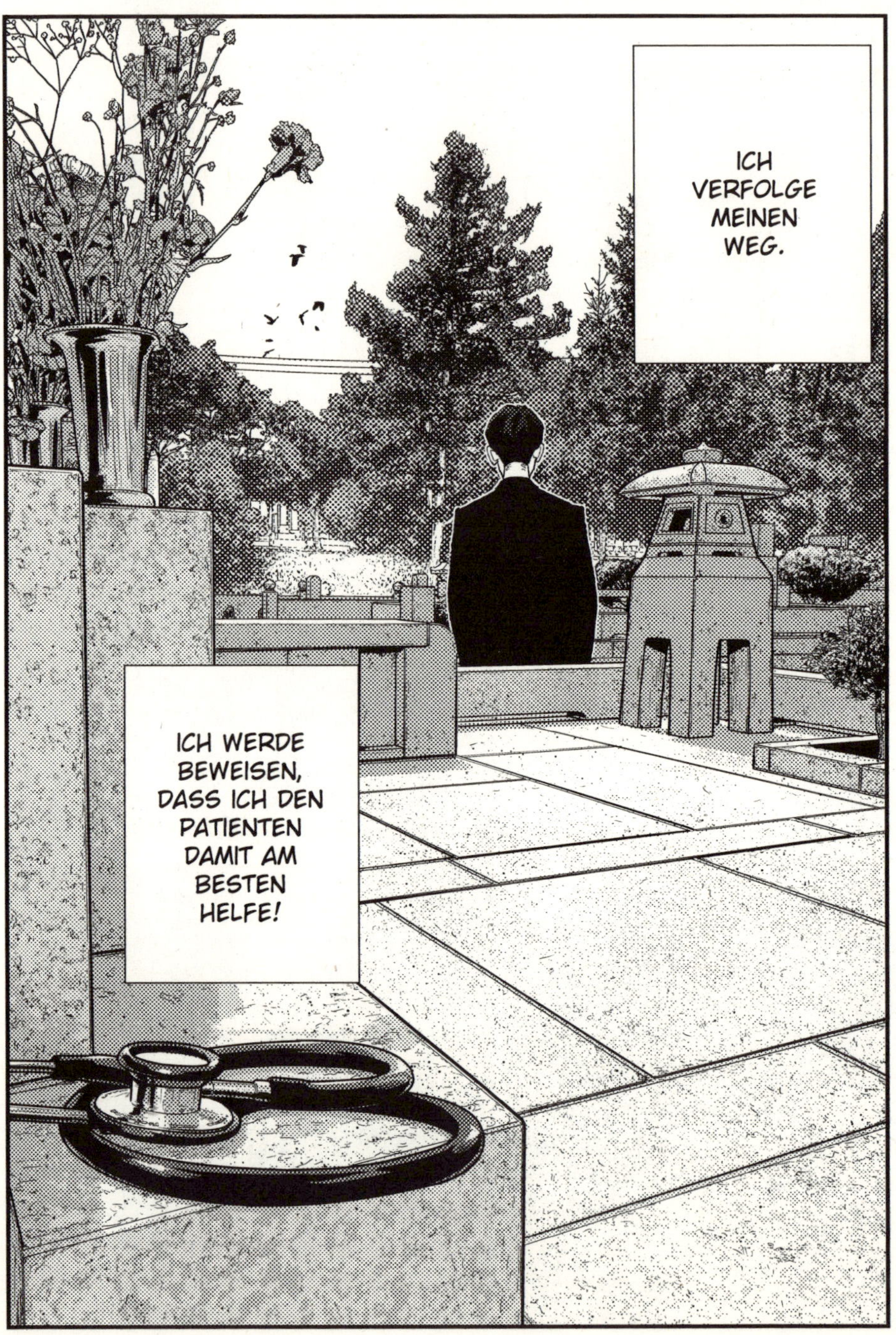
ICH VERFOLGE MEINEN WEG.
ICH WERDE BEWEISEN, DASS ICH DEN PATIENTEN DAMIT AM BESTEN HELFE!

Die Früchte der Platane

EIN KINDERARZT MIT HERZ

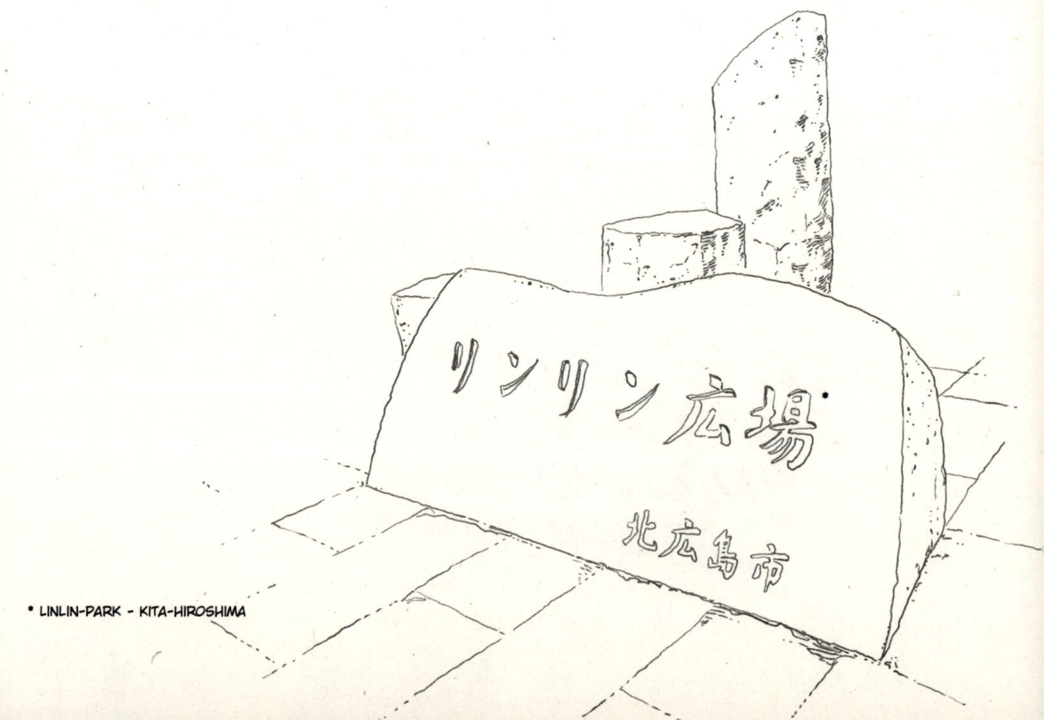

• LINLIN-PARK - KITA-HIROSHIMA

28 ICH WÄR AM LIEBSTEN WEG

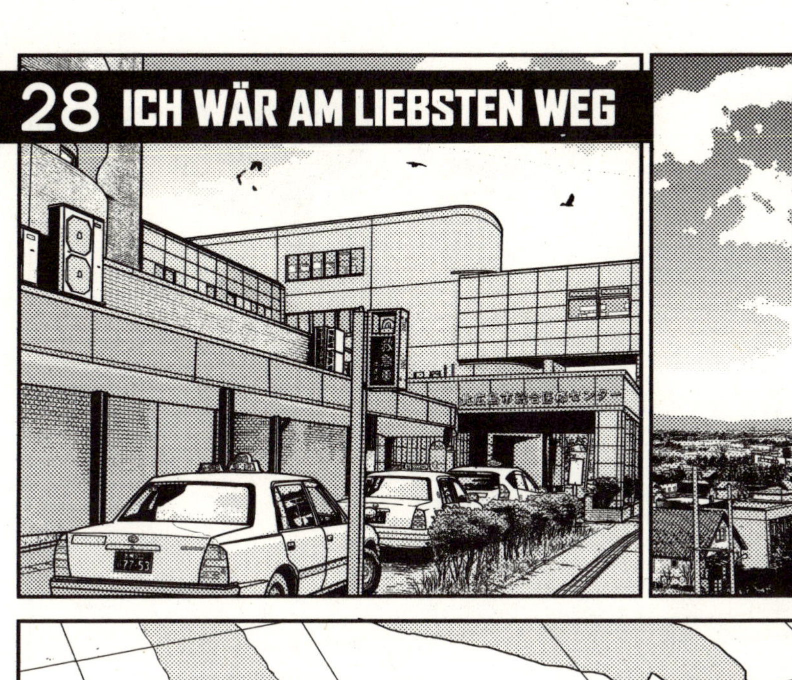

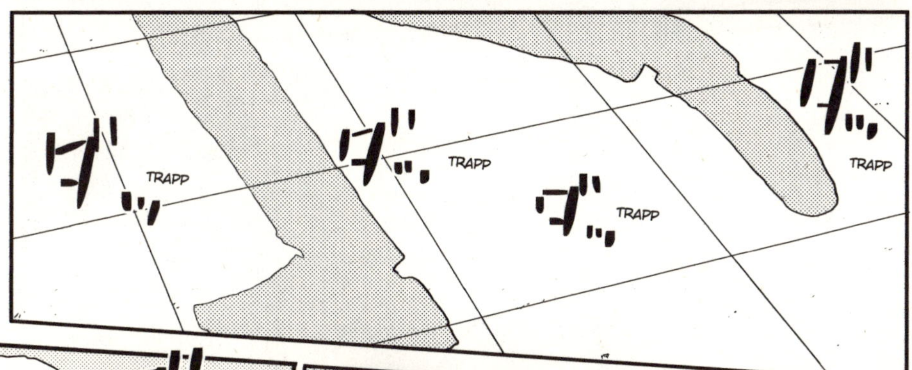

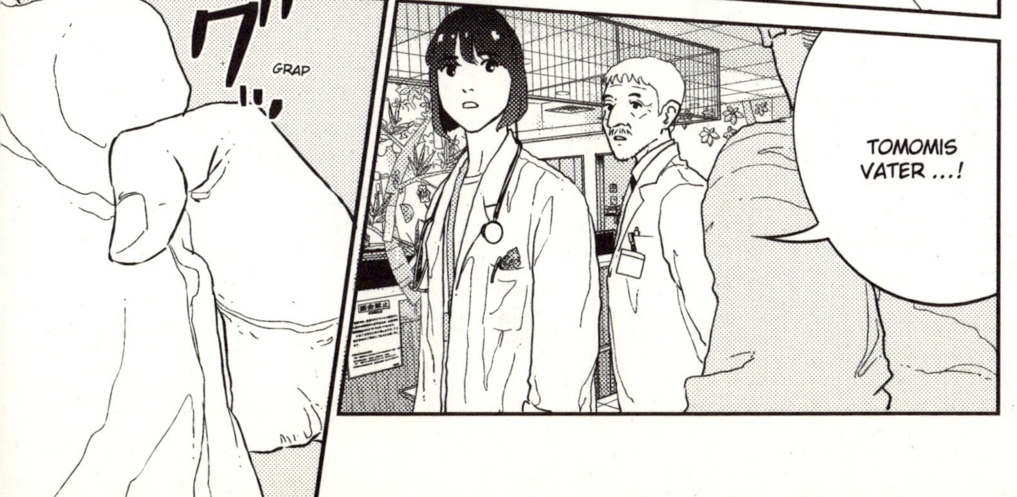

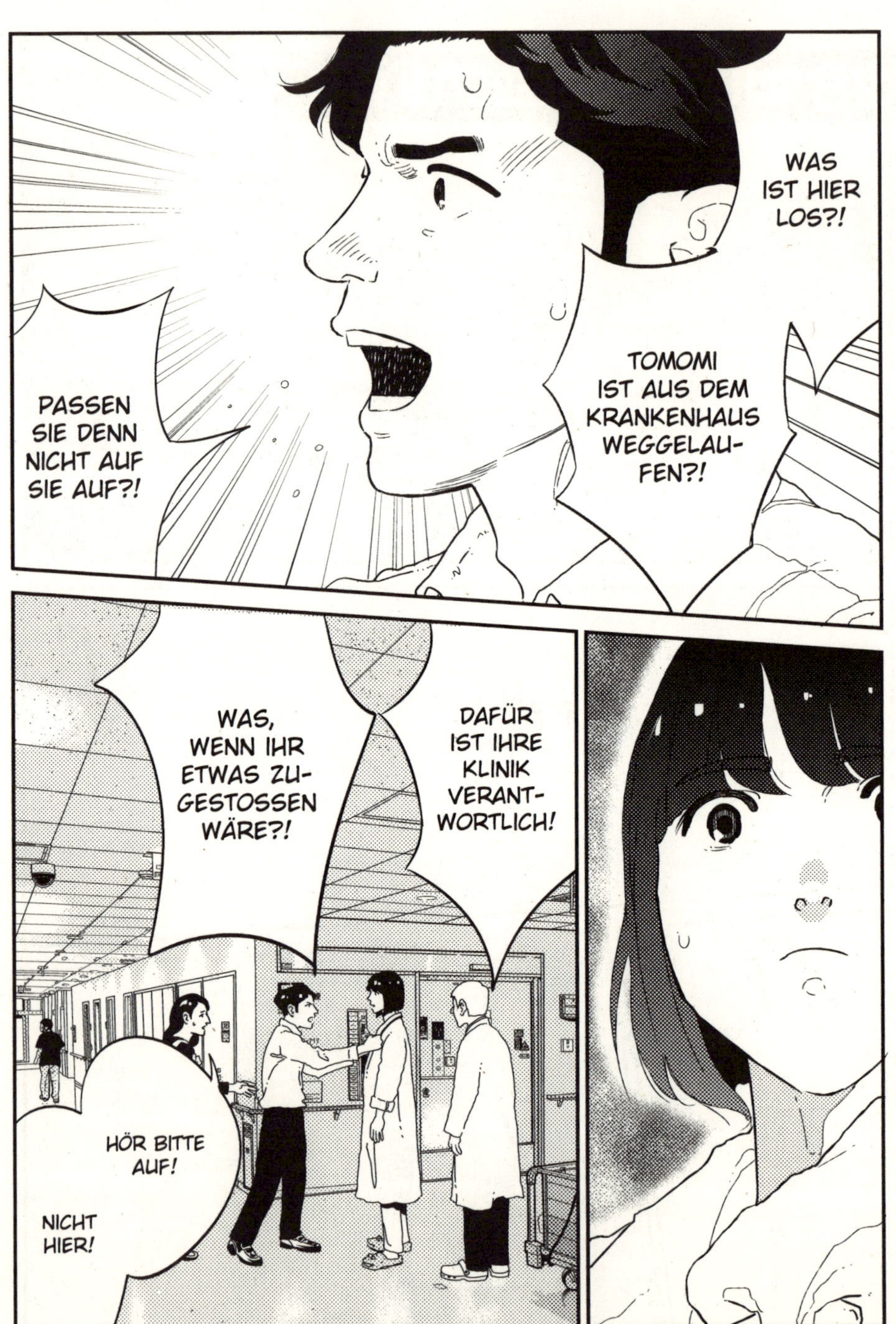
WAS IST HIER LOS?!
TOMOMI IST AUS DEM KRANKENHAUS WEGGELAUFEN?!
PASSEN SIE DENN NICHT AUF SIE AUF?!
DAFÜR IST IHRE KLINIK VERANTWORTLICH!
WAS, WENN IHR ETWAS ZUGESTOSSEN WÄRE?!
HÖR BITTE AUF!
NICHT HIER!

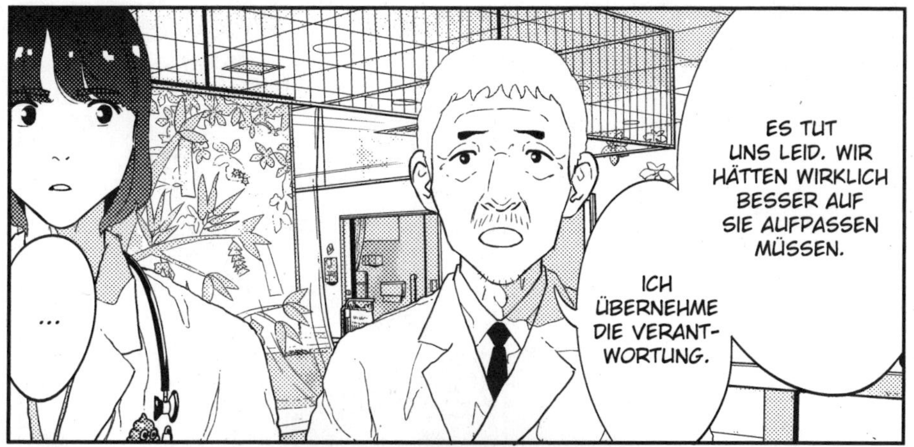
ES TUT UNS LEID. WIR HÄTTEN WIRKLICH BESSER AUF SIE AUFPASSEN MÜSSEN.
ICH ÜBERNEHME DIE VERANT-WORTUNG.
...

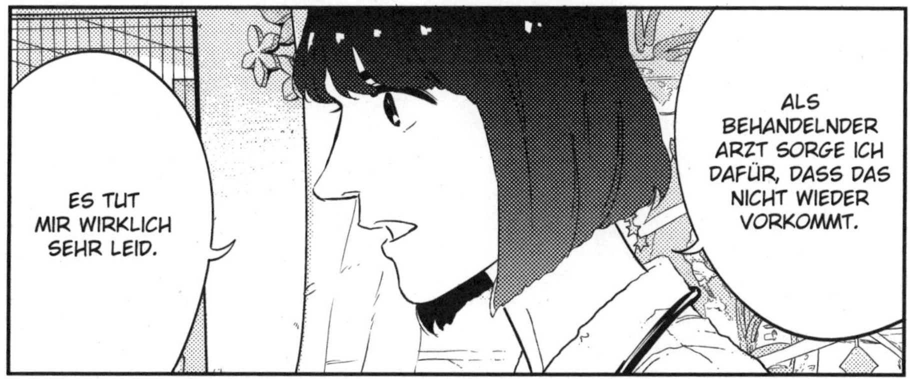
ALS BEHANDELNDER ARZT SORGE ICH DAFÜR, DASS DAS NICHT WIEDER VORKOMMT.
ES TUT MIR WIRKLICH SEHR LEID.

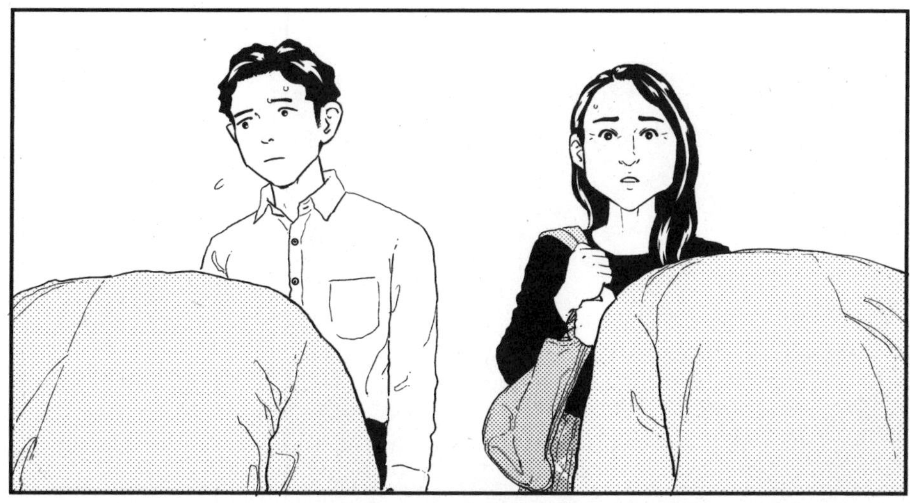

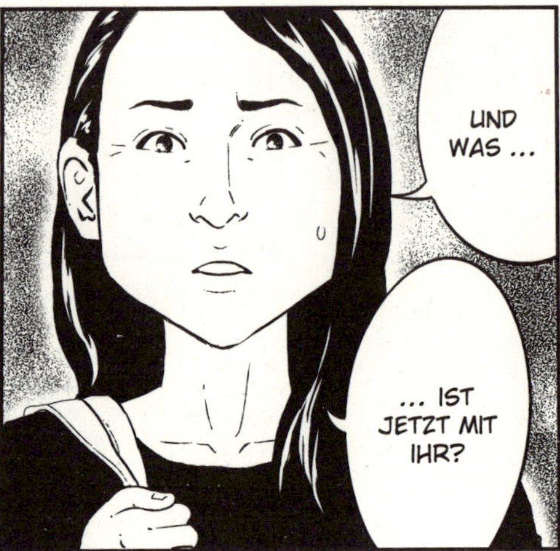

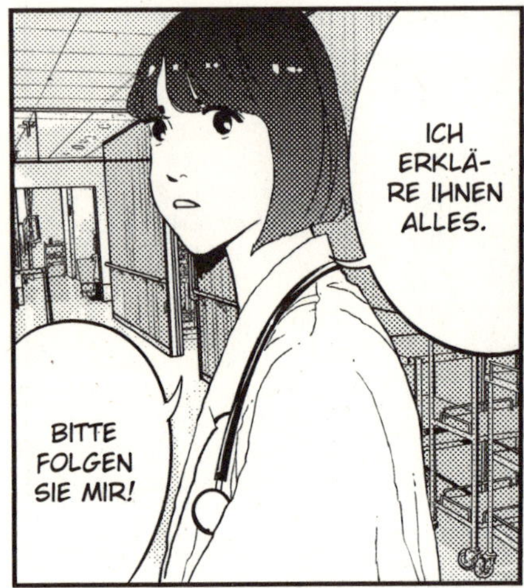

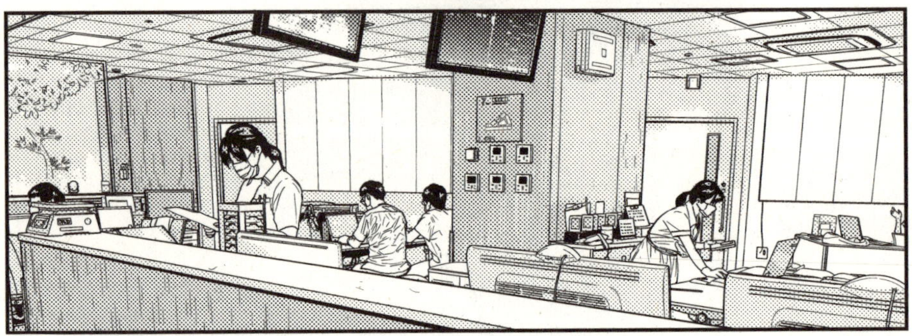

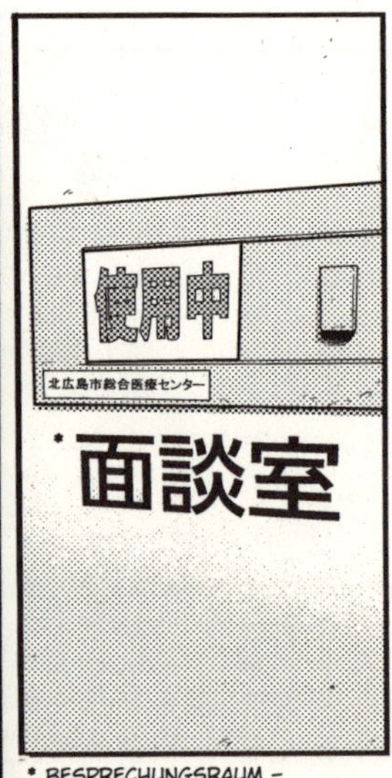

* BESPRECHUNGSRAUM – IN BENUTZUNG

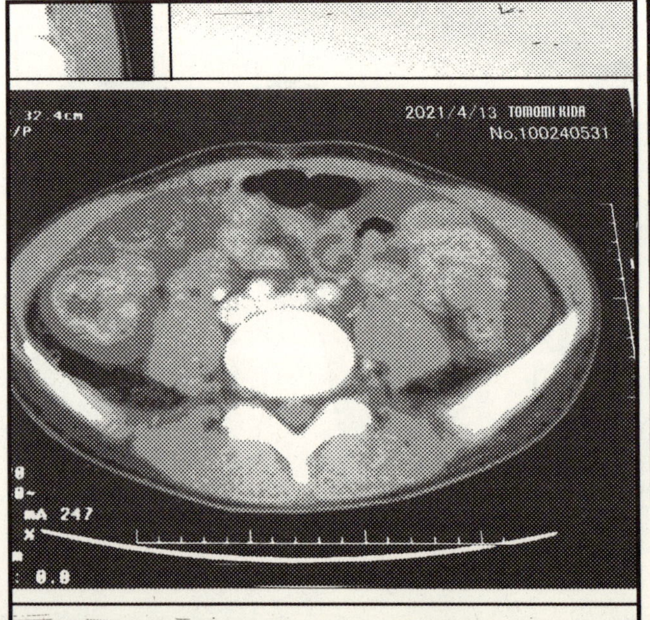

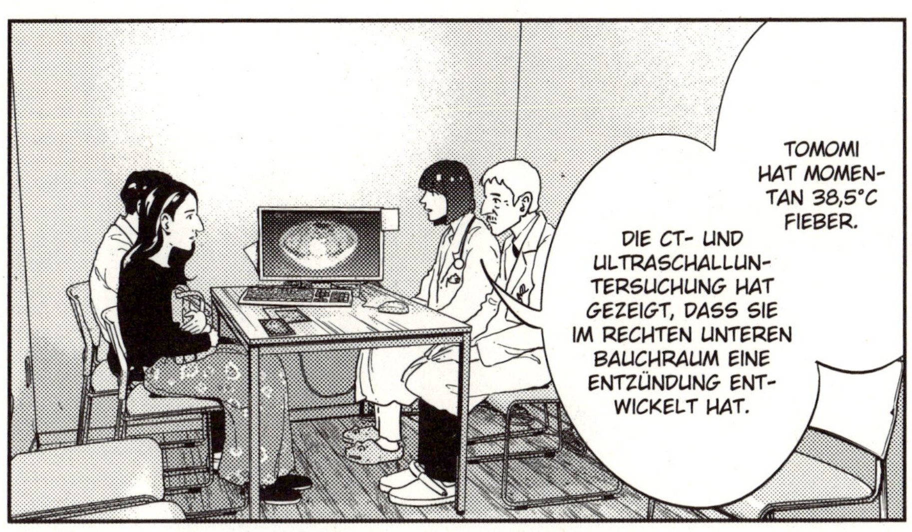

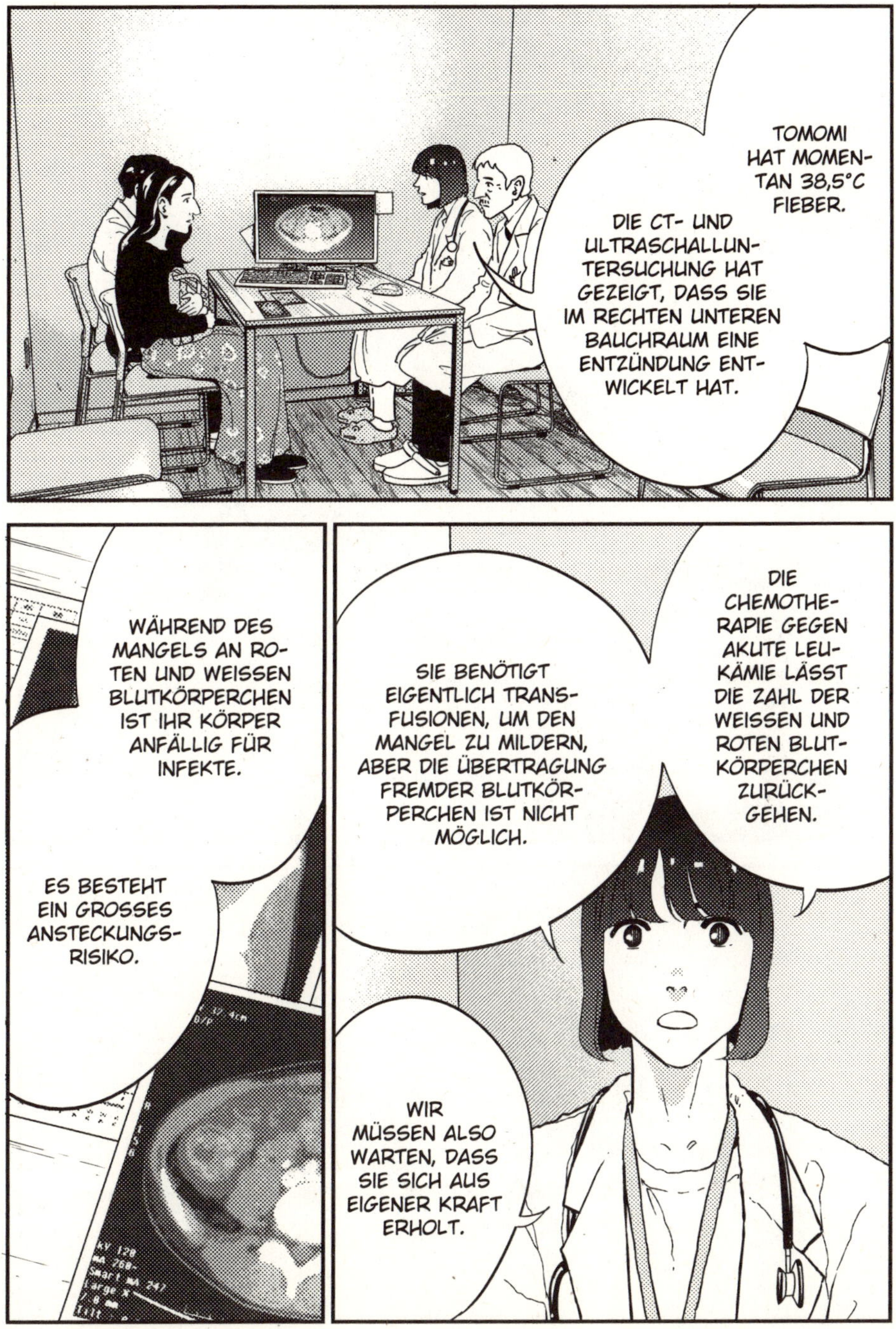

DIE CHEMOTHERAPIE GEGEN AKUTE LEUKÄMIE LÄSST DIE ZAHL DER WEISSEN UND ROTEN BLUTKÖRPERCHEN ZURÜCKGEHEN.

SIE BENÖTIGT EIGENTLICH TRANSFUSIONEN, UM DEN MANGEL ZU MILDERN, ABER DIE ÜBERTRAGUNG FREMDER BLUTKÖRPERCHEN IST NICHT MÖGLICH.

WIR MÜSSEN ALSO WARTEN, DASS SIE SICH AUS EIGENER KRAFT ERHOLT.

WÄHREND DES MANGELS AN ROTEN UND WEISSEN BLUTKÖRPERCHEN IST IHR KÖRPER ANFÄLLIG FÜR INFEKTE.

ES BESTEHT EIN GROSSES ANSTECKUNGSRISIKO.

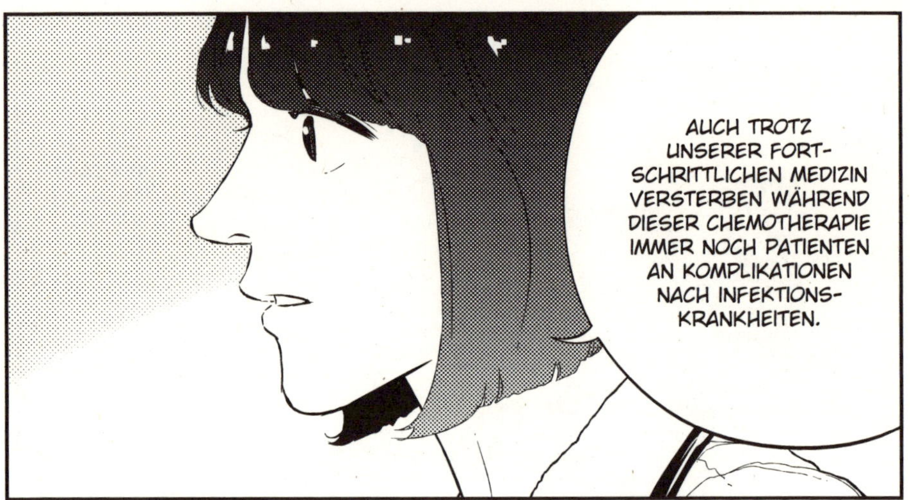
AUCH TROTZ UNSERER FORT-SCHRITTLICHEN MEDIZIN VERSTERBEN WÄHREND DIESER CHEMOTHERAPIE IMMER NOCH PATIENTEN AN KOMPLIKATIONEN NACH INFEKTIONS-KRANKHEITEN.

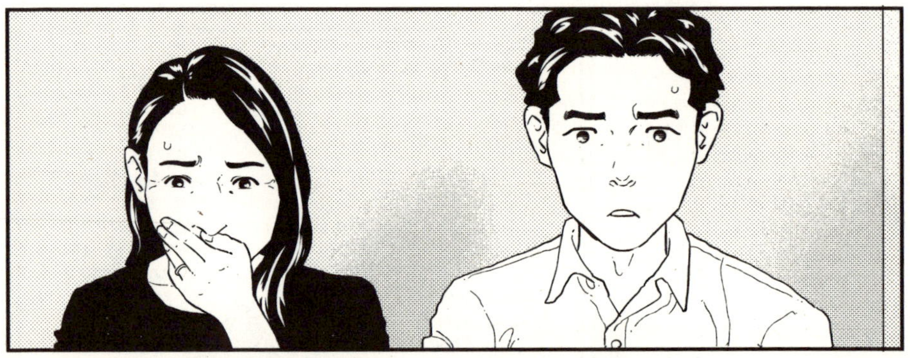

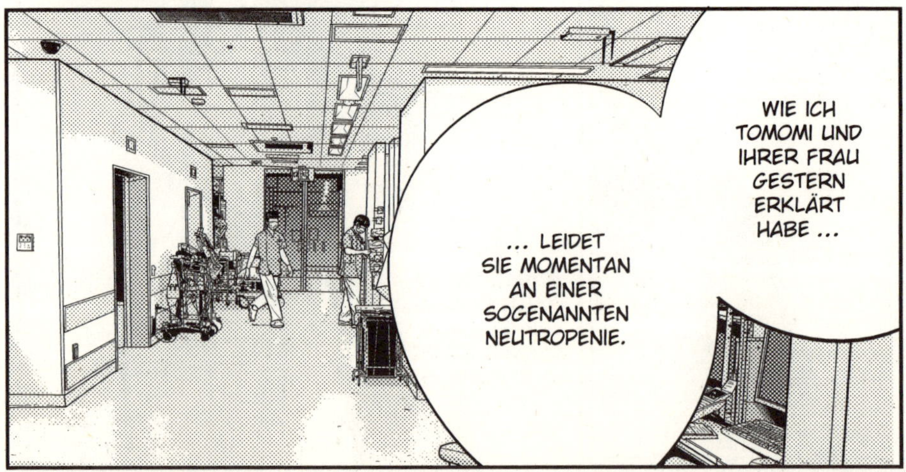
WIE ICH TOMOMI UND IHRER FRAU GESTERN ERKLÄRT HABE ...
... LEIDET SIE MOMENTAN AN EINER SOGENANNTEN NEUTROPENIE.

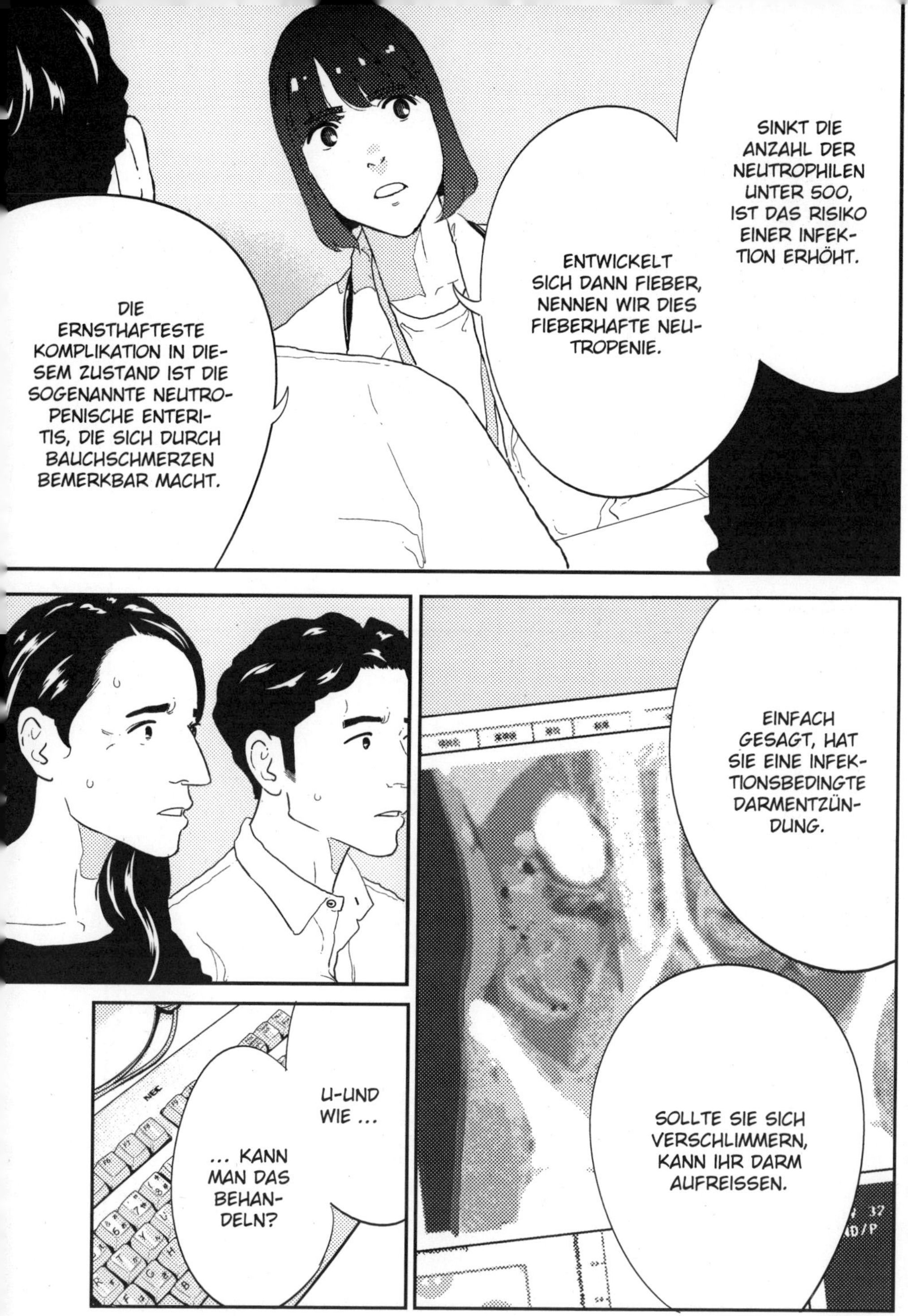

SINKT DIE ANZAHL DER NEUTROPHILEN UNTER 500, IST DAS RISIKO EINER INFEKTION ERHÖHT.

ENTWICKELT SICH DANN FIEBER, NENNEN WIR DIES FIEBERHAFTE NEUTROPENIE.

DIE ERNSTHAFTESTE KOMPLIKATION IN DIESEM ZUSTAND IST DIE SOGENANNTE NEUTROPENISCHE ENTERITIS, DIE SICH DURCH BAUCHSCHMERZEN BEMERKBAR MACHT.

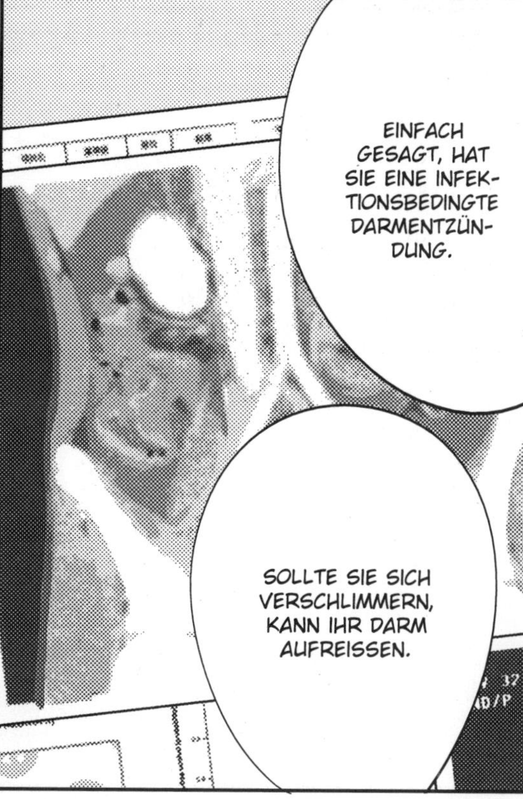

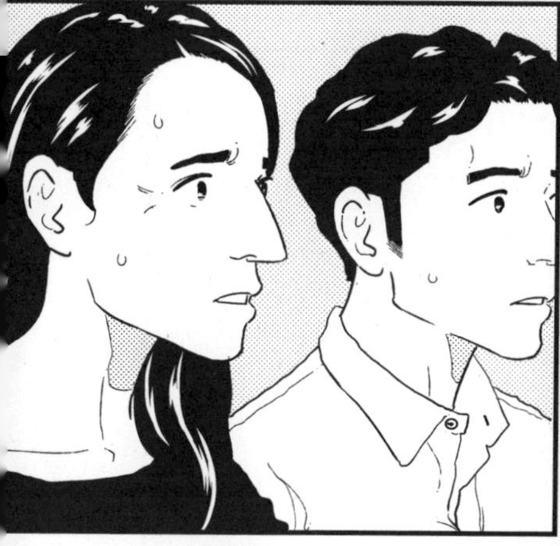

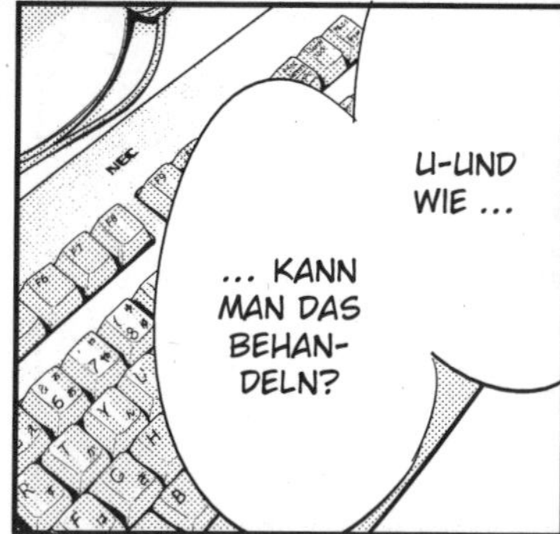

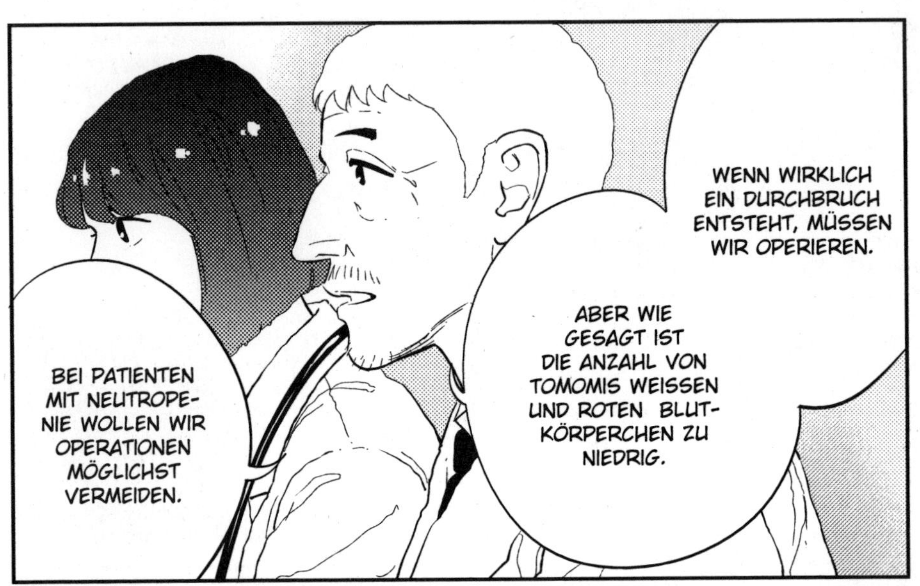

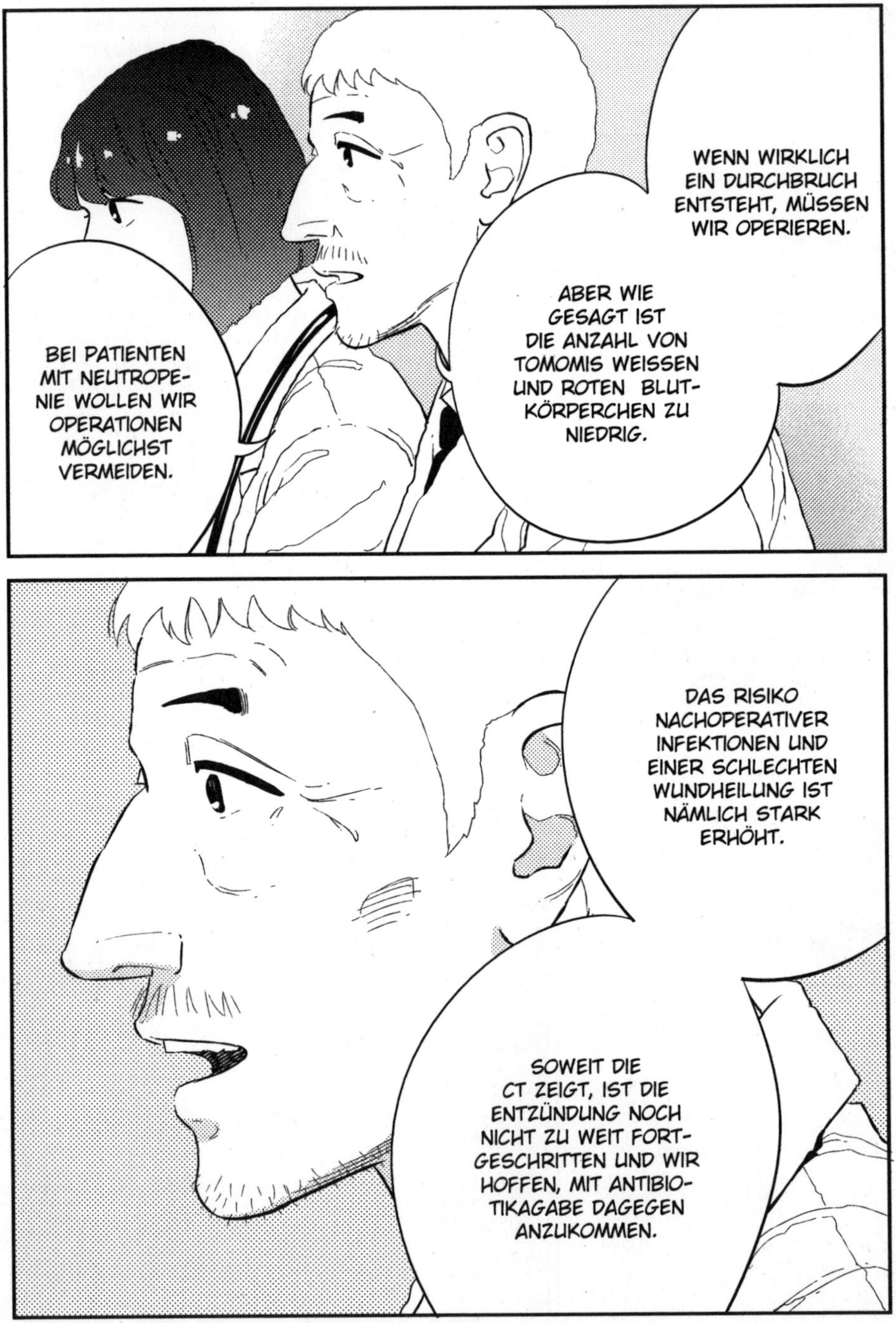

DAS RISIKO NACHOPERATIVER INFEKTIONEN UND EINER SCHLECHTEN WUNDHEILUNG IST NÄMLICH STARK ERHÖHT.

SOWEIT DIE CT ZEIGT, IST DIE ENTZÜNDUNG NOCH NICHT ZU WEIT FORT-GESCHRITTEN UND WIR HOFFEN, MIT ANTIBIO-TIKAGABE DAGEGEN ANZUKOMMEN.

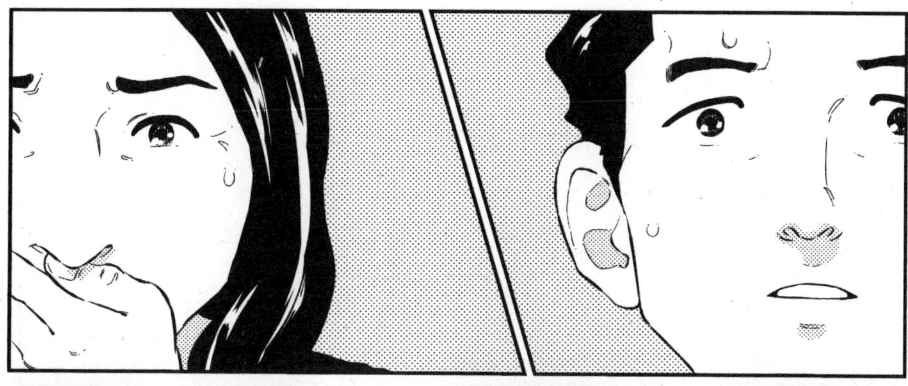

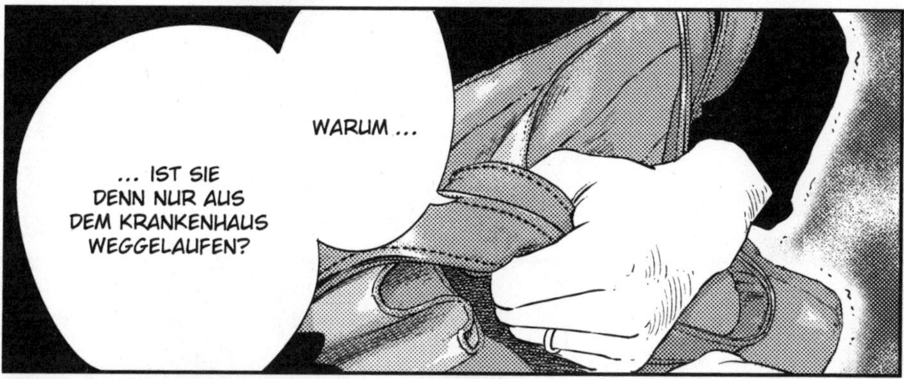
WARUM …
… IST SIE DENN NUR AUS DEM KRANKENHAUS WEGGELAUFEN?

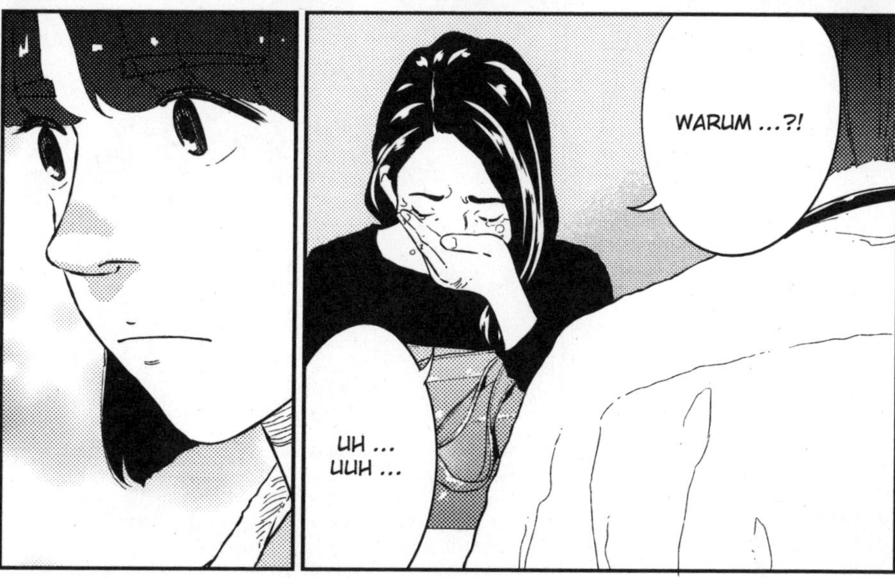
WARUM …?!
UH … UUH …

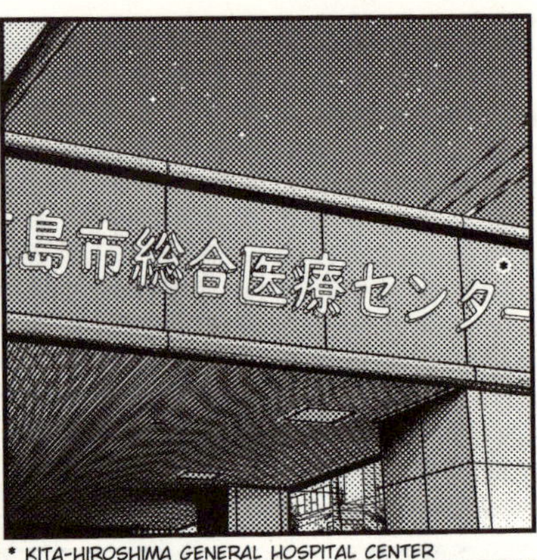

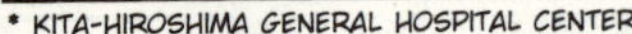
* KITA-HIROSHIMA GENERAL HOSPITAL CENTER

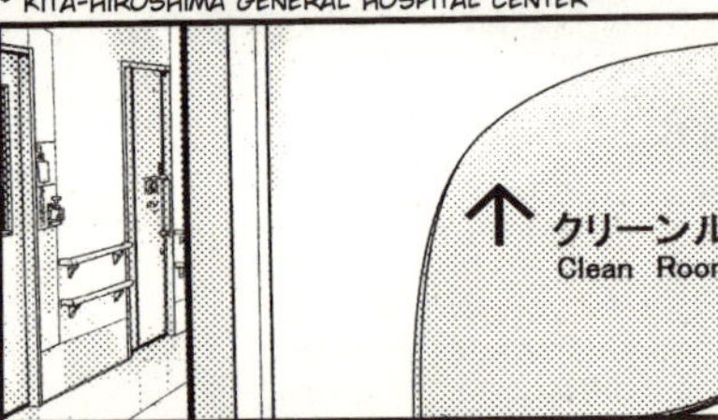

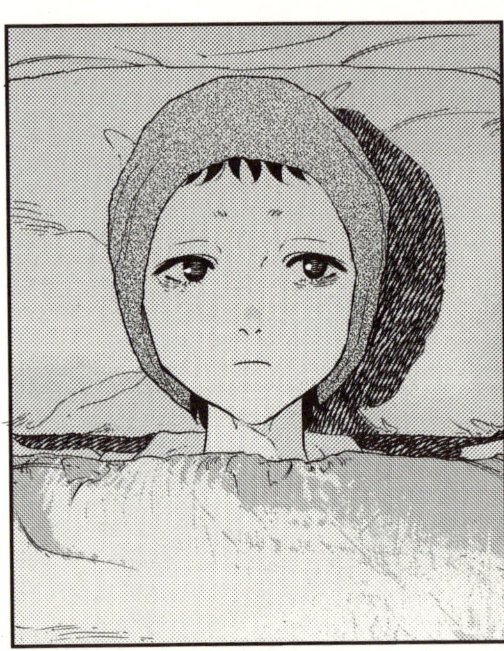

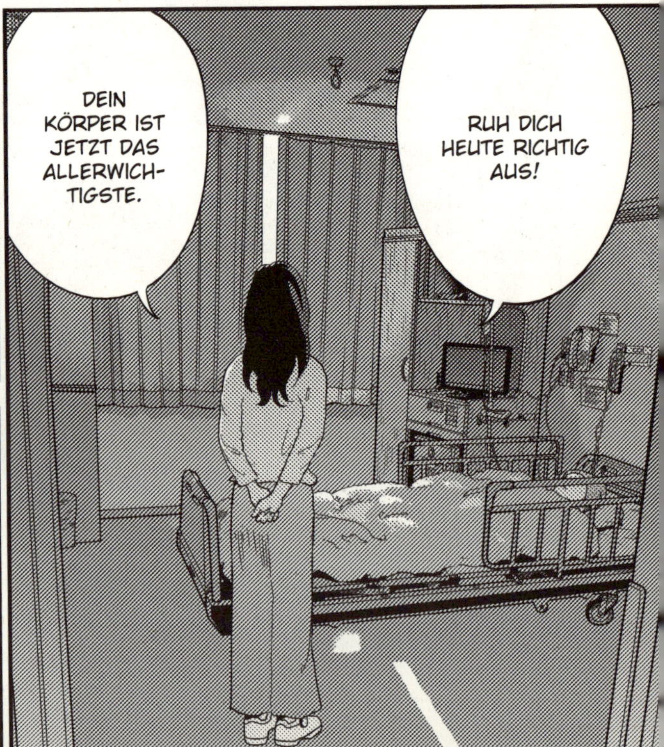

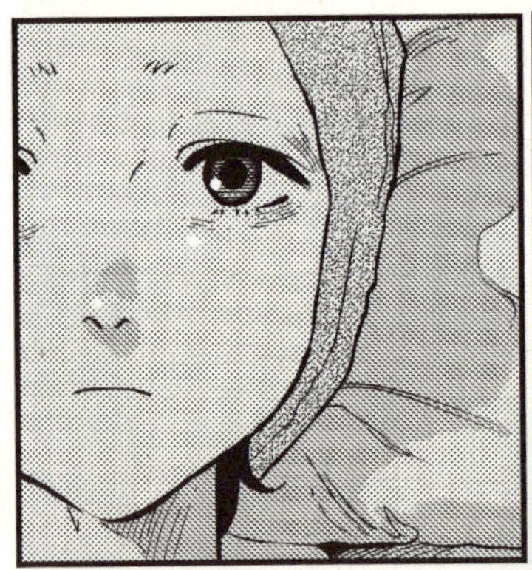

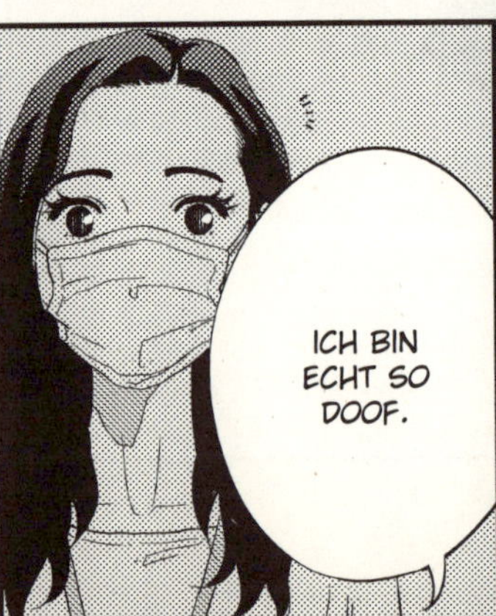

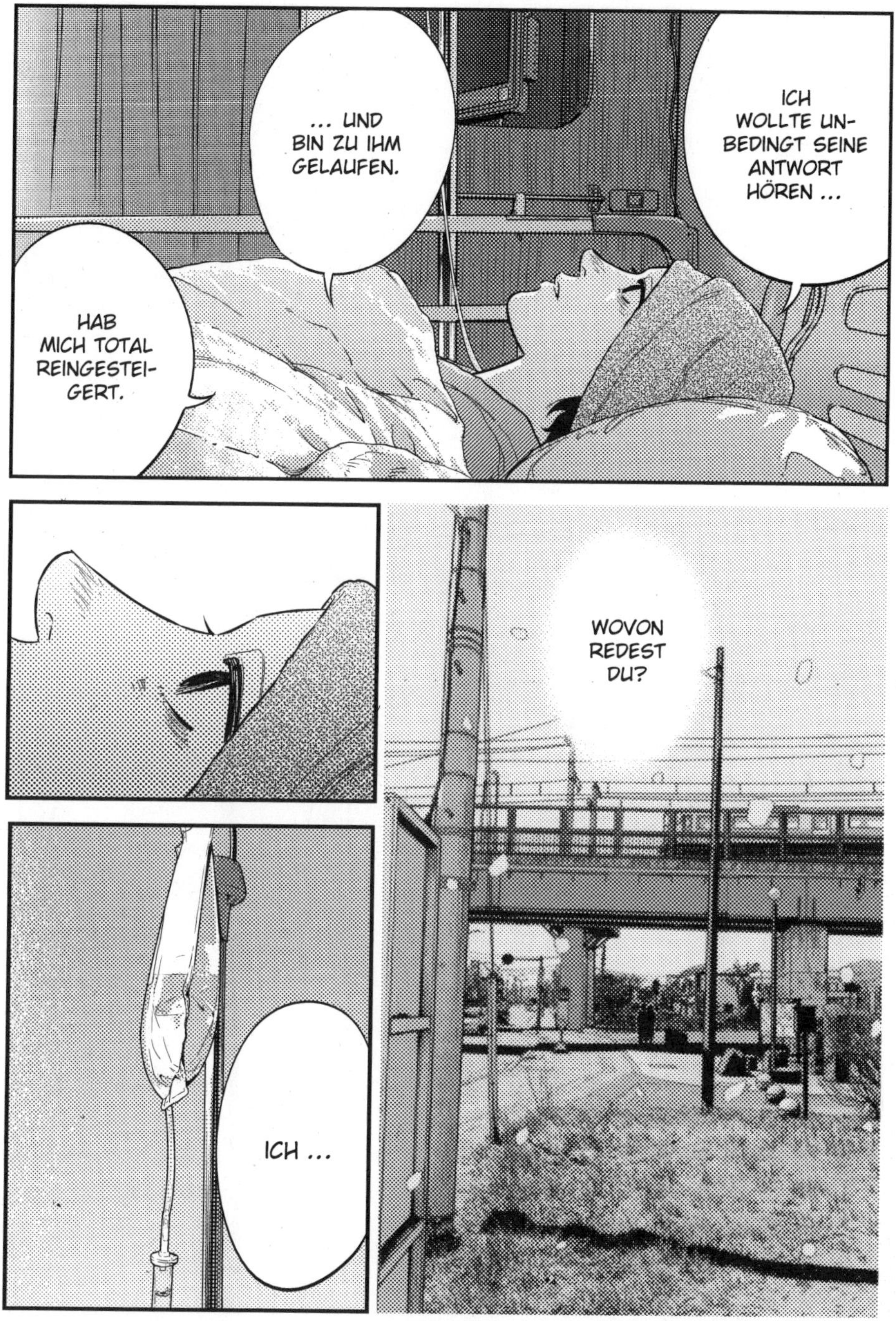

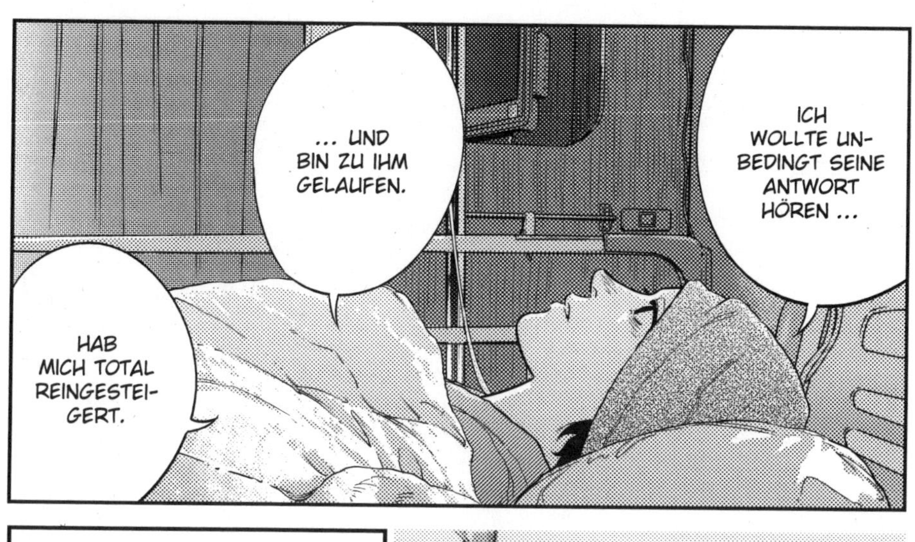

WOVON REDEST DU?

ICH …

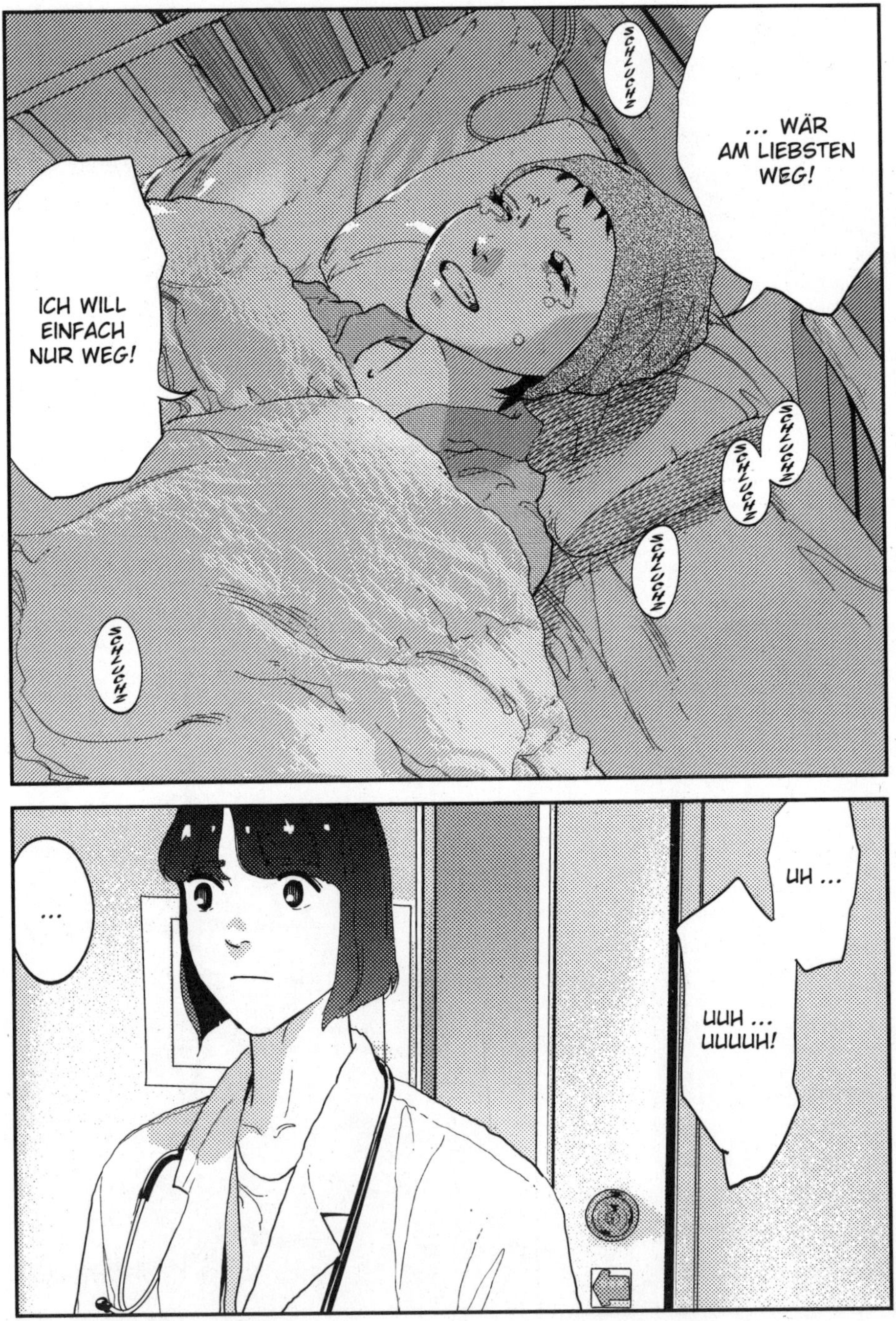

SCHLUCHZ
... WÄR AM LIEBSTEN WEG!
ICH WILL EINFACH NUR WEG!
SCHLUCHZ
SCHLUCHZ
SCHLUCHZ
SCHLUCHZ

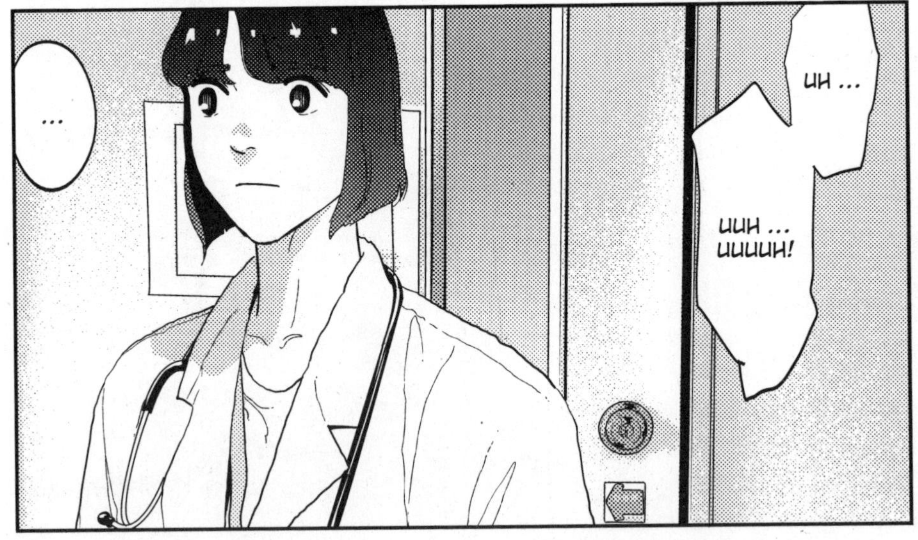

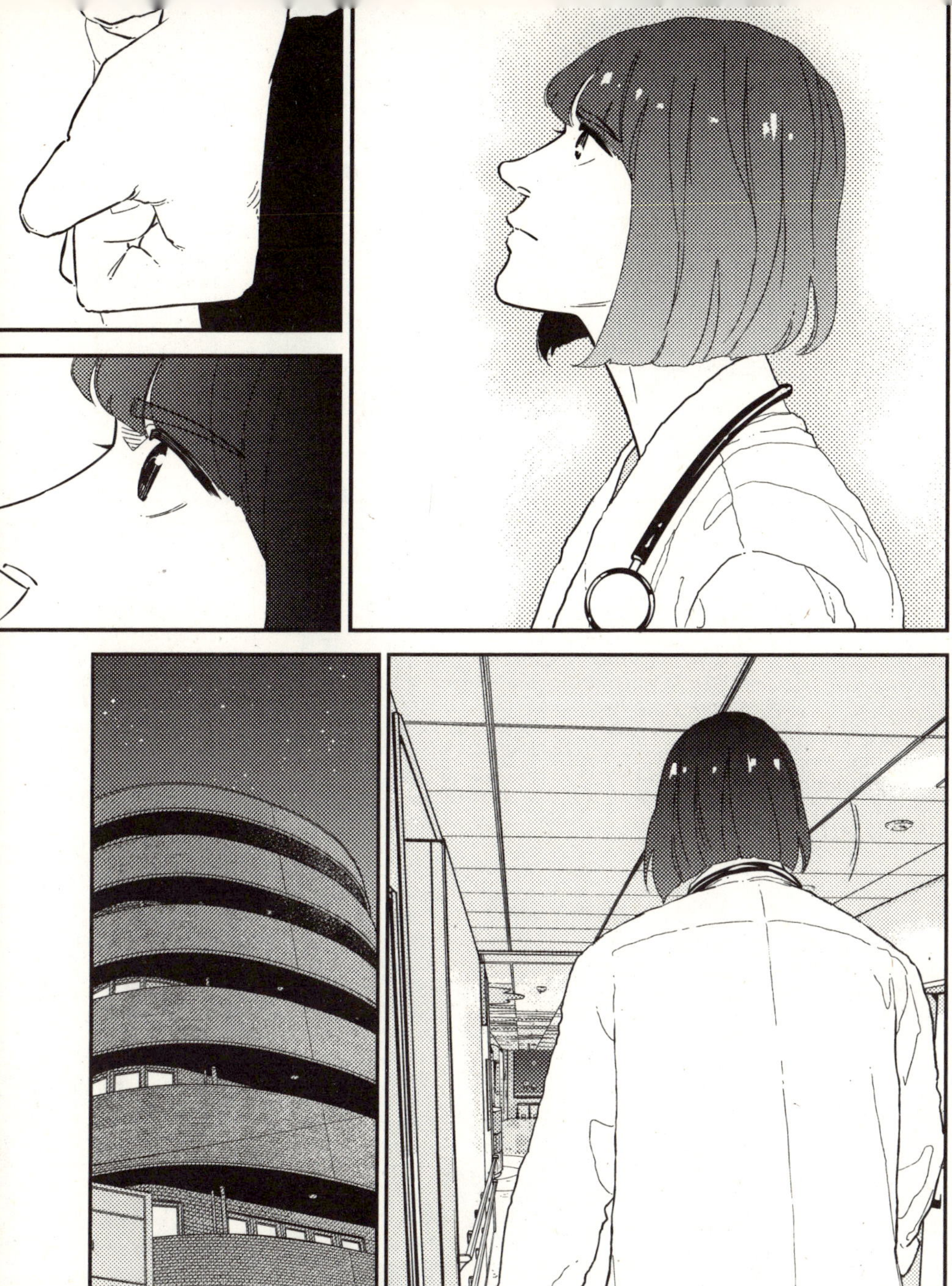

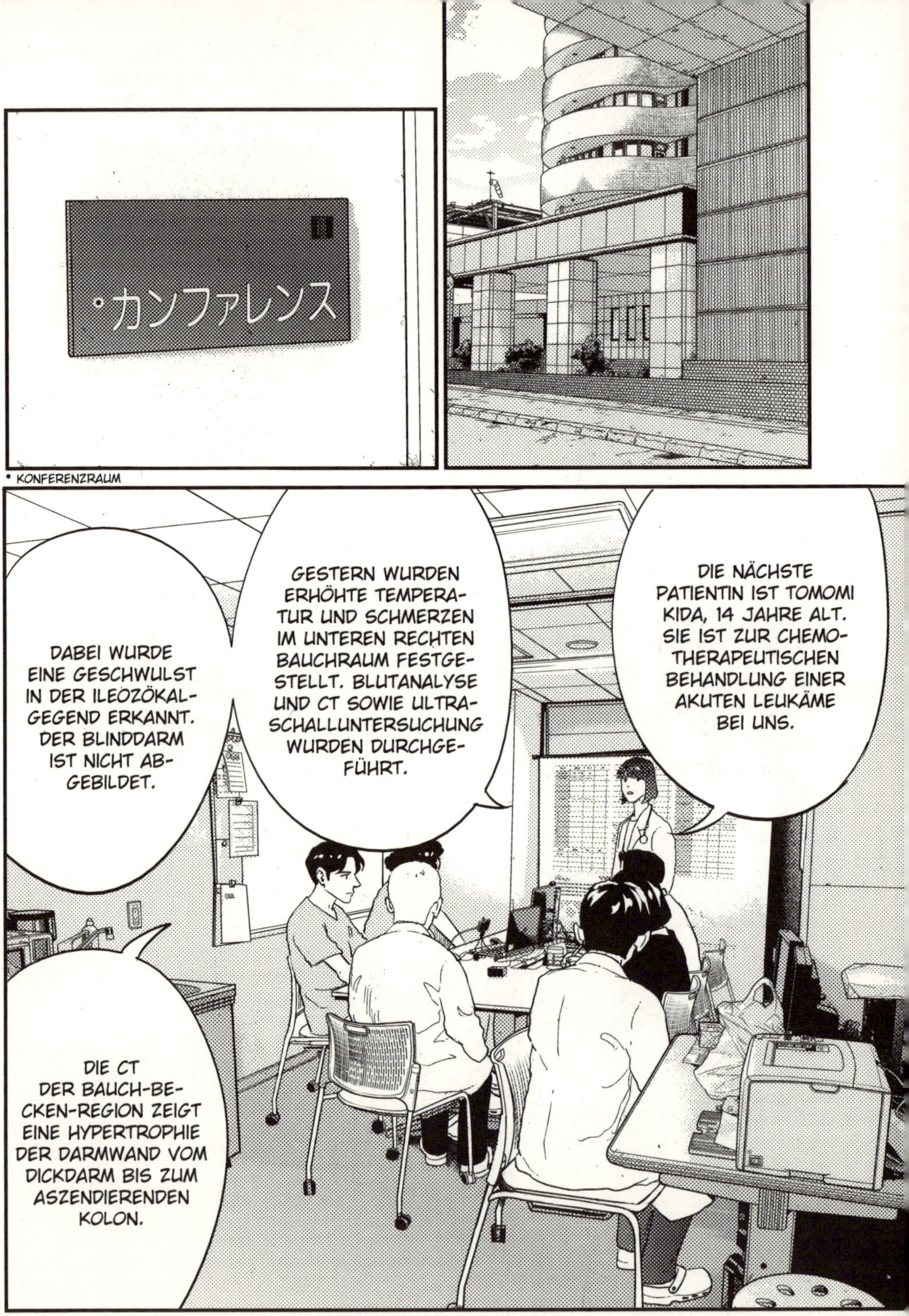

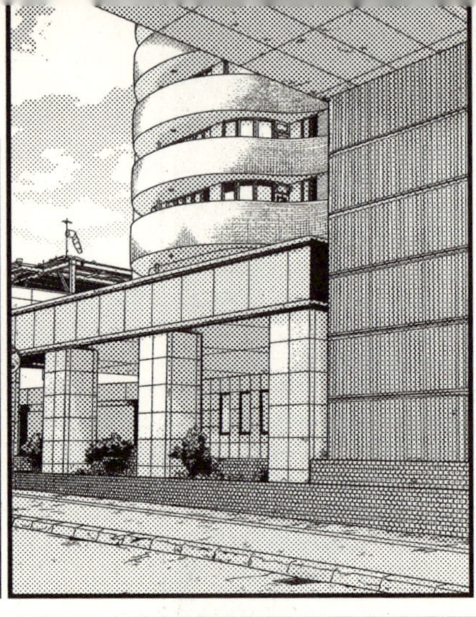

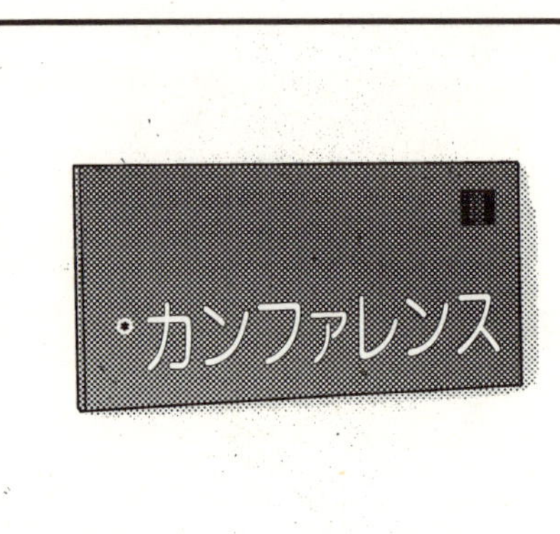

* KONFERENZRAUM

DIE NÄCHSTE PATIENTIN IST TOMOMI KIDA, 14 JAHRE ALT. SIE IST ZUR CHEMOTHERAPEUTISCHEN BEHANDLUNG EINER AKUTEN LEUKÄME BEI UNS.

GESTERN WURDEN ERHÖHTE TEMPERATUR UND SCHMERZEN IM UNTEREN RECHTEN BAUCHRAUM FESTGESTELLT. BLUTANALYSE UND CT SOWIE ULTRASCHALLUNTERSUCHUNG WURDEN DURCHGEFÜHRT.

DABEI WURDE EINE GESCHWULST IN DER ILEOZÖKALGEGEND ERKANNT. DER BLINDDARM IST NICHT ABGEBILDET.

DIE CT DER BAUCH-BECKEN-REGION ZEIGT EINE HYPERTROPHIE DER DARMWAND VOM DICKDARM BIS ZUM ASZENDIERENDEN KOLON.

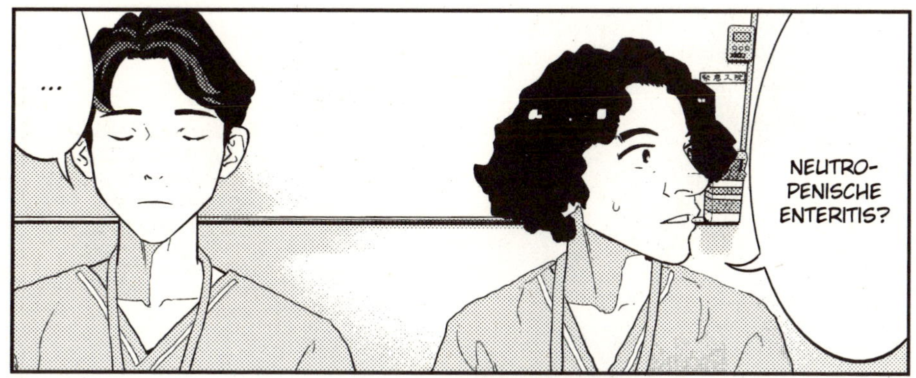
NEUTRO-PENISCHE ENTERITIS?
...

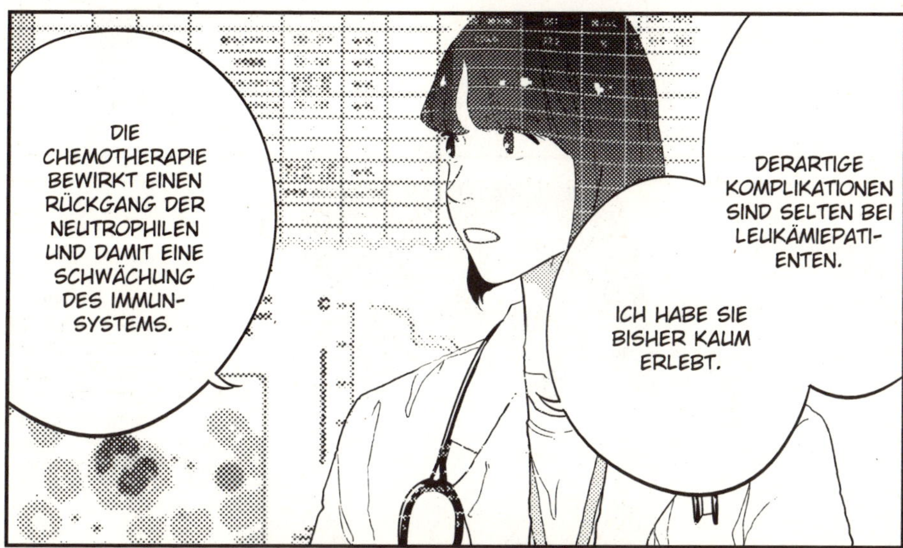
DERARTIGE KOMPLIKATIONEN SIND SELTEN BEI LEUKÄMIEPATI-ENTEN.
ICH HABE SIE BISHER KAUM ERLEBT.
DIE CHEMOTHERAPIE BEWIRKT EINEN RÜCKGANG DER NEUTROPHILEN UND DAMIT EINE SCHWÄCHUNG DES IMMUN-SYSTEMS.

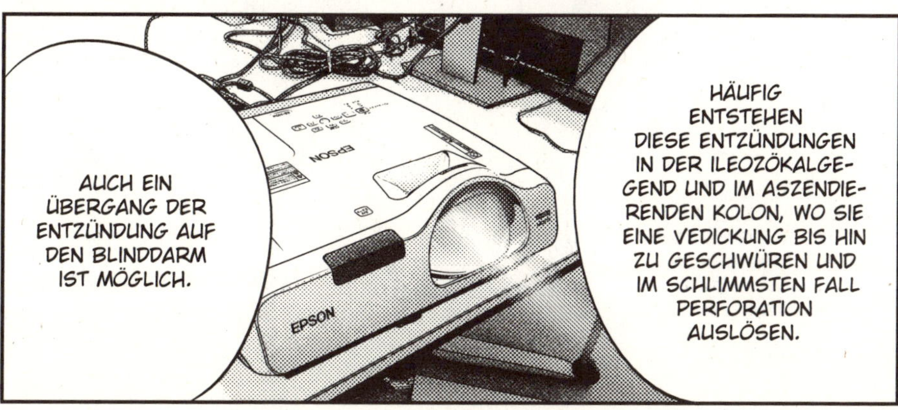
HÄUFIG ENTSTEHEN DIESE ENTZÜNDUNGEN IN DER ILEOZÖKALGE-GEND UND IM ASZENDIE-RENDEN KOLON, WO SIE EINE VEDICKUNG BIS HIN ZU GESCHWÜREN UND IM SCHLIMMSTEN FALL PERFORATION AUSLÖSEN.
AUCH EIN ÜBERGANG DER ENTZÜNDUNG AUF DEN BLINDDARM IST MÖGLICH.
EPSON
EPSON

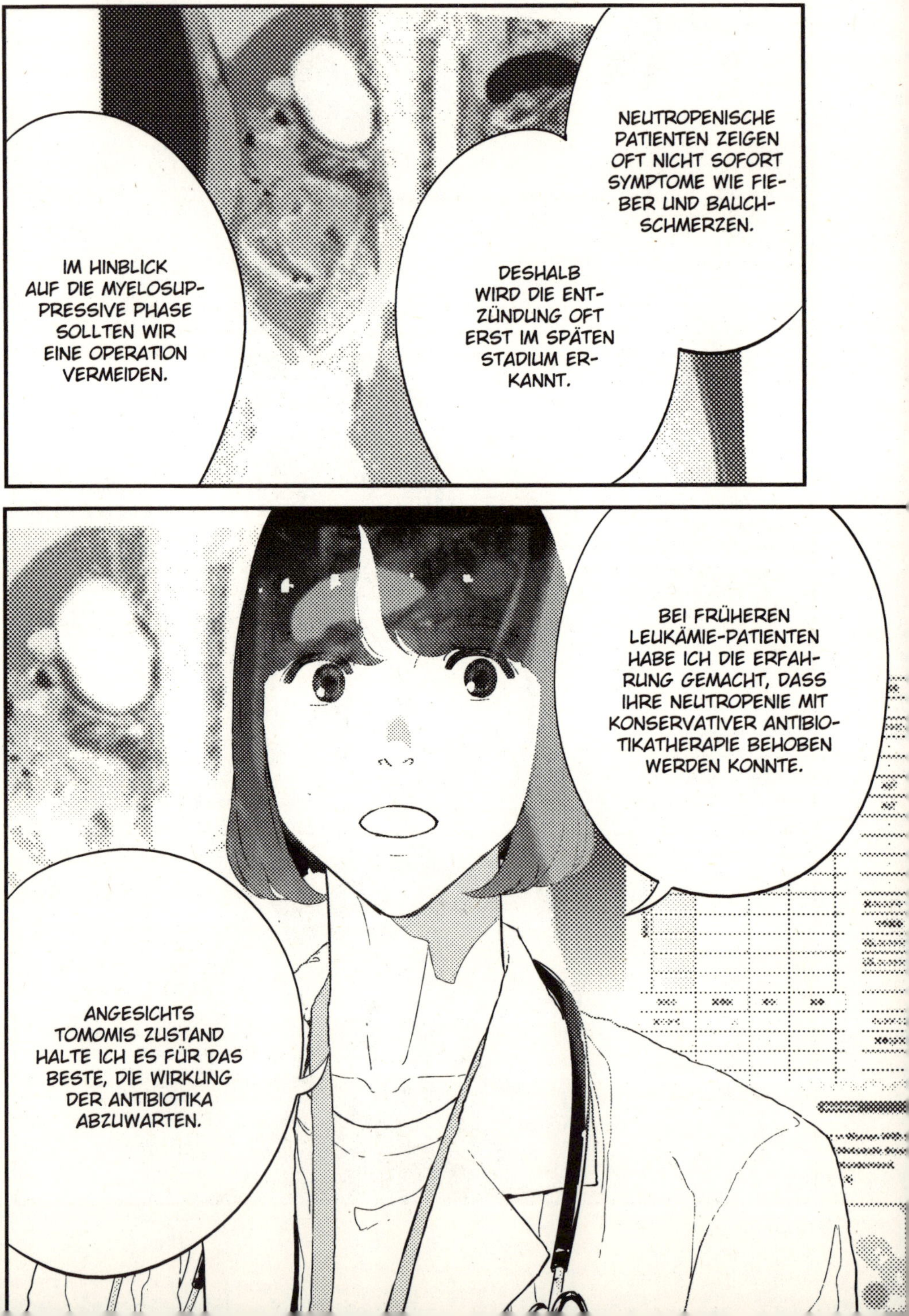

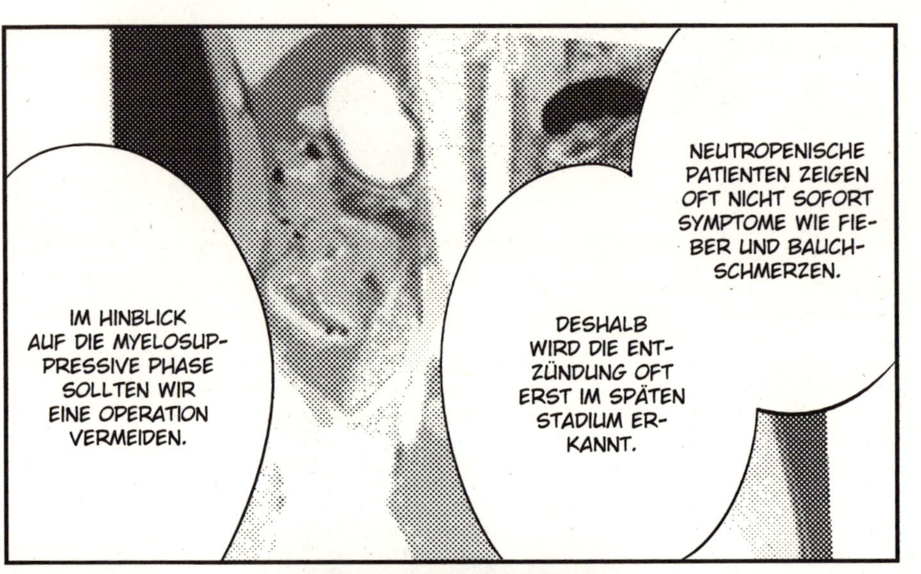

BEI FRÜHEREN LEUKÄMIE-PATIENTEN HABE ICH DIE ERFAHRUNG GEMACHT, DASS IHRE NEUTROPENIE MIT KONSERVATIVER ANTIBIOTIKATHERAPIE BEHOBEN WERDEN KONNTE.

ANGESICHTS TOMOMIS ZUSTAND HALTE ICH ES FÜR DAS BESTE, DIE WIRKUNG DER ANTIBIOTIKA ABZUWARTEN.

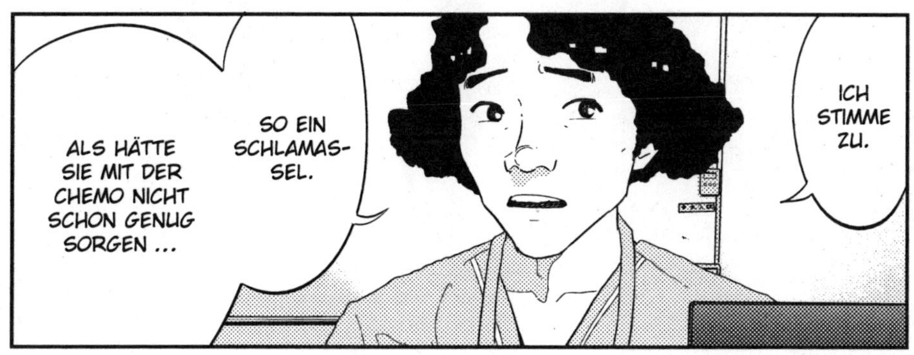
ICH STIMME ZU.
SO EIN SCHLAMASSEL.
ALS HÄTTE SIE MIT DER CHEMO NICHT SCHON GENUG SORGEN ...

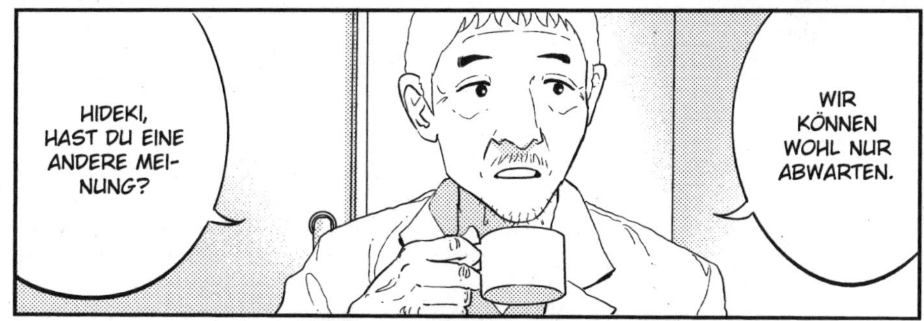
WIR KÖNNEN WOHL NUR ABWARTEN.
HIDEKI, HAST DU EINE ANDERE MEINUNG?

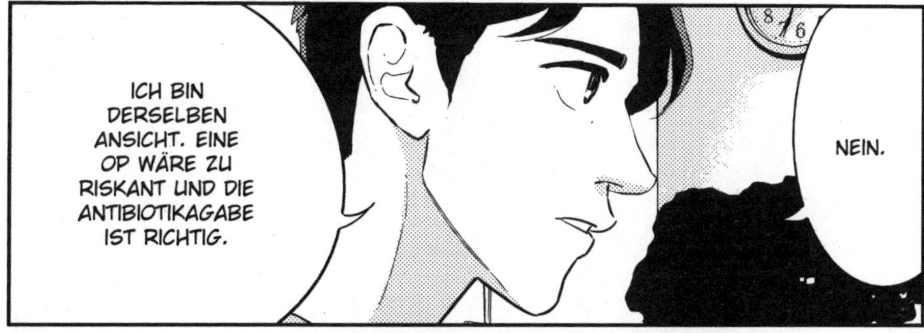
NEIN.
ICH BIN DERSELBEN ANSICHT. EINE OP WÄRE ZU RISKANT UND DIE ANTIBIOTIKAGABE IST RICHTIG.

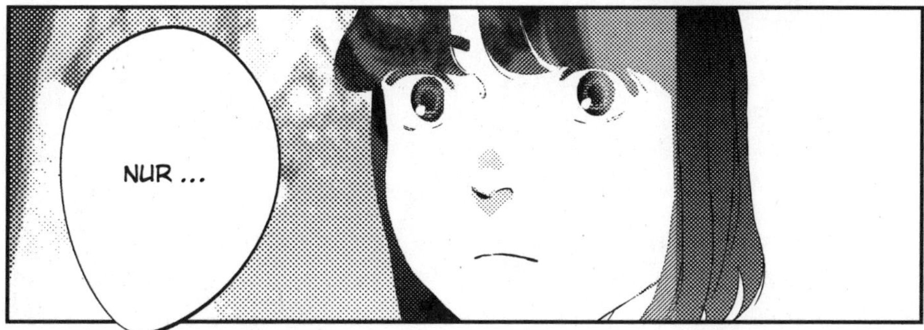
NUR ...

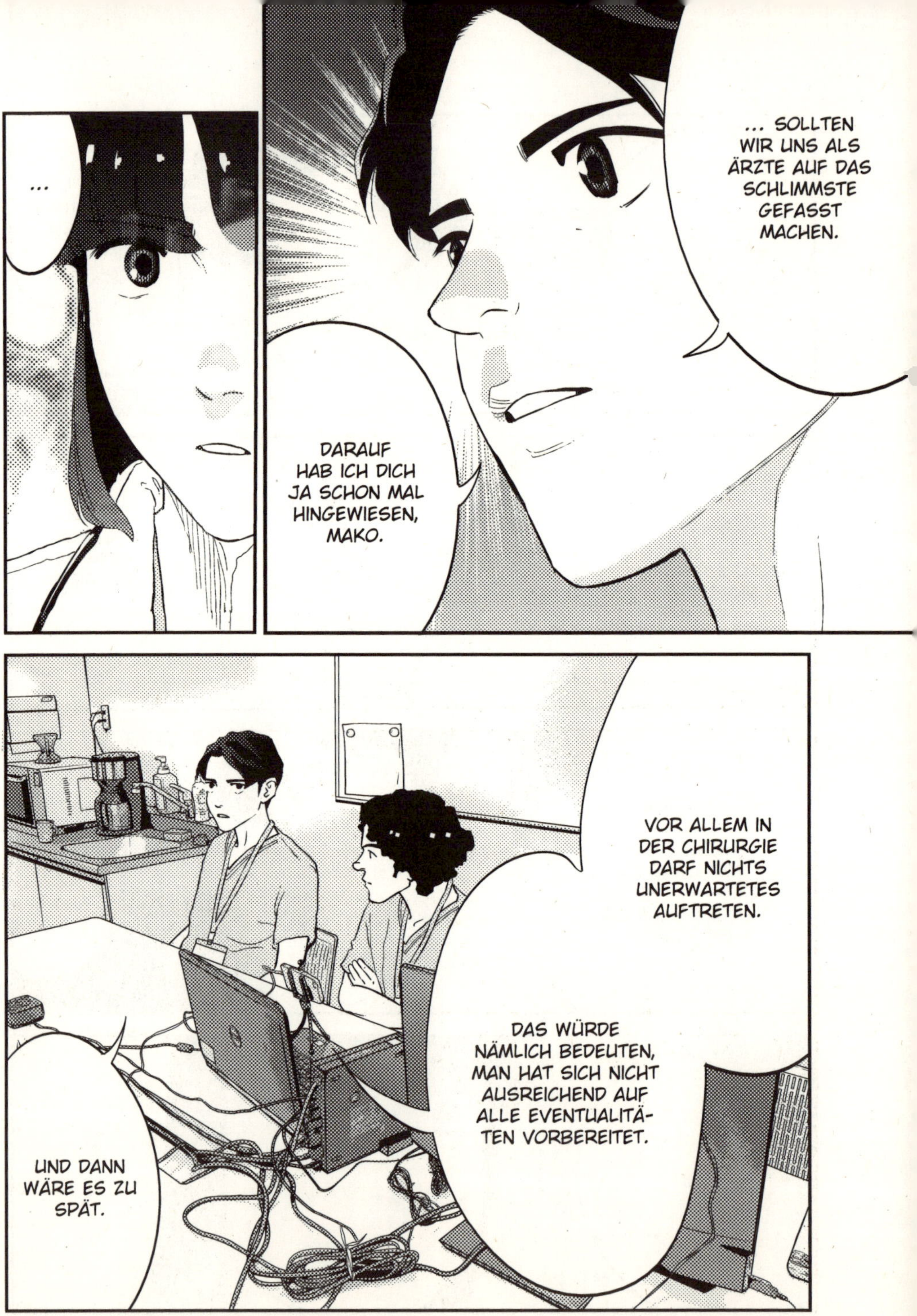

... SOLLTEN WIR UNS ALS ÄRZTE AUF DAS SCHLIMMSTE GEFASST MACHEN.

DARAUF HAB ICH DICH JA SCHON MAL HINGEWIESEN, MAKO.

...

VOR ALLEM IN DER CHIRURGIE DARF NICHTS UNERWARTETES AUFTRETEN.

DAS WÜRDE NÄMLICH BEDEUTEN, MAN HAT SICH NICHT AUSREICHEND AUF ALLE EVENTUALITÄTEN VORBEREITET.

UND DANN WÄRE ES ZU SPÄT.

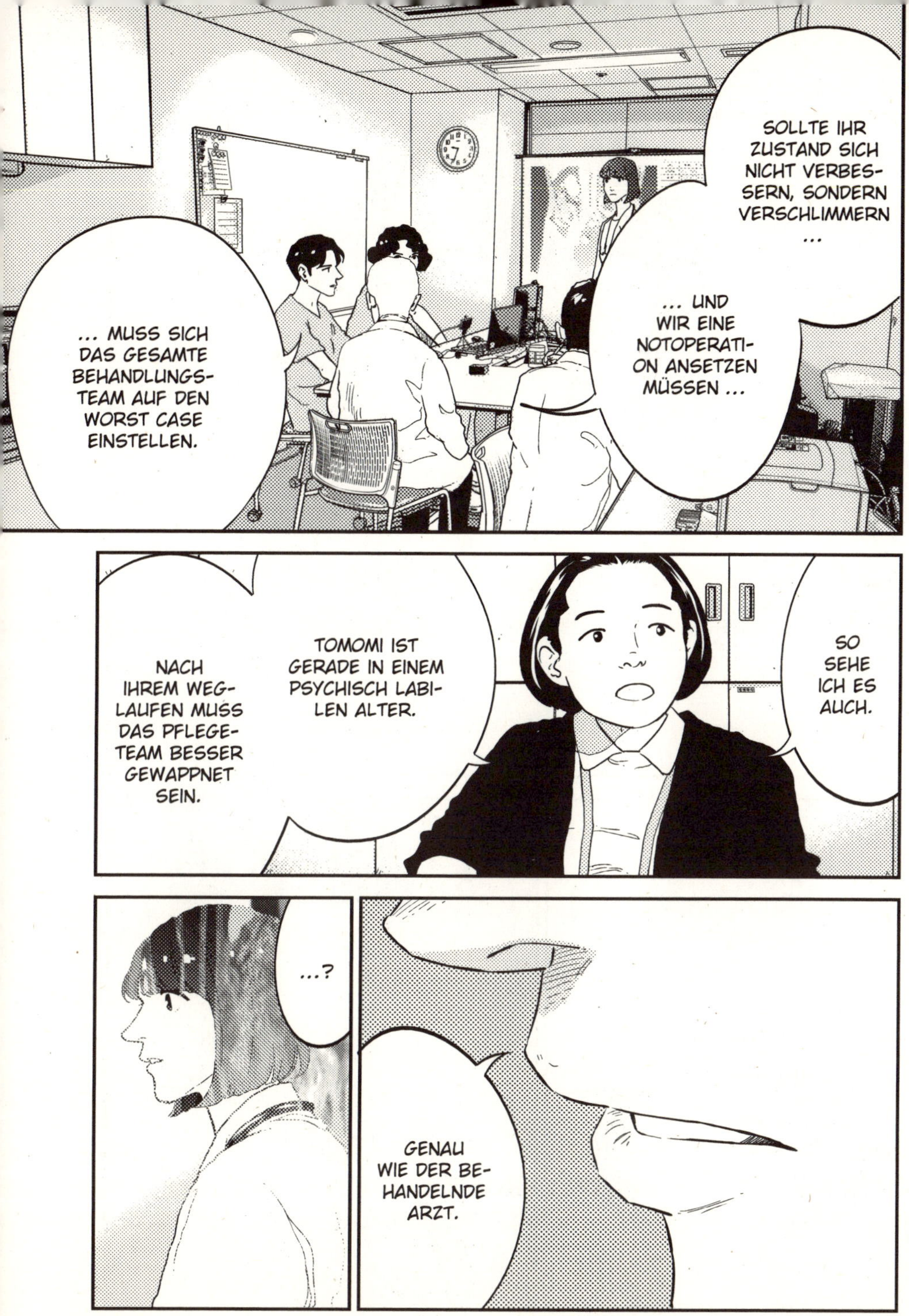

SOLLTE IHR ZUSTAND SICH NICHT VERBESSERN, SONDERN VERSCHLIMMERN ...
... UND WIR EINE NOTOPERATION ANSETZEN MÜSSEN ...
... MUSS SICH DAS GESAMTE BEHANDLUNGSTEAM AUF DEN WORST CASE EINSTELLEN.

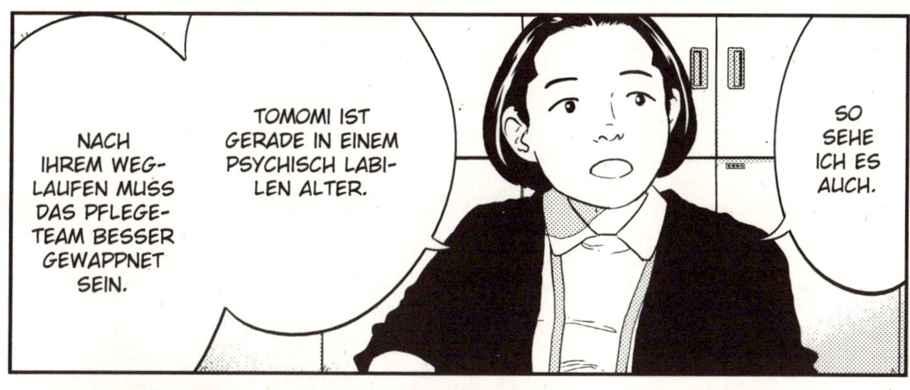

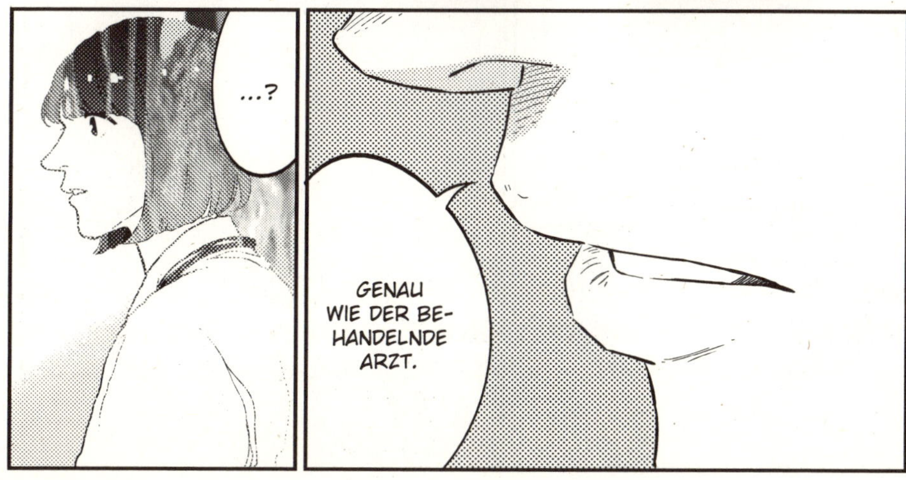

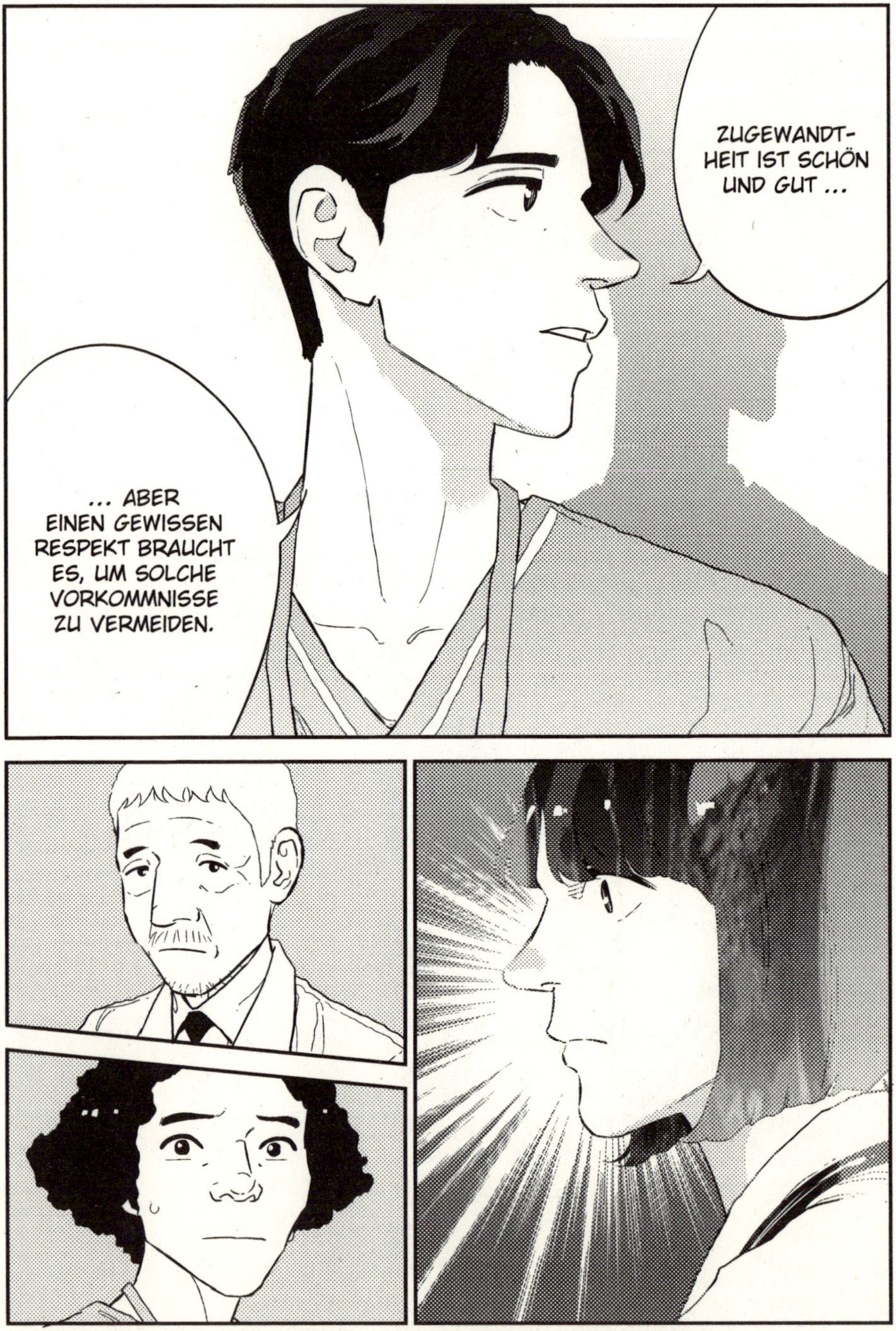

ZUGEWANDT-
HEIT IST SCHÖN
UND GUT ...

... ABER
EINEN GEWISSEN
RESPEKT BRAUCHT
ES, UM SOLCHE
VORKOMMNISSE
ZU VERMEIDEN.

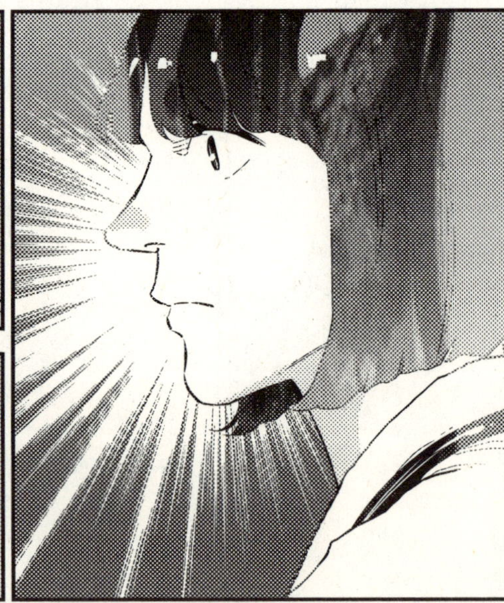

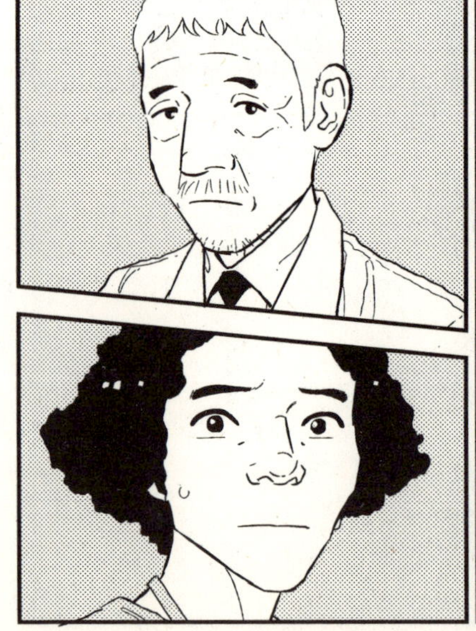

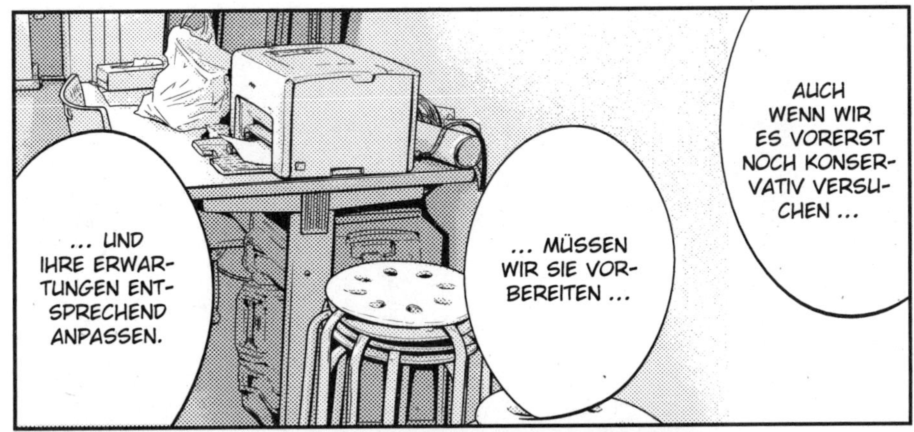
AUCH WENN WIR ES VORERST NOCH KONSERVATIV VERSUCHEN …
… MÜSSEN WIR SIE VORBEREITEN …
… UND IHRE ERWARTUNGEN ENTSPRECHEND ANPASSEN.

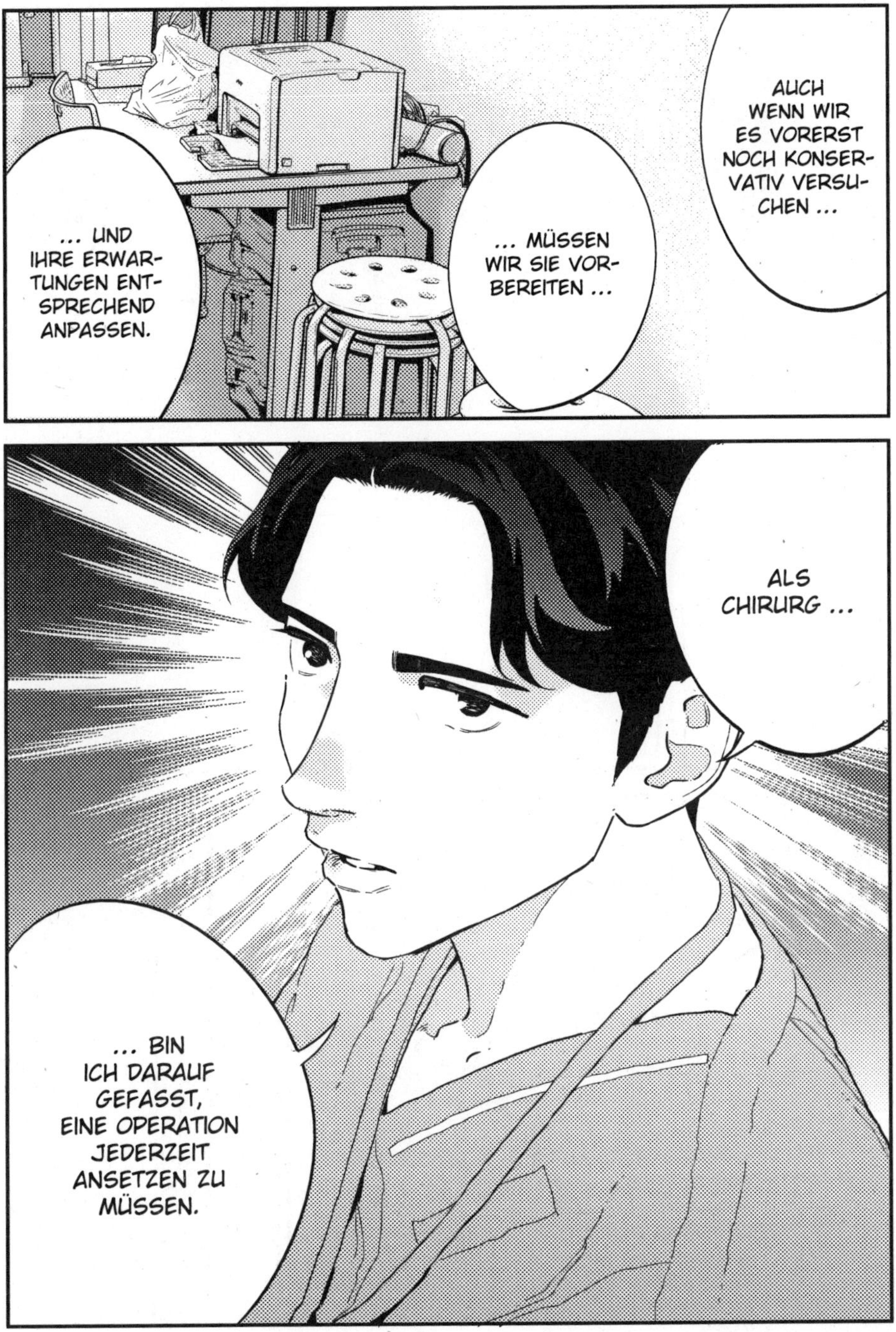

ALS CHIRURG …
… BIN ICH DARAUF GEFASST, EINE OPERATION JEDERZEIT ANSETZEN ZU MÜSSEN.

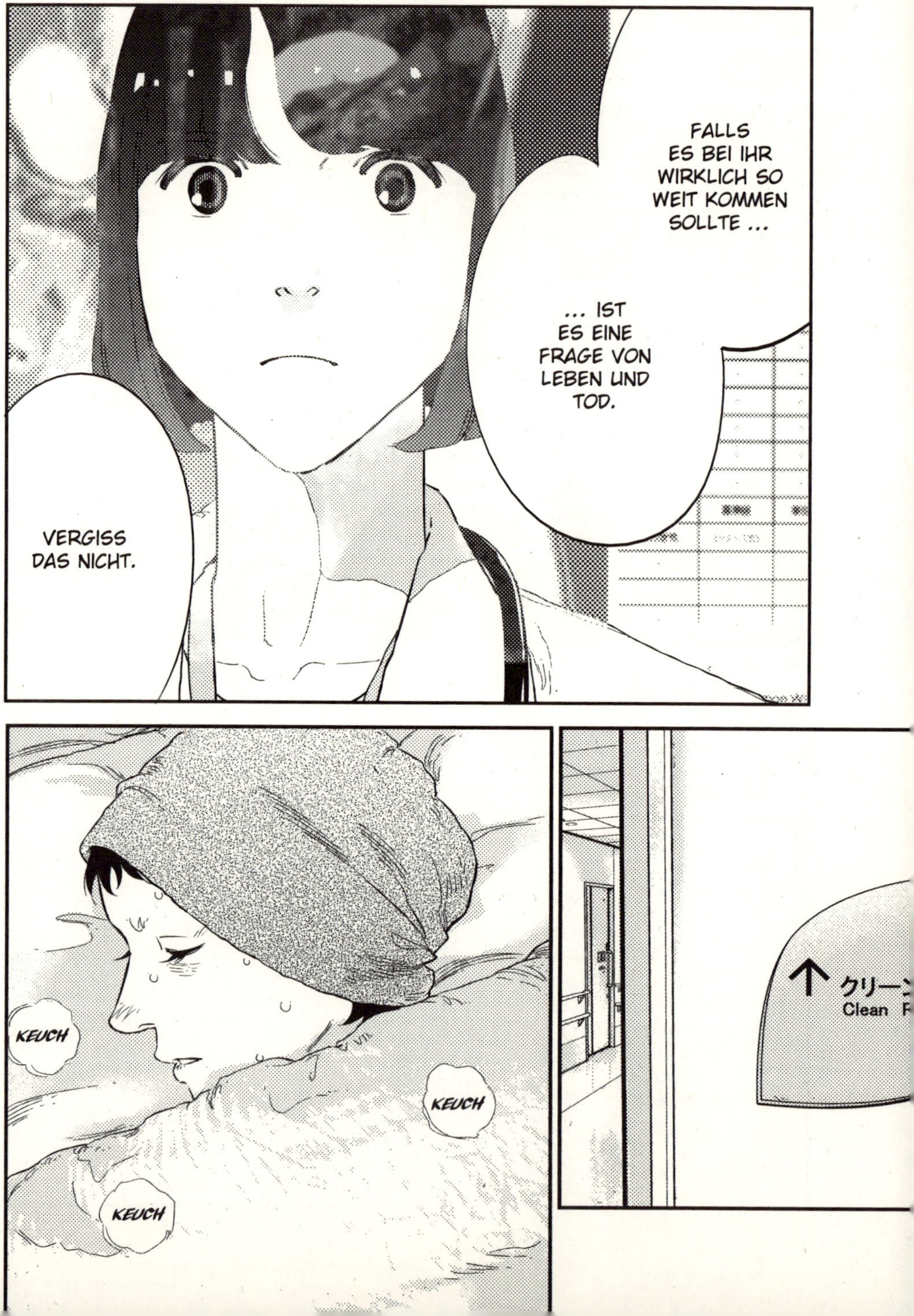

FALLS ES BEI IHR WIRKLICH SO WEIT KOMMEN SOLLTE ...

... IST ES EINE FRAGE VON LEBEN UND TOD.

VERGISS DAS NICHT.

↑ クリー

Clean

KEUCH

KEUCH

KEUCH

29 NICHT AUFGEBEN!

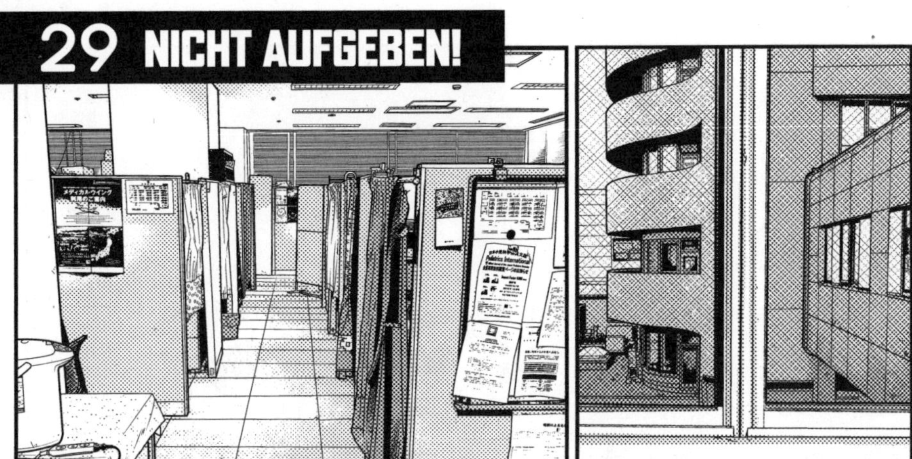

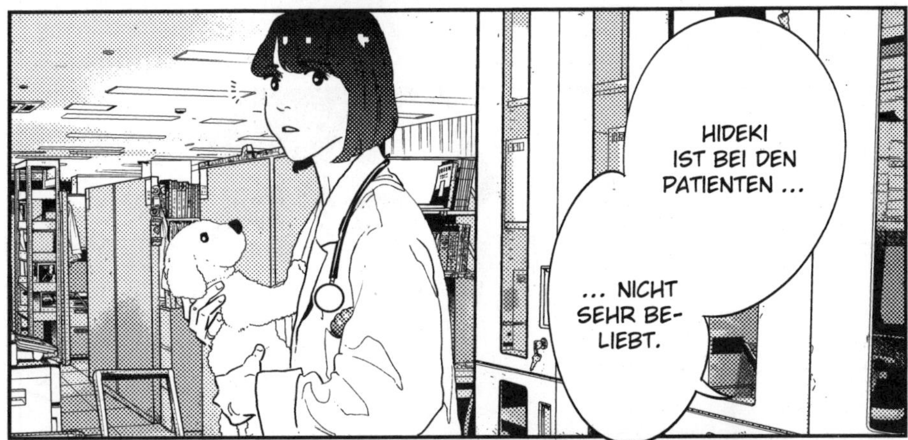

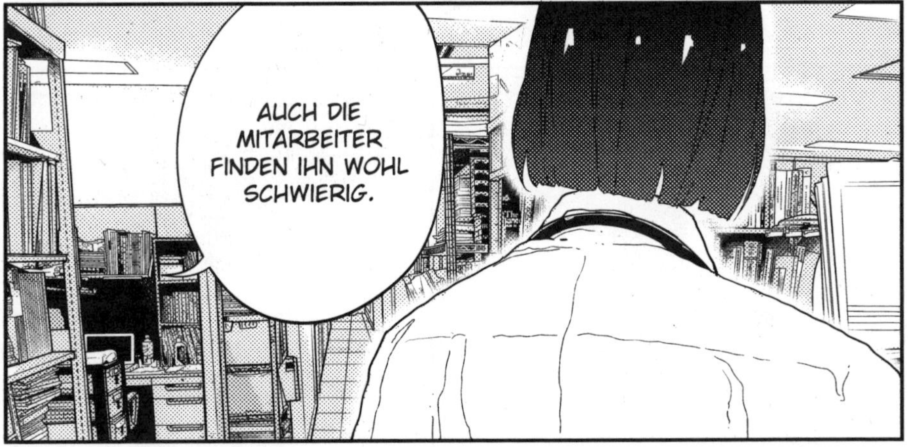

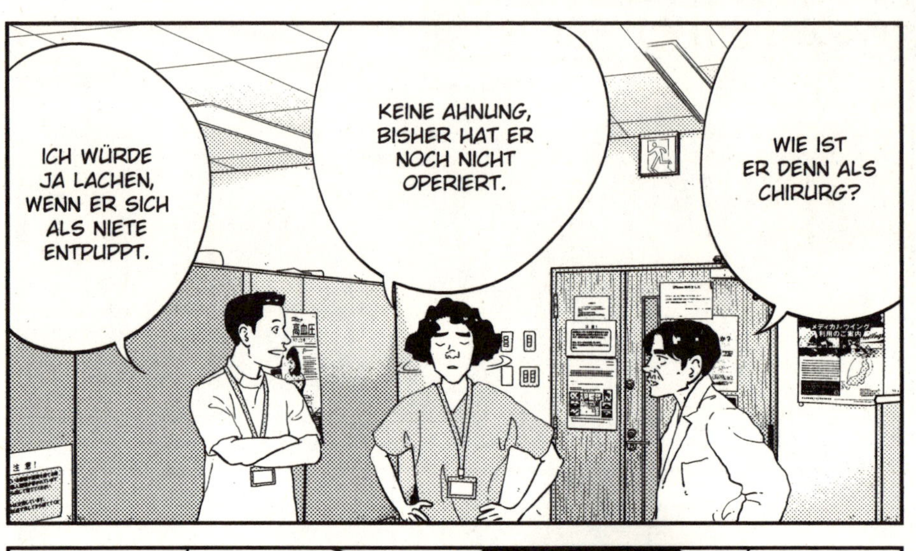
WIE IST ER DENN ALS CHIRURG?
KEINE AHNUNG, BISHER HAT ER NOCH NICHT OPERIERT.
ICH WÜRDE JA LACHEN, WENN ER SICH ALS NIETE ENTPUPPT.

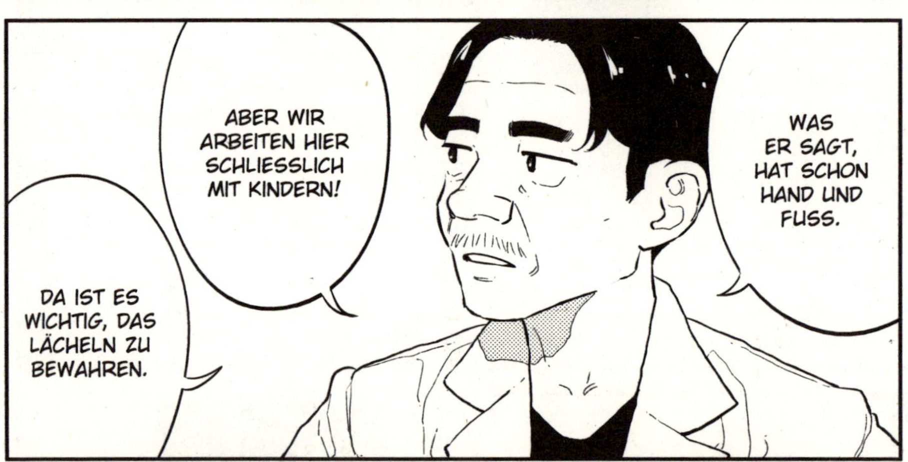
WAS ER SAGT, HAT SCHON HAND UND FUSS.
ABER WIR ARBEITEN HIER SCHLIESSLICH MIT KINDERN!
DA IST ES WICHTIG, DAS LÄCHELN ZU BEWAHREN.

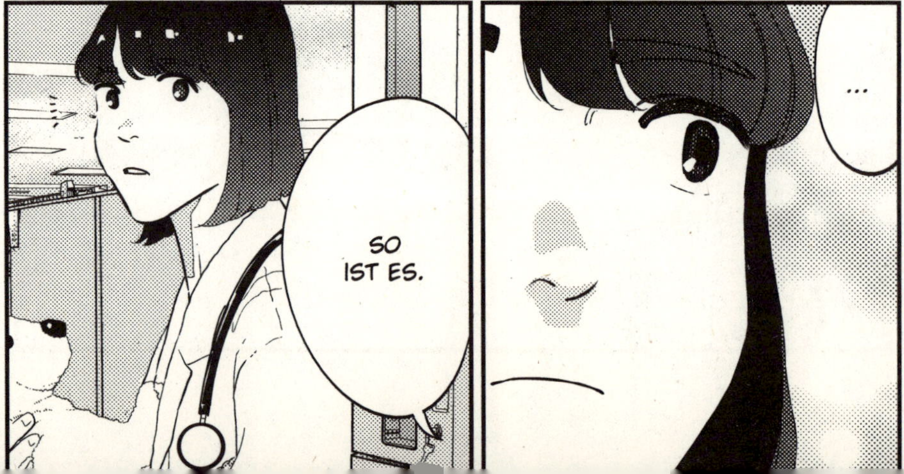
...
SO IST ES.

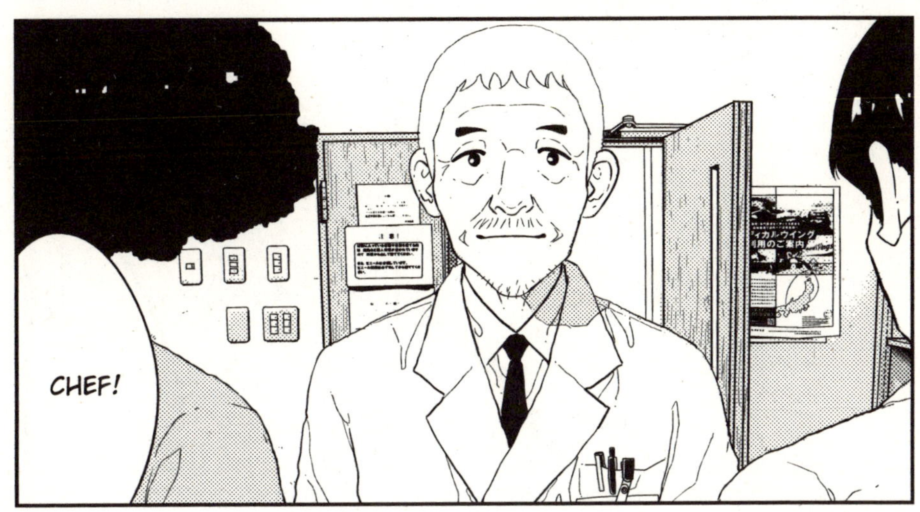

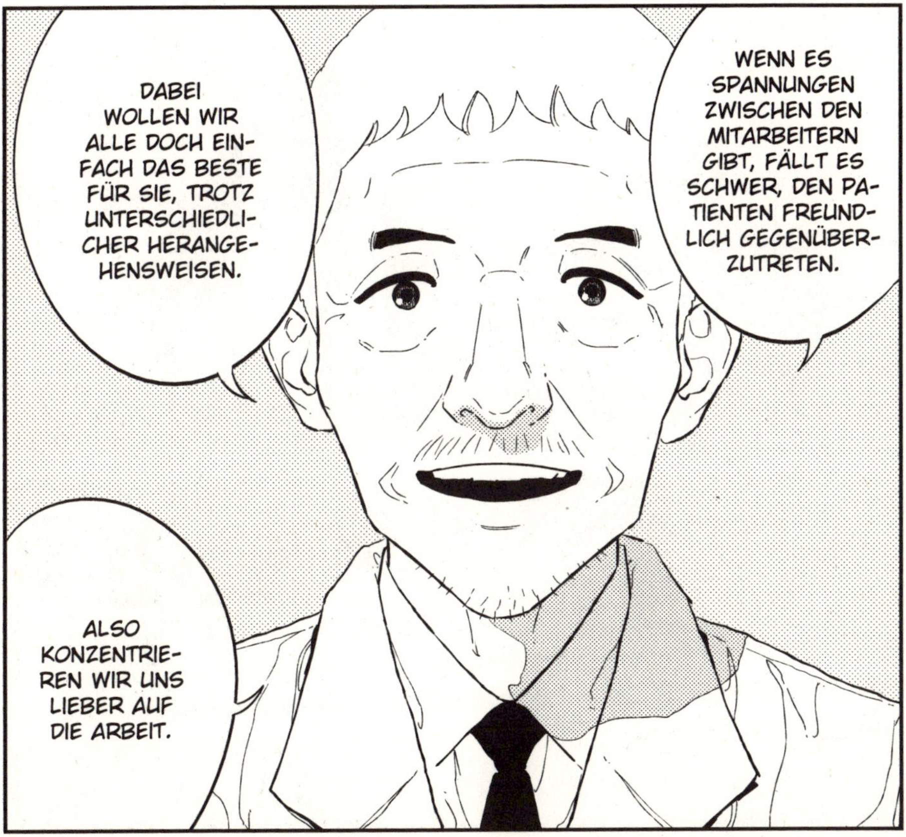

WENN ES SPANNUNGEN ZWISCHEN DEN MITARBEITERN GIBT, FÄLLT ES SCHWER, DEN PATIENTEN FREUNDLICH GEGENÜBERZUTRETEN.

DABEI WOLLEN WIR ALLE DOCH EINFACH DAS BESTE FÜR SIE, TROTZ UNTERSCHIEDLICHER HERANGEHENSWEISEN.

ALSO KONZENTRIEREN WIR UNS LIEBER AUF DIE ARBEIT.

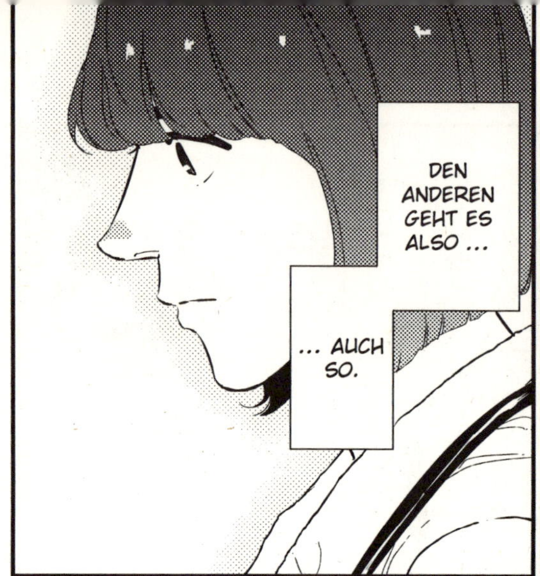
DEN ANDEREN GEHT ES ALSO ...
... AUCH SO.

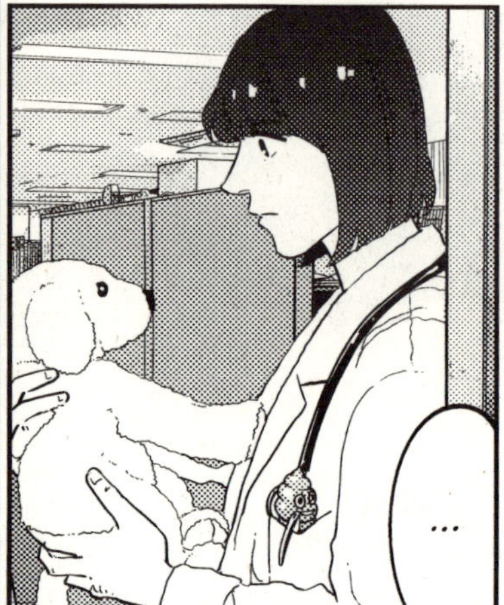
...

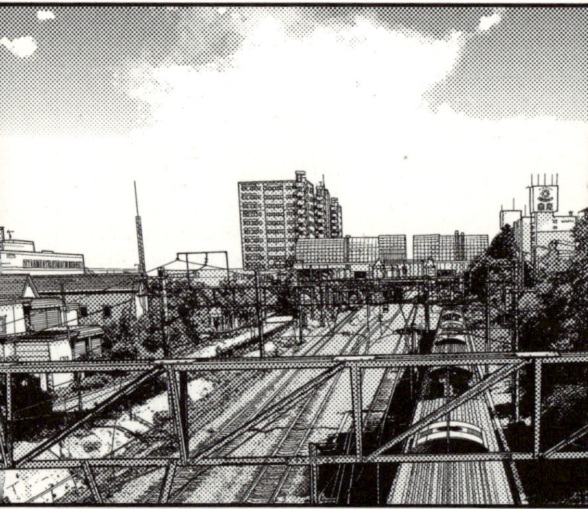

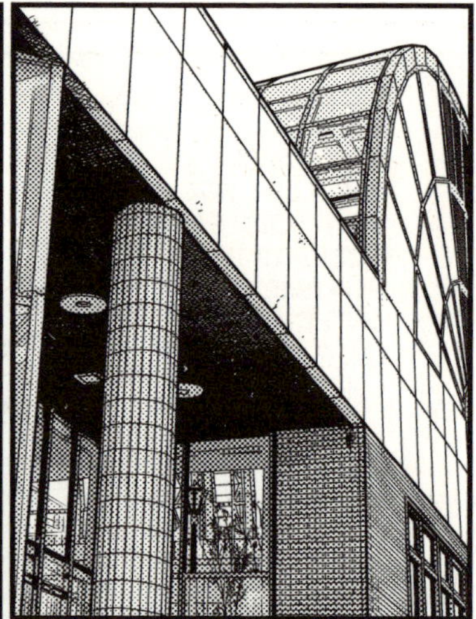

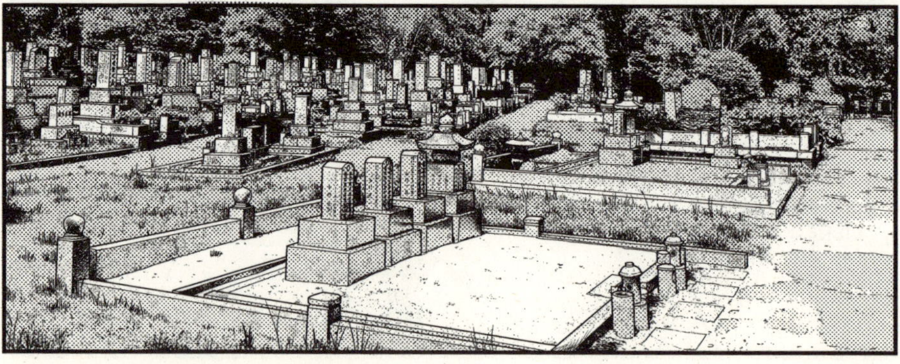

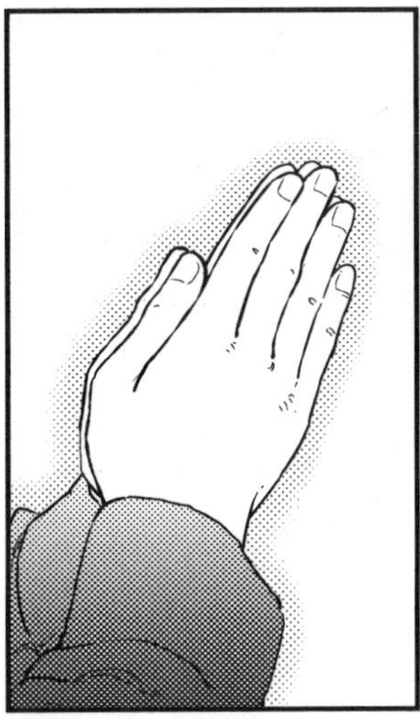

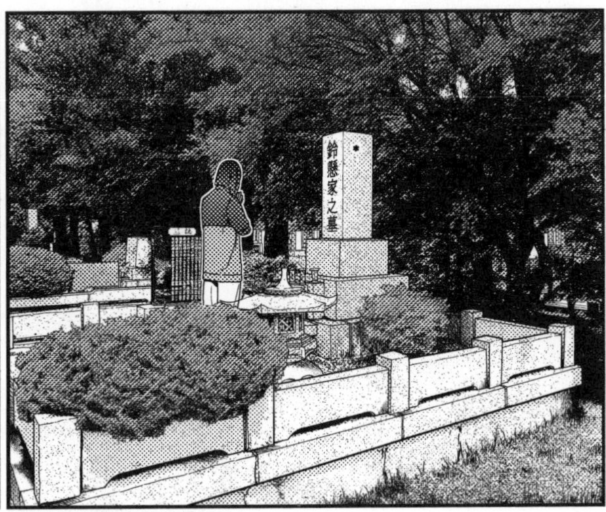

* FAMILIENGRAB SUZUKAKE

EINEN GEWISSEN RESPEKT BRAUCHT ES, UM SOLCHE VORKOMMNISSE ZU VERMEIDEN.

BIST NOCH WIE DAMALS IN SCHULUNIFORM …

FALLS ES BEI IHR WIRKLICH SO WEIT KOMMEN SOLLTE, IST ES EINE FRAGE VON LEBEN UND TOD.

ICH WERDE BEWEISEN, DASS ICH DEN PATIENTEN DAMIT AM BESTEN HELFE!

WIE KANNST DU DEN PATIENTEN EINFACH VERSPRECHEN, DASS ALLES GUT WIRD?

BIST DU NICHT ZU VERANTWORTUNGSLOS FÜR EINEN ARZT?

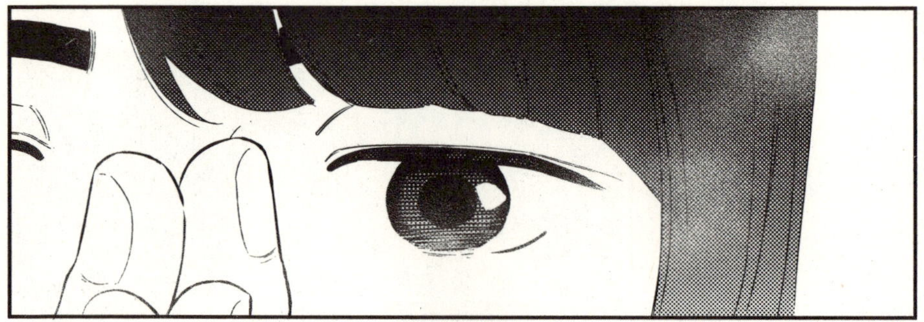

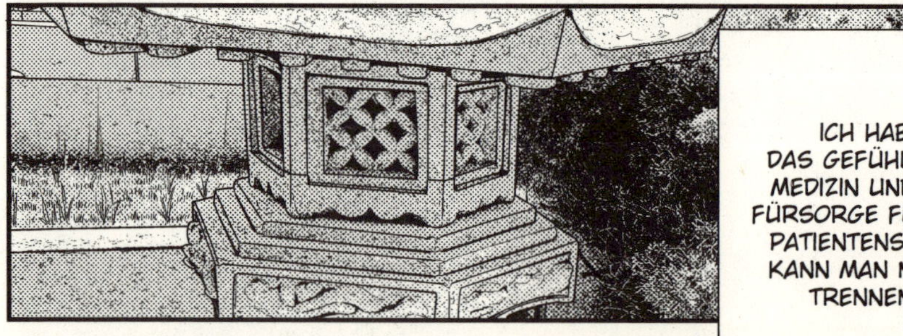
ICH HAB DAS GEFÜHL, DIE MEDIZIN UND DIE FÜRSORGE FÜR DIE PATIENTENSEELE KANN MAN NICHT TRENNEN.

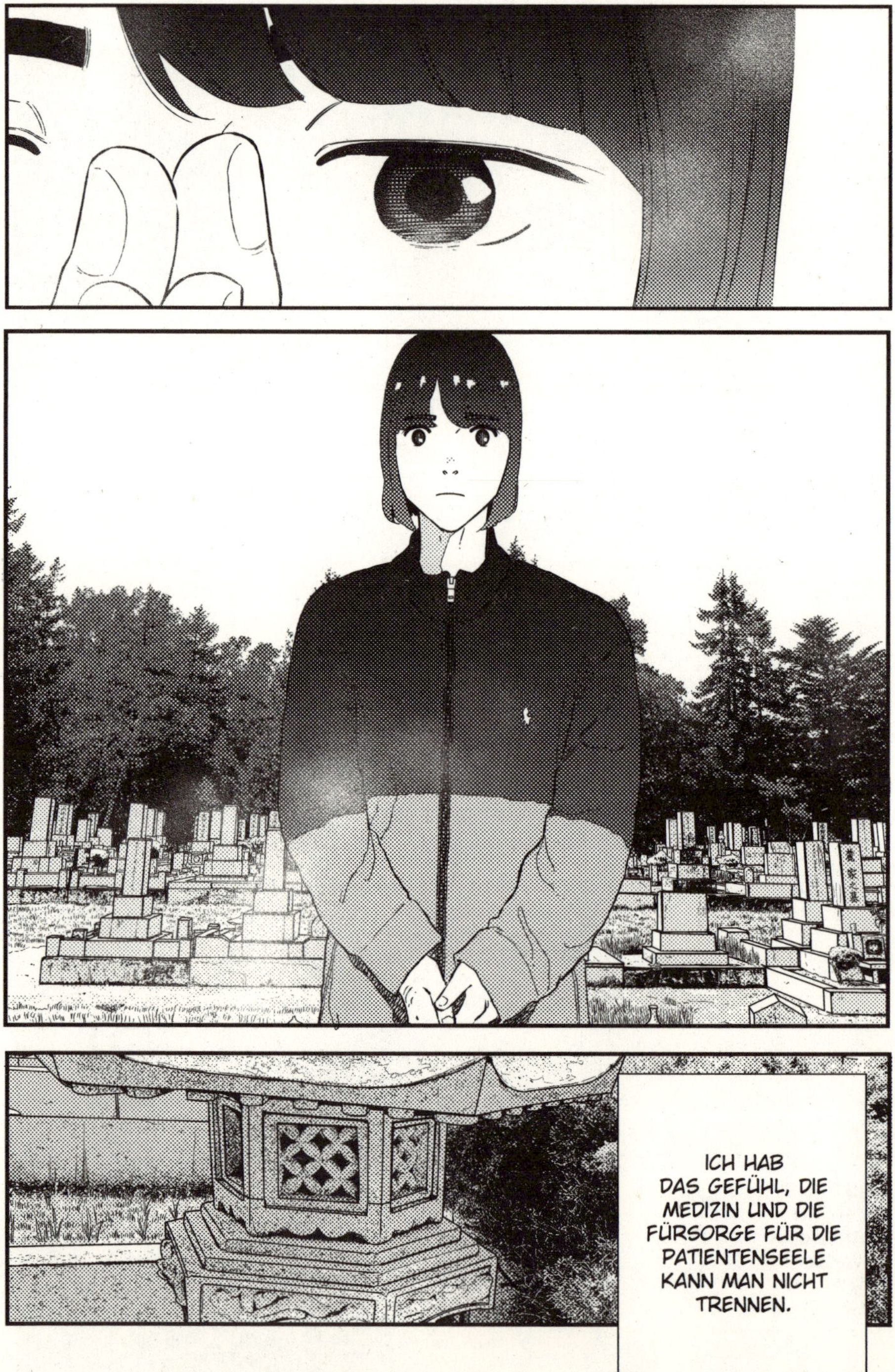

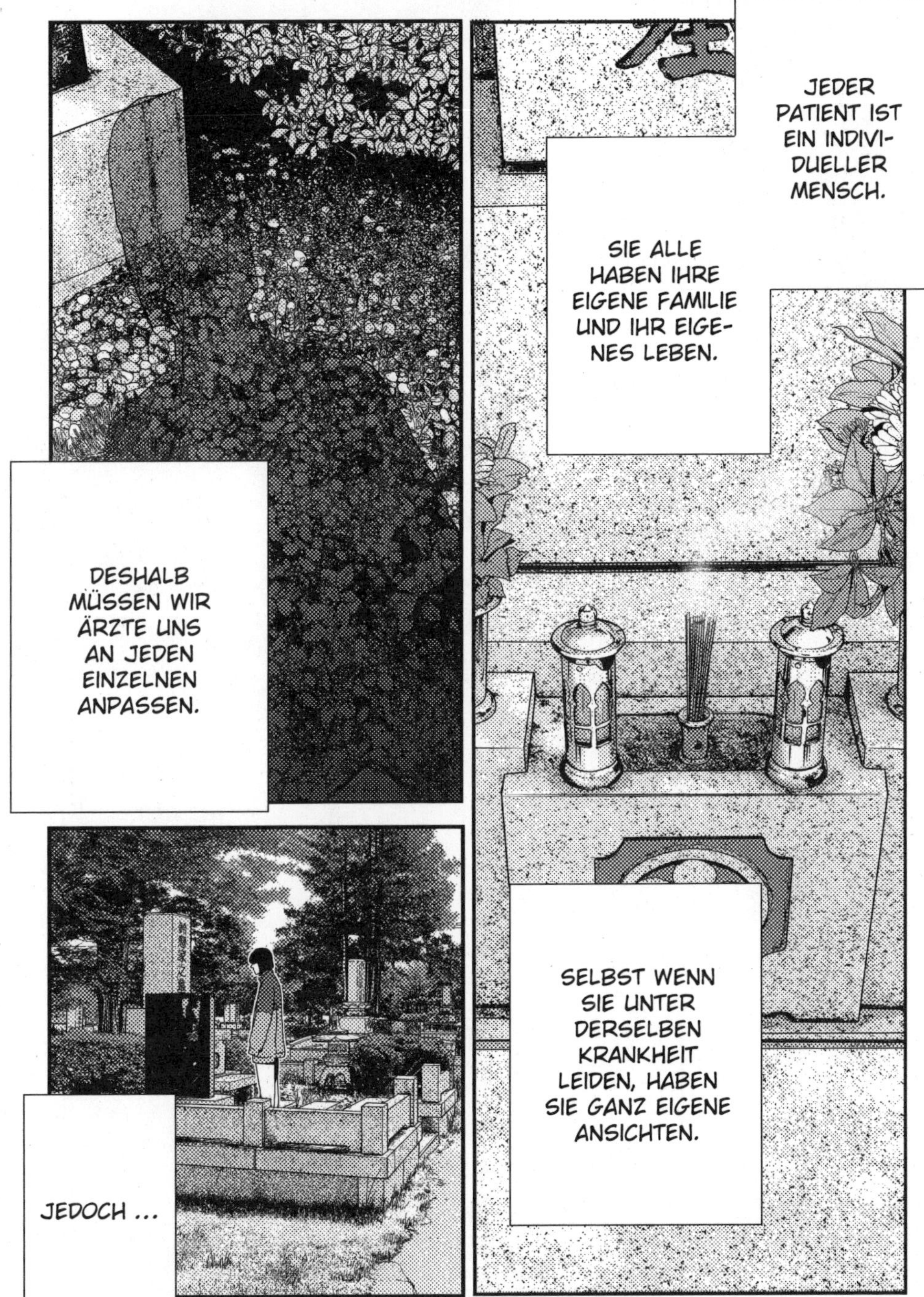
JEDER PATIENT IST EIN INDIVIDUELLER MENSCH.
SIE ALLE HABEN IHRE EIGENE FAMILIE UND IHR EIGENES LEBEN.
SELBST WENN SIE UNTER DERSELBEN KRANKHEIT LEIDEN, HABEN SIE GANZ EIGENE ANSICHTEN.
DESHALB MÜSSEN WIR ÄRZTE UNS AN JEDEN EINZELNEN ANPASSEN.
JEDOCH …

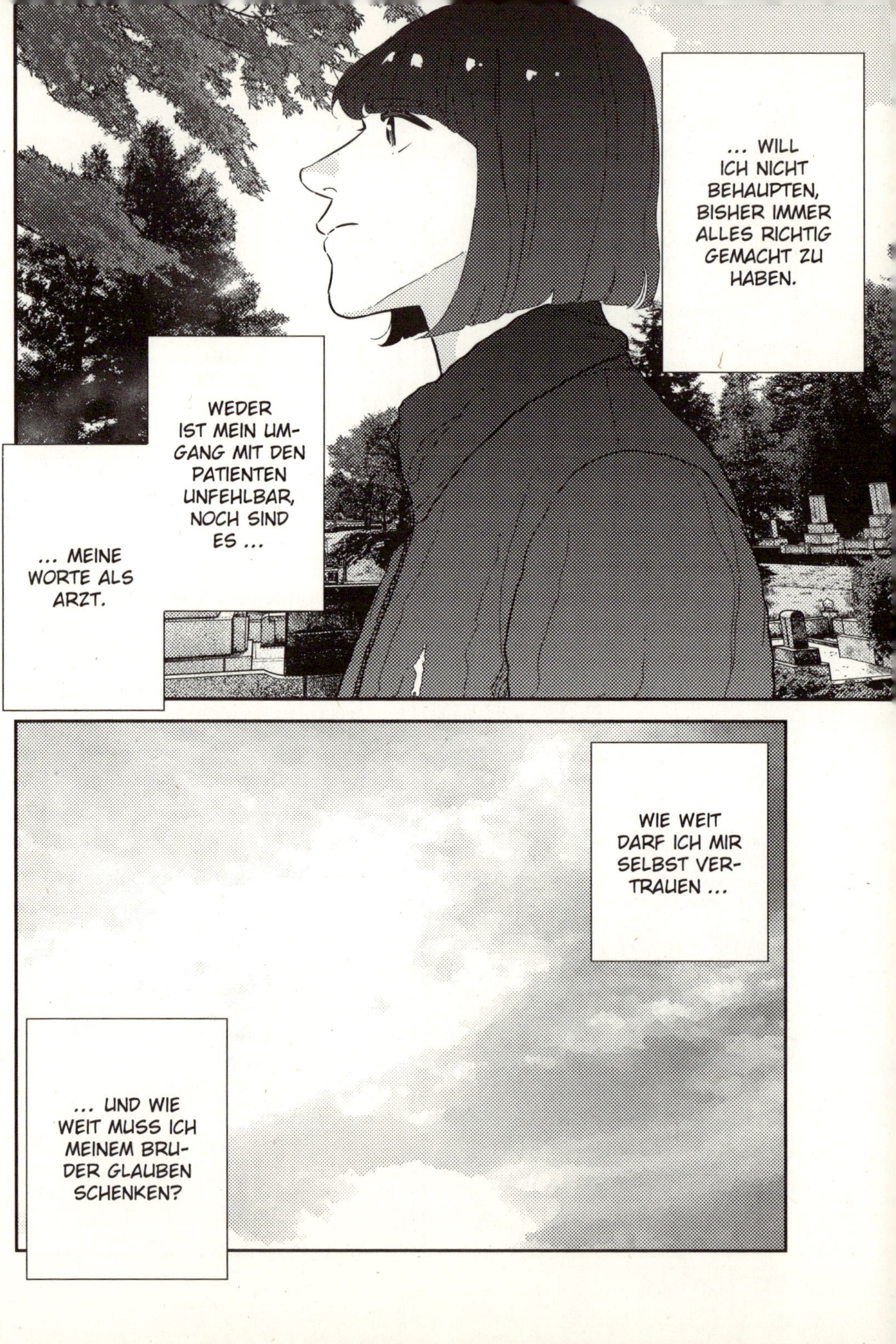

… WILL ICH NICHT BEHAUPTEN, BISHER IMMER ALLES RICHTIG GEMACHT ZU HABEN.

WEDER IST MEIN UMGANG MIT DEN PATIENTEN UNFEHLBAR, NOCH SIND ES …

… MEINE WORTE ALS ARZT.

WIE WEIT DARF ICH MIR SELBST VERTRAUEN …

… UND WIE WEIT MUSS ICH MEINEM BRUDER GLAUBEN SCHENKEN?

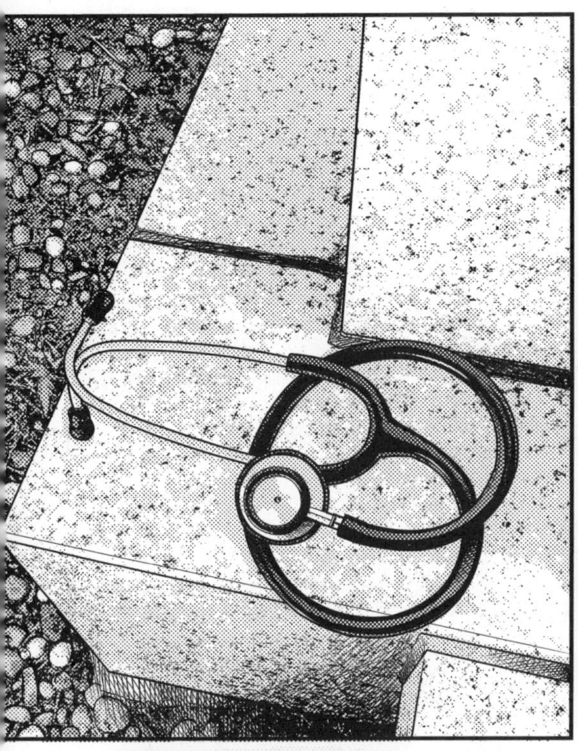
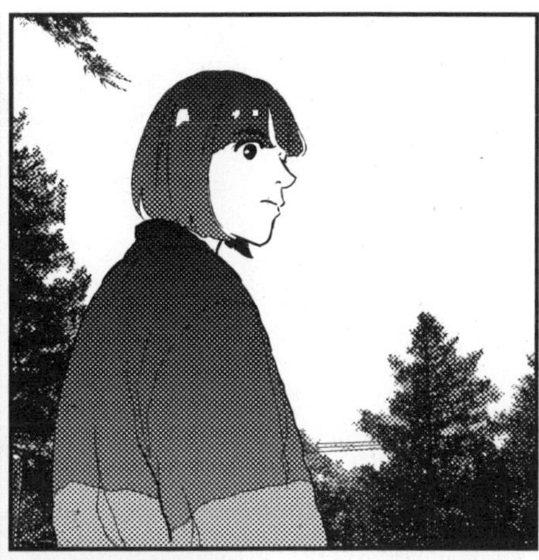
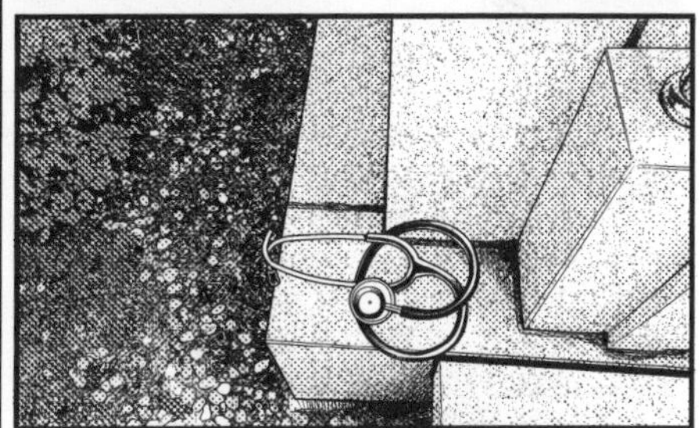
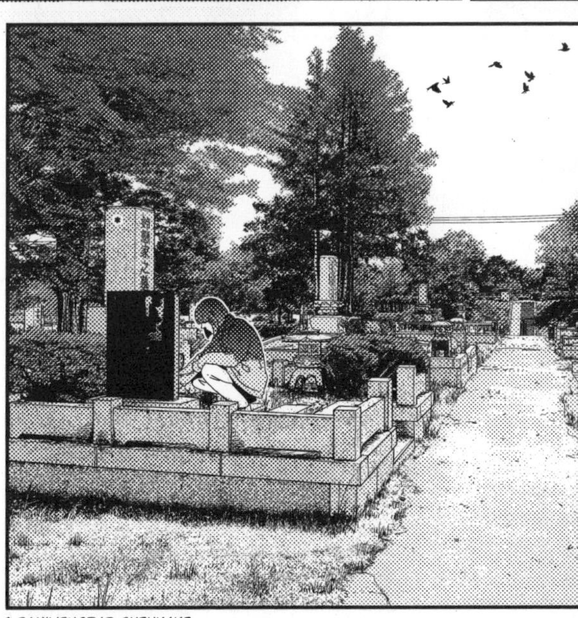
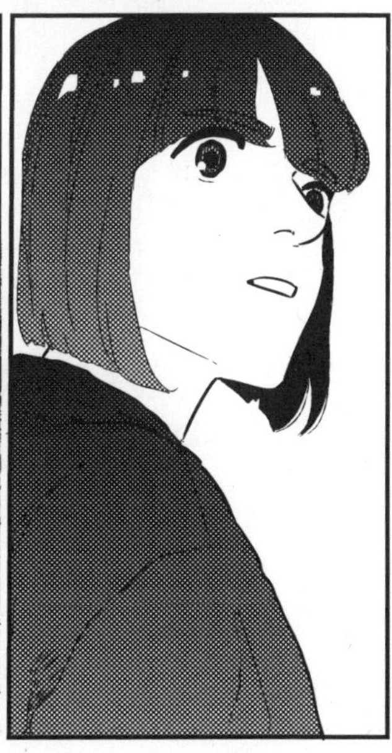

* FAMILIENGRAB SUZUKAKE

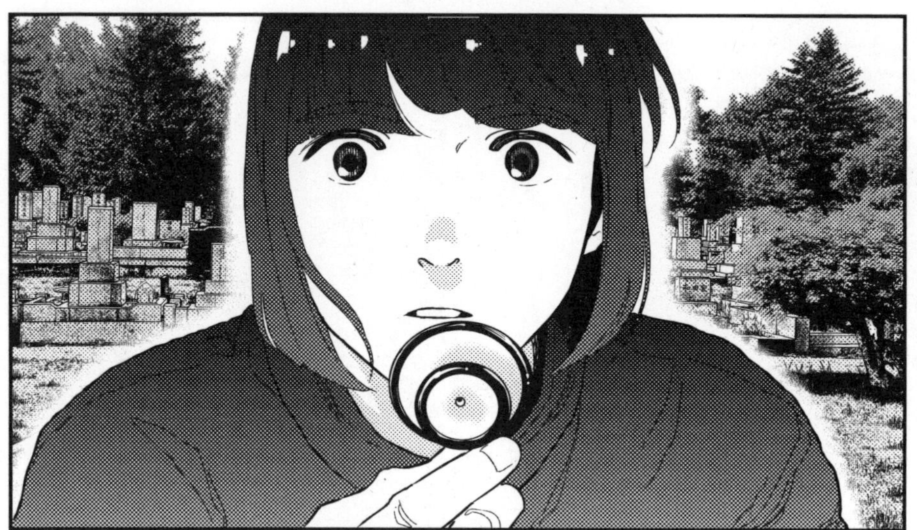

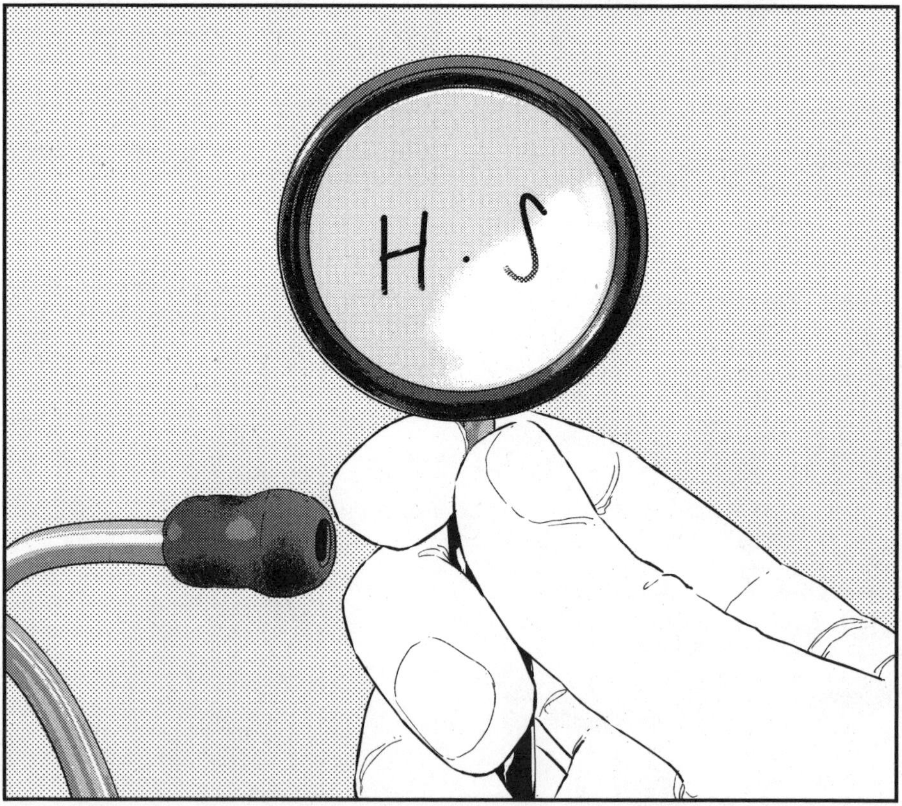

H.S

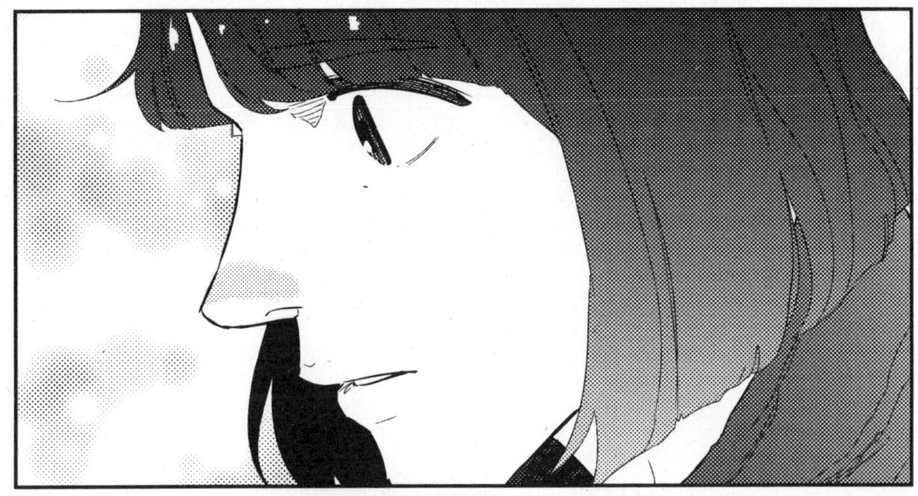

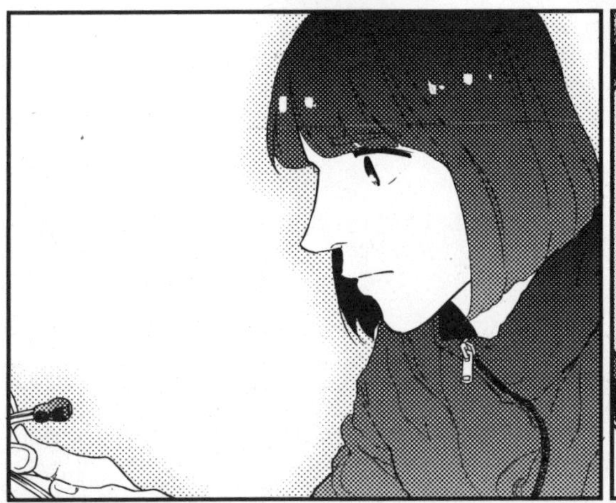

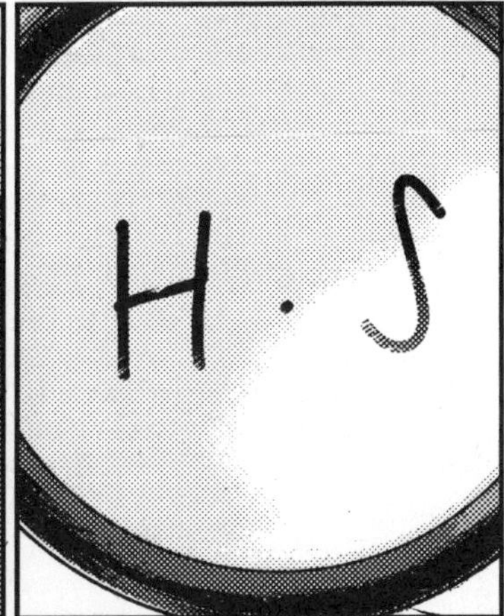

H.S

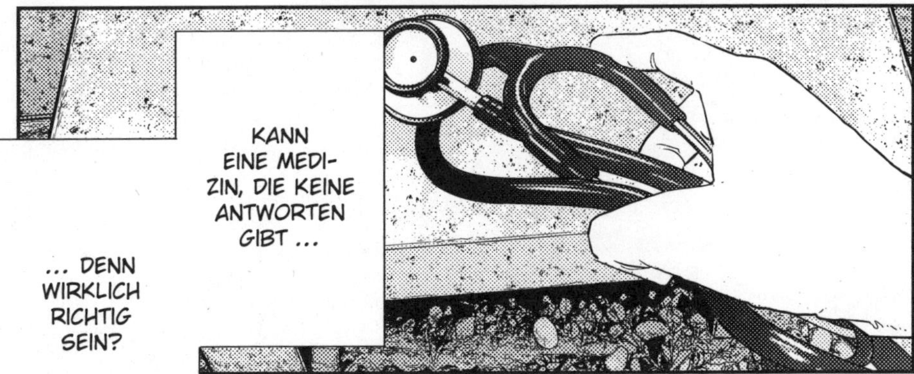

KANN EINE MEDIZIN, DIE KEINE ANTWORTEN GIBT …
… DENN WIRKLICH RICHTIG SEIN?

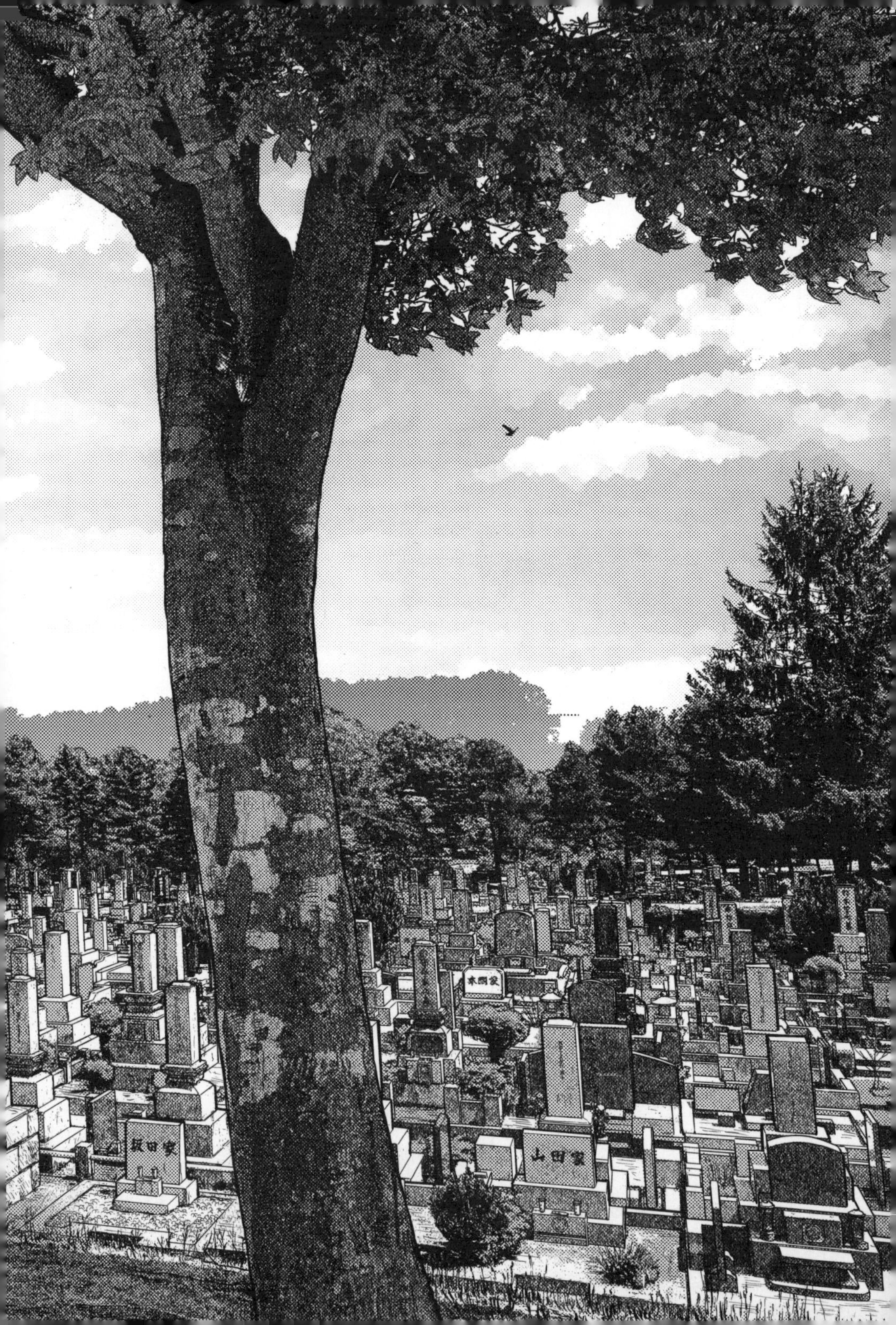
本間家
山田家
坂田家

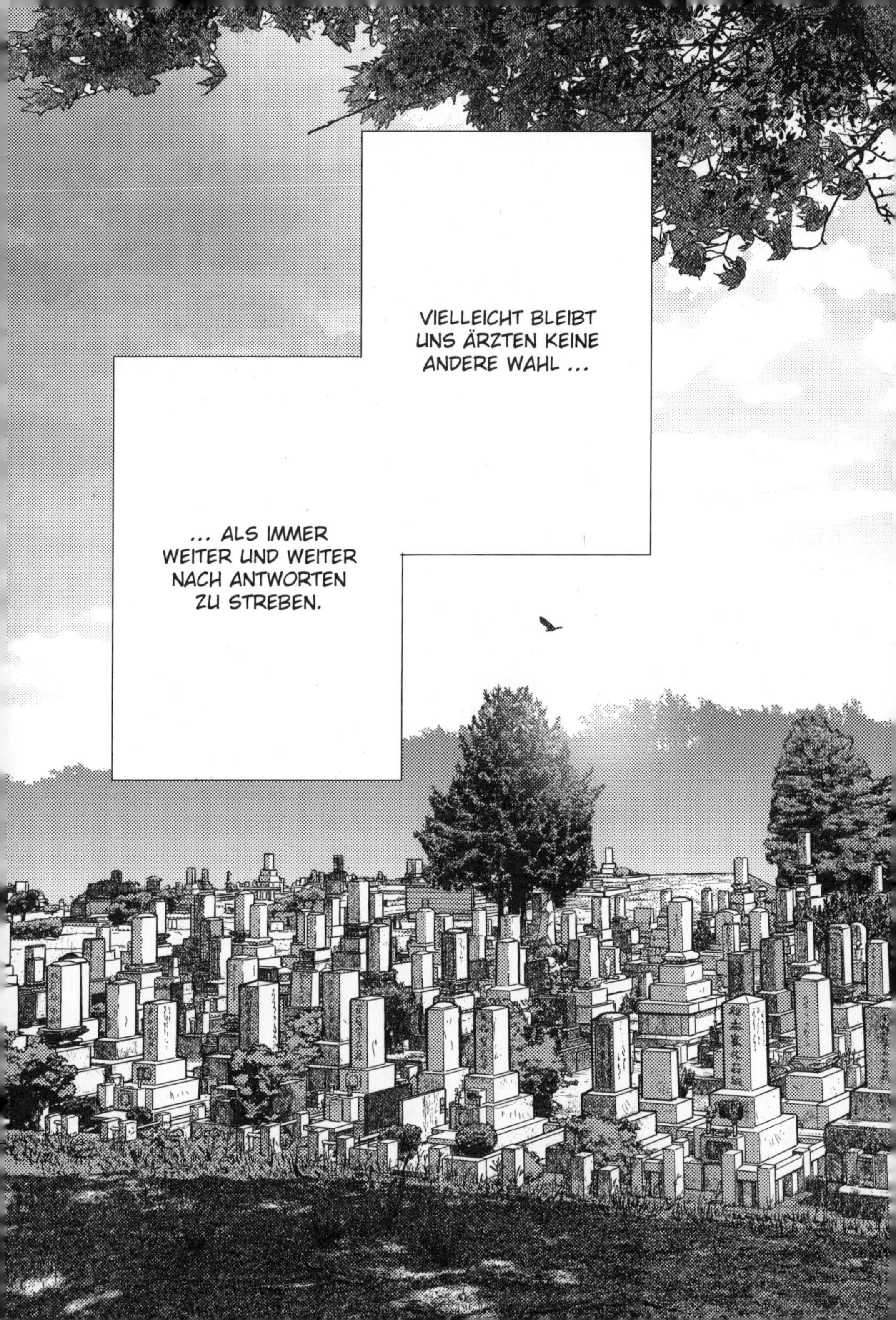
VIELLEICHT BLEIBT UNS ÄRZTEN KEINE ANDERE WAHL ...
... ALS IMMER WEITER UND WEITER NACH ANTWORTEN ZU STREBEN.

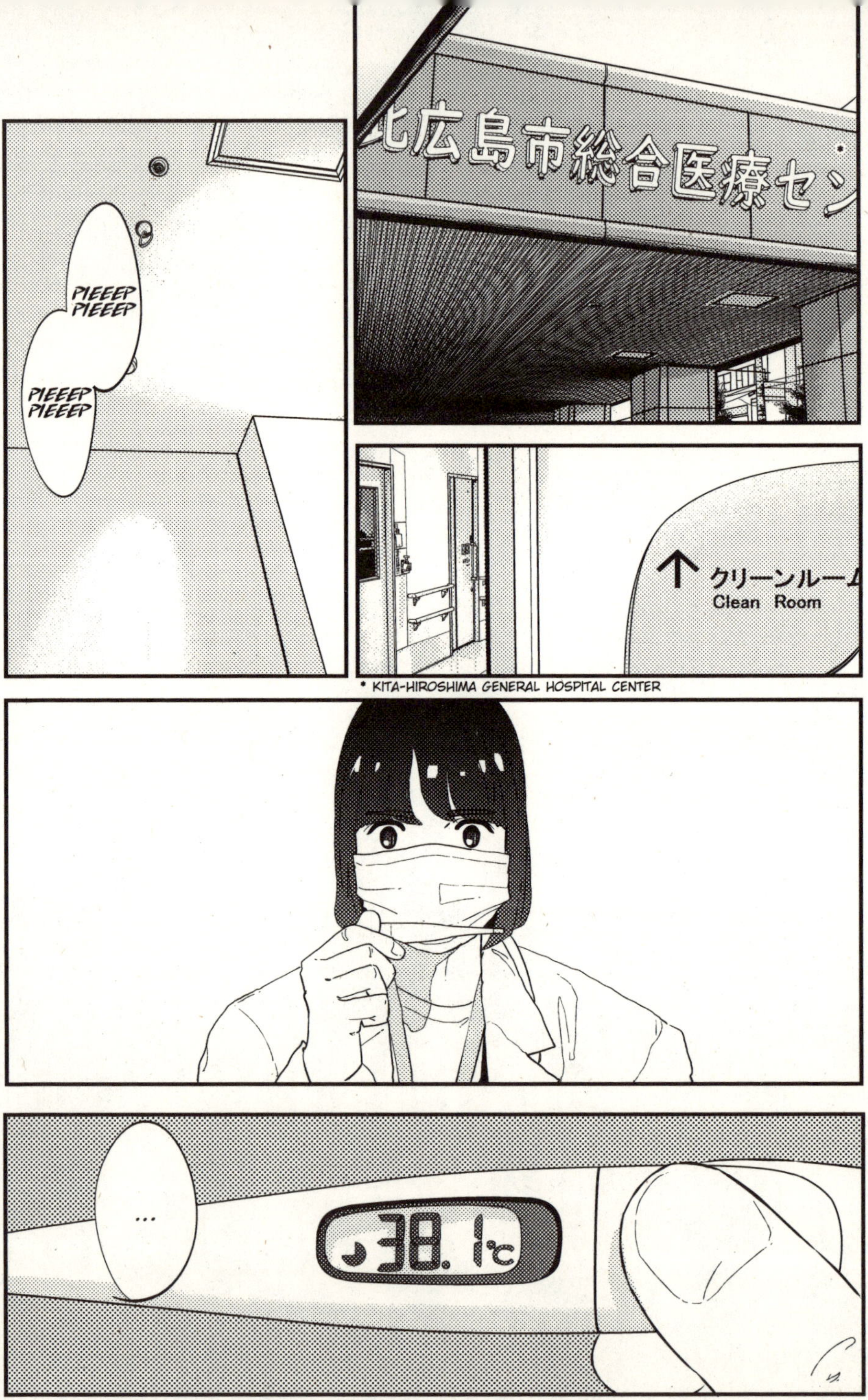

北広島市総合医療セン*

↑ クリーンルーム
Clean Room

PIEEEP
PIEEEP
PIEEEP
PIEEEP

* Kita-Hiroshima General Hospital Center

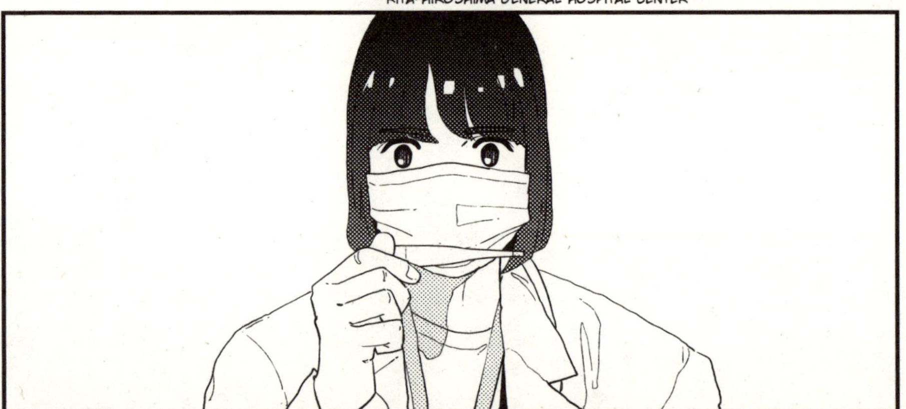

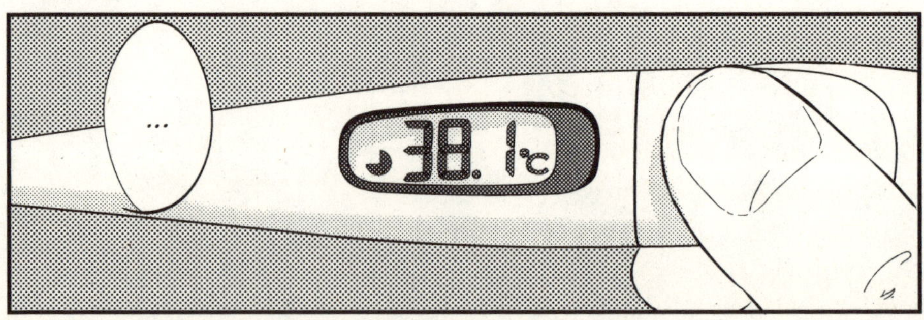

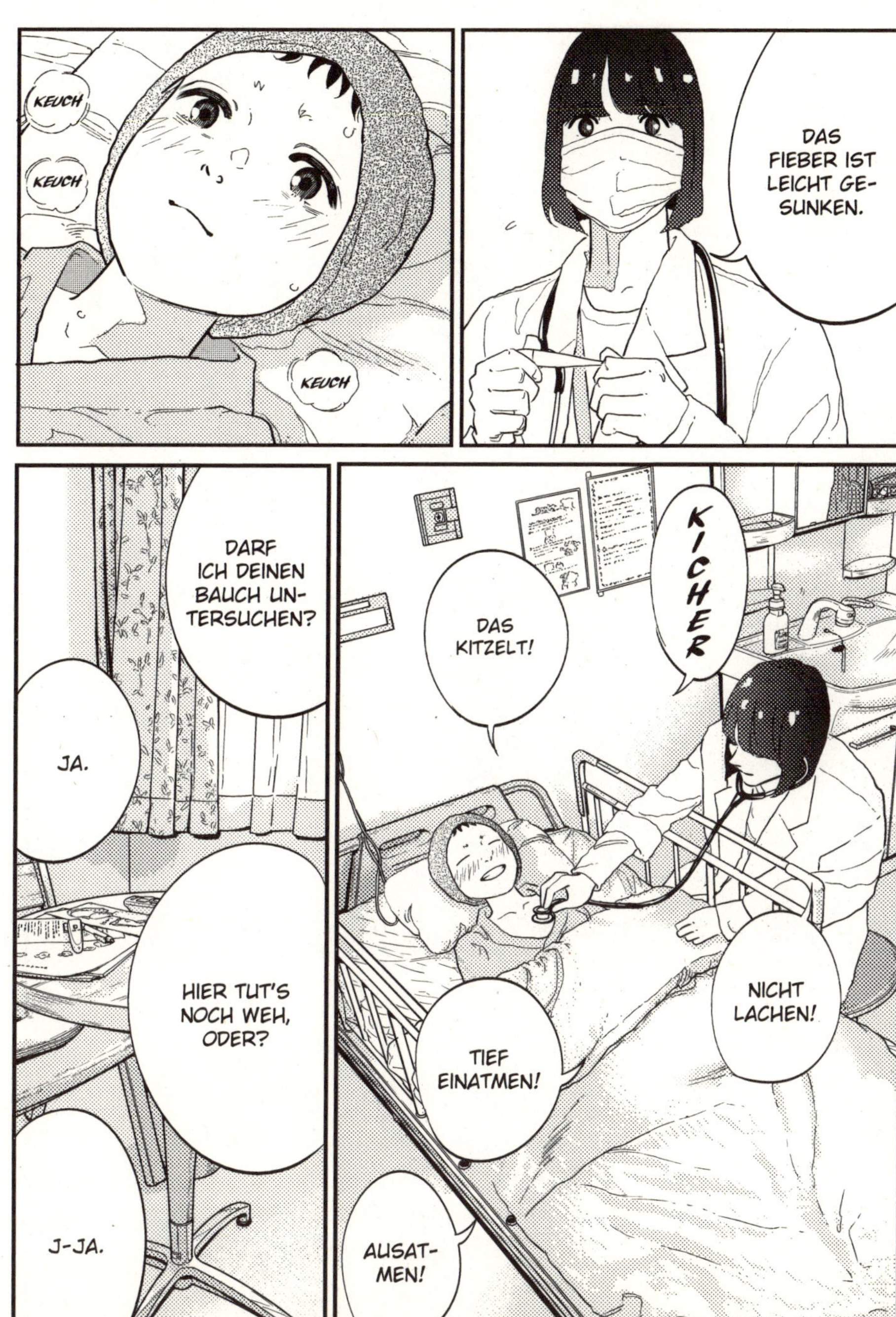
KEUCH
KEUCH
KEUCH
DAS FIEBER IST LEICHT GE-SUNKEN.
DARF ICH DEINEN BAUCH UN-TERSUCHEN?
JA.
HIER TUT'S NOCH WEH, ODER?
J-JA.
KICHER
DAS KITZELT!
NICHT LACHEN!
TIEF EINATMEN!
AUSAT-MEN!

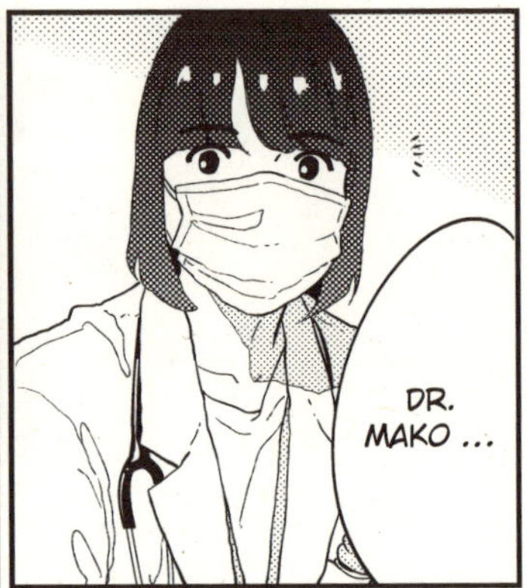
DR.
MAKO ...

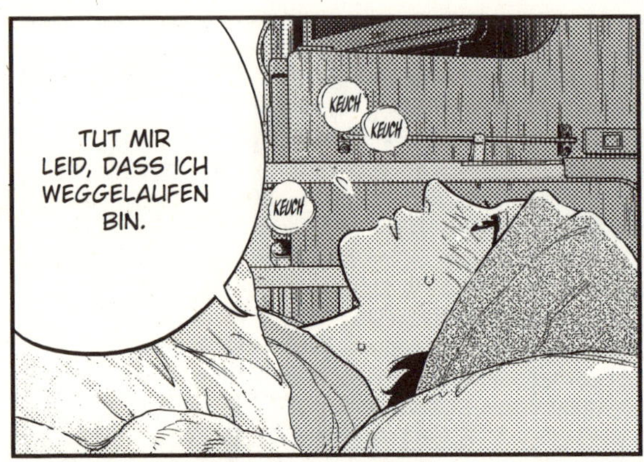
KEUCH
KEUCH
KEUCH
TUT MIR LEID, DASS ICH WEGGELAUFEN BIN.

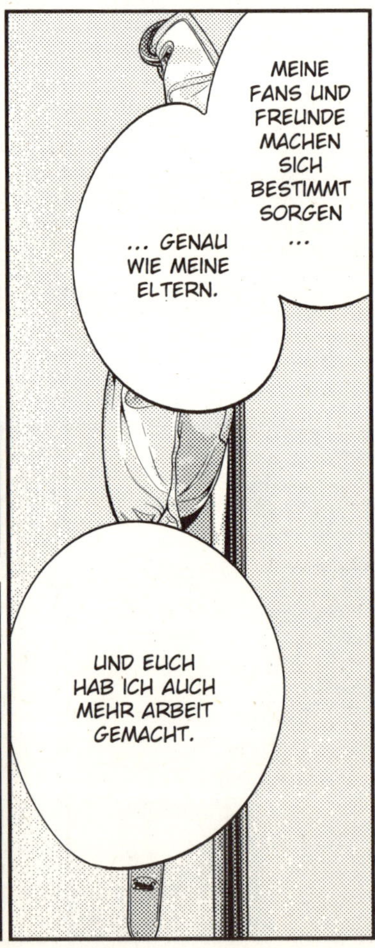
MEINE FANS UND FREUNDE MACHEN SICH BESTIMMT SORGEN ...
... GENAU WIE MEINE ELTERN.
UND EUCH HAB ICH AUCH MEHR ARBEIT GEMACHT.

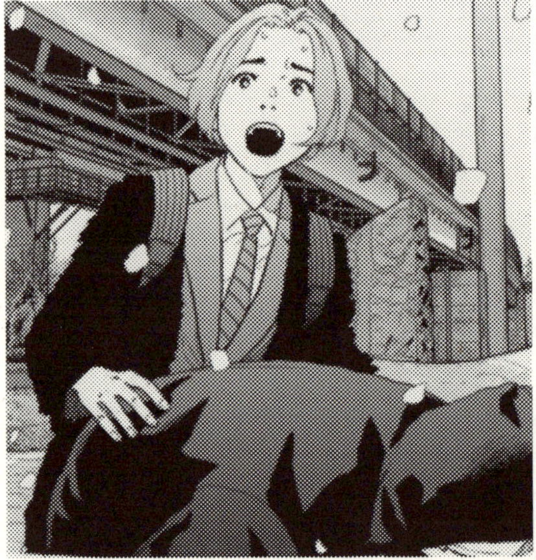

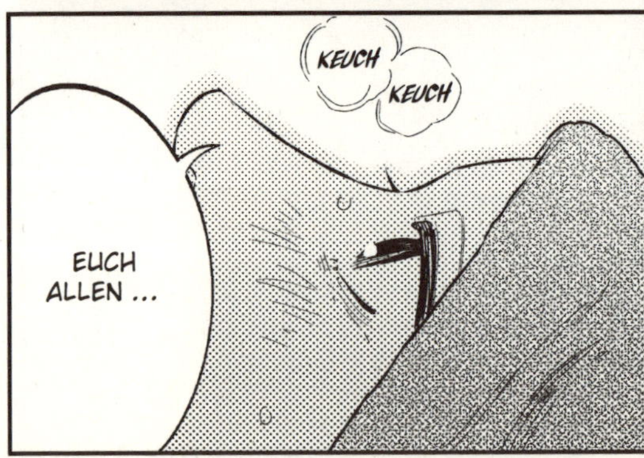
KEUCH
KEUCH
EUCH ALLEN ...

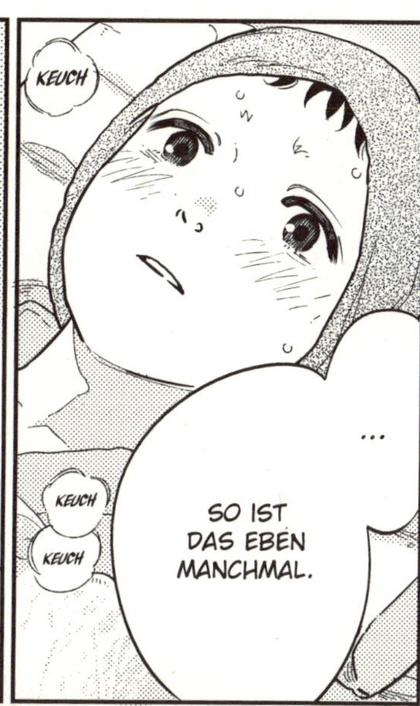
KEUCH
...
SO IST DAS EBEN MANCHMAL.
KEUCH
KEUCH

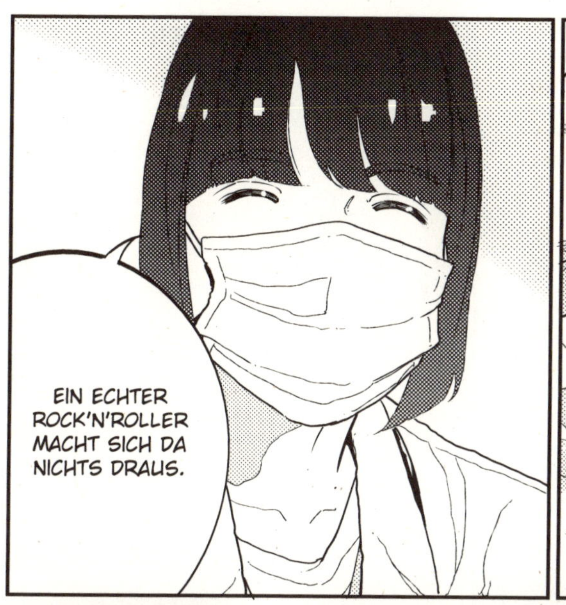
EIN ECHTER ROCK'N'ROLLER MACHT SICH DA NICHTS DRAUS.

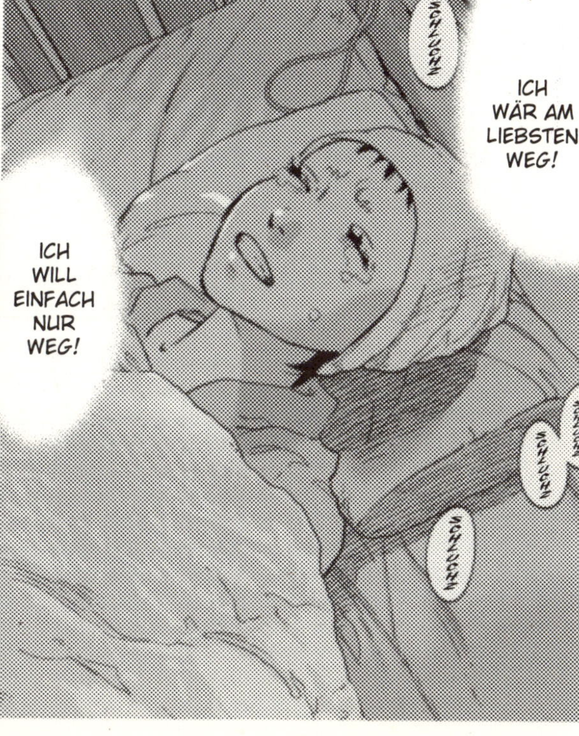
SCHLUCHZ
ICH WÄR AM LIEBSTEN WEG!
ICH WILL EINFACH NUR WEG!
SCHLUCHZ
SCHLUCHZ
SCHLUCHZ

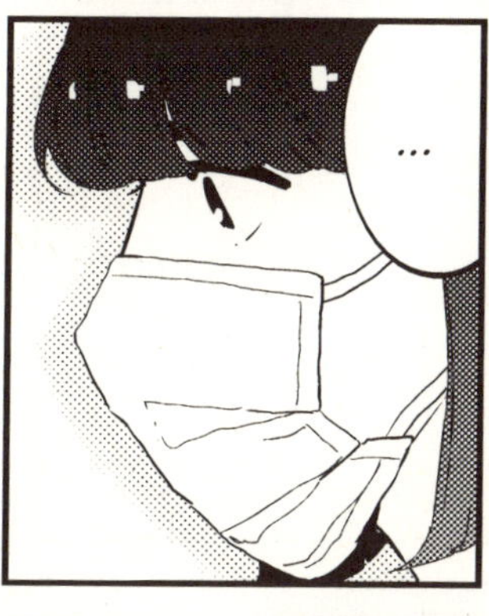
...

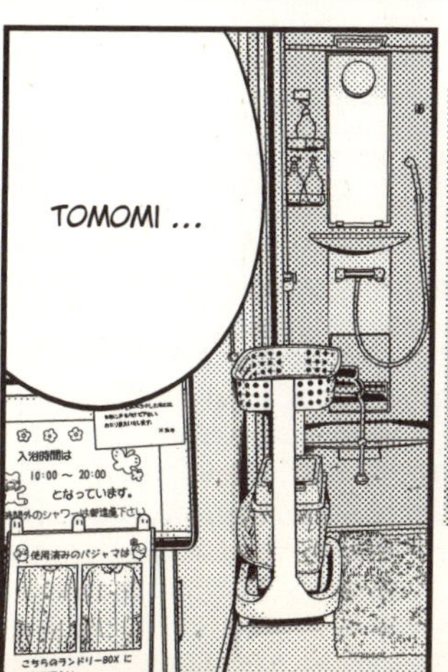
TOMOMI ...
入浴時間は
10:00 ～ 20:00
となっています。
使用済みのパジャマは
こちらのランドリーBOX に
入れて下さい

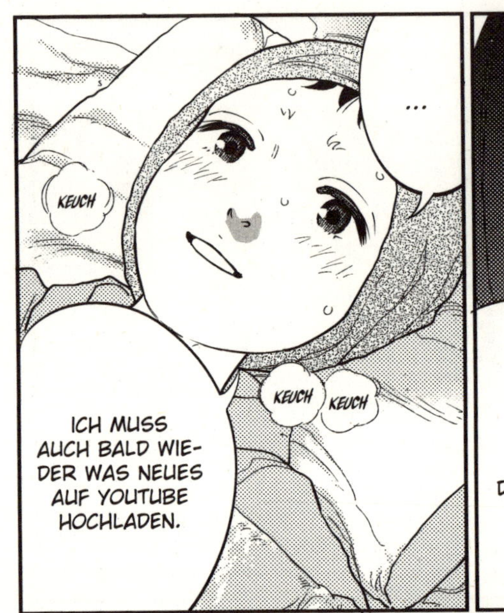
...
KEUCH
KEUCH KEUCH
ICH MUSS AUCH BALD WIEDER WAS NEUES AUF YOUTUBE HOCHLADEN.

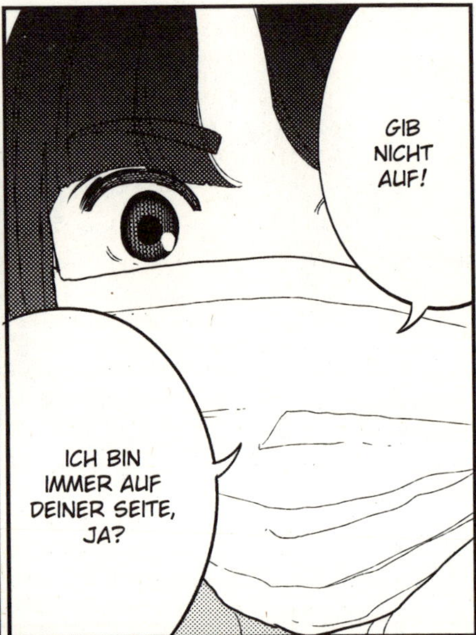
GIB NICHT AUF!
ICH BIN IMMER AUF DEINER SEITE, JA?

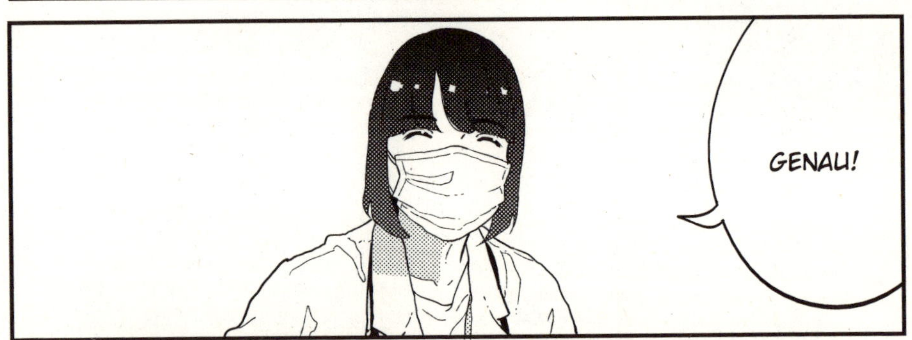
GENAU!

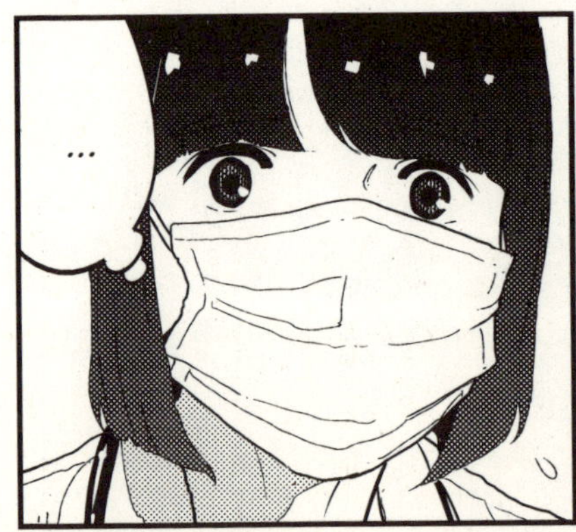
...

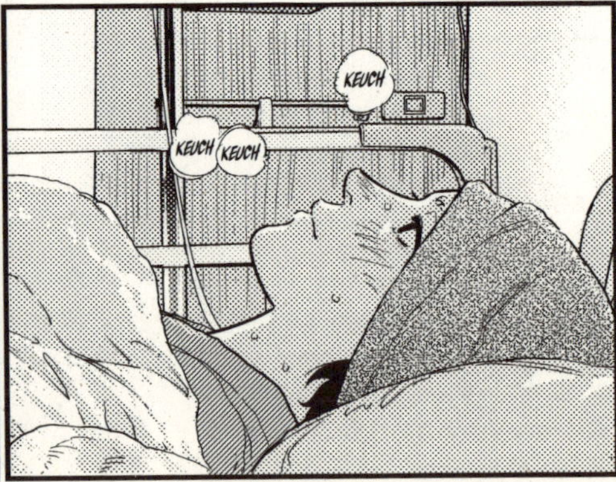
KEUCH
KEUCH KEUCH

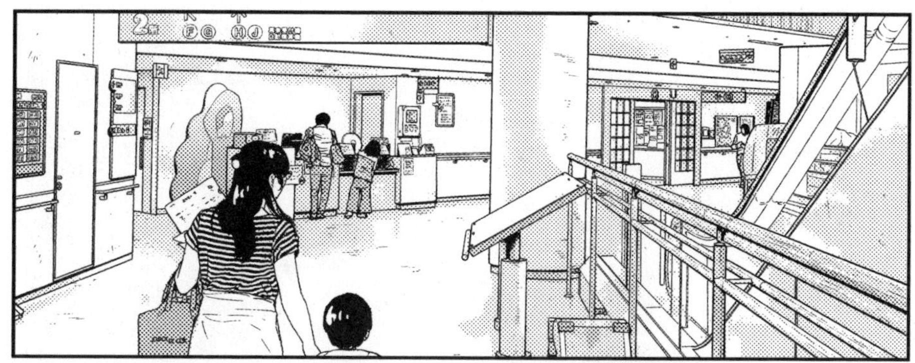

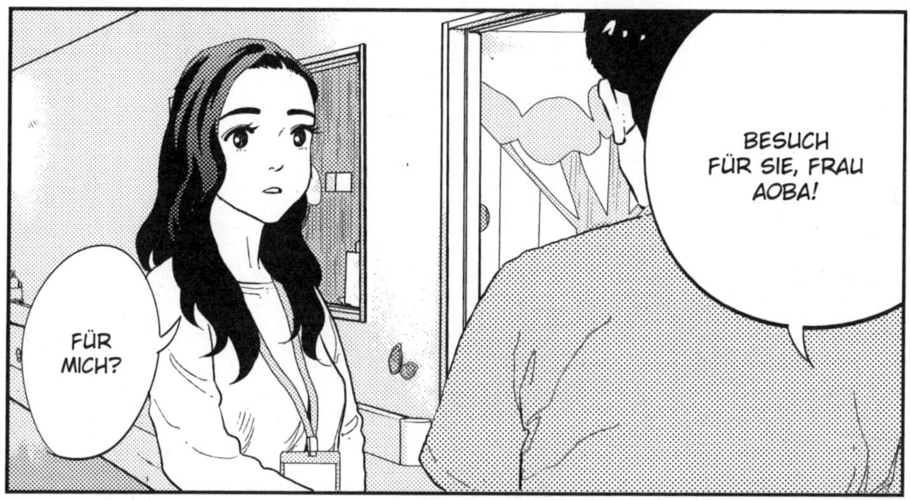
BESUCH FÜR SIE, FRAU AOBA!
FÜR MICH?

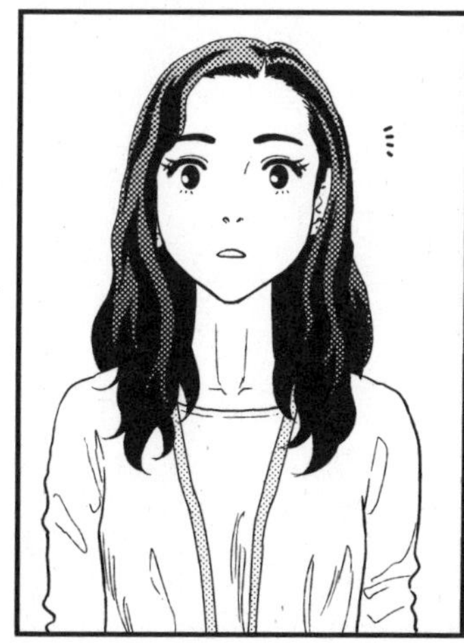

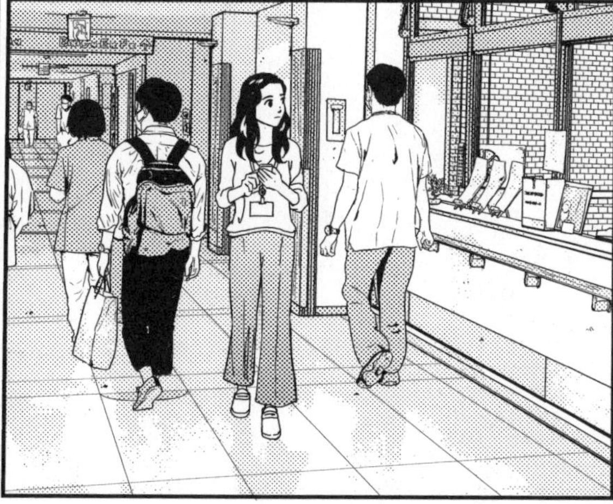

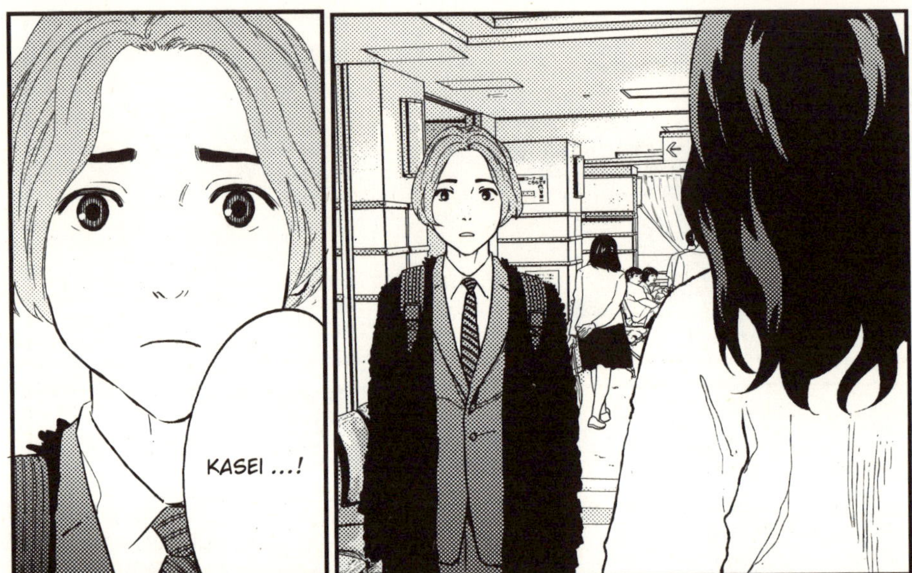

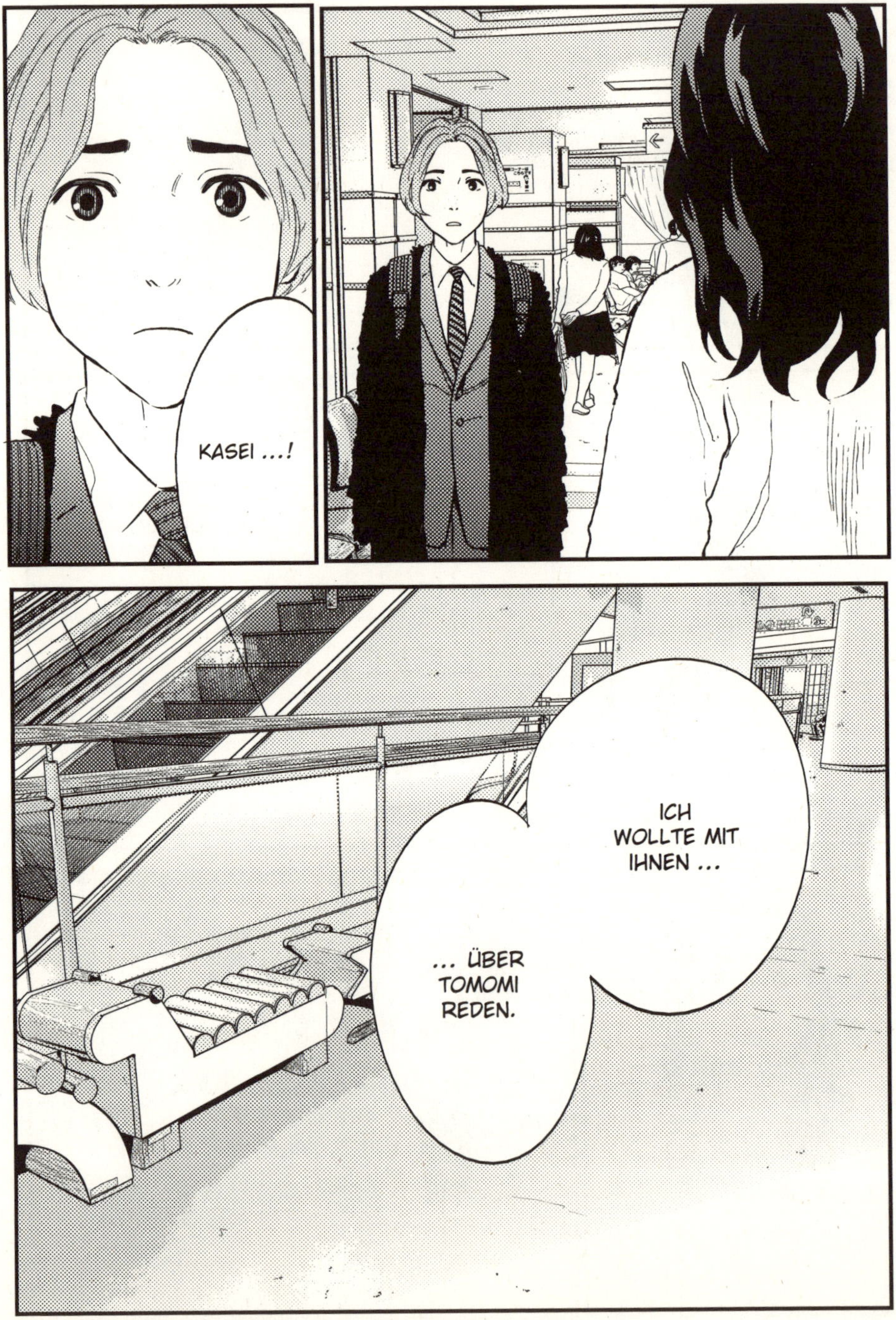

ICH WOLLTE MIT IHNEN ...

... ÜBER TOMOMI REDEN.

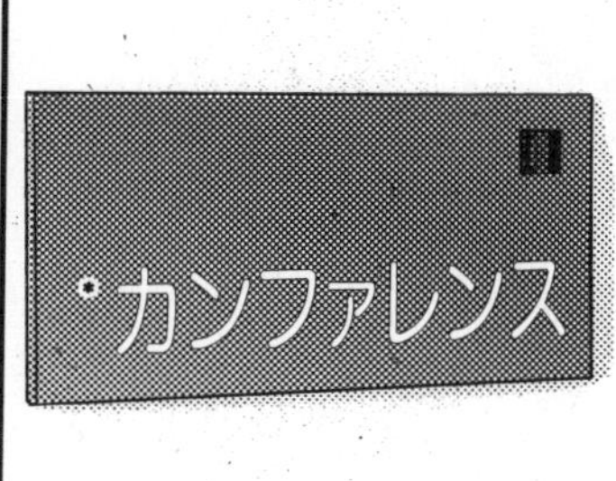

* KONFERENZRAUM

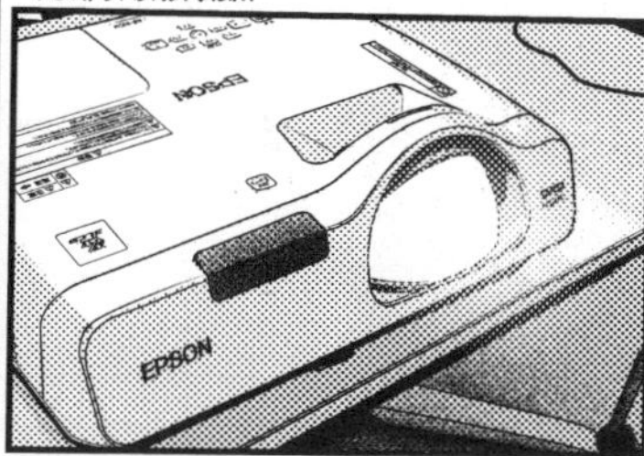

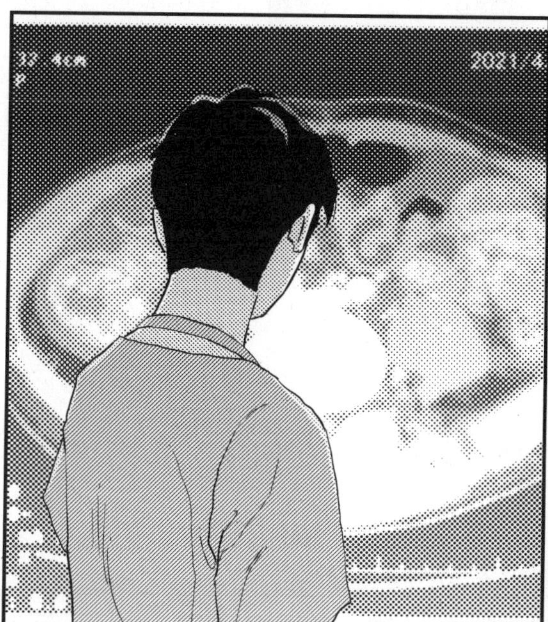

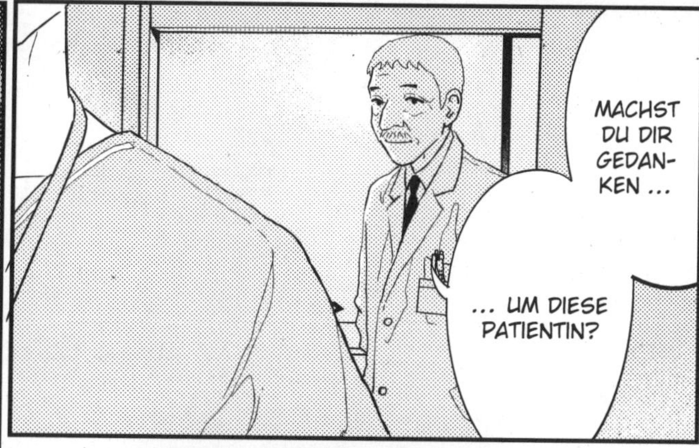

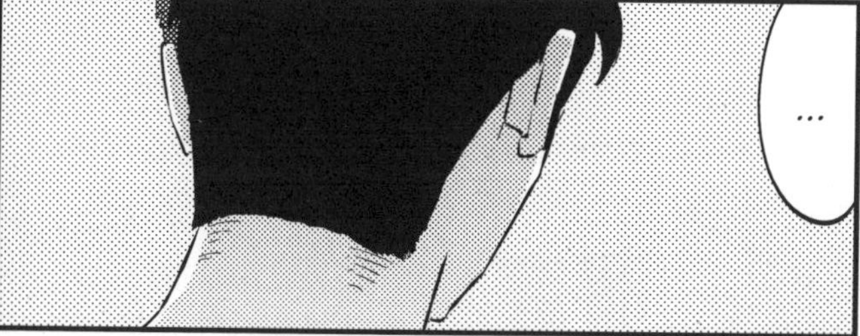

ICH HATTE SCHON OPERATIONEN WEGEN GENAU DIESER ART DER NEUTROPENISCHEN ENTERITIS.

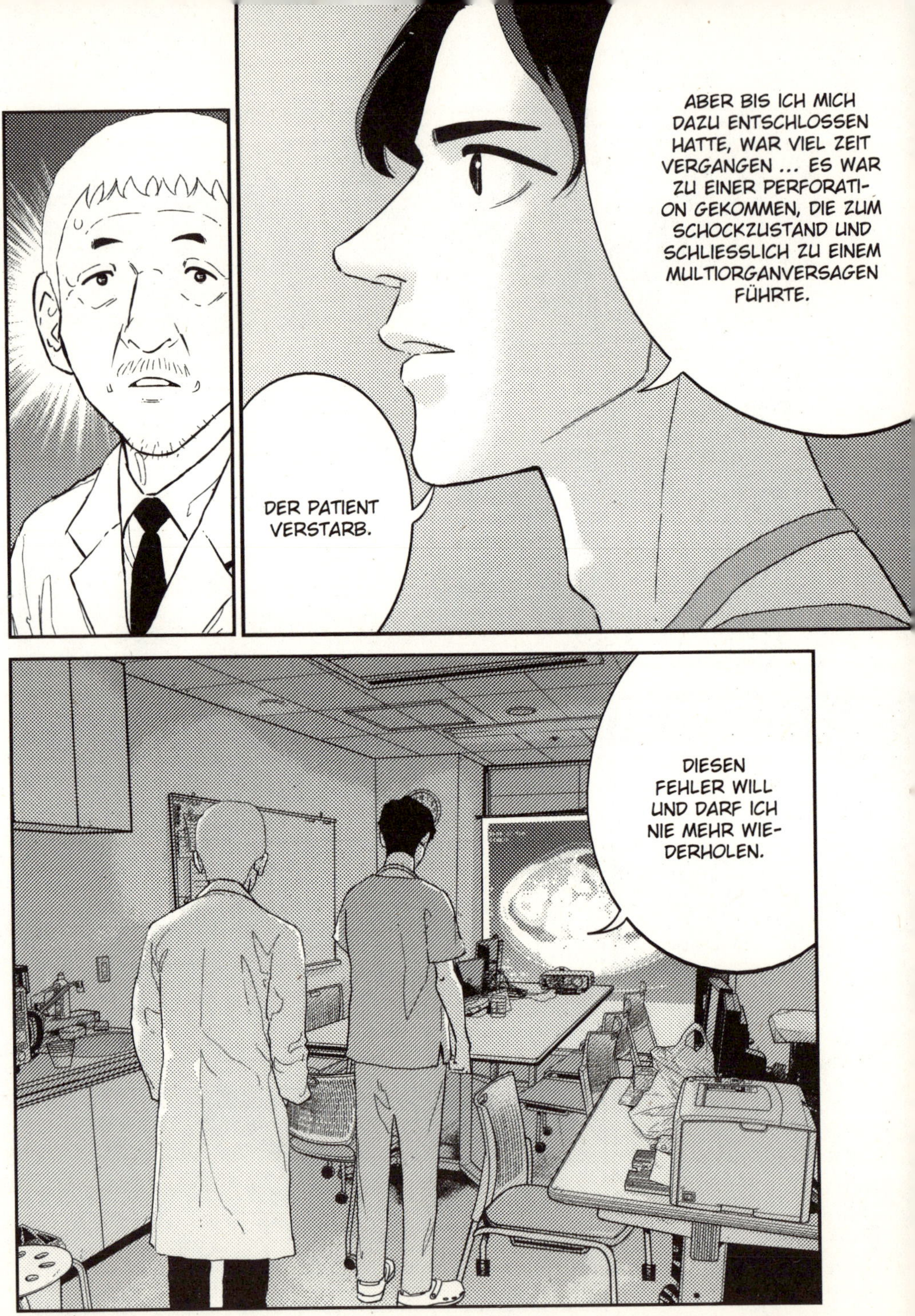

ABER BIS ICH MICH DAZU ENTSCHLOSSEN HATTE, WAR VIEL ZEIT VERGANGEN ... ES WAR ZU EINER PERFORATION GEKOMMEN, DIE ZUM SCHOCKZUSTAND UND SCHLIESSLICH ZU EINEM MULTIORGANVERSAGEN FÜHRTE.

DER PATIENT VERSTARB.

DIESEN FEHLER WILL UND DARF ICH NIE MEHR WIEDERHOLEN.

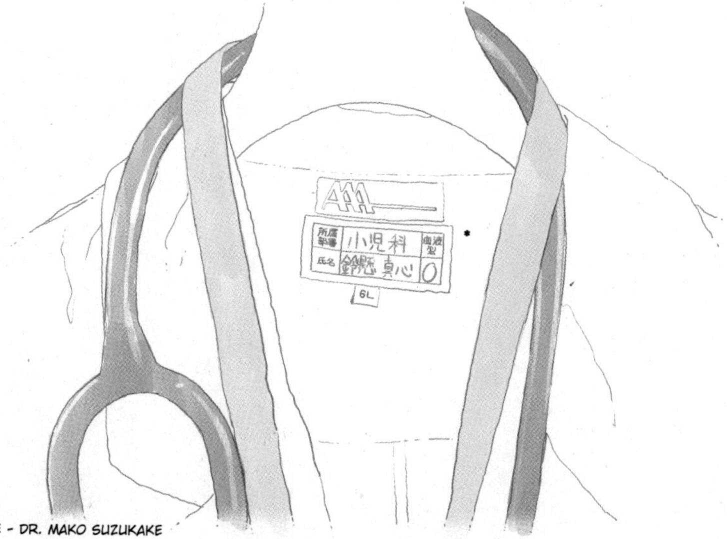

* PÄDIATRIE - DR. MAKO SUZUKAKE

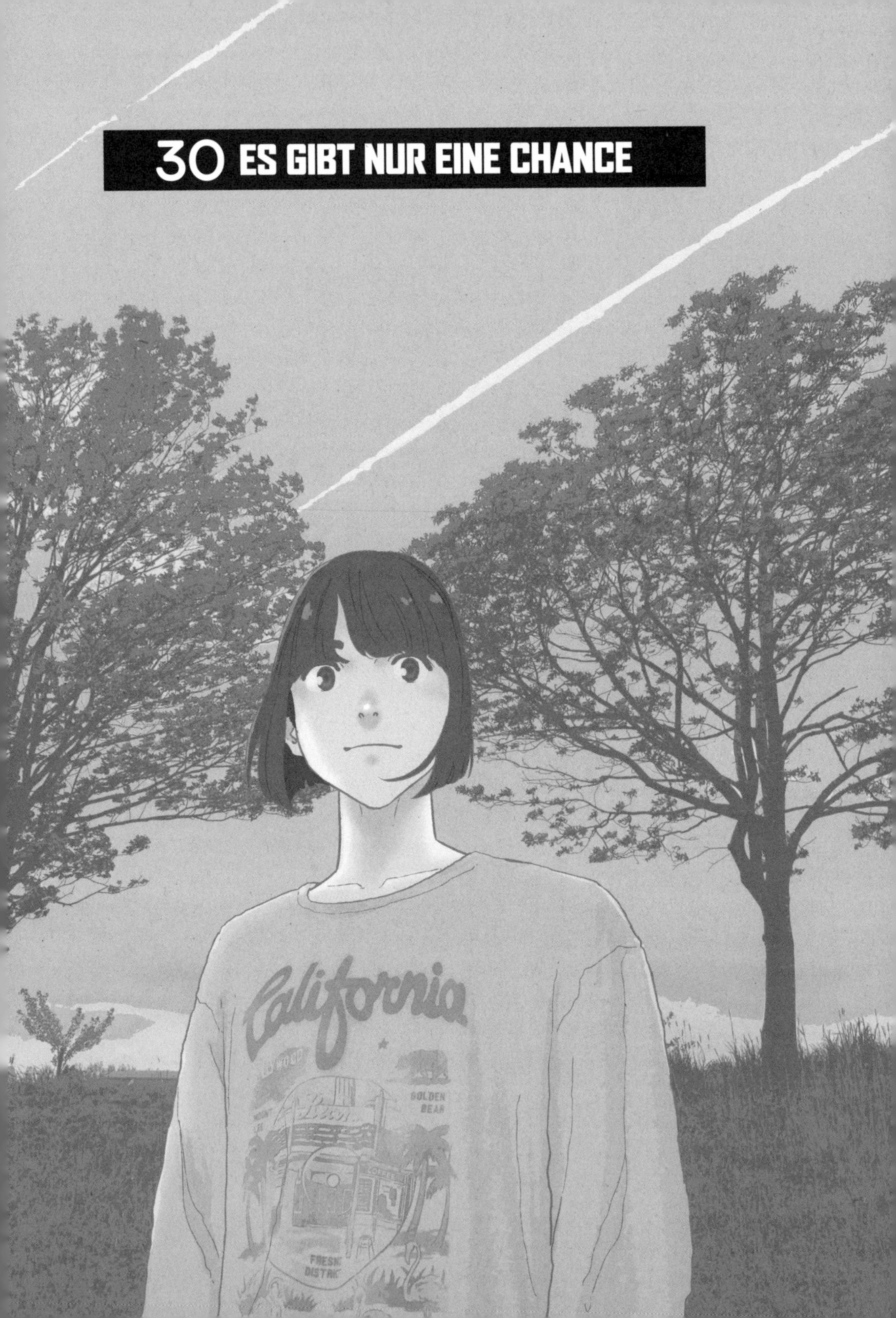
30 ES GIBT NUR EINE CHANCE
California
GOLDEN BEAR

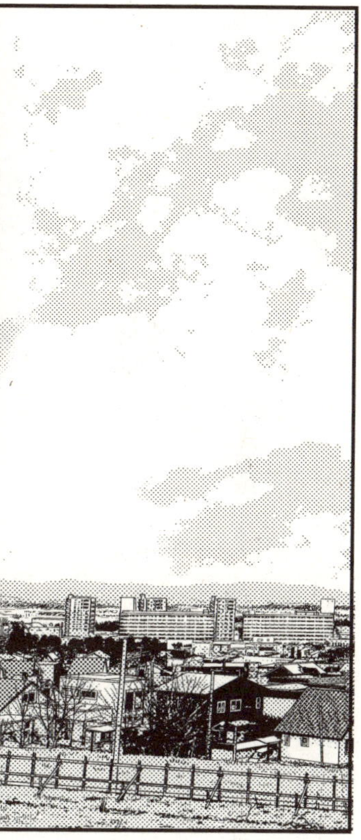

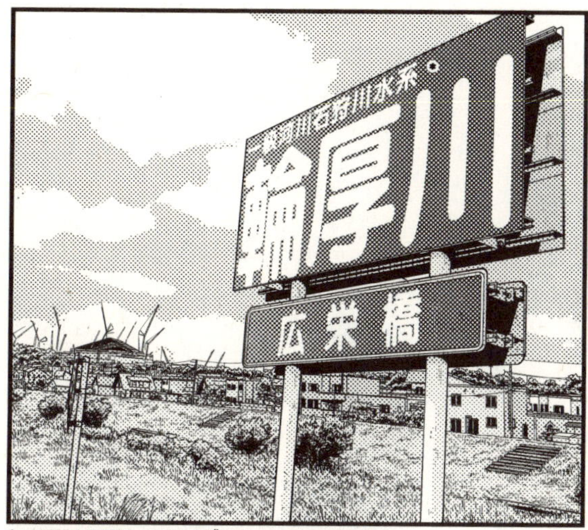

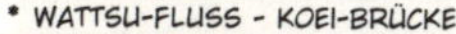
* WATTSU-FLUSS - KOEI-BRÜCKE

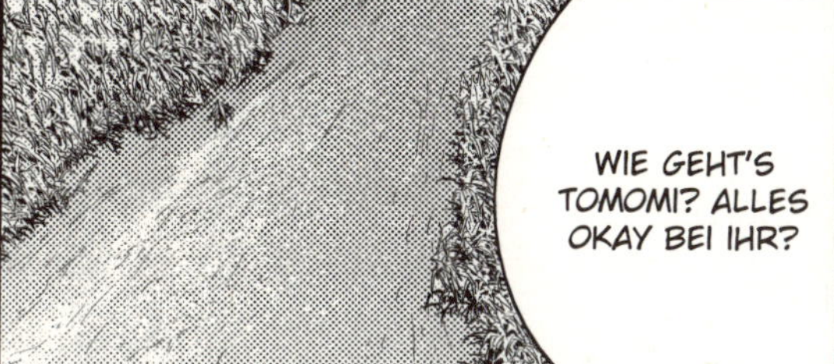

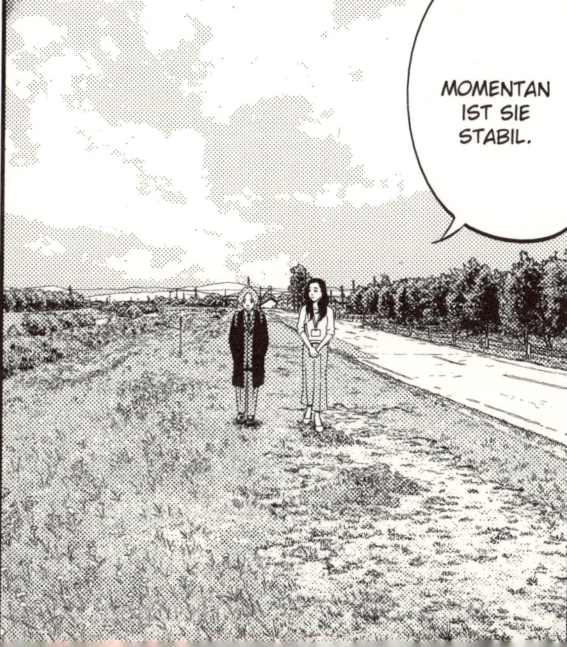

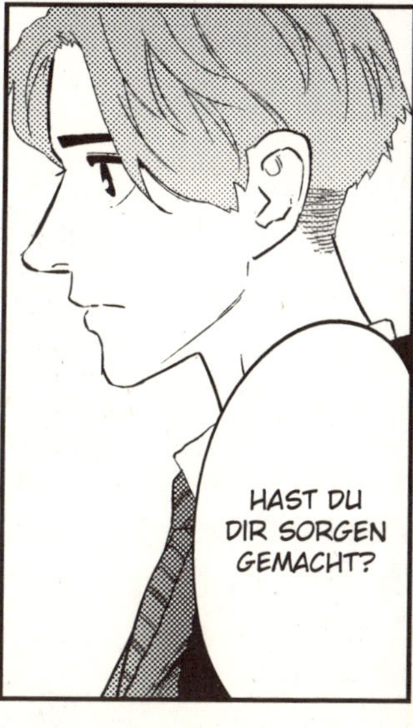

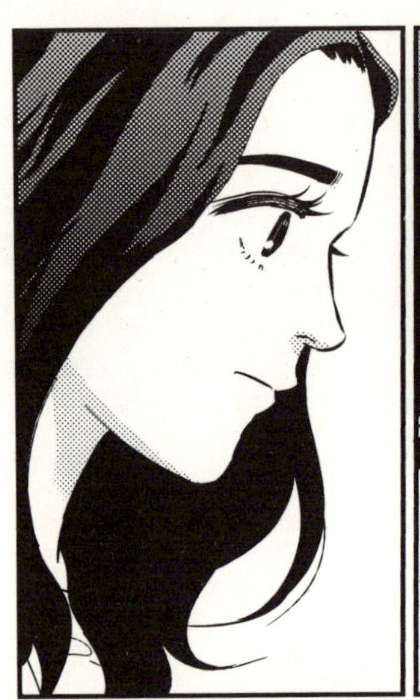

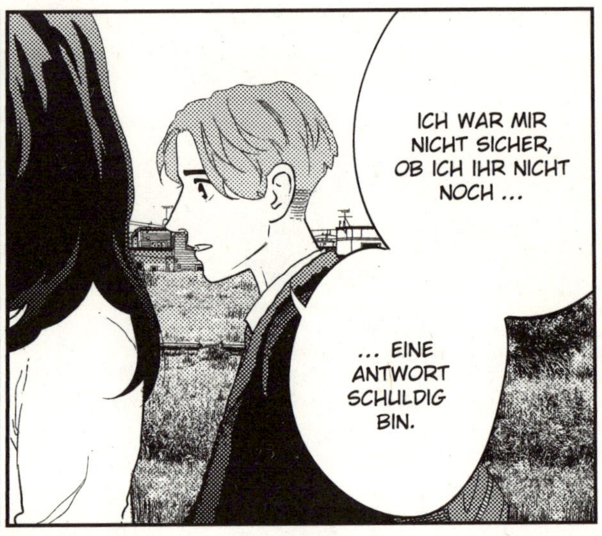
ICH WAR MIR NICHT SICHER, OB ICH IHR NICHT NOCH ...
... EINE ANTWORT SCHULDIG BIN.

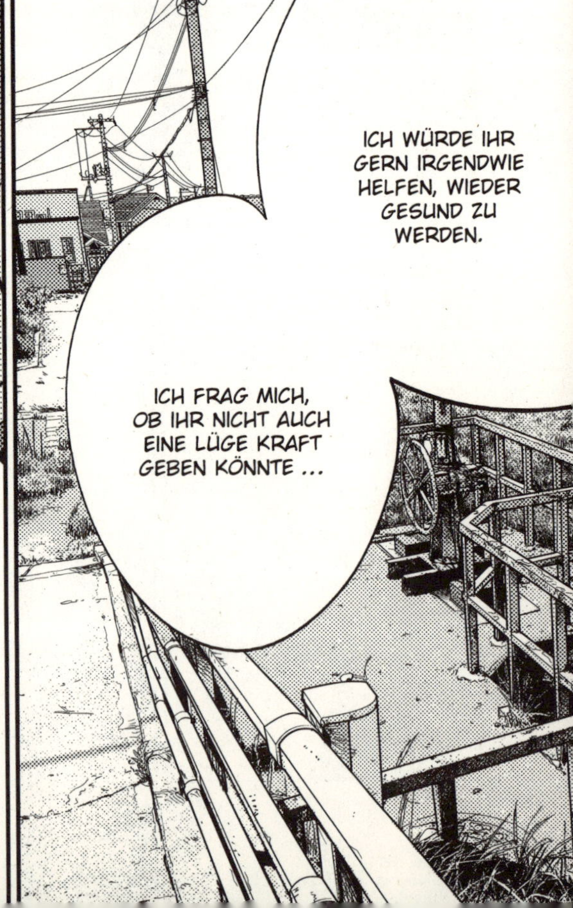
ICH WÜRDE IHR GERN IRGENDWIE HELFEN, WIEDER GESUND ZU WERDEN.
ICH FRAG MICH, OB IHR NICHT AUCH EINE LÜGE KRAFT GEBEN KÖNNTE ...

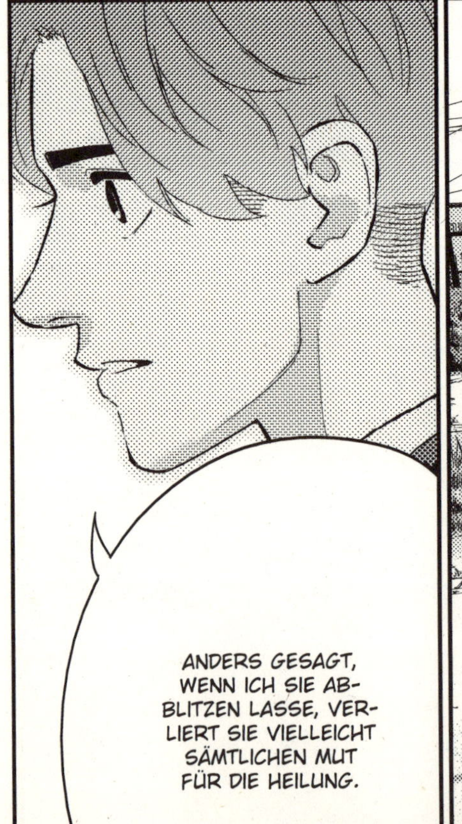
ANDERS GESAGT, WENN ICH SIE AB-BLITZEN LASSE, VER-LIERT SIE VIELLEICHT SÄMTLICHEN MUT FÜR DIE HEILUNG.

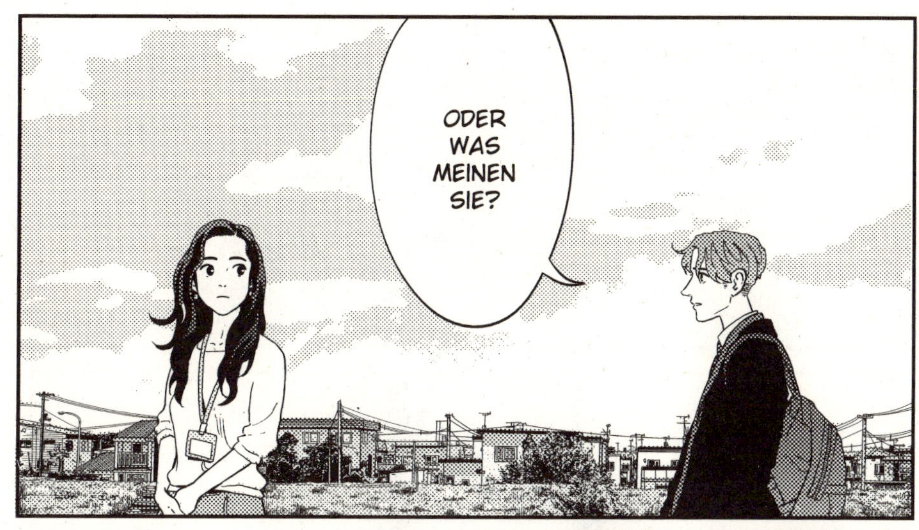
ODER WAS MEINEN SIE?

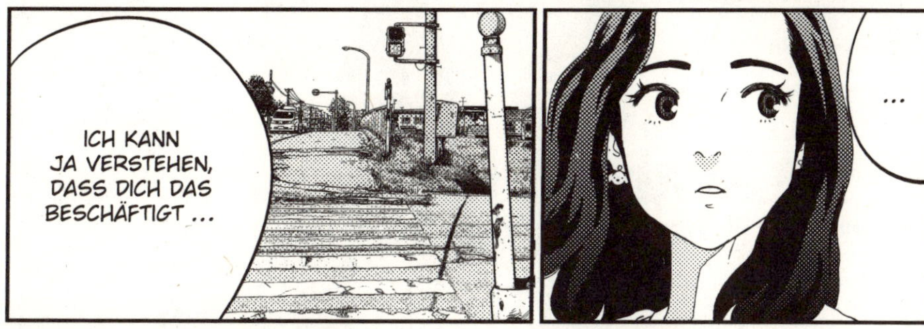
…
ICH KANN JA VERSTEHEN, DASS DICH DAS BESCHÄFTIGT …

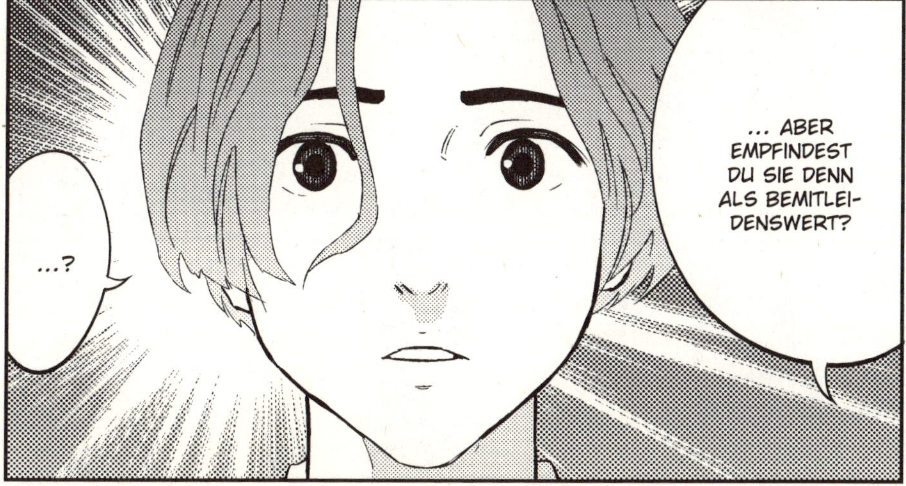
… ABER EMPFINDEST DU SIE DENN ALS BEMITLEI-DENSWERT?
…?

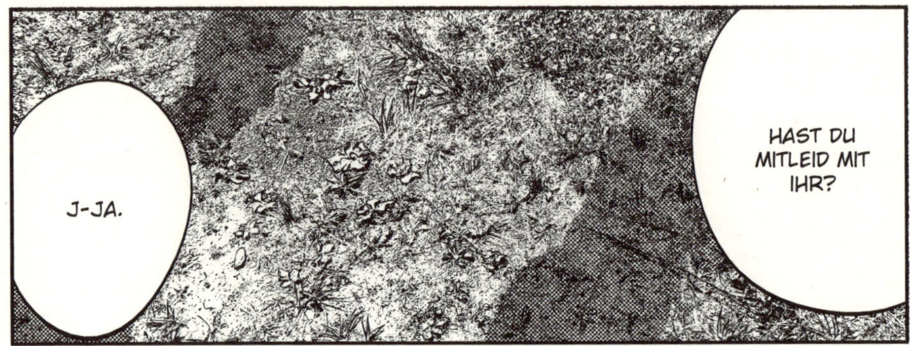
HAST DU MITLEID MIT IHR?
J-JA.

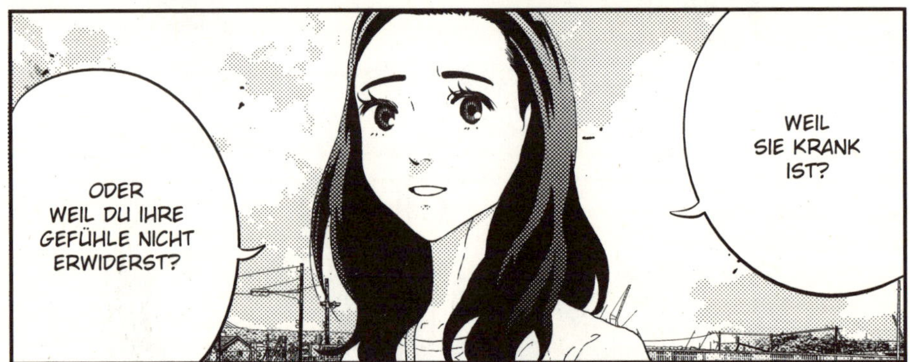
WEIL SIE KRANK IST?
ODER WEIL DU IHRE GEFÜHLE NICHT ERWIDERST?

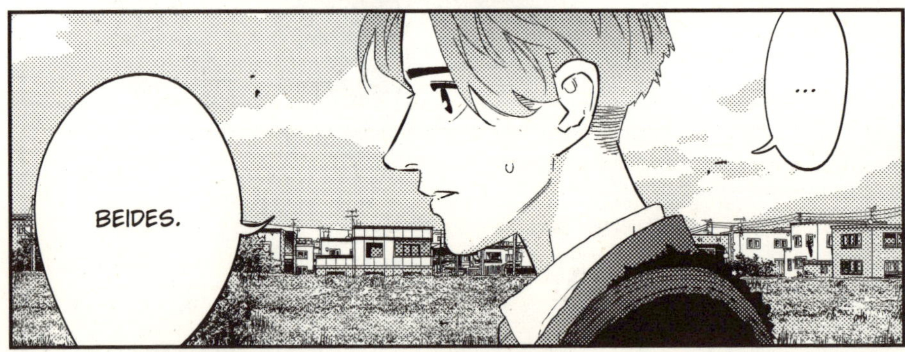
...
BEIDES.

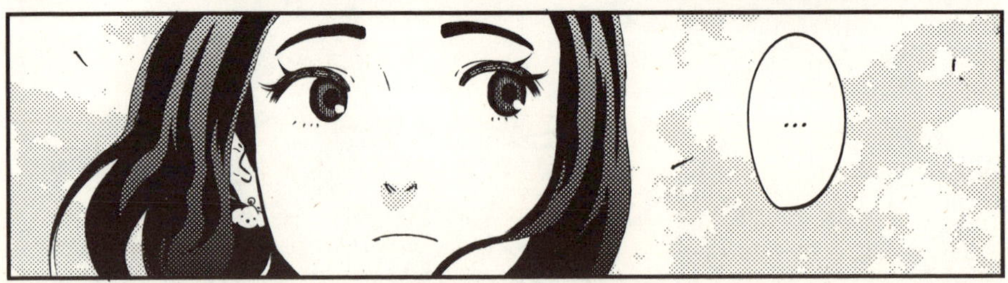
...

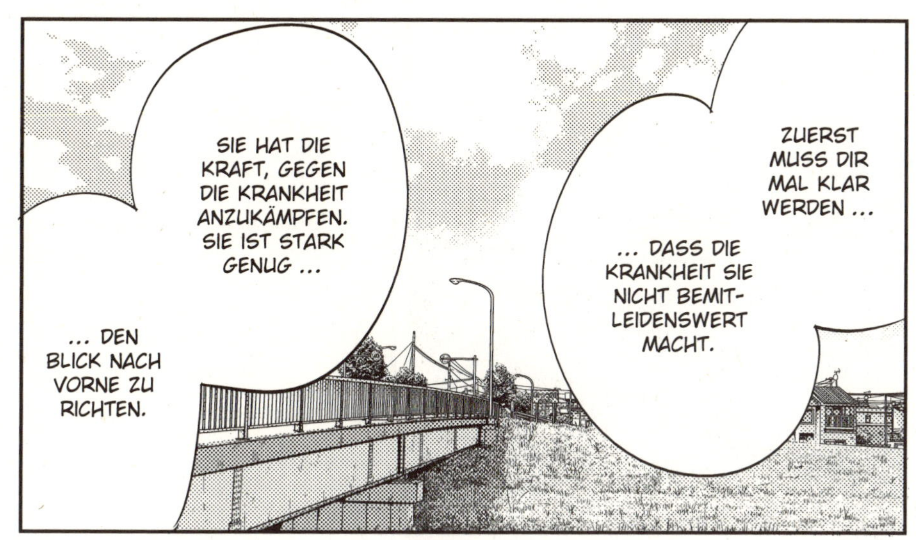
ZUERST MUSS DIR MAL KLAR WERDEN ...
... DASS DIE KRANKHEIT SIE NICHT BEMIT-LEIDENSWERT MACHT.
SIE HAT DIE KRAFT, GEGEN DIE KRANKHEIT ANZUKÄMPFEN. SIE IST STARK GENUG ...
... DEN BLICK NACH VORNE ZU RICHTEN.

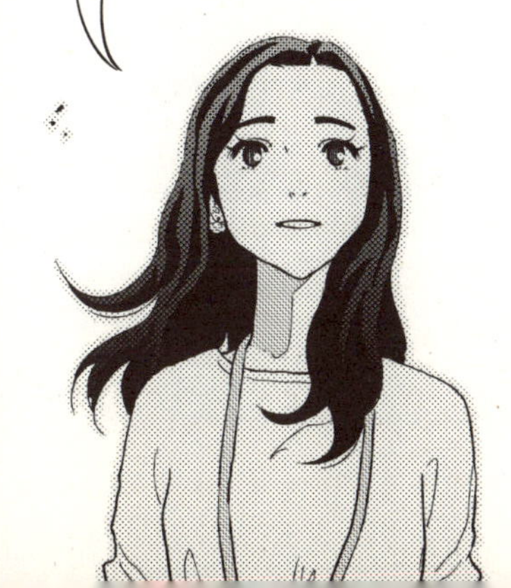
DAS LEBEN BRINGT NUN MAL KRANKHEITEN UND VERLETZUNGEN MIT SICH. WER SICH VERLIEBT, KANN VERLETZT WERDEN.
DASS SIE KRANK IST, SOLLTE FÜR DIE LIEBE UND FREUNDSCHAFT KEINE ROLLE SPIELEN.

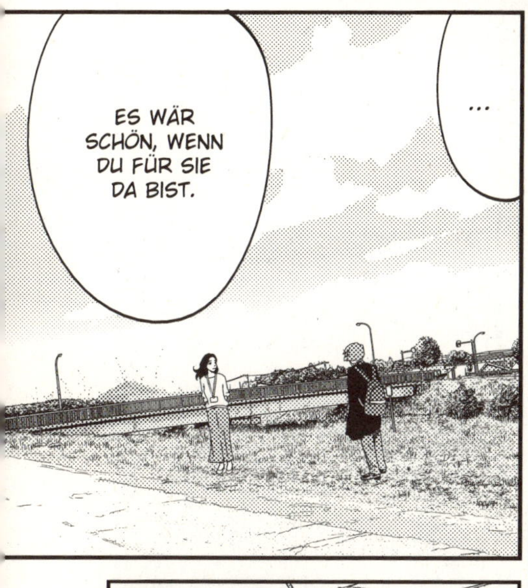
...
ES WÄR SCHÖN, WENN DU FÜR SIE DA BIST.

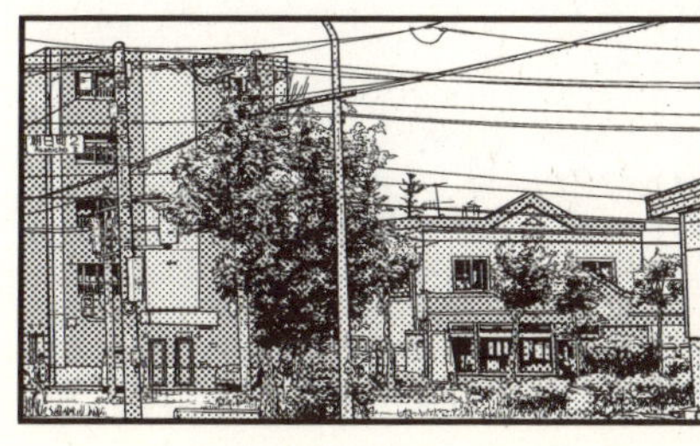

EINE WOCHE SPÄTER.

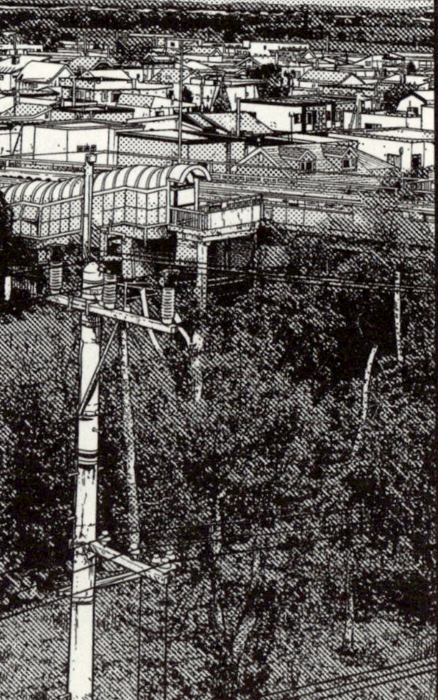

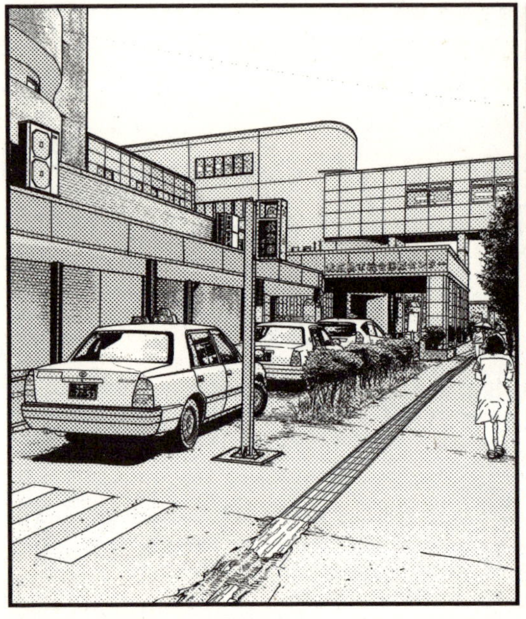

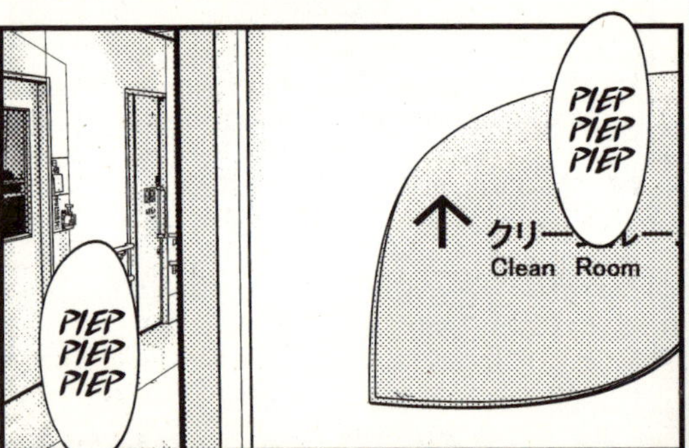

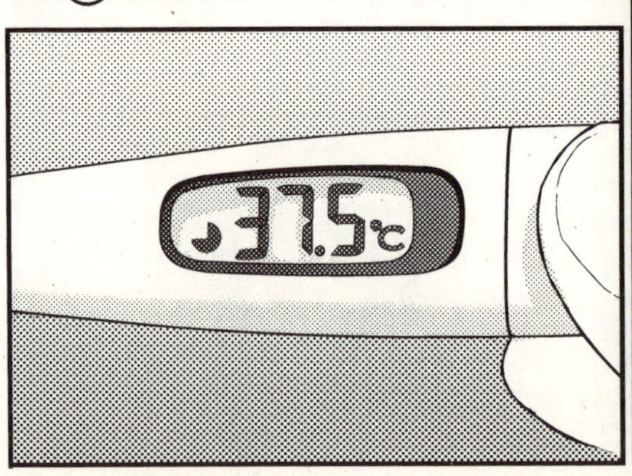

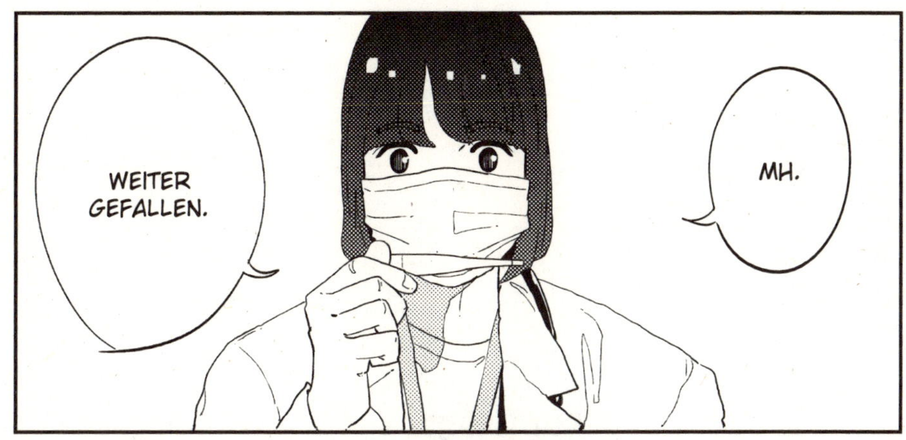
MH.
WEITER GEFALLEN.

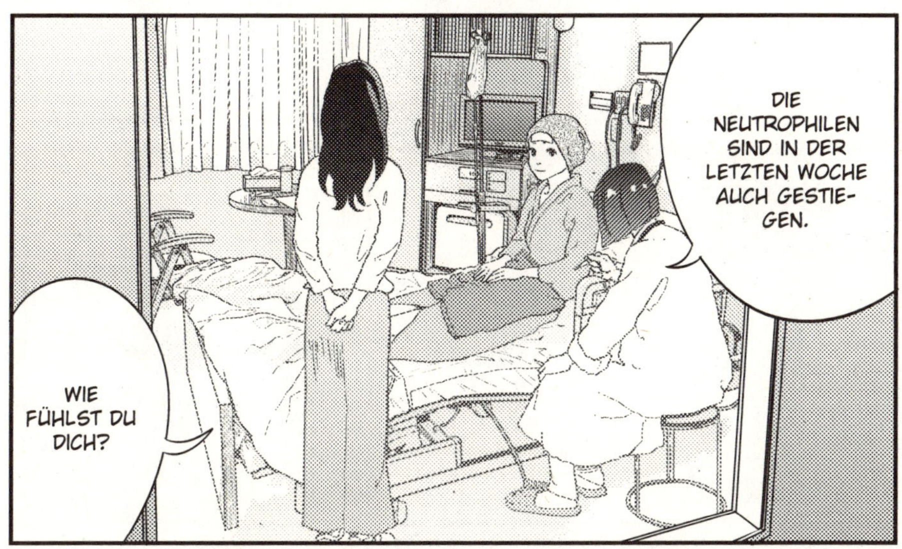
DIE NEUTROPHILEN SIND IN DER LETZTEN WOCHE AUCH GESTIE-GEN.
WIE FÜHLST DU DICH?

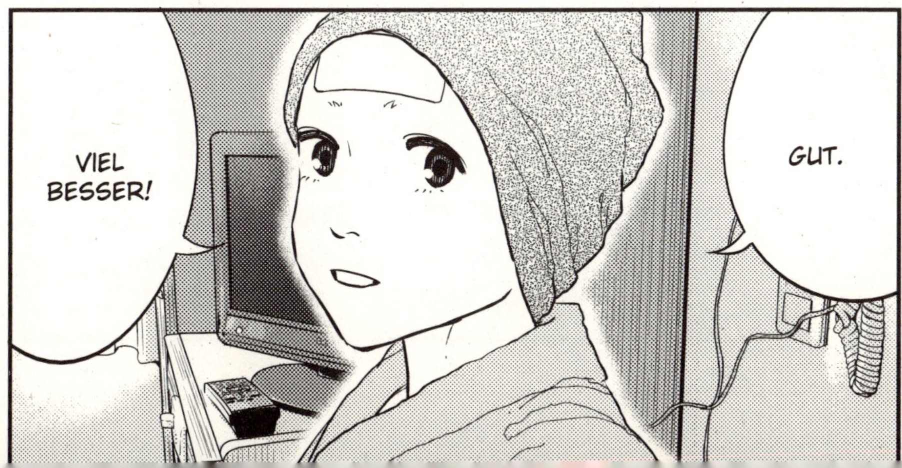
GUT.
VIEL BESSER!

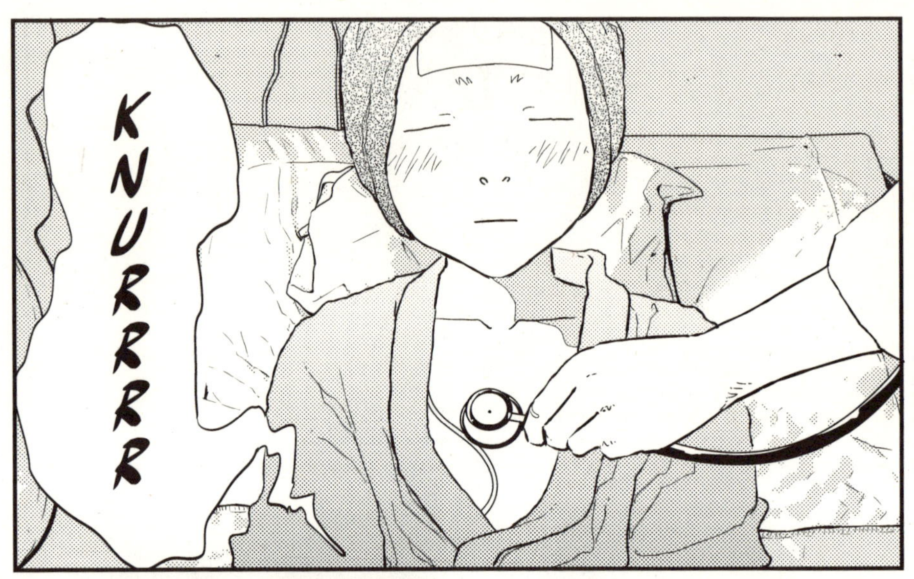
KNURRRR

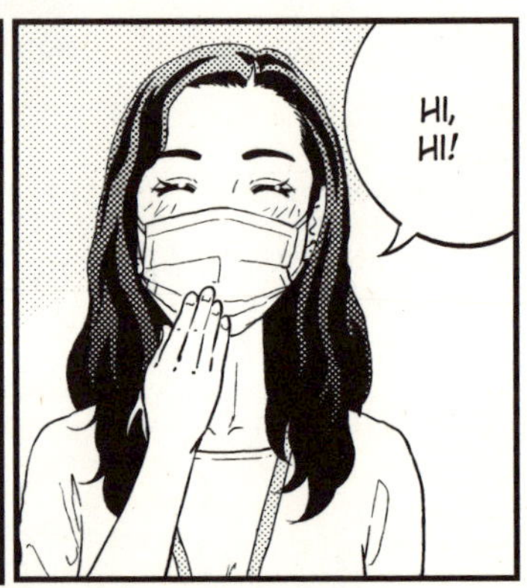
HI, HI!

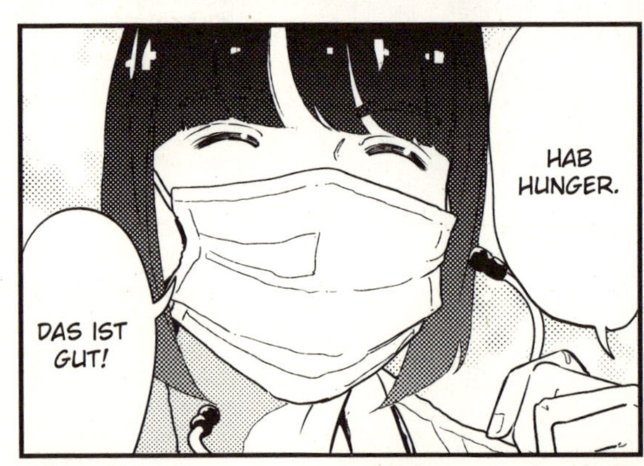
HAB HUNGER.
DAS IST GUT!

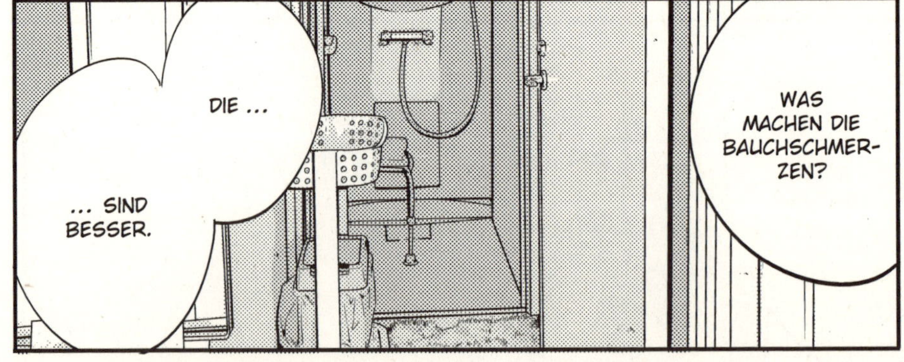
WAS MACHEN DIE BAUCHSCHMER-ZEN?
DIE …
… SIND BESSER.

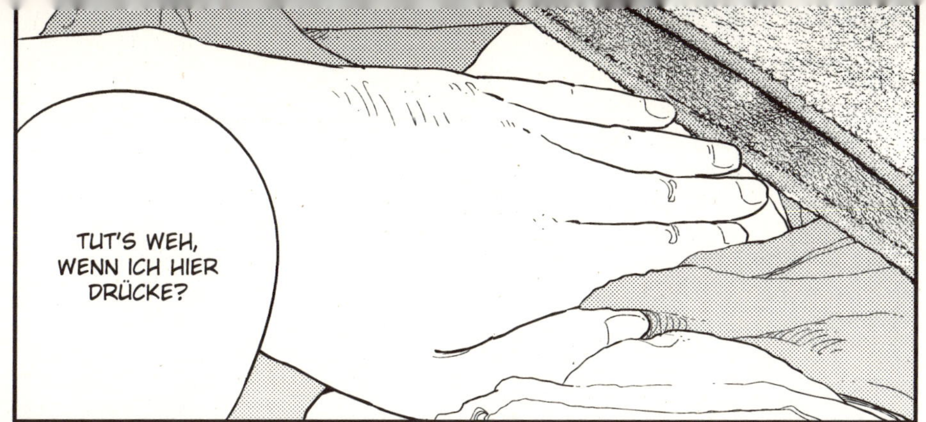
TUT'S WEH, WENN ICH HIER DRÜCKE?

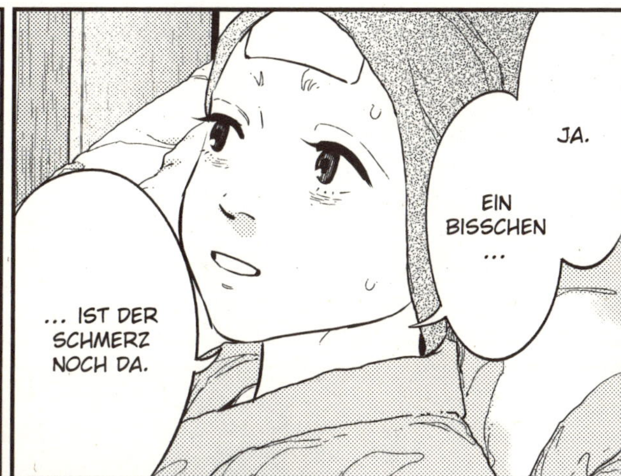
JA.
EIN BISSCHEN ...
... IST DER SCHMERZ NOCH DA.

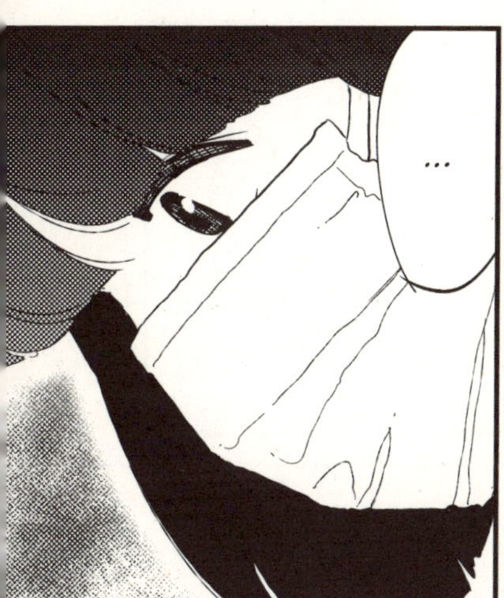
...

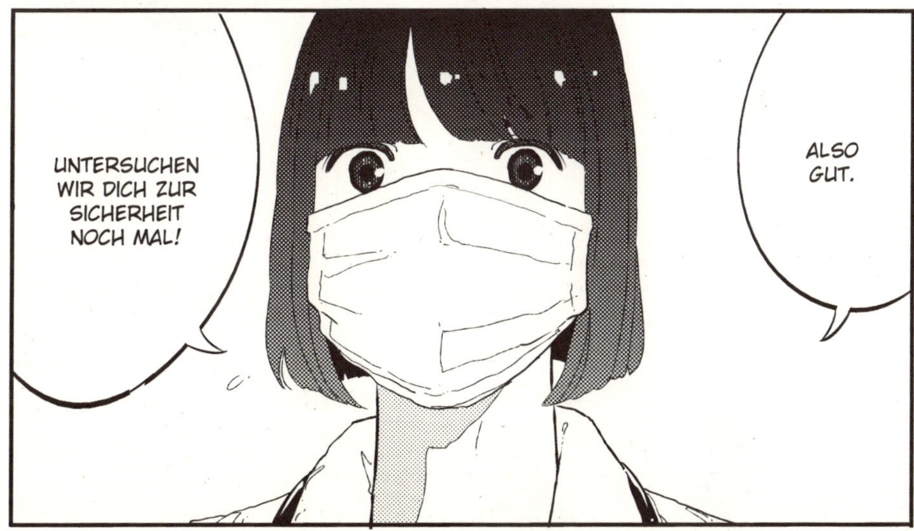
ALSO GUT.
UNTERSUCHEN WIR DICH ZUR SICHERHEIT NOCH MAL!

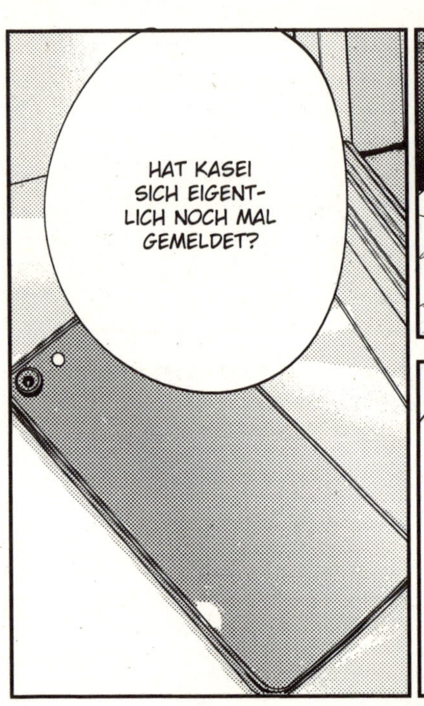
HAT KASEI SICH EIGENT-LICH NOCH MAL GEMELDET?

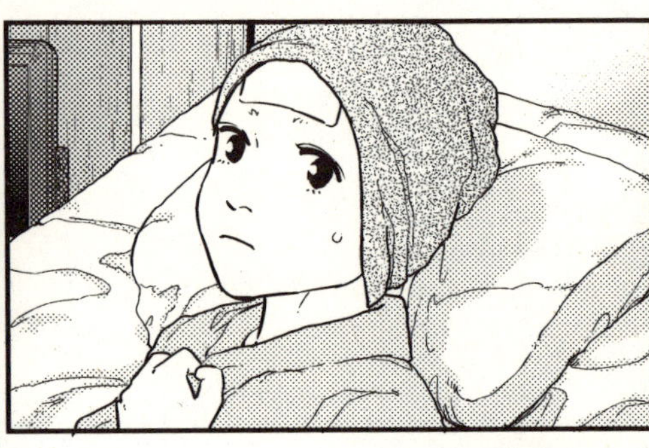

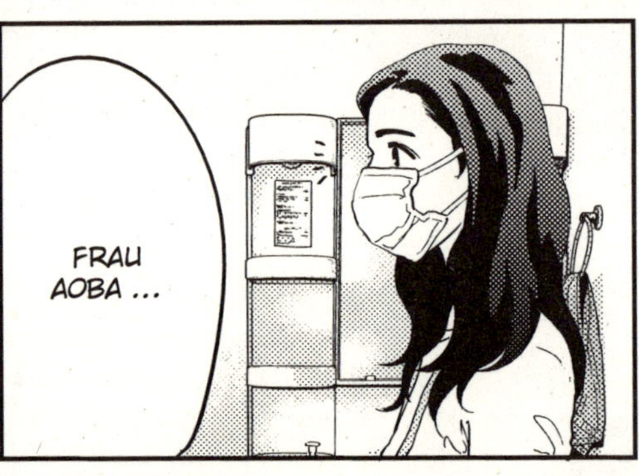
FRAU AOBA ...

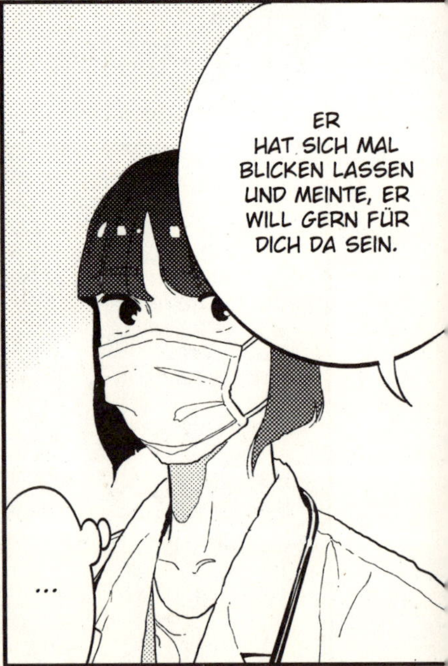
ER HAT SICH MAL BLICKEN LASSEN UND MEINTE, ER WILL GERN FÜR DICH DA SEIN.
...

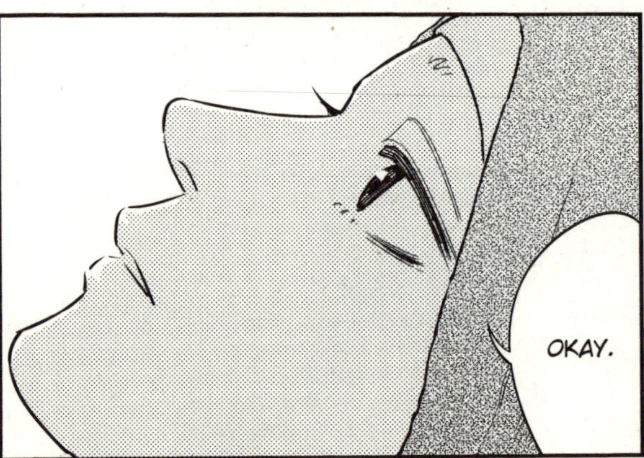
OKAY.

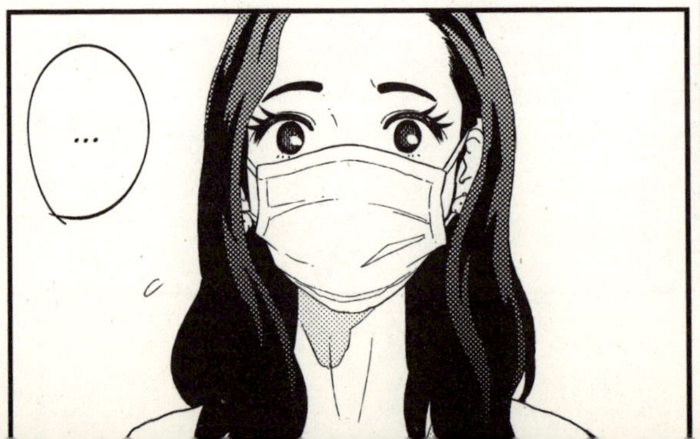
...

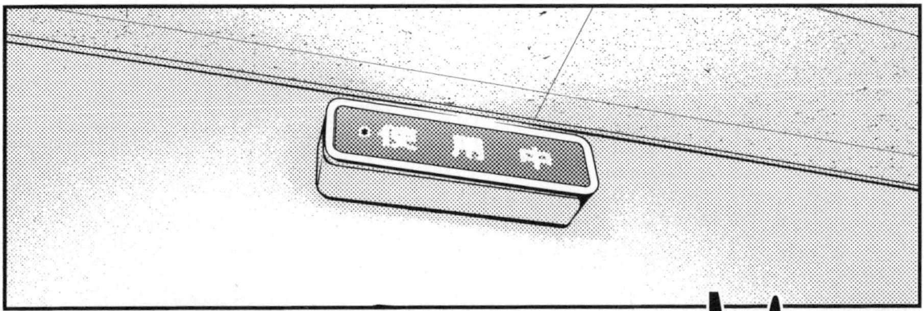

* IN BENUTZUNG

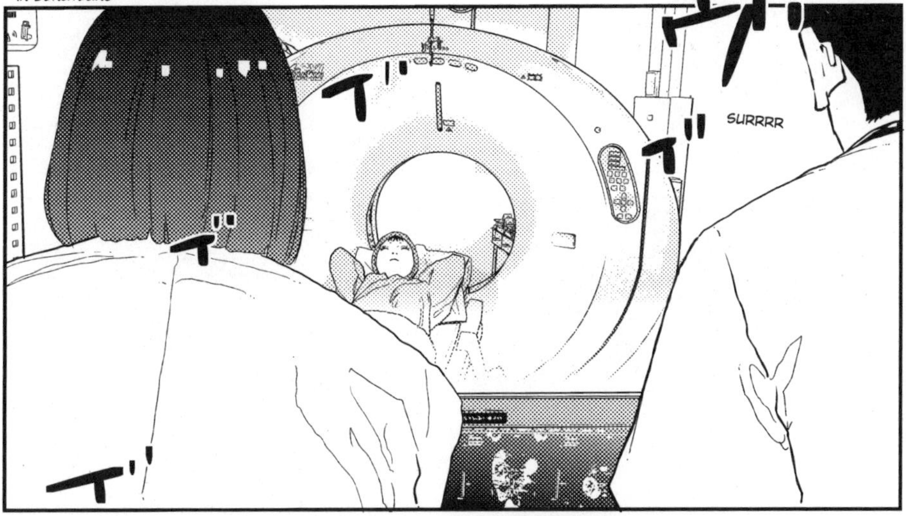

SURRRR

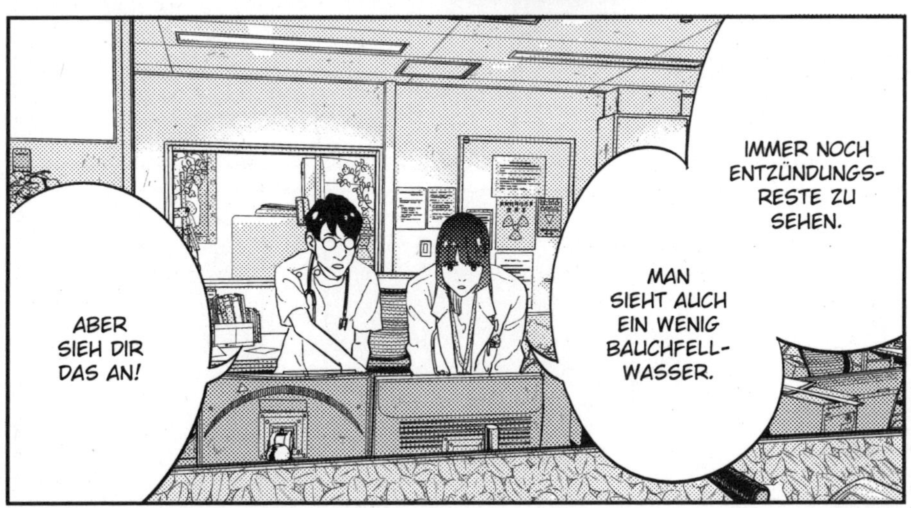

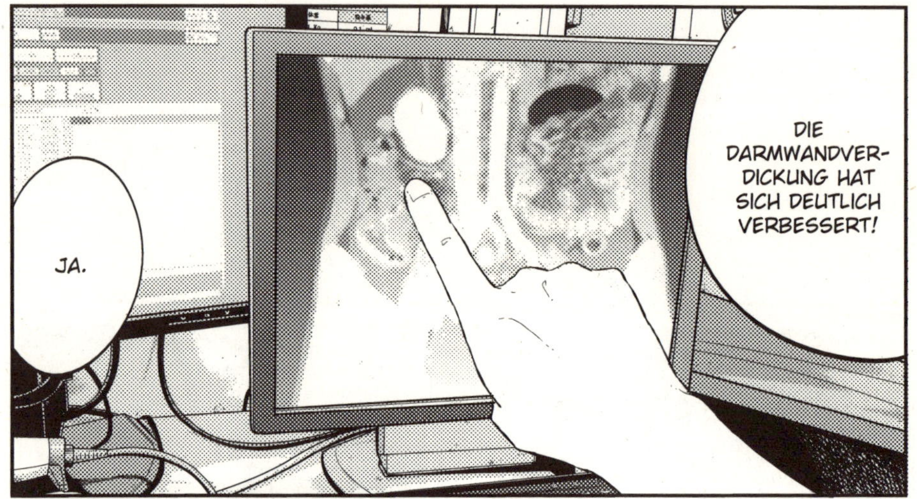

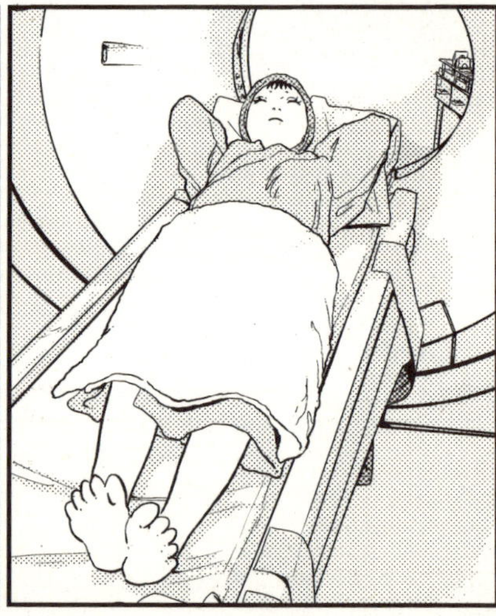

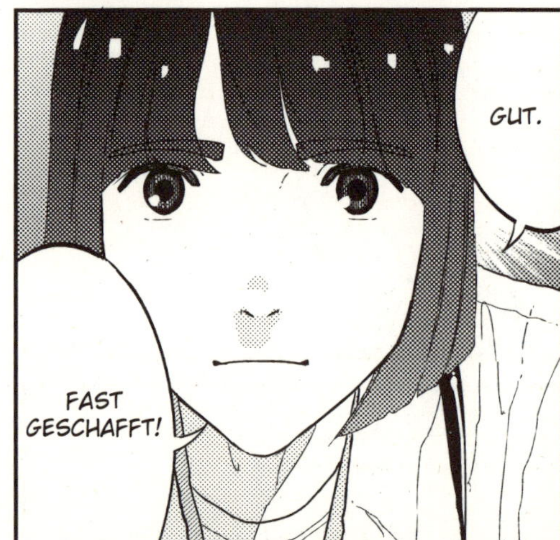

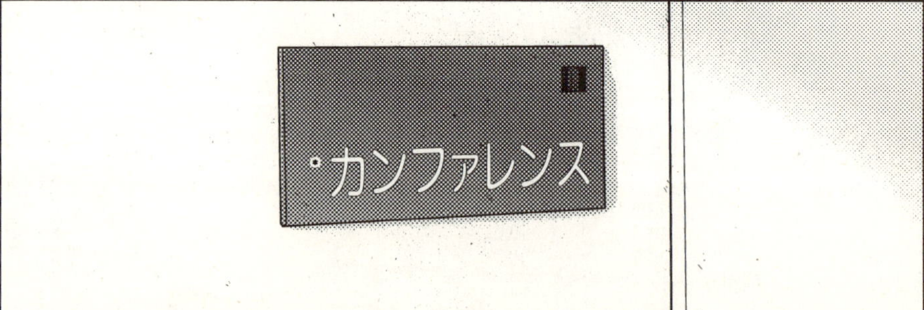

* KONFERENZRAUM

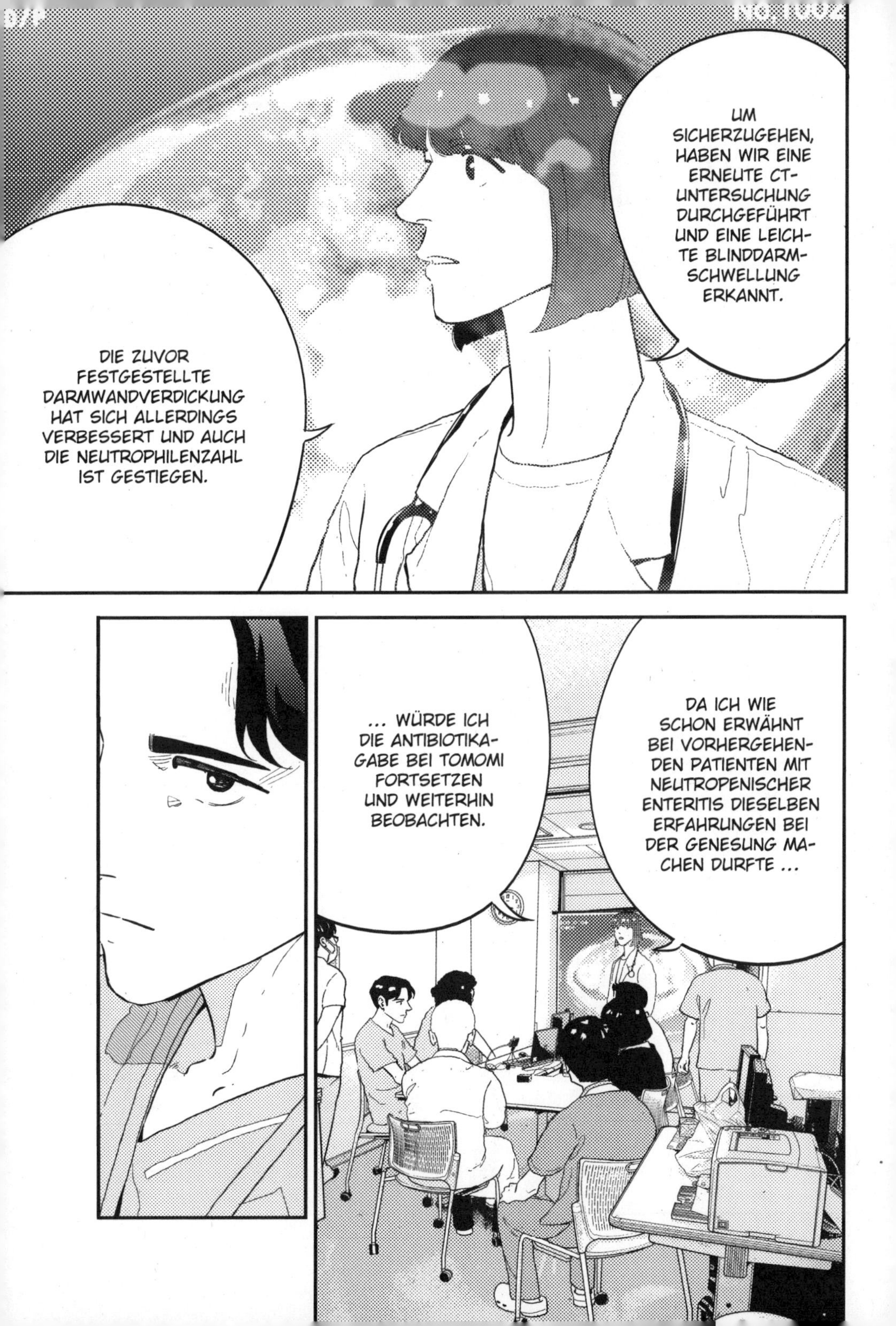

UM SICHERZUGEHEN, HABEN WIR EINE ERNEUTE CT-UNTERSUCHUNG DURCHGEFÜHRT UND EINE LEICHTE BLINDDARM-SCHWELLUNG ERKANNT.

DIE ZUVOR FESTGESTELLTE DARMWANDVERDICKUNG HAT SICH ALLERDINGS VERBESSERT UND AUCH DIE NEUTROPHILENZAHL IST GESTIEGEN.

DA ICH WIE SCHON ERWÄHNT BEI VORHERGEHENDEN PATIENTEN MIT NEUTROPENISCHER ENTERITIS DIESELBEN ERFAHRUNGEN BEI DER GENESUNG MACHEN DURFTE …

… WÜRDE ICH DIE ANTIBIOTIKAGABE BEI TOMOMI FORTSETZEN UND WEITERHIN BEOBACHTEN.

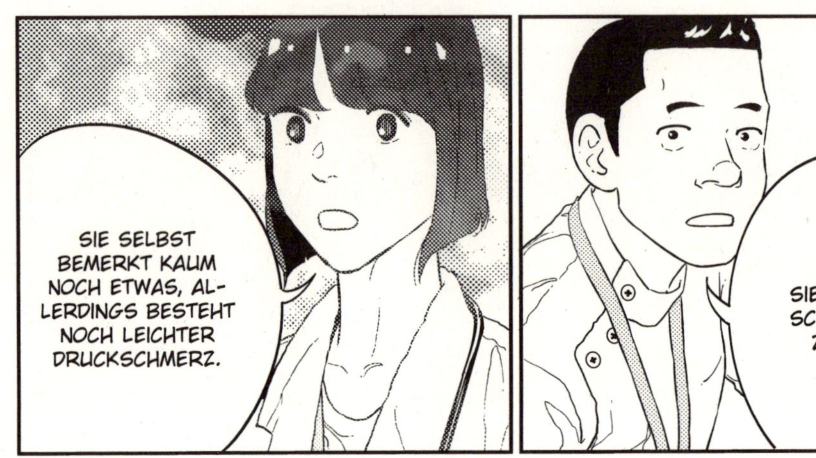
HAT SIE NOCH SCHMER-ZEN?
SIE SELBST BEMERKT KAUM NOCH ETWAS, AL-LERDINGS BESTEHT NOCH LEICHTER DRUCKSCHMERZ.

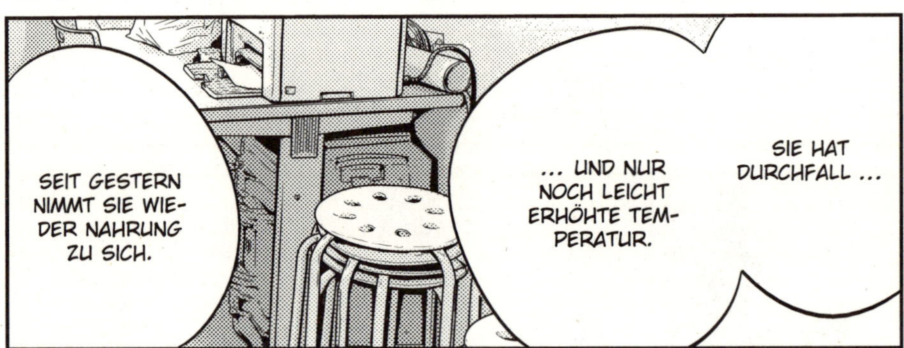
SIE HAT DURCHFALL …
… UND NUR NOCH LEICHT ERHÖHTE TEM-PERATUR.
SEIT GESTERN NIMMT SIE WIE-DER NAHRUNG ZU SICH.

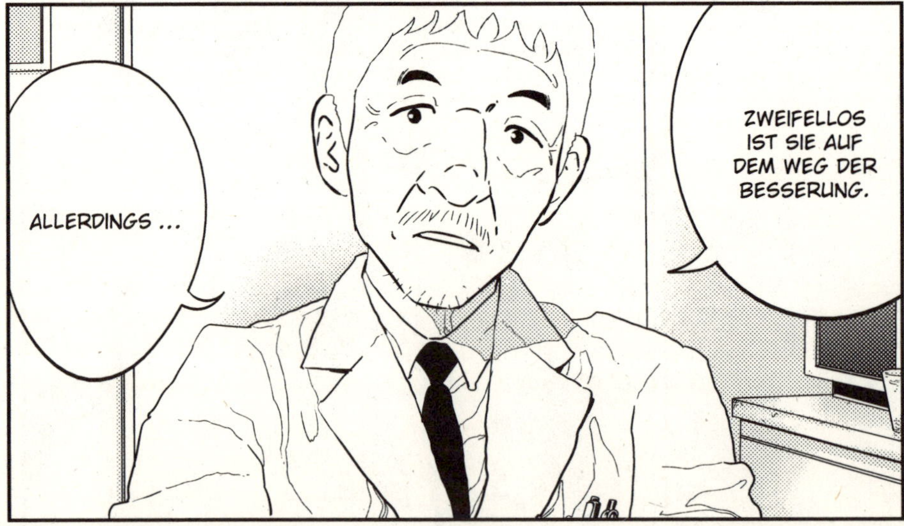
ZWEIFELLOS IST SIE AUF DEM WEG DER BESSERUNG.
ALLERDINGS …

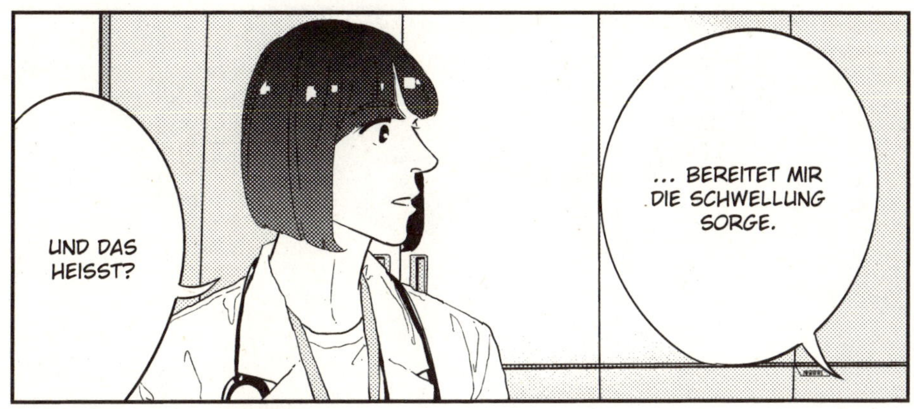
... BEREITET MIR DIE SCHWELLUNG SORGE.
UND DAS HEISST?

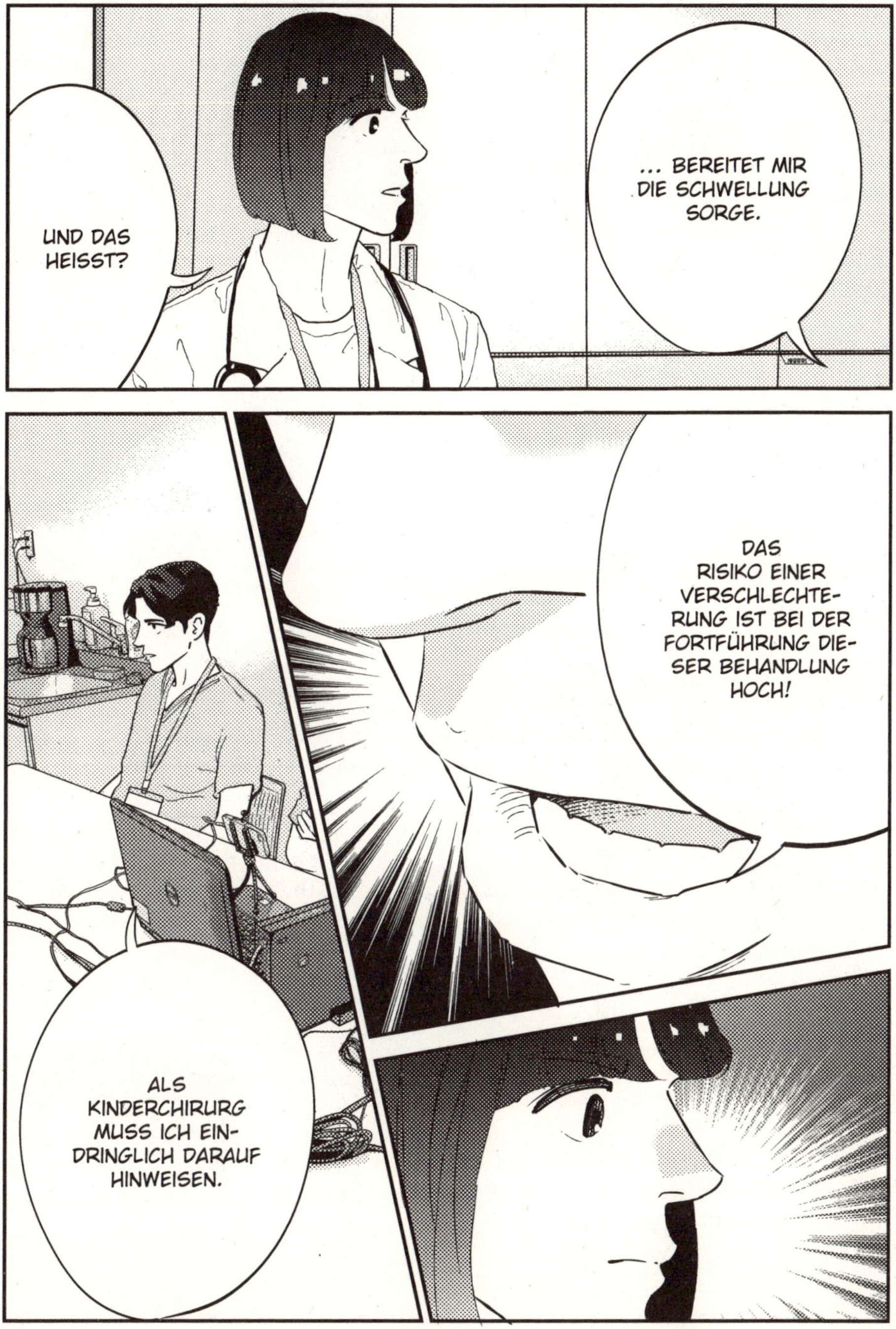

DAS RISIKO EINER VERSCHLECHTE-RUNG IST BEI DER FORTFÜHRUNG DIE-SER BEHANDLUNG HOCH!
ALS KINDERCHIRURG MUSS ICH EIN-DRINGLICH DARAUF HINWEISEN.

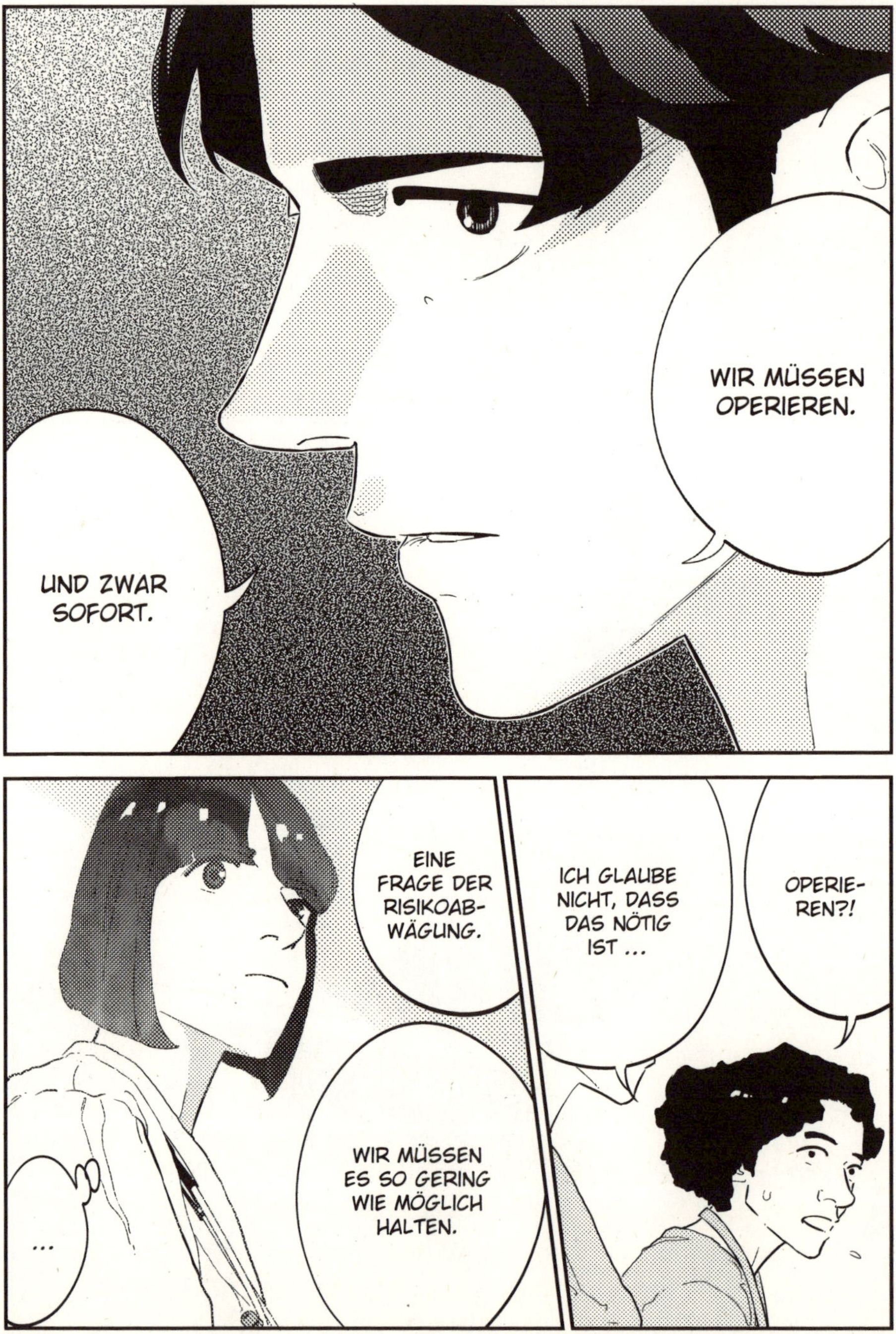

WIR MÜSSEN OPERIEREN.

UND ZWAR SOFORT.

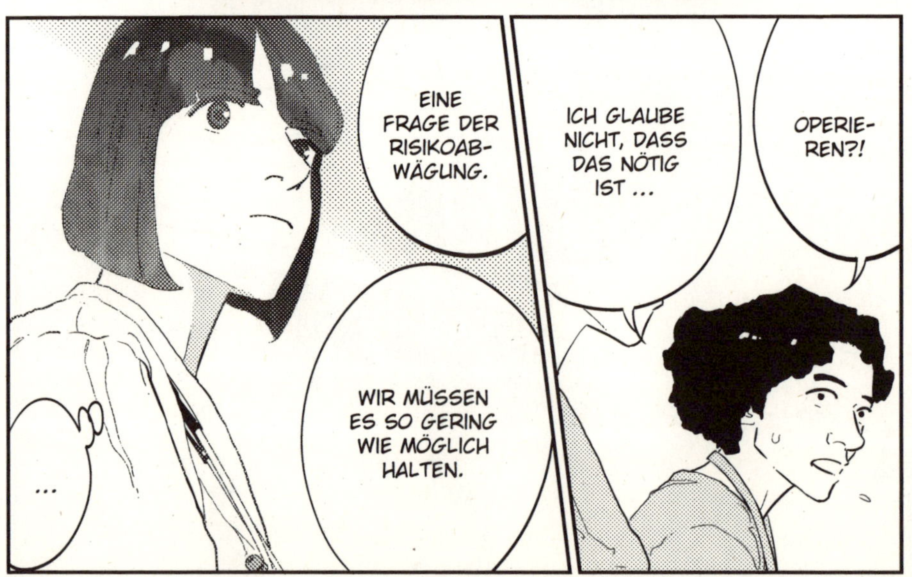

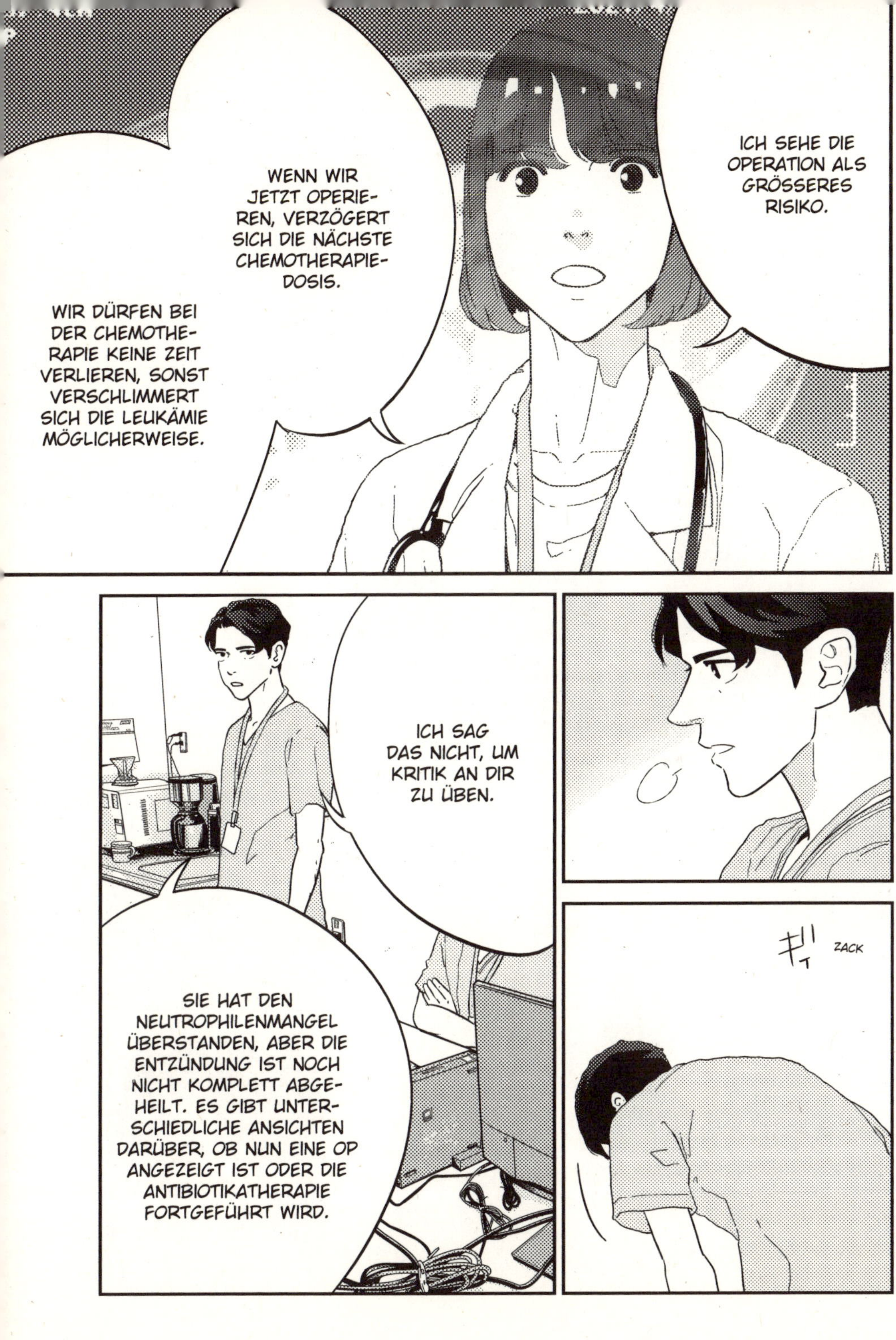

ICH SEHE DIE OPERATION ALS GRÖSSERES RISIKO.

WENN WIR JETZT OPERIEREN, VERZÖGERT SICH DIE NÄCHSTE CHEMOTHERAPIEDOSIS.

WIR DÜRFEN BEI DER CHEMOTHERAPIE KEINE ZEIT VERLIEREN, SONST VERSCHLIMMERT SICH DIE LEUKÄMIE MÖGLICHERWEISE.

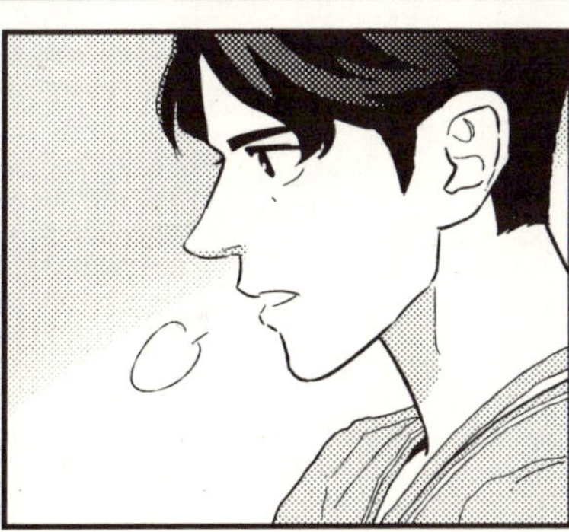

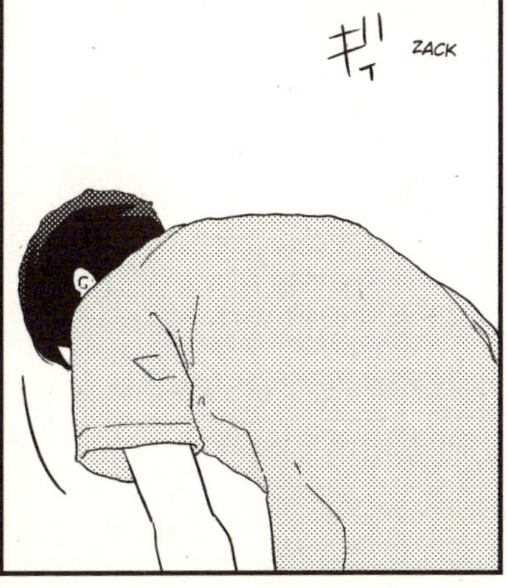

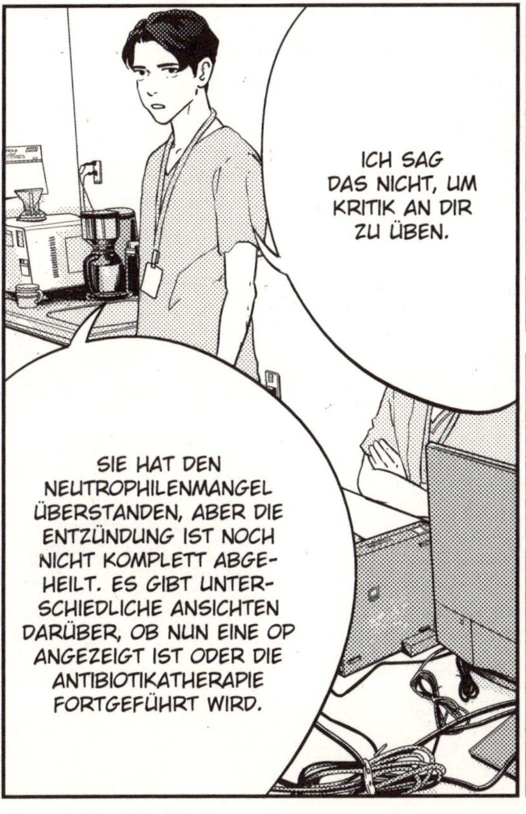

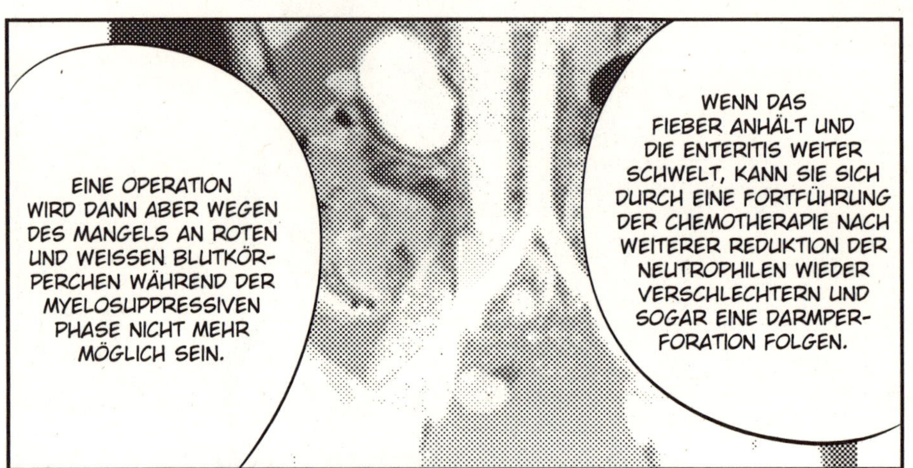

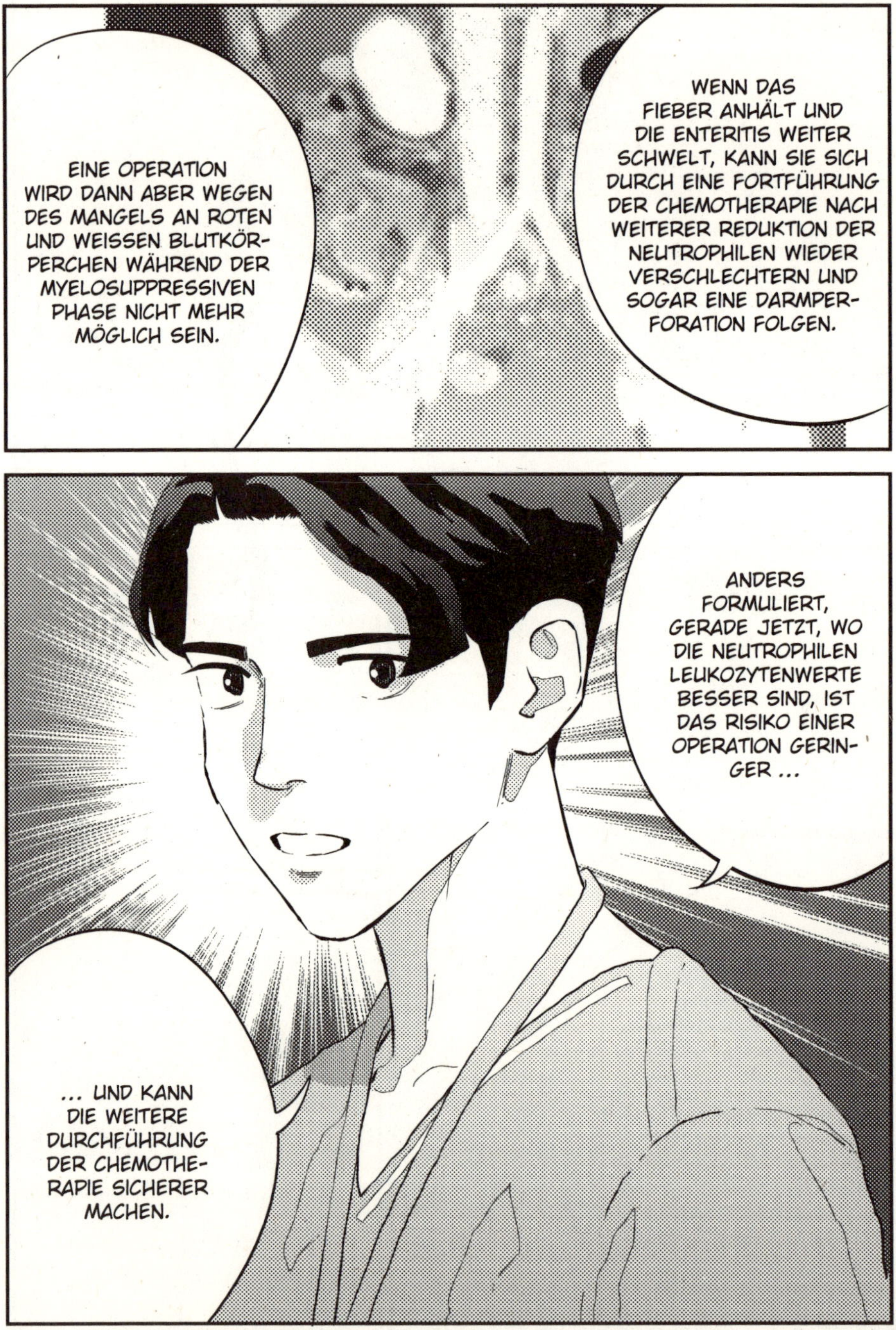

ANDERS FORMULIERT, GERADE JETZT, WO DIE NEUTROPHILEN LEUKOZYTENWERTE BESSER SIND, IST DAS RISIKO EINER OPERATION GERINGER ...

... UND KANN DIE WEITERE DURCHFÜHRUNG DER CHEMOTHERAPIE SICHERER MACHEN.

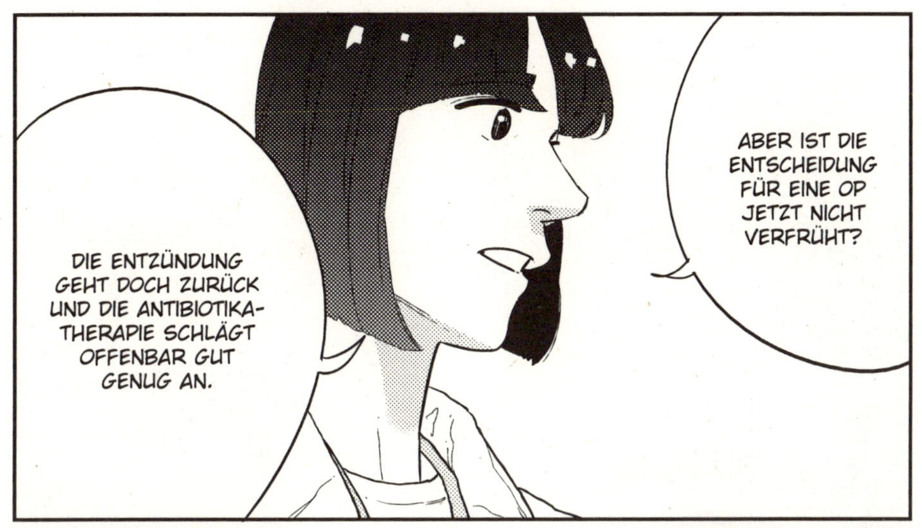
ABER IST DIE ENTSCHEIDUNG FÜR EINE OP JETZT NICHT VERFRÜHT?
DIE ENTZÜNDUNG GEHT DOCH ZURÜCK UND DIE ANTIBIOTIKA-THERAPIE SCHLÄGT OFFENBAR GUT GENUG AN.

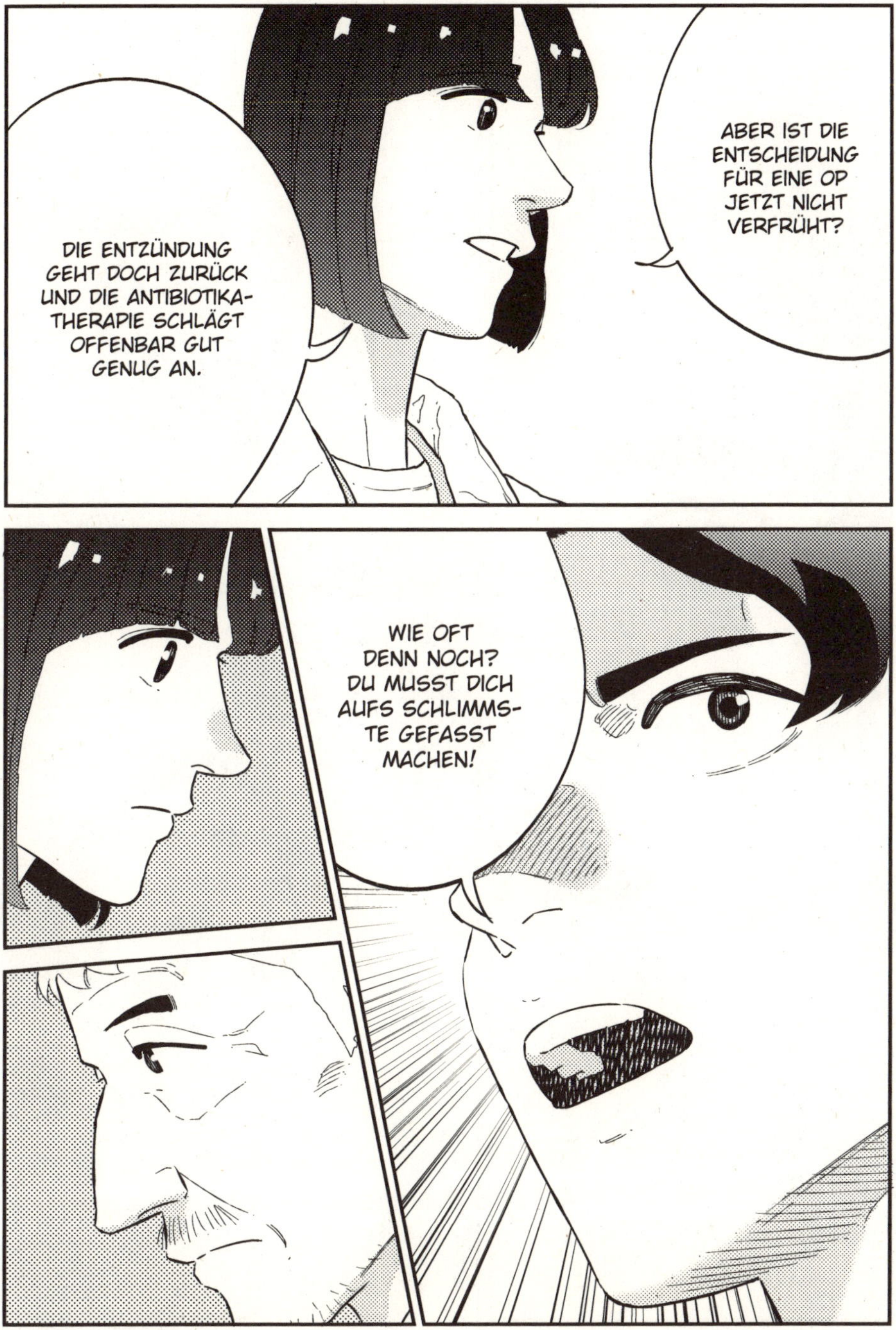

WIE OFT DENN NOCH? DU MUSST DICH AUFS SCHLIMMS-TE GEFASST MACHEN!

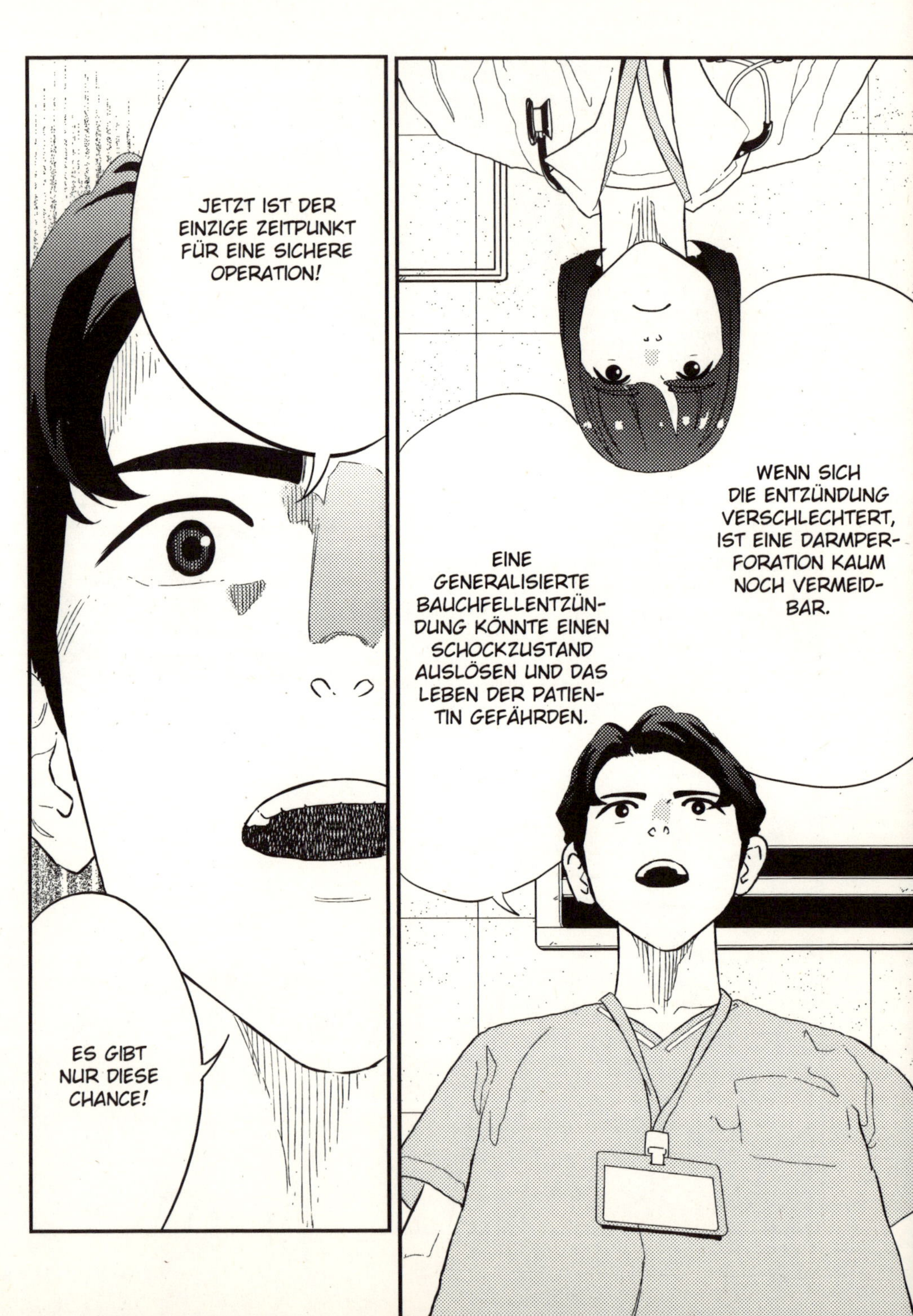
WENN SICH DIE ENTZÜNDUNG VERSCHLECHTERT, IST EINE DARMPERFORATION KAUM NOCH VERMEIDBAR.
EINE GENERALISIERTE BAUCHFELLENTZÜNDUNG KÖNNTE EINEN SCHOCKZUSTAND AUSLÖSEN UND DAS LEBEN DER PATIENTIN GEFÄHRDEN.
JETZT IST DER EINZIGE ZEITPUNKT FÜR EINE SICHERE OPERATION!
ES GIBT NUR DIESE CHANCE!

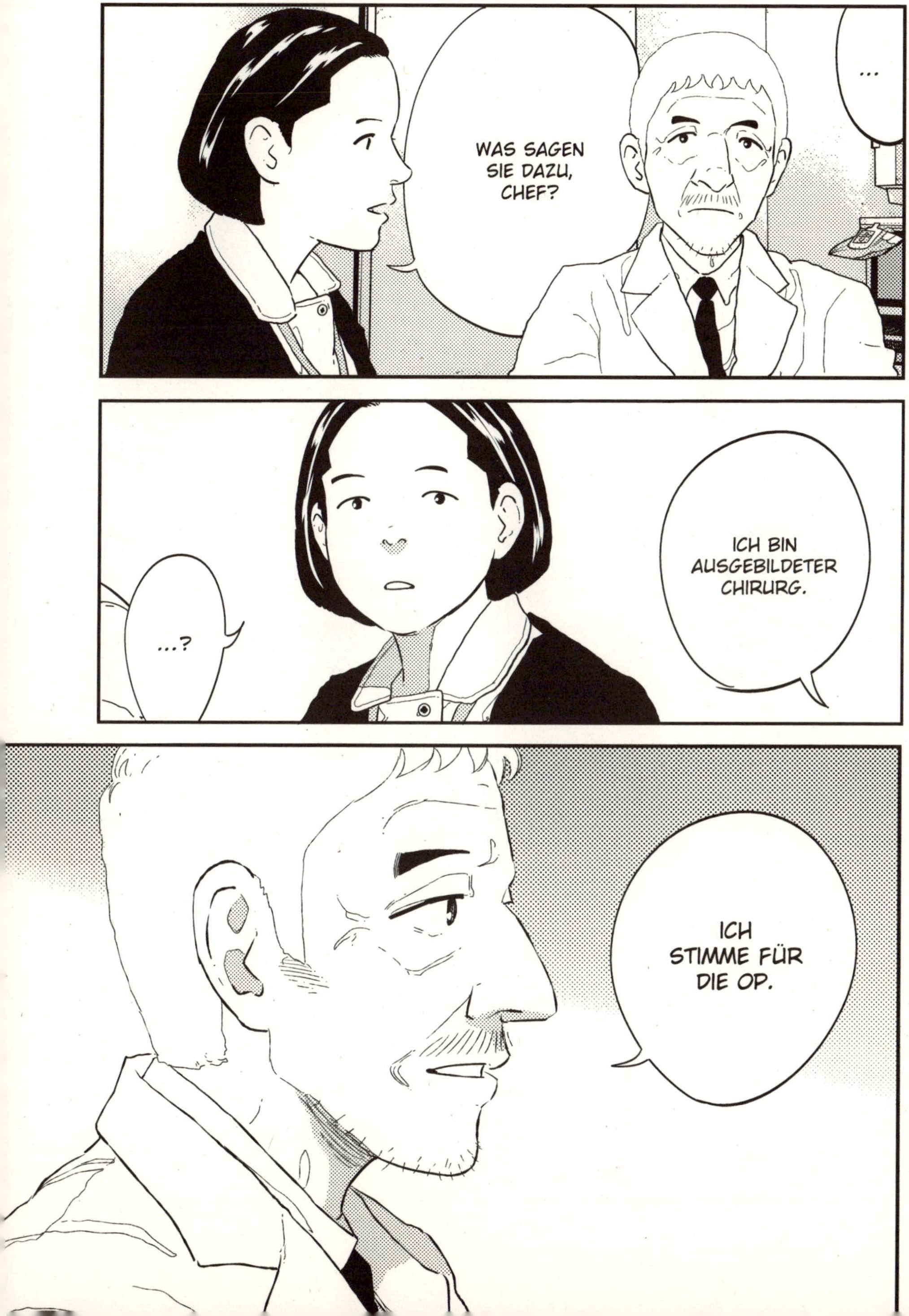

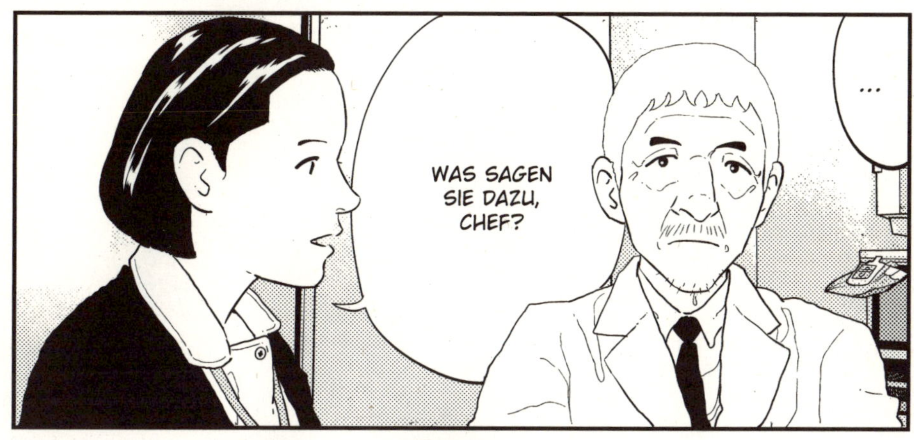
...
WAS SAGEN SIE DAZU, CHEF?

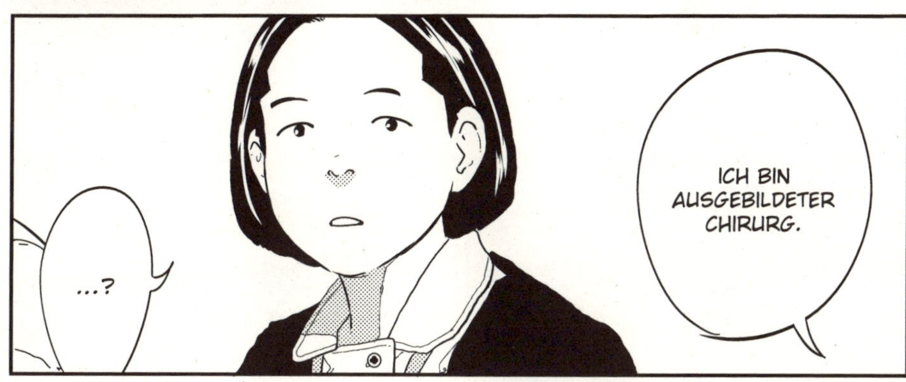
ICH BIN AUSGEBILDETER CHIRURG.
...?

ICH STIMME FÜR DIE OP.

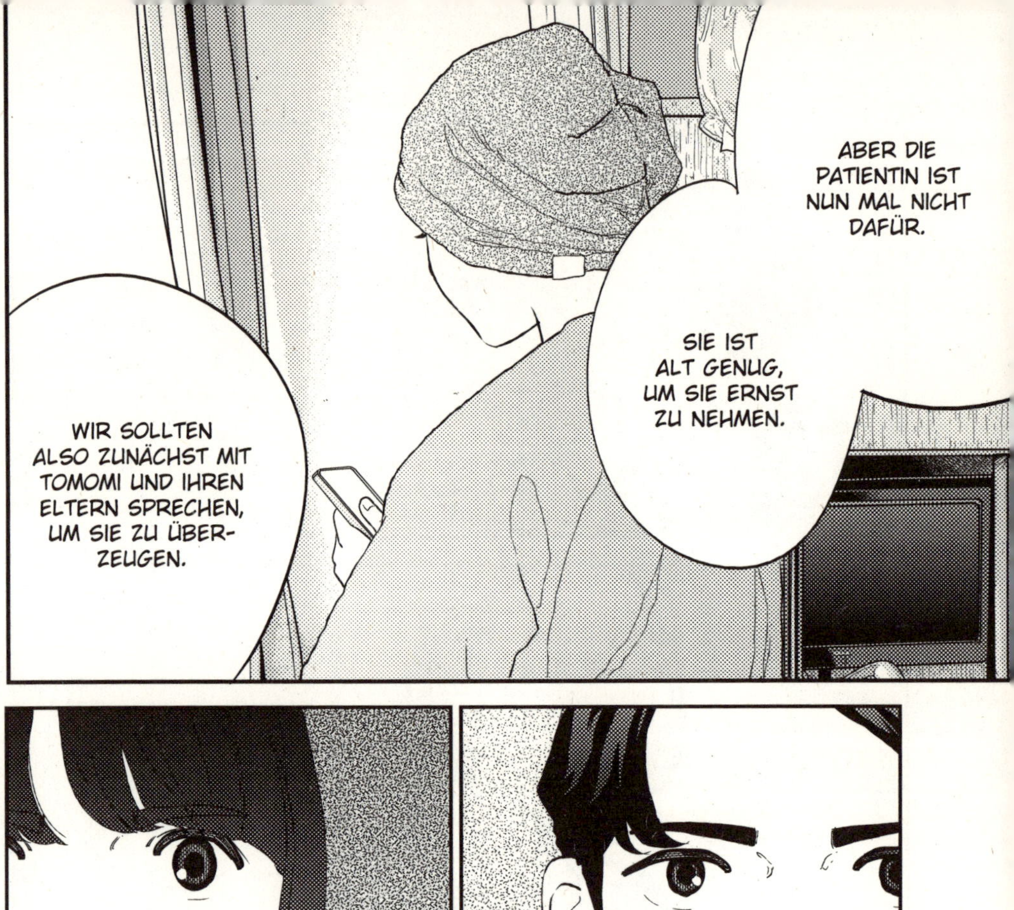

ABER DIE PATIENTIN IST NUN MAL NICHT DAFÜR.

SIE IST ALT GENUG, UM SIE ERNST ZU NEHMEN.

WIR SOLLTEN ALSO ZUNÄCHST MIT TOMOMI UND IHREN ELTERN SPRECHEN, UM SIE ZU ÜBERZEUGEN.

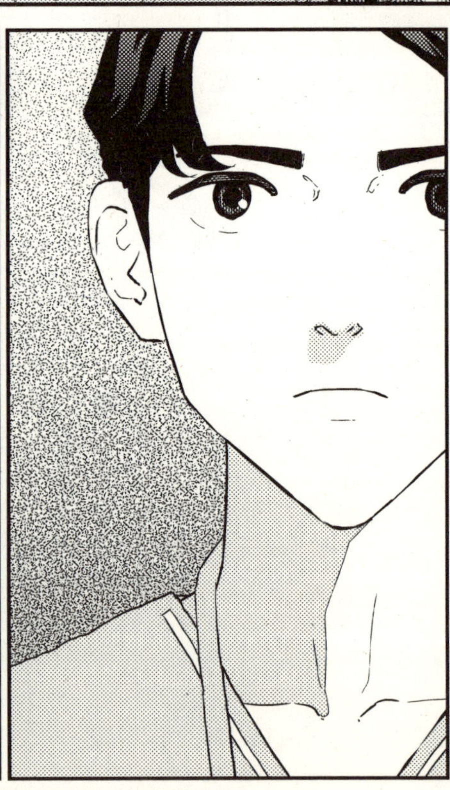

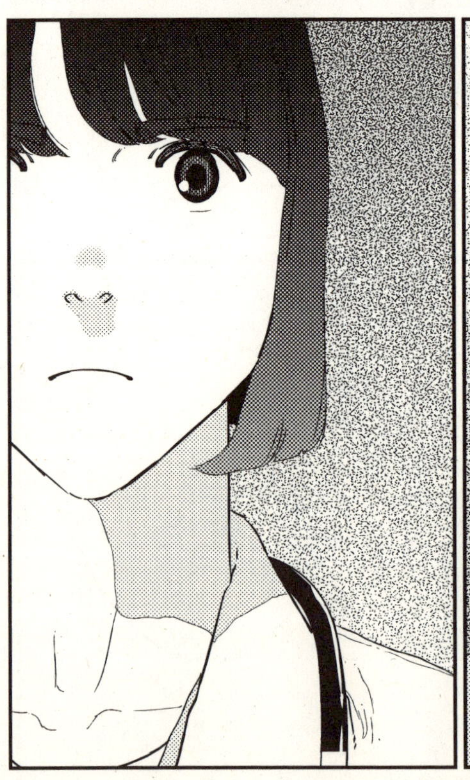

Die Früchte der Platane

EIN KINDERARZT MIT HERZ

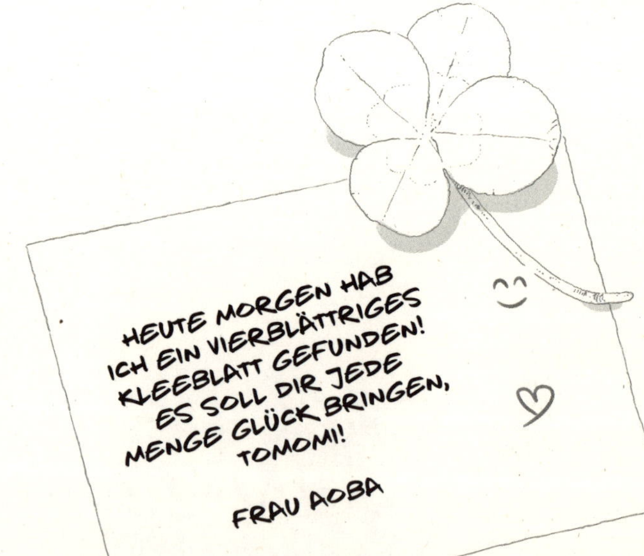
HEUTE MORGEN HAB
ICH EIN VIERBLÄTTRIGES
KLEEBLATT GEFUNDEN!
ES SOLL DIR JEDE
MENGE GLÜCK BRINGEN,
TOMOMI!
FRAU AOBA

31 GENAU WIE DU

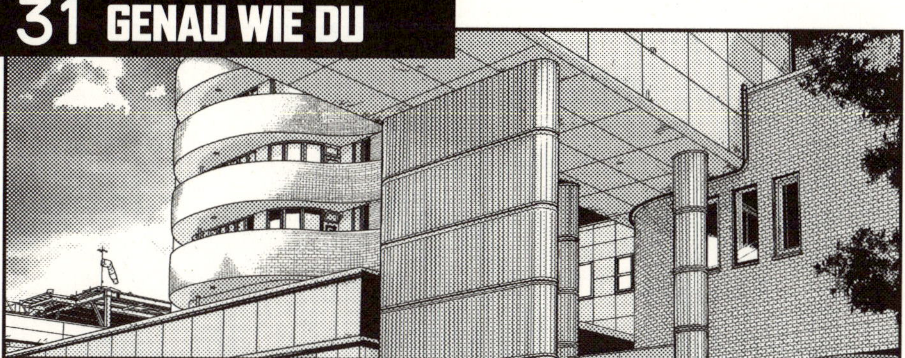

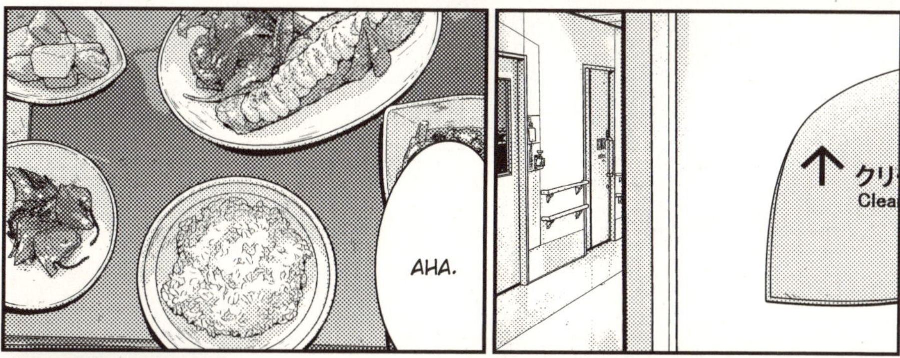

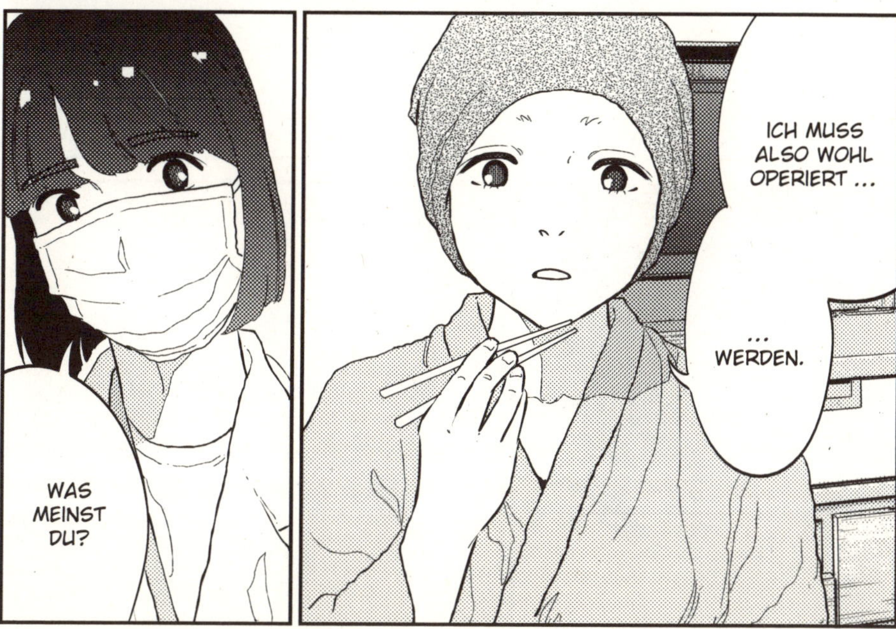

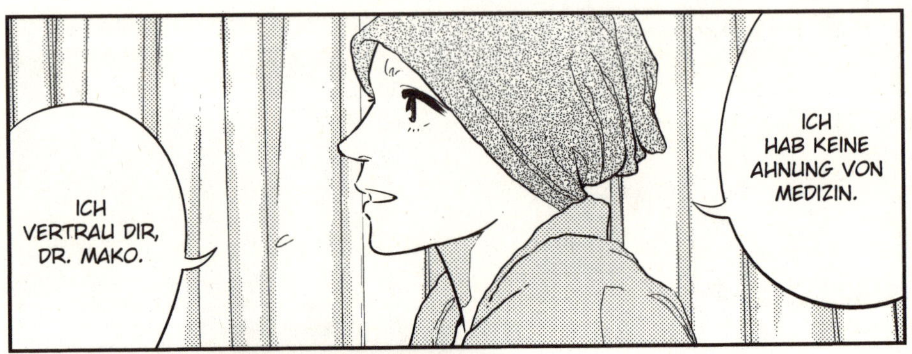
ICH HAB KEINE AHNUNG VON MEDIZIN.
ICH VERTRAU DIR, DR. MAKO.

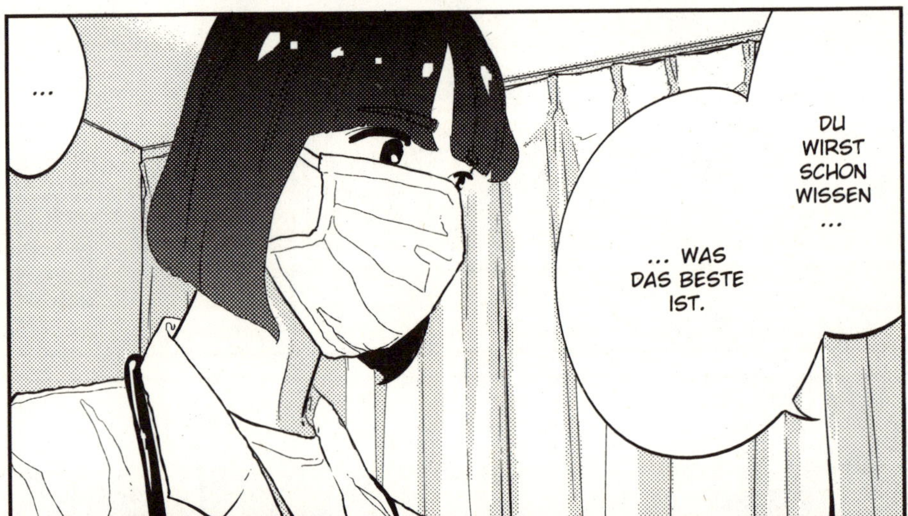
DU WIRST SCHON WISSEN ...
... WAS DAS BESTE IST.
...

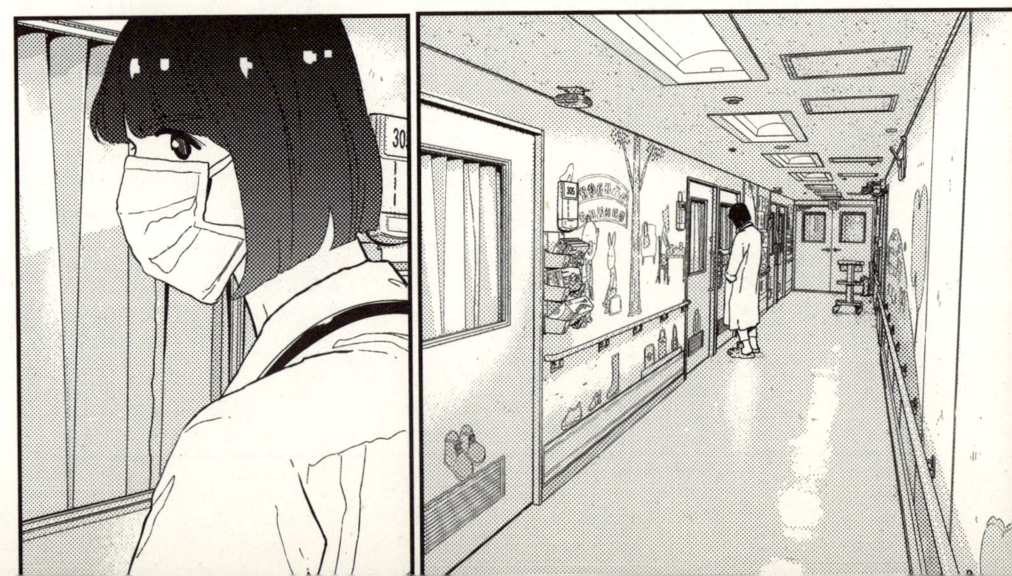

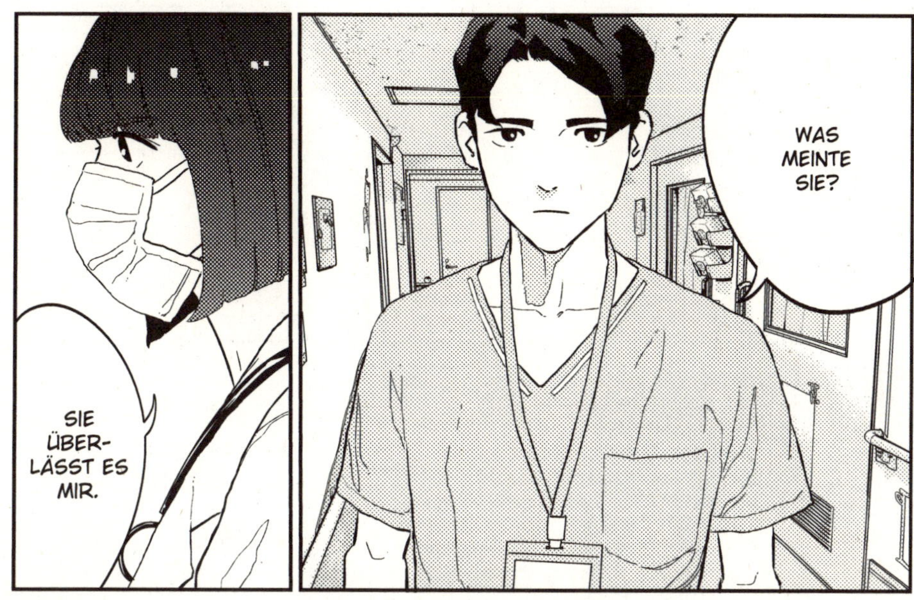
WAS MEINTE SIE?
SIE ÜBER-LÄSST ES MIR.

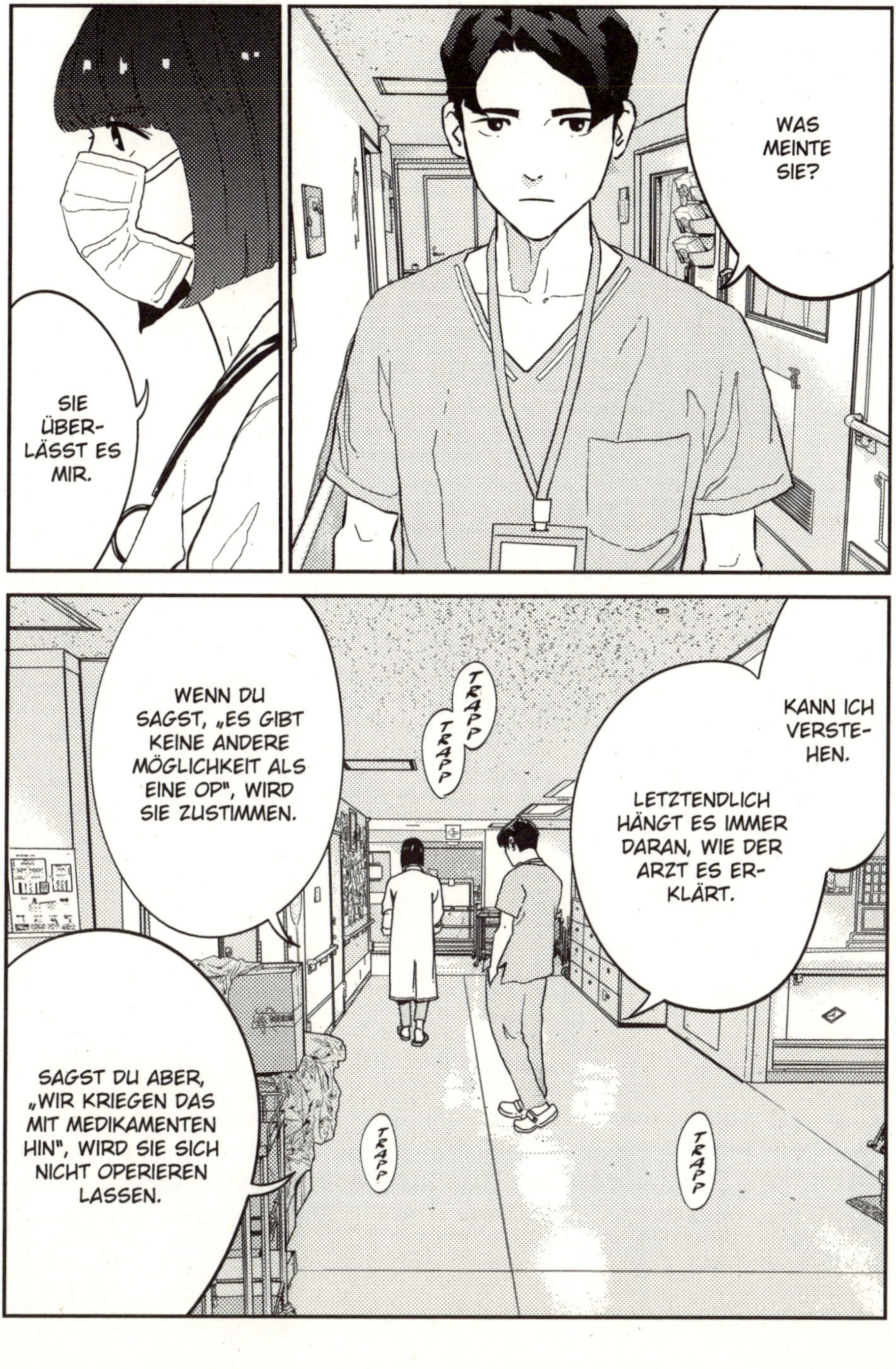

KANN ICH VERSTE-HEN.
LETZTENDLICH HÄNGT ES IMMER DARAN, WIE DER ARZT ES ER-KLÄRT.
TRAPP TRAPP
WENN DU SAGST, „ES GIBT KEINE ANDERE MÖGLICHKEIT ALS EINE OP“, WIRD SIE ZUSTIMMEN.
TRAPP
TRAPP
SAGST DU ABER, „WIR KRIEGEN DAS MIT MEDIKAMENTEN HIN“, WIRD SIE SICH NICHT OPERIEREN LASSEN.

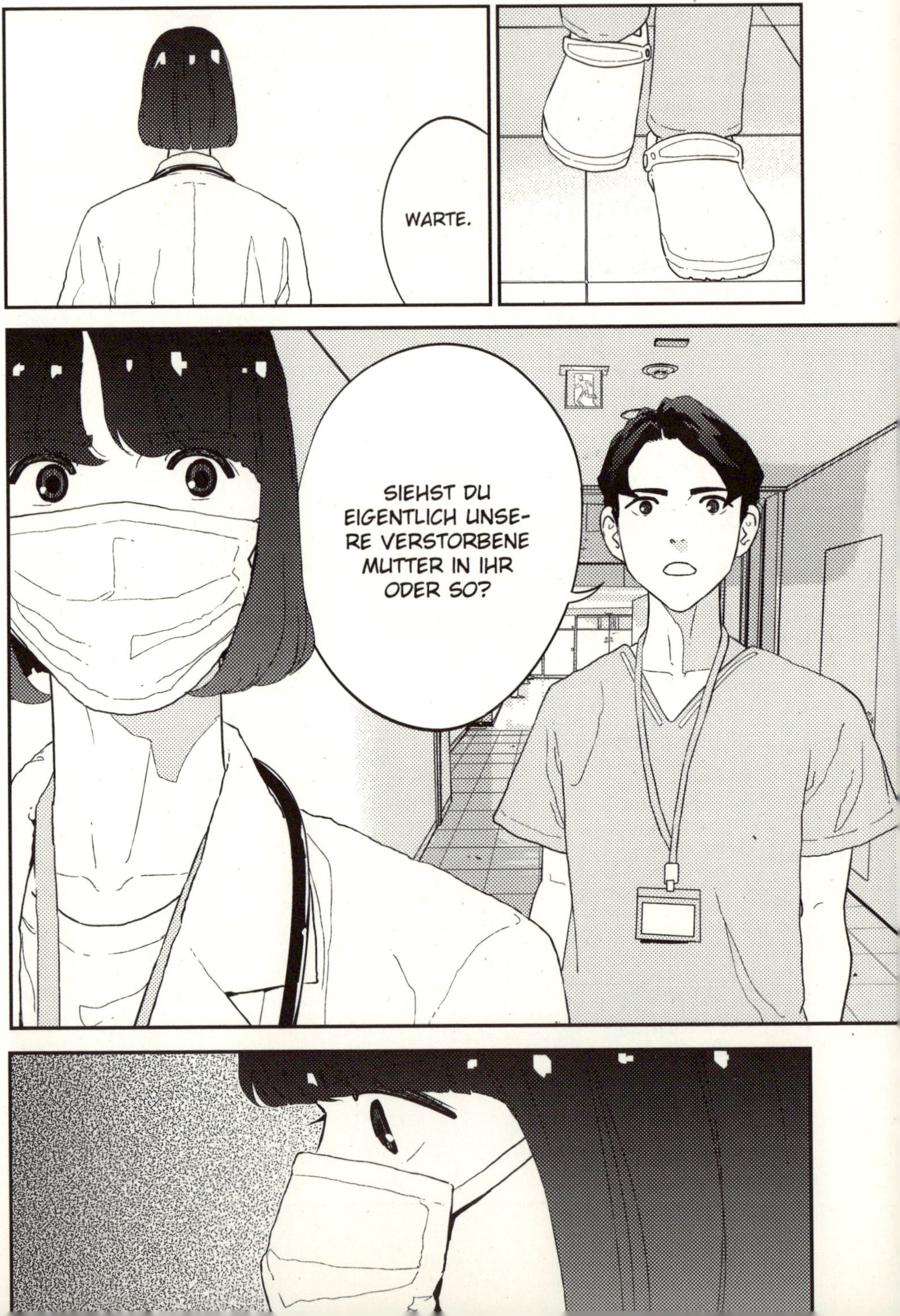

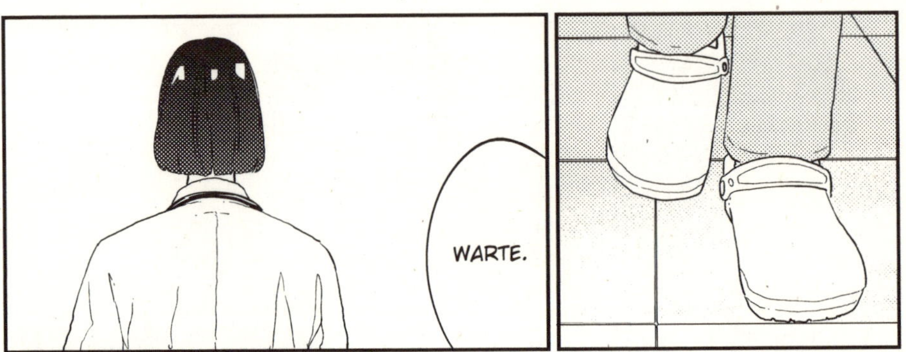

SIEHST DU EIGENTLICH UNSERE VERSTORBENE MUTTER IN IHR ODER SO?

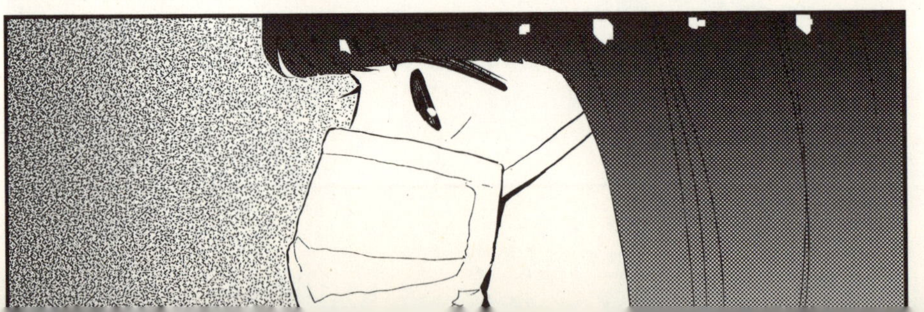

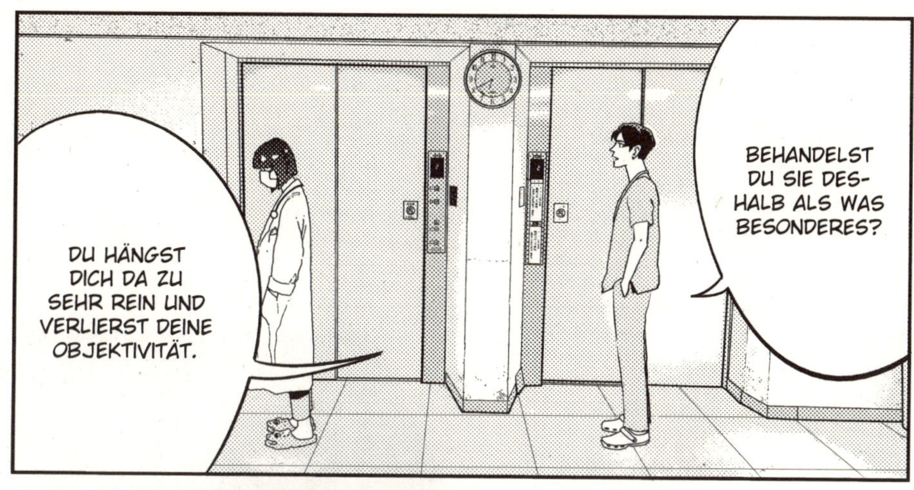
BEHANDELST DU SIE DES-HALB ALS WAS BESONDERES?
DU HÄNGST DICH DA ZU SEHR REIN UND VERLIERST DEINE OBJEKTIVITÄT.

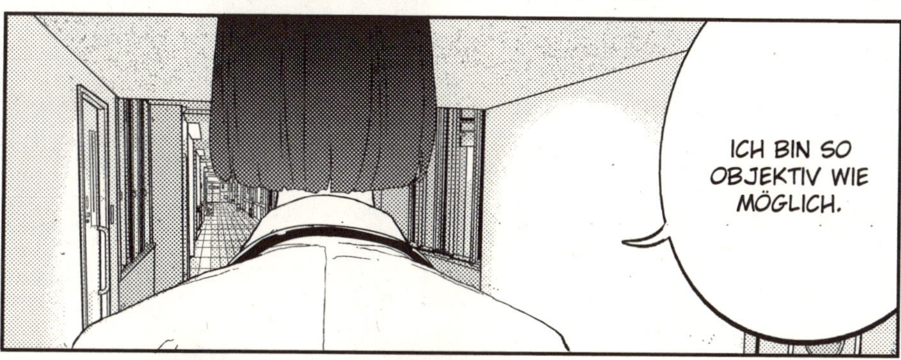
ICH BIN SO OBJEKTIV WIE MÖGLICH.

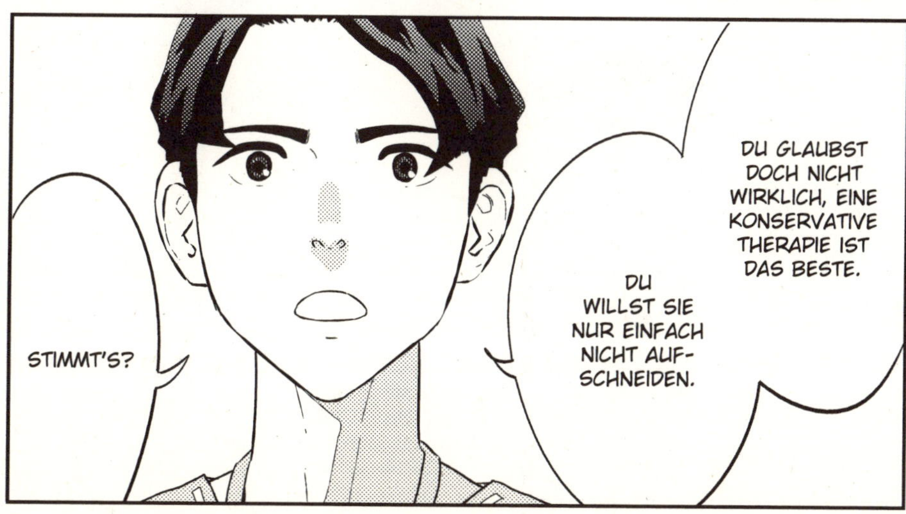
DU GLAUBST DOCH NICHT WIRKLICH, EINE KONSERVATIVE THERAPIE IST DAS BESTE.
DU WILLST SIE NUR EINFACH NICHT AUF-SCHNEIDEN.
STIMMT'S?

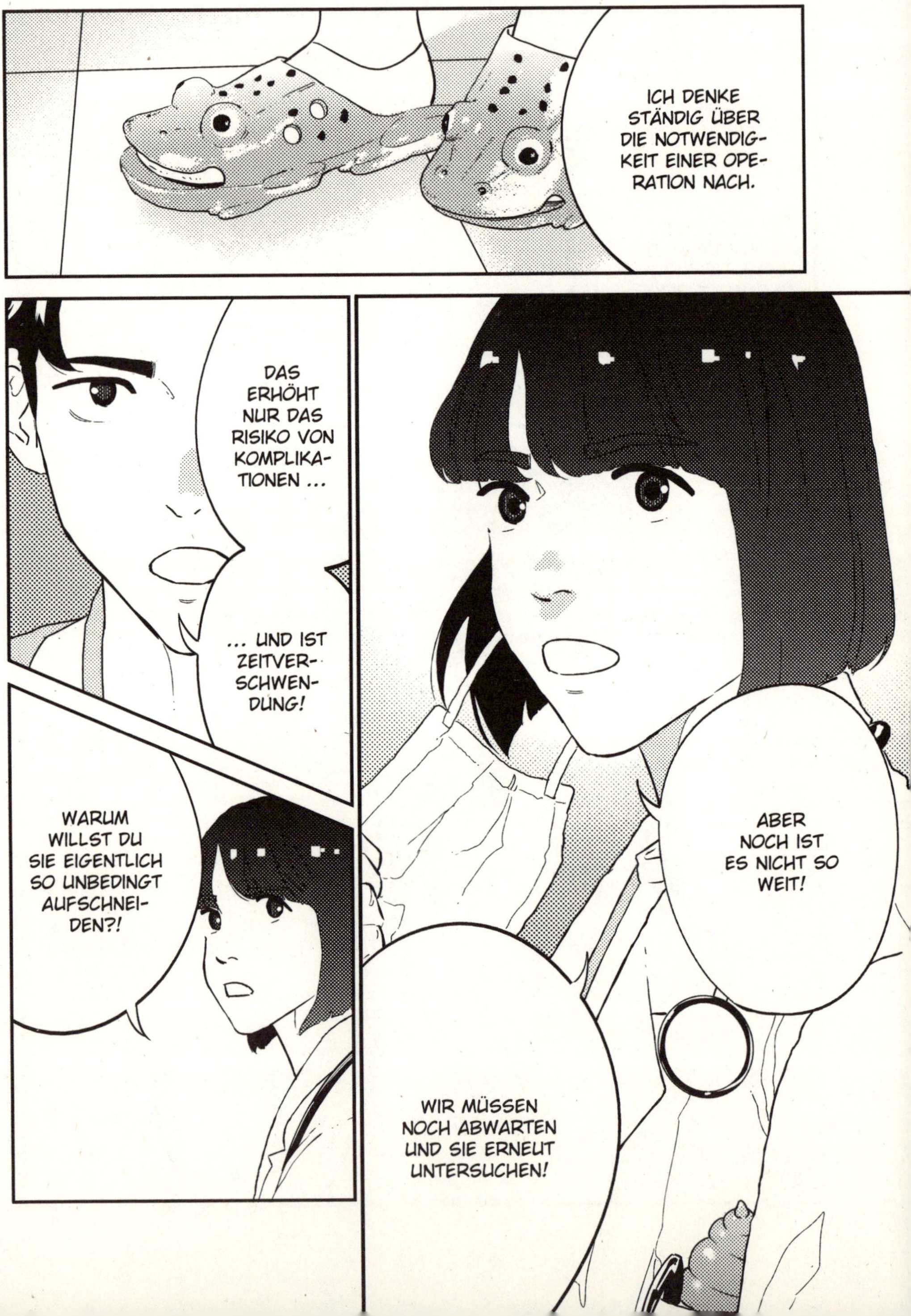

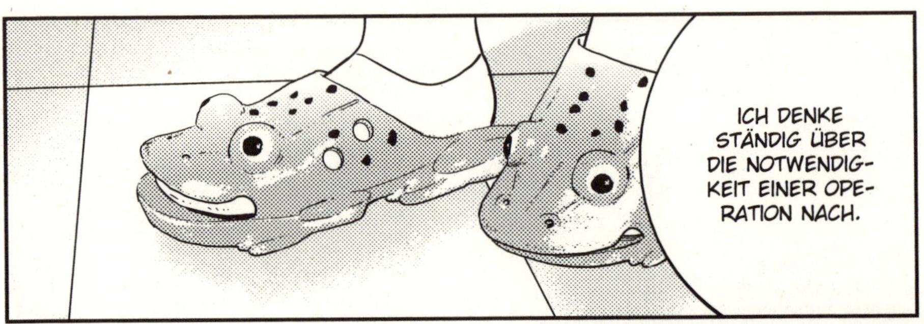

DAS ERHÖHT NUR DAS RISIKO VON KOMPLIKA-TIONEN ...

... UND IST ZEITVER-SCHWEN-DUNG!

WARUM WILLST DU SIE EIGENTLICH SO UNBEDINGT AUFSCHNEI-DEN?!

ABER NOCH IST ES NICHT SO WEIT!

WIR MÜSSEN NOCH ABWARTEN UND SIE ERNEUT UNTERSUCHEN!

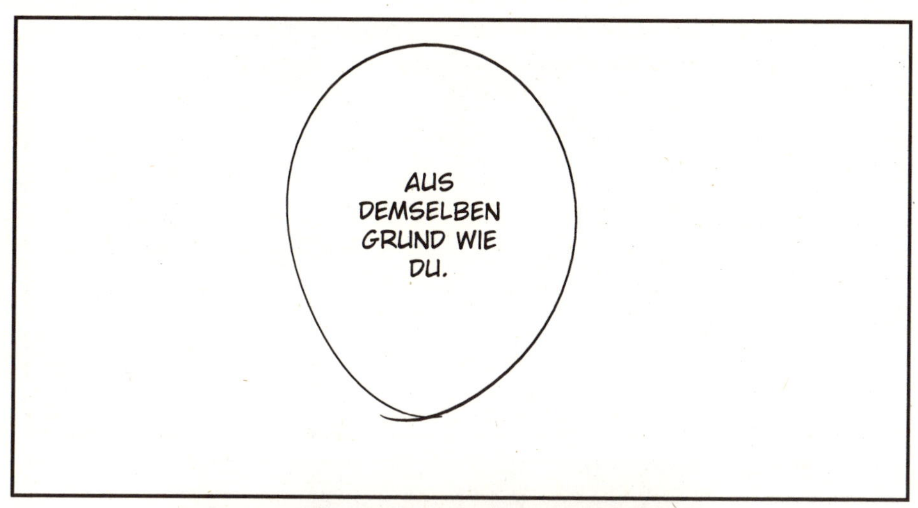
AUS DEMSELBEN GRUND WIE DU.

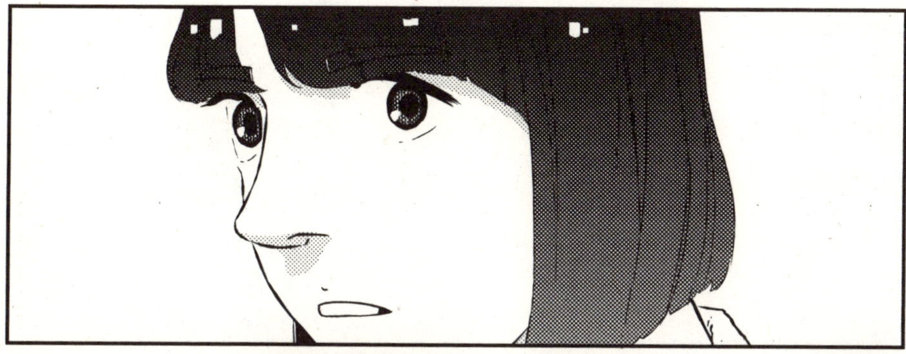

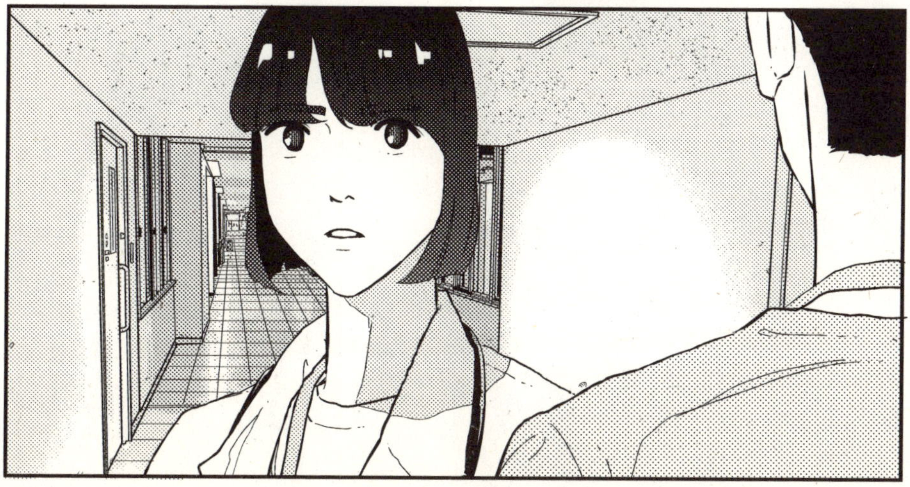

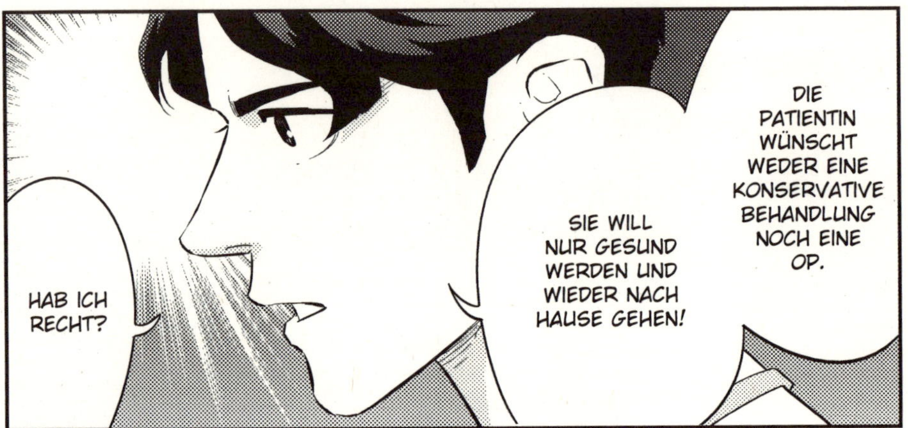
DIE PATIENTIN WÜNSCHT WEDER EINE KONSERVATIVE BEHANDLUNG NOCH EINE OP.
SIE WILL NUR GESUND WERDEN UND WIEDER NACH HAUSE GEHEN!
HAB ICH RECHT?

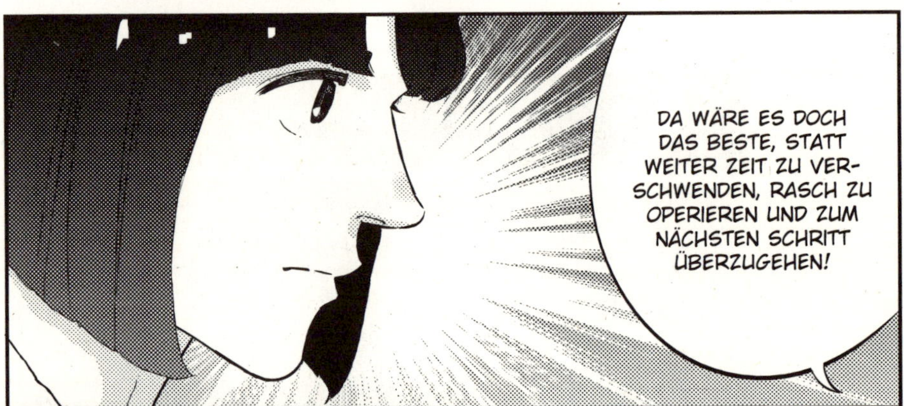
DA WÄRE ES DOCH DAS BESTE, STATT WEITER ZEIT ZU VER-SCHWENDEN, RASCH ZU OPERIEREN UND ZUM NÄCHSTEN SCHRITT ÜBERZUGEHEN!

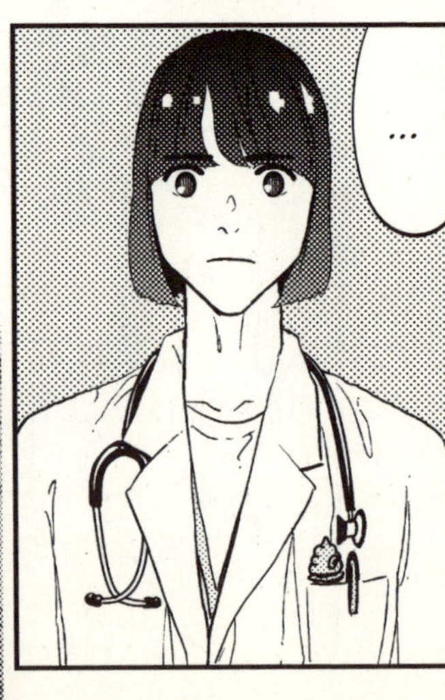
...

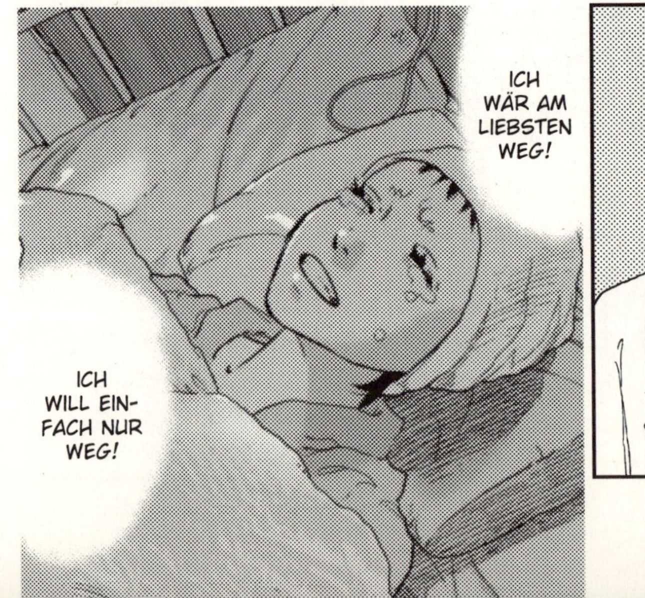
ICH WÄR AM LIEBSTEN WEG!
ICH WILL EIN-FACH NUR WEG!

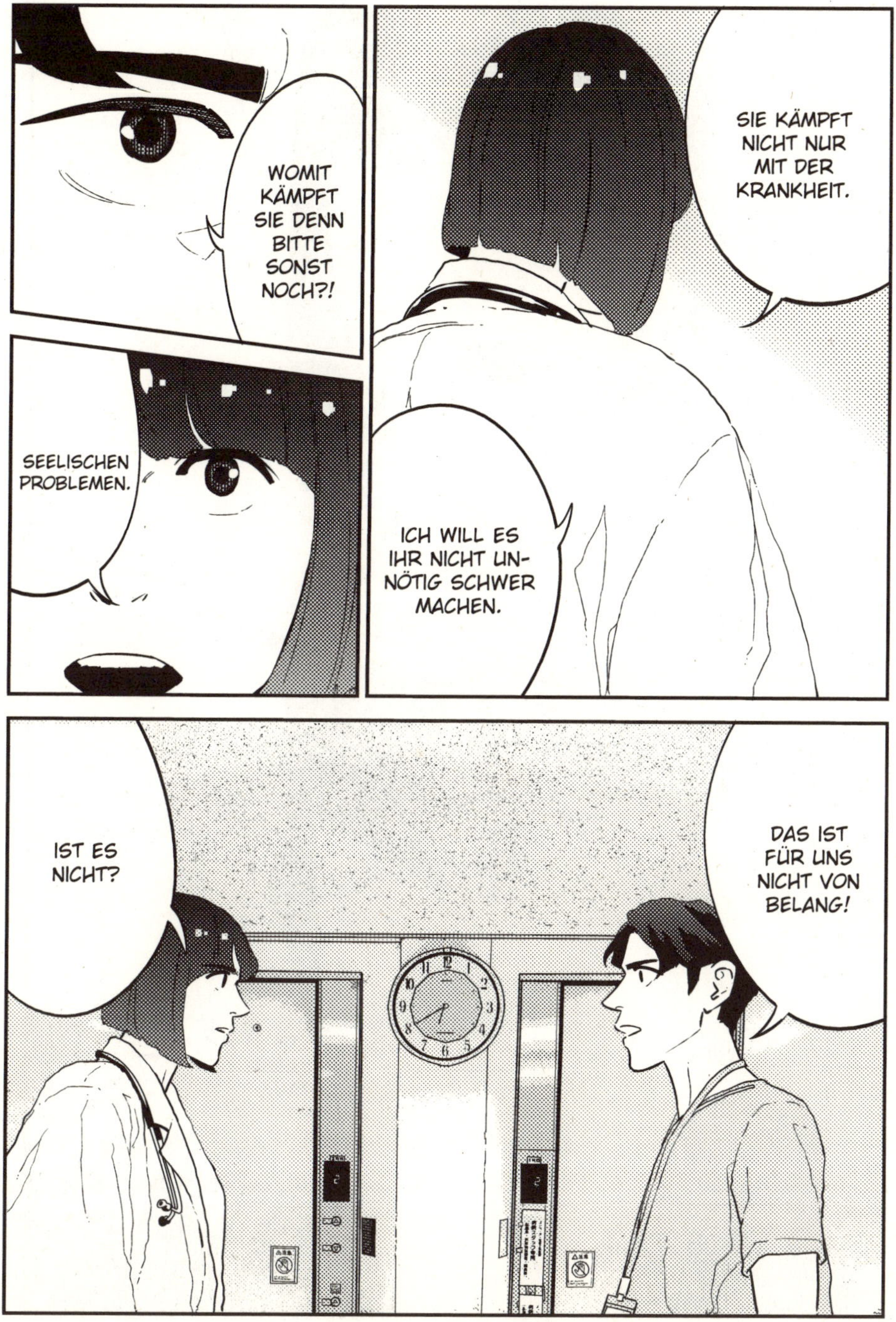

SIE KÄMPFT NICHT NUR MIT DER KRANKHEIT.

WOMIT KÄMPFT SIE DENN BITTE SONST NOCH?!

SEELISCHEN PROBLEMEN.

ICH WILL ES IHR NICHT UNNÖTIG SCHWER MACHEN.

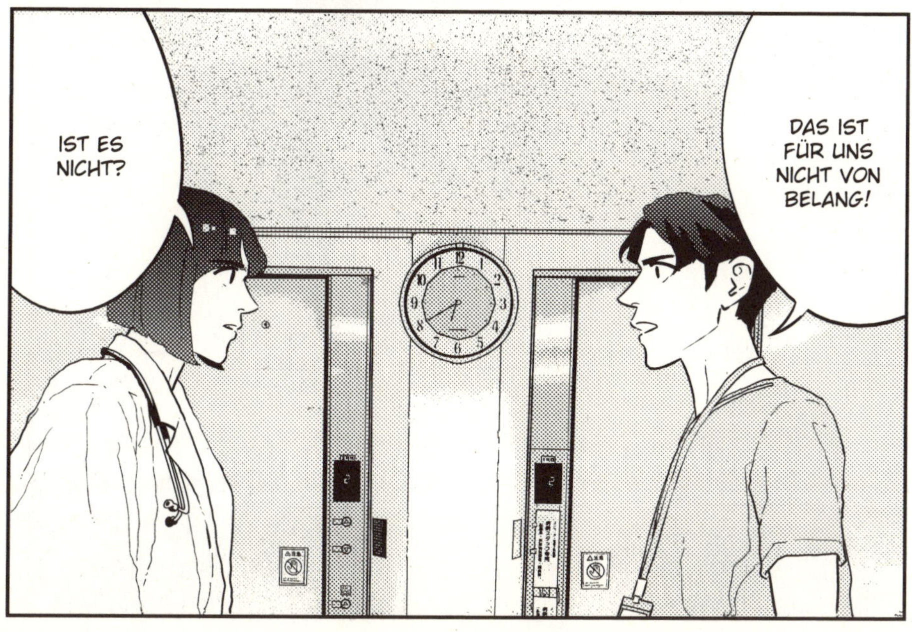

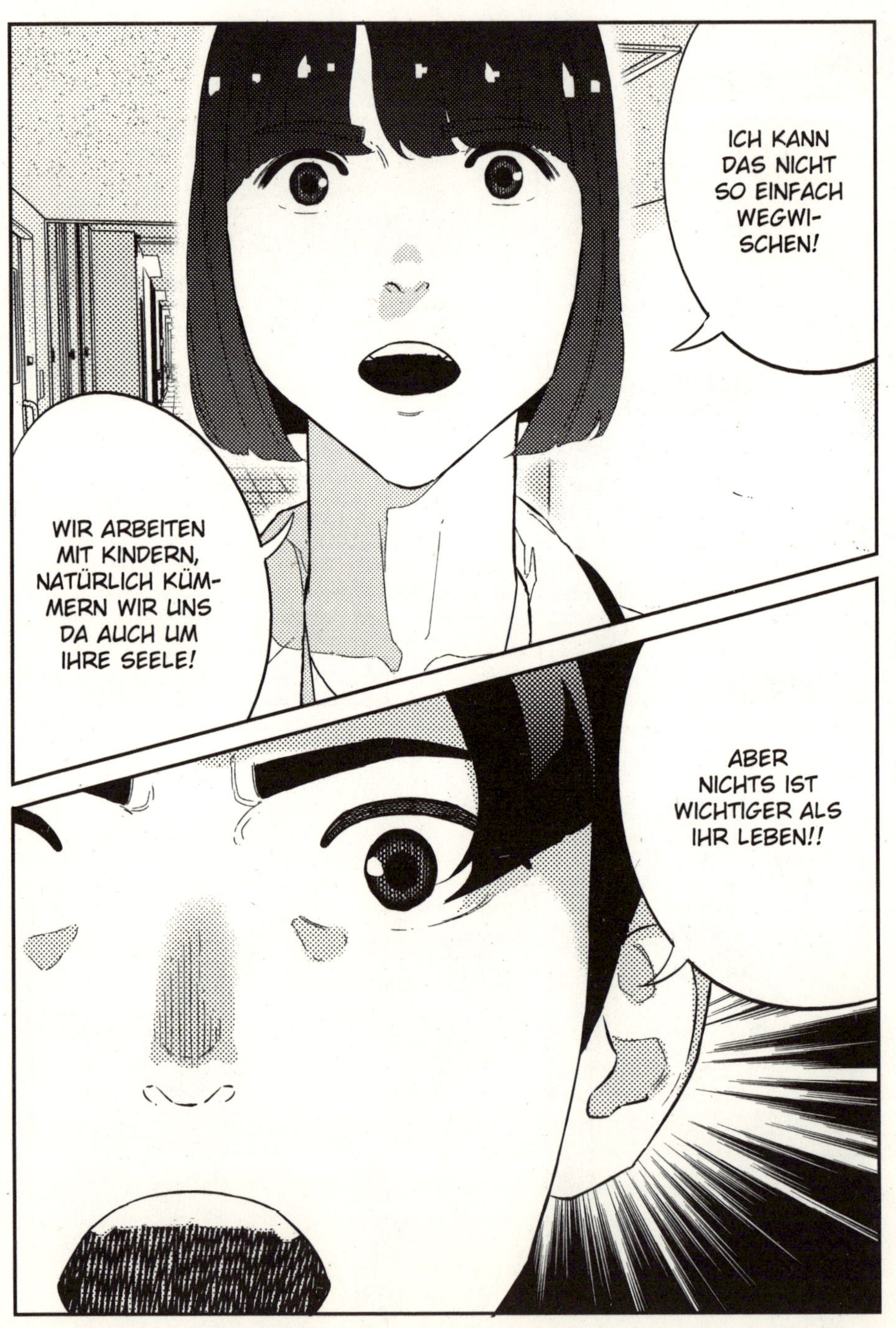
ICH KANN DAS NICHT SO EINFACH WEGWI-SCHEN!
WIR ARBEITEN MIT KINDERN, NATÜRLICH KÜM-MERN WIR UNS DA AUCH UM IHRE SEELE!
ABER NICHTS IST WICHTIGER ALS IHR LEBEN!!

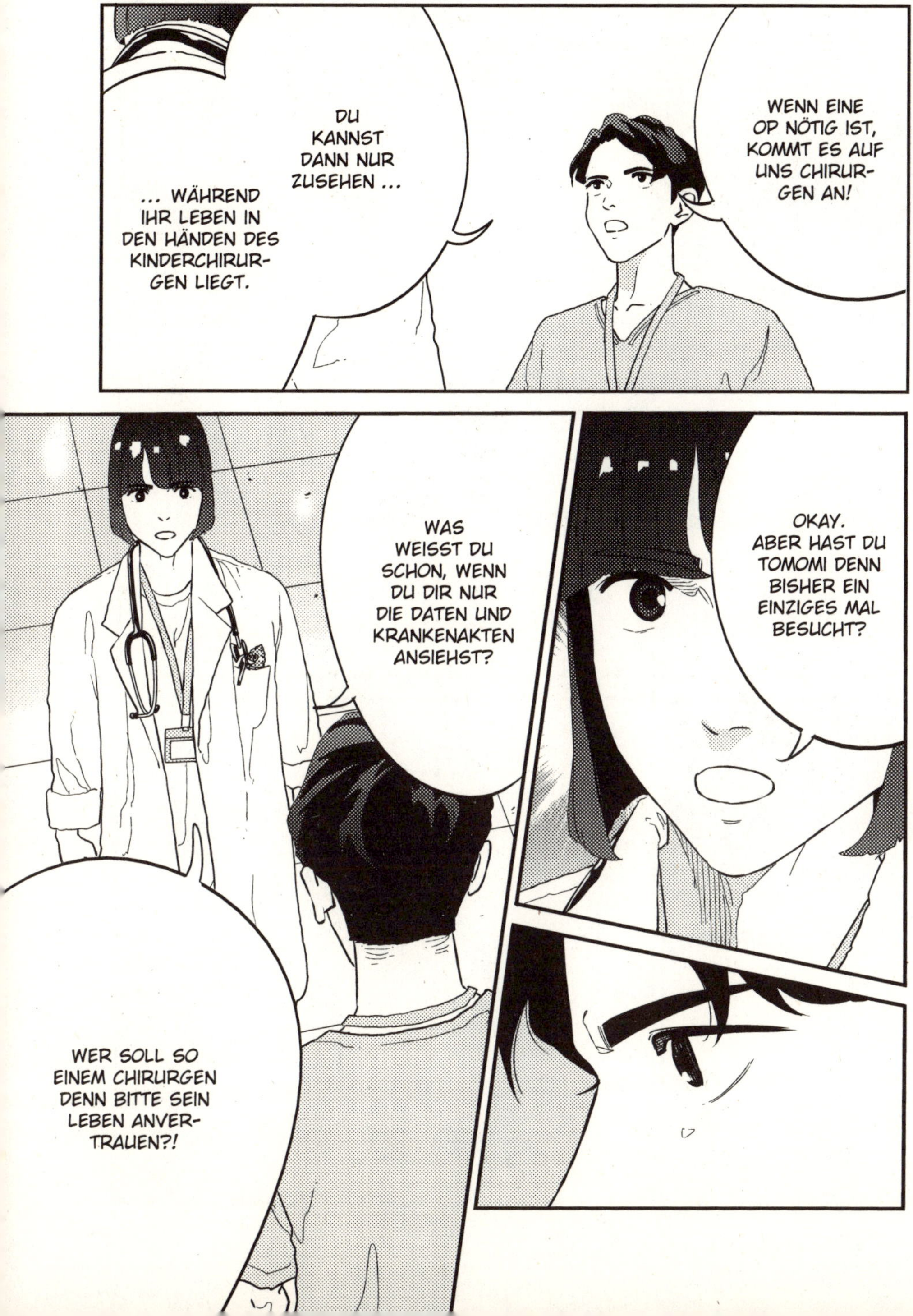

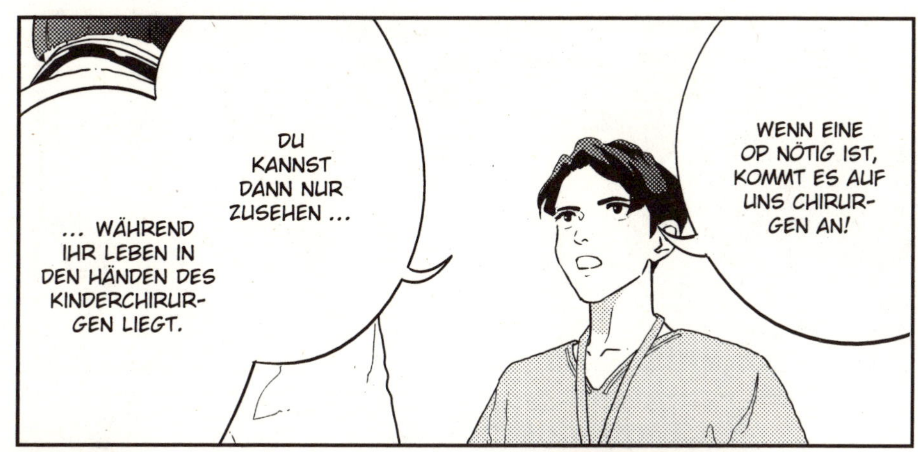

OKAY. ABER HAST DU TOMOMI DENN BISHER EIN EINZIGES MAL BESUCHT?

WAS WEISST DU SCHON, WENN DU DIR NUR DIE DATEN UND KRANKENAKTEN ANSIEHST?

WER SOLL SO EINEM CHIRURGEN DENN BITTE SEIN LEBEN ANVERTRAUEN?!

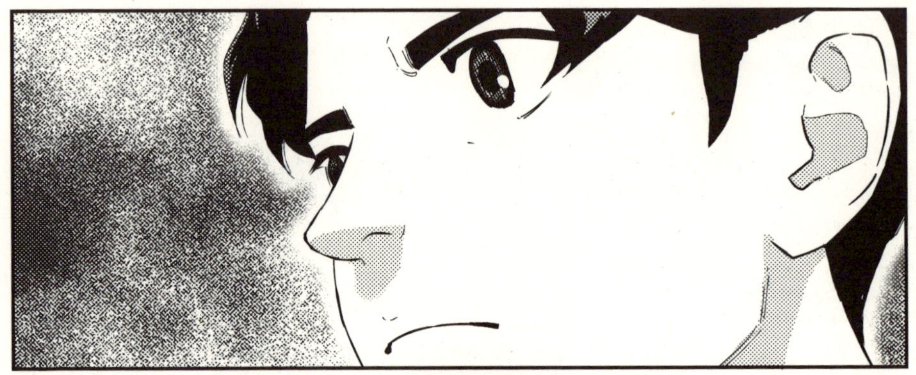

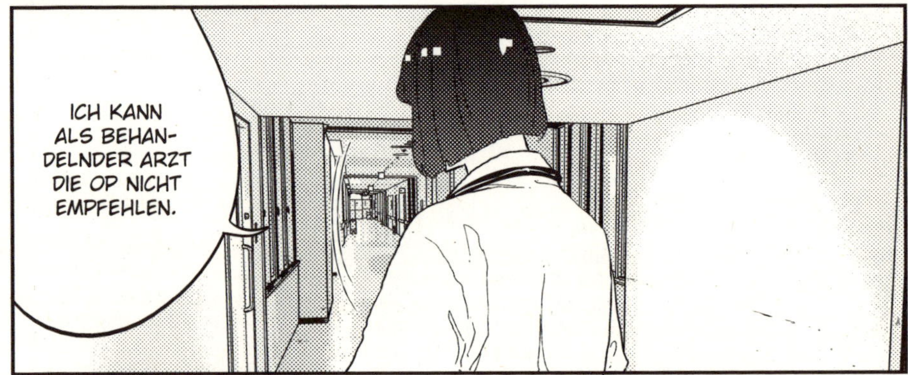
ICH KANN
ALS BEHAN-
DELNDER ARZT
DIE OP NICHT
EMPFEHLEN.

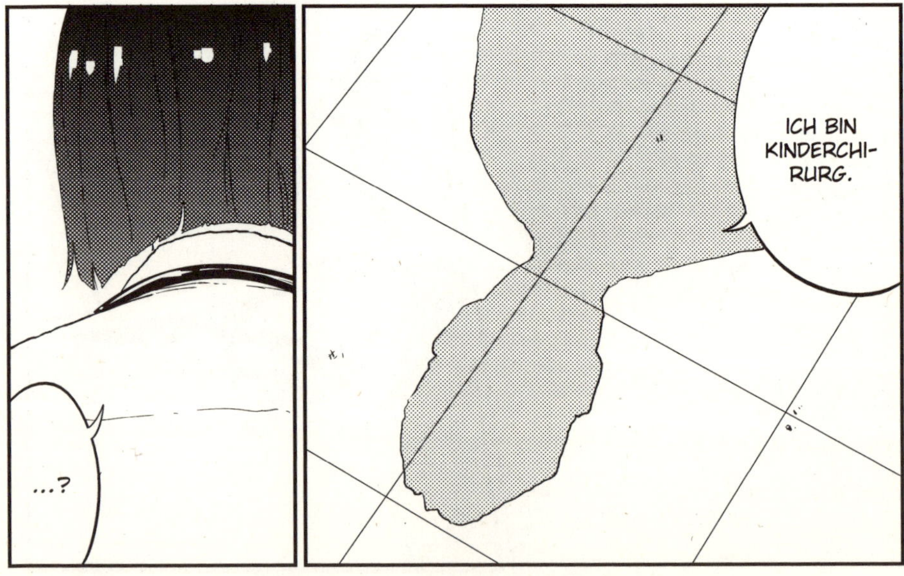
ICH BIN
KINDERCHI-
RURG.
...?

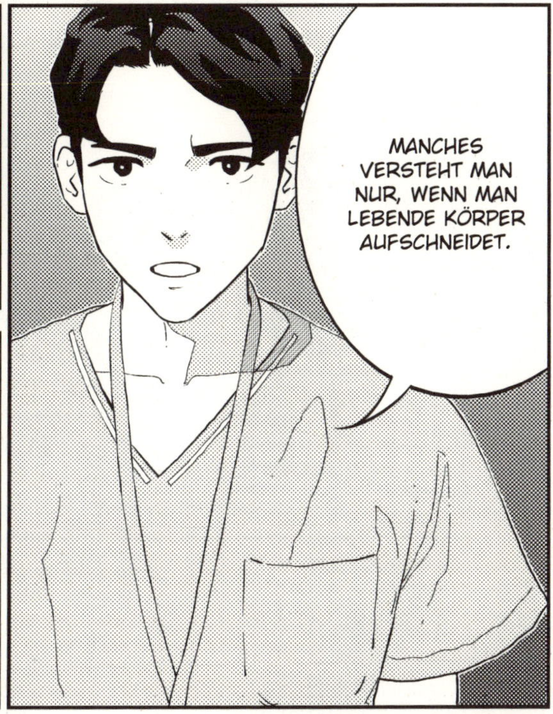

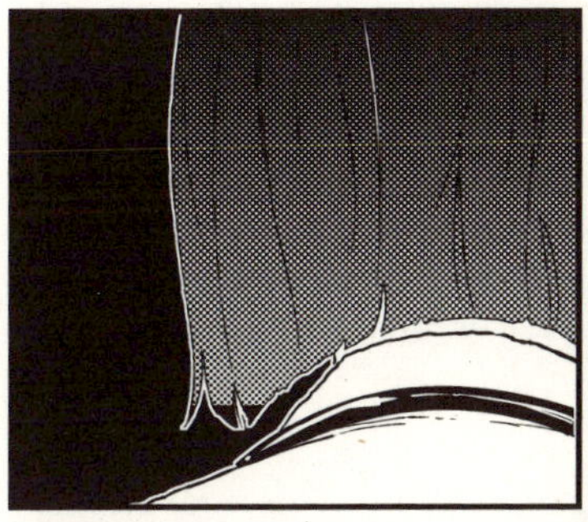

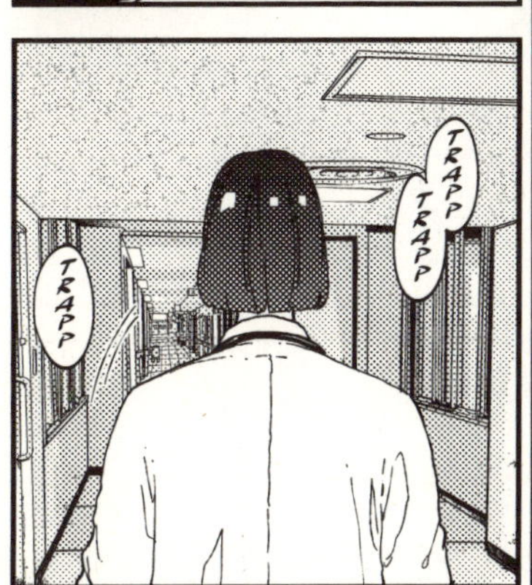

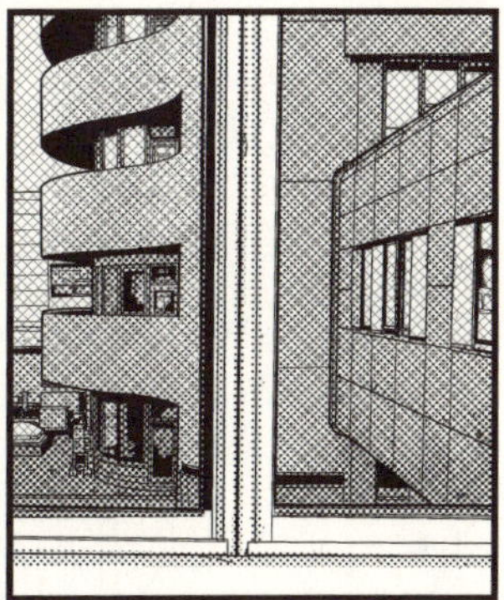

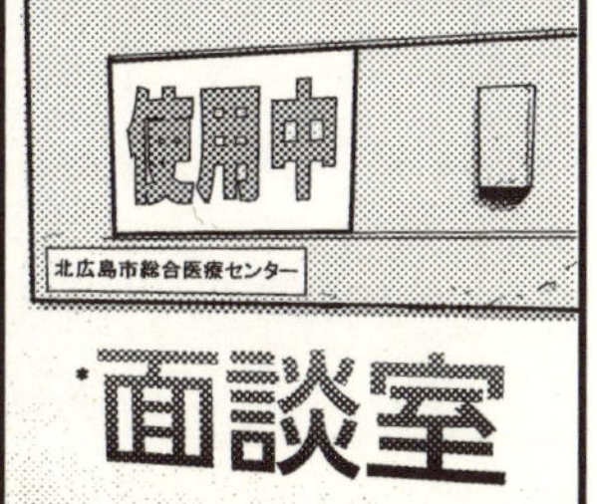

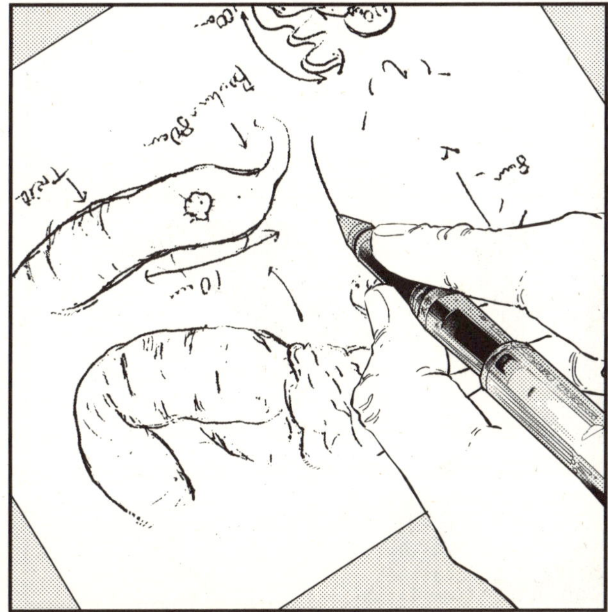

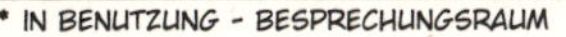
* IN BENUTZUNG - BESPRECHUNGSRAUM

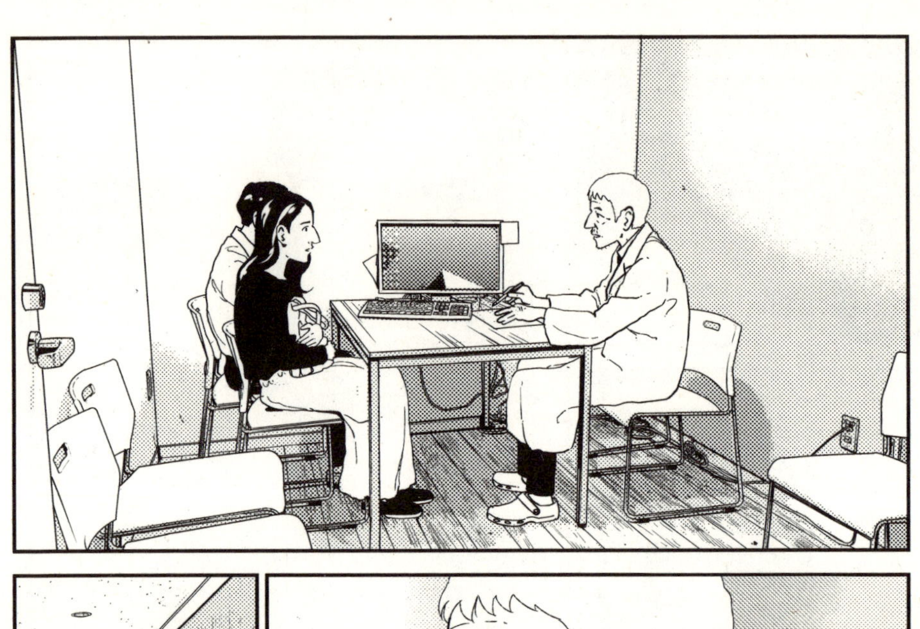
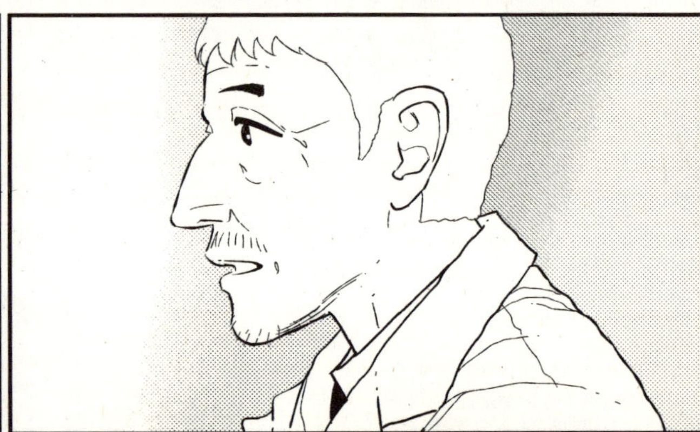
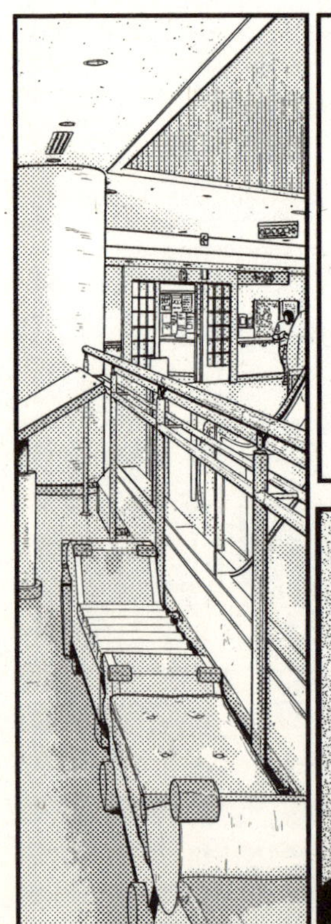
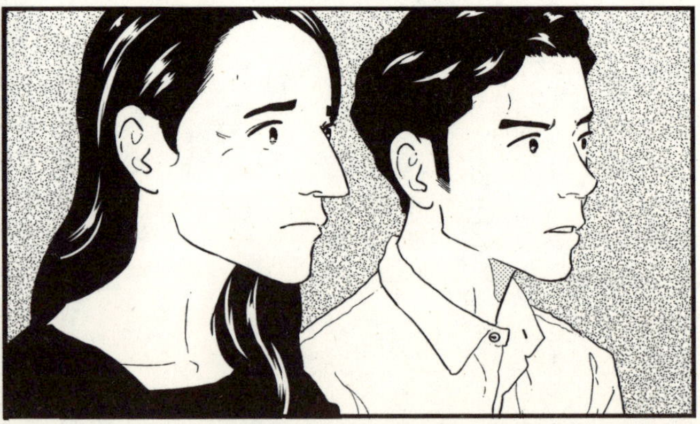

* MAKO SUZUKAKE

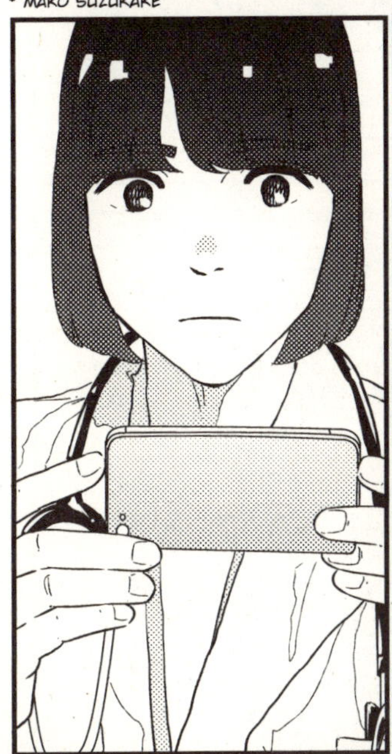

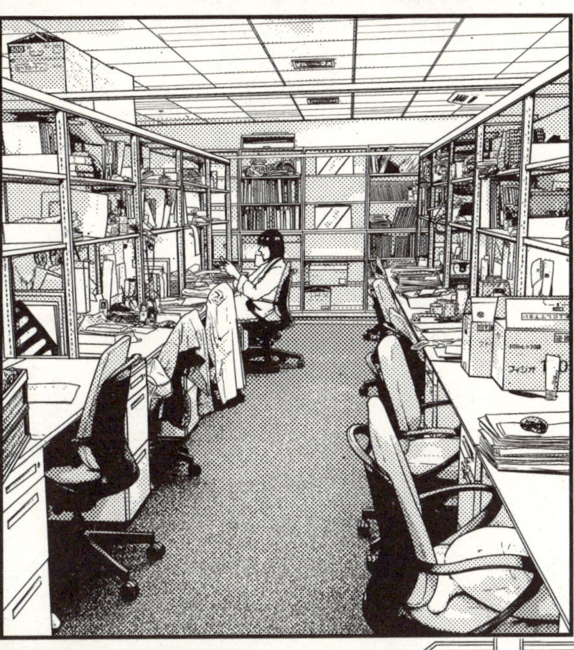

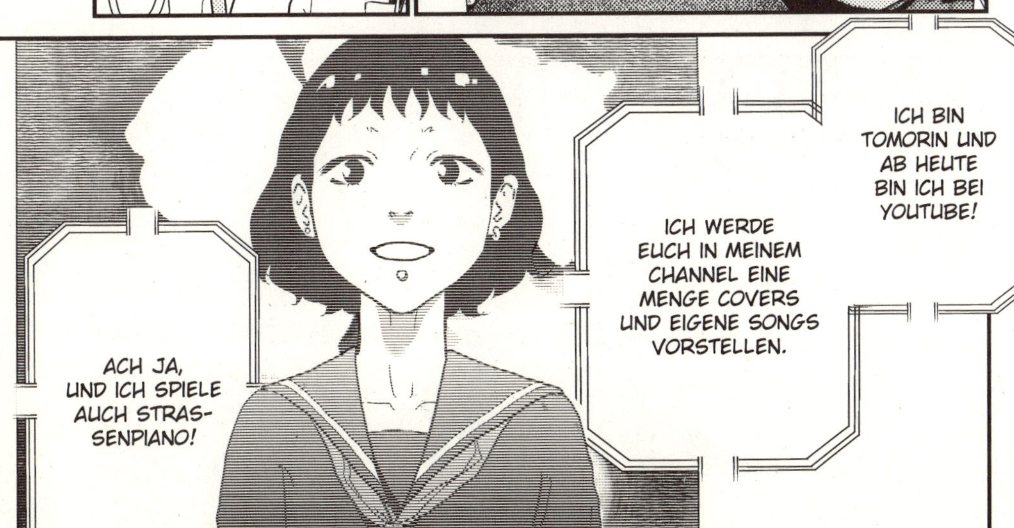

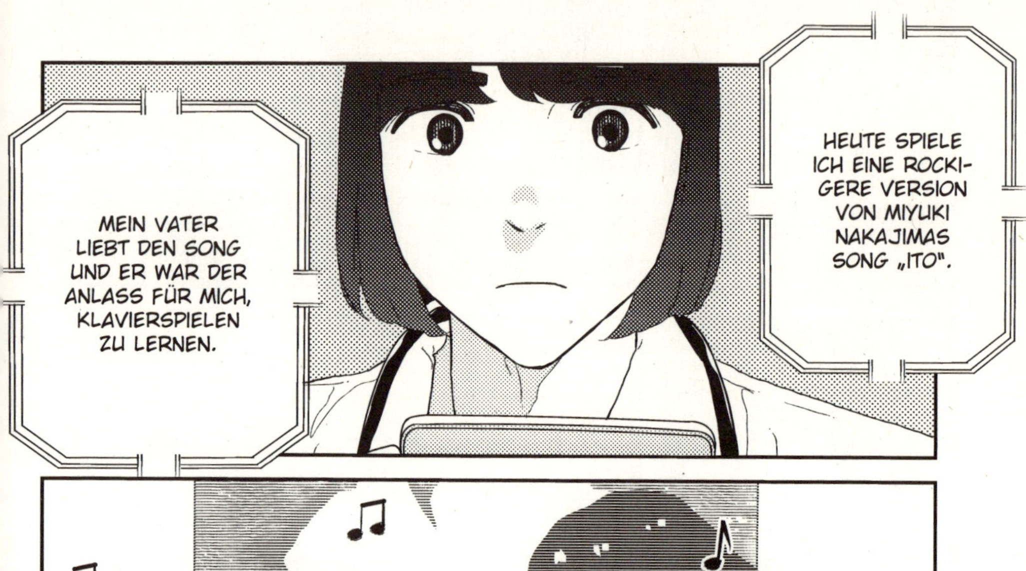
HEUTE SPIELE ICH EINE ROCKIGERE VERSION VON MIYUKI NAKAJIMAS SONG „ITO“.
MEIN VATER LIEBT DEN SONG UND ER WAR DER ANLASS FÜR MICH, KLAVIERSPIELEN ZU LERNEN.

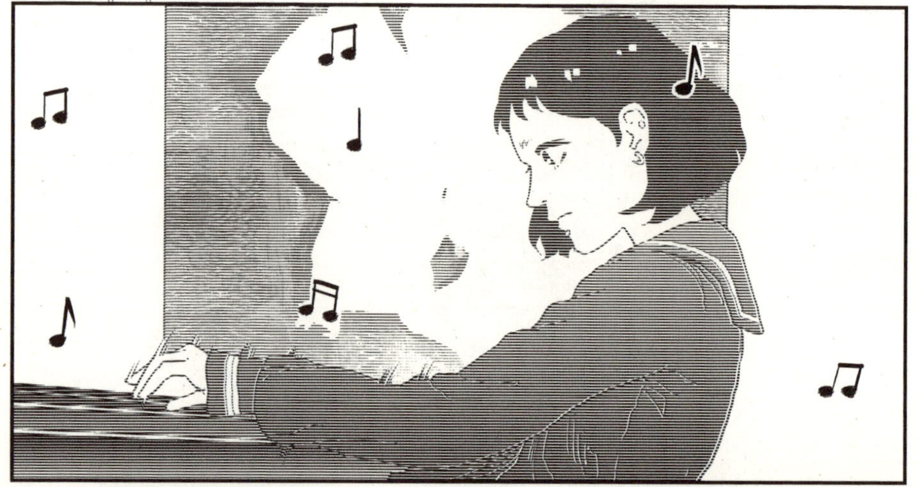

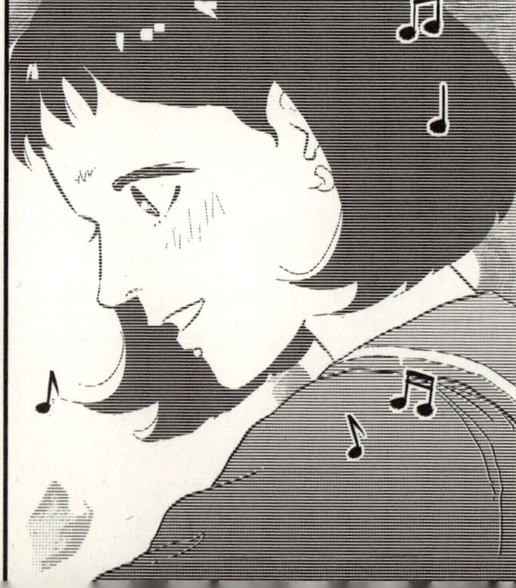

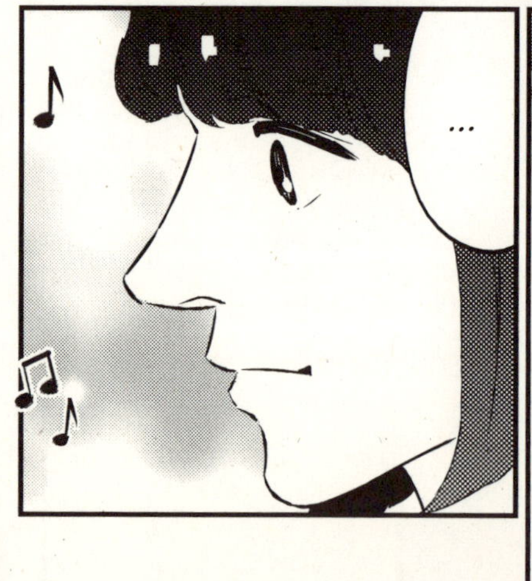
...

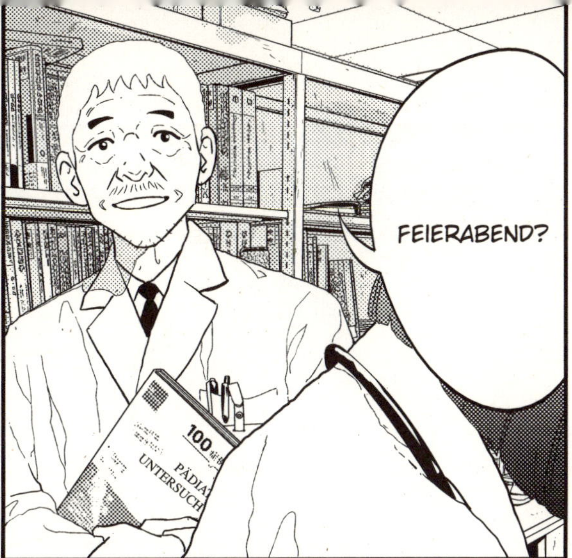
FEIERABEND?

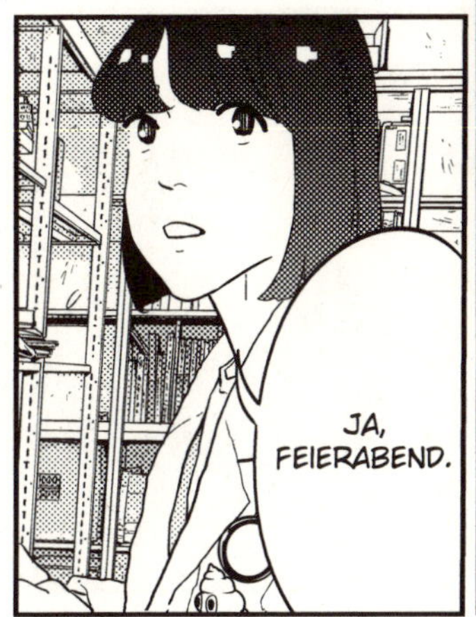
JA, FEIERABEND.

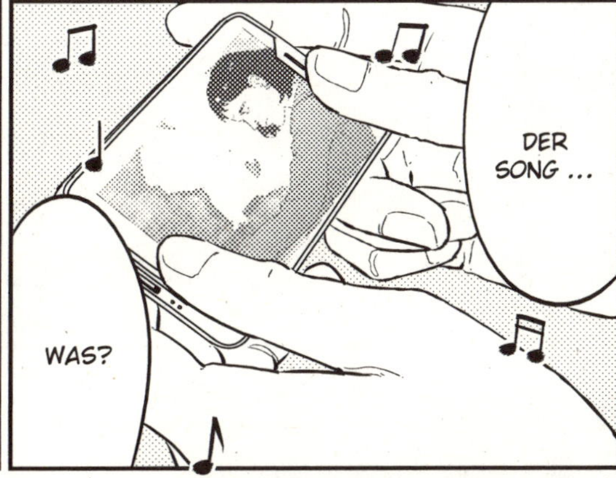
DER SONG ...
WAS?

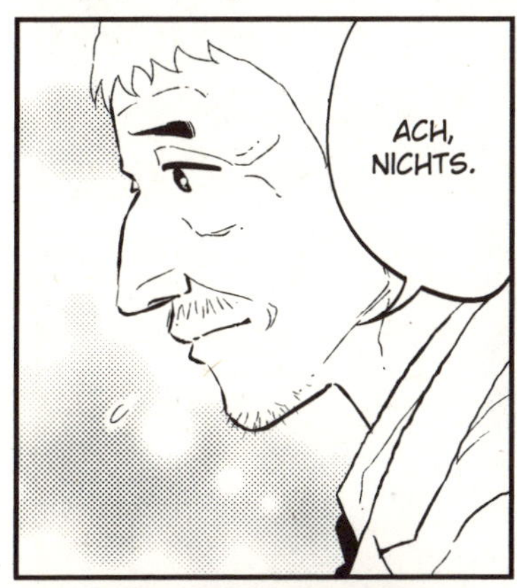
ACH, NICHTS.

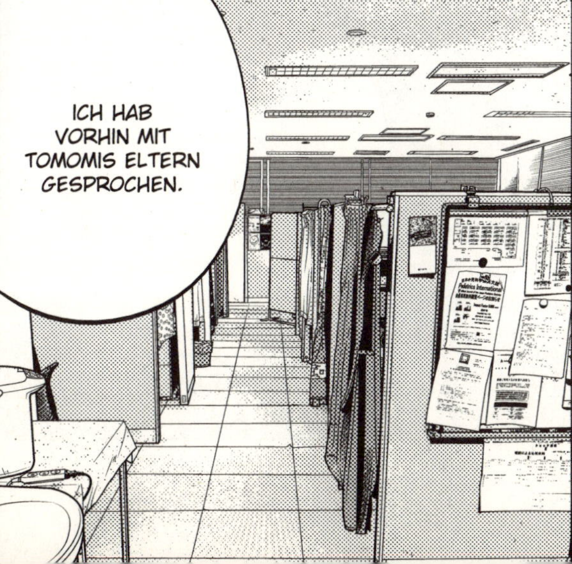
ICH HAB VORHIN MIT TOMOMIS ELTERN GESPROCHEN.

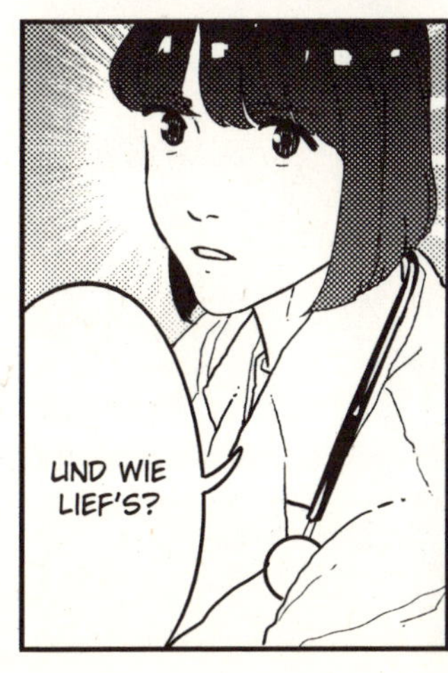
UND WIE LIEF'S?

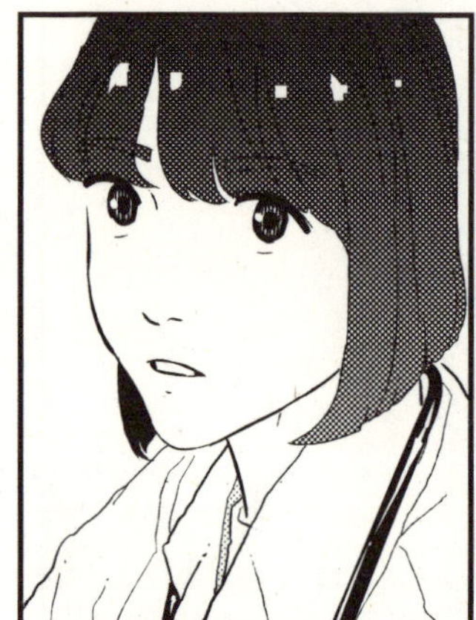

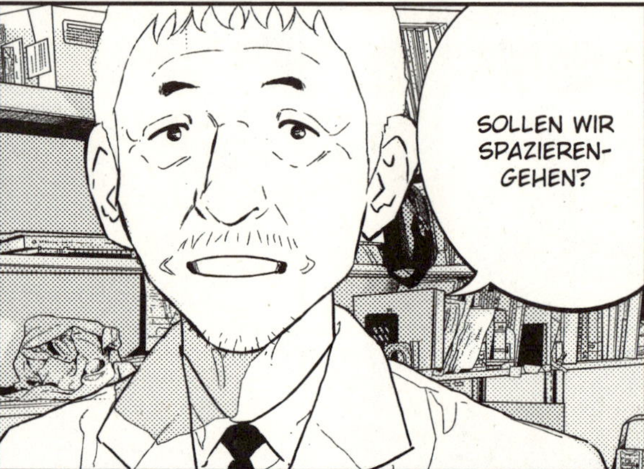
SOLLEN WIR SPAZIEREN-GEHEN?

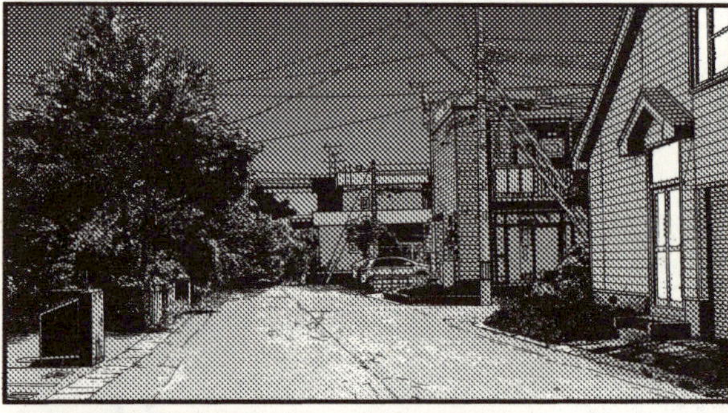

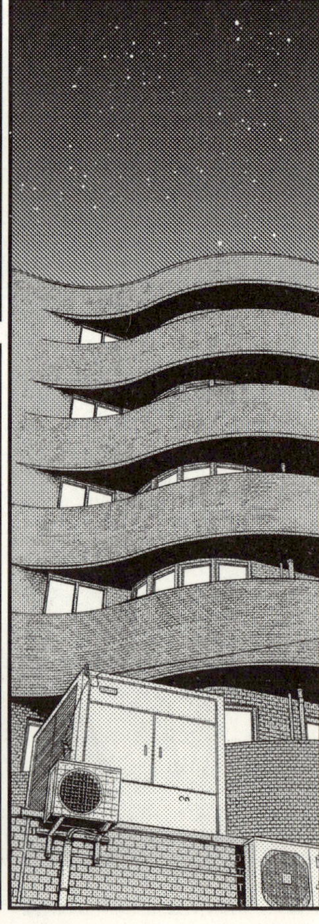

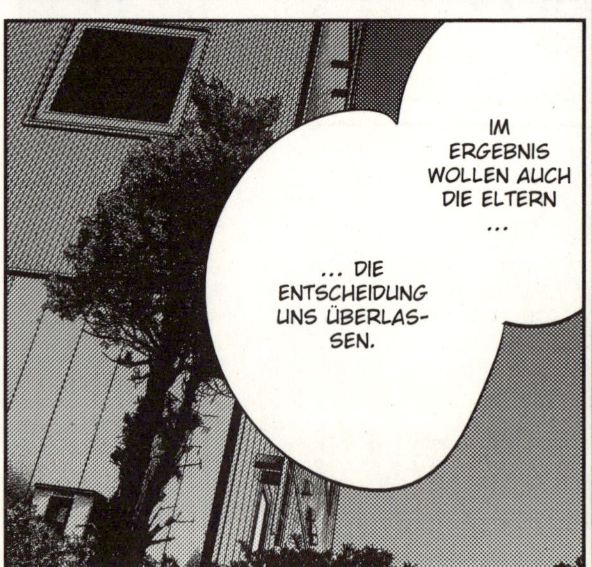
IM ERGEBNIS WOLLEN AUCH DIE ELTERN ...
... DIE ENTSCHEIDUNG UNS ÜBERLAS-SEN.

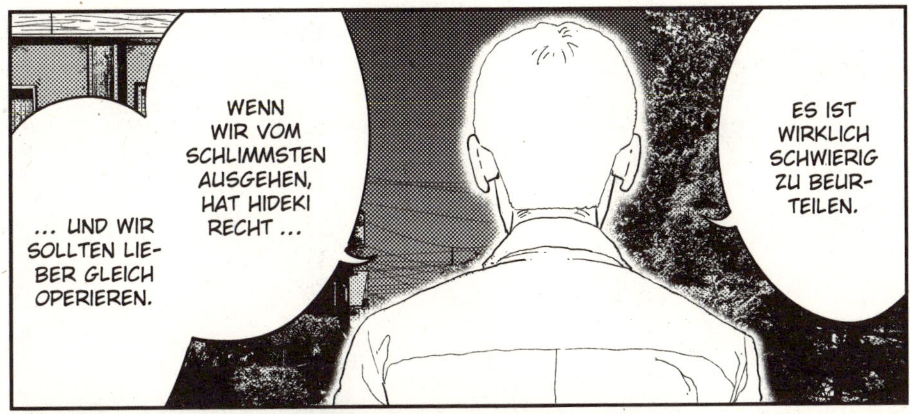
ES IST WIRKLICH SCHWIERIG ZU BEURTEILEN.
WENN WIR VOM SCHLIMMSTEN AUSGEHEN, HAT HIDEKI RECHT …
… UND WIR SOLLTEN LIEBER GLEICH OPERIEREN.

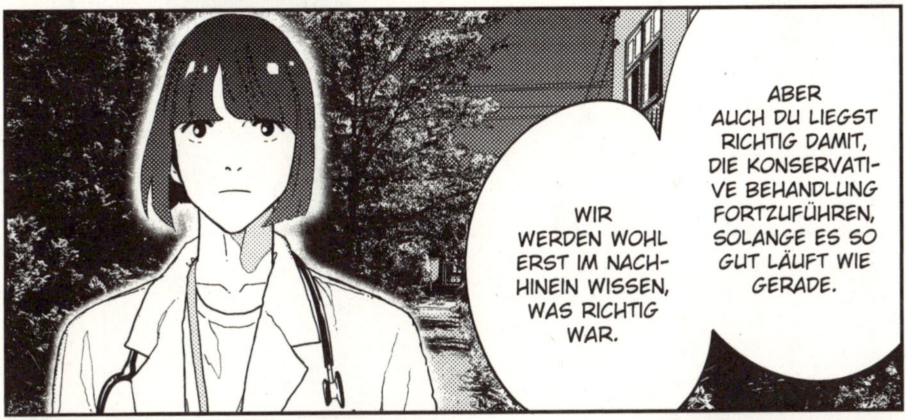
ABER AUCH DU LIEGST RICHTIG DAMIT, DIE KONSERVATIVE BEHANDLUNG FORTZUFÜHREN, SOLANGE ES SO GUT LÄUFT WIE GERADE.
WIR WERDEN WOHL ERST IM NACHHINEIN WISSEN, WAS RICHTIG WAR.

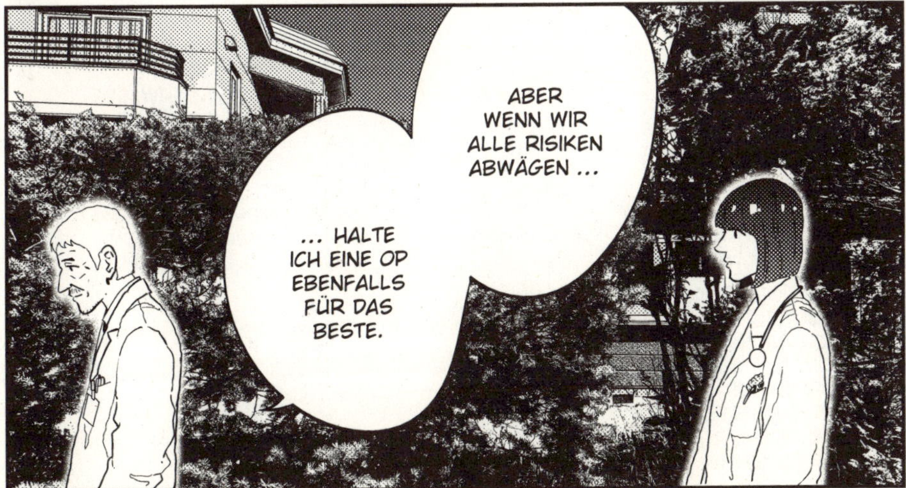
ABER WENN WIR ALLE RISIKEN ABWÄGEN …
… HALTE ICH EINE OP EBENFALLS FÜR DAS BESTE.

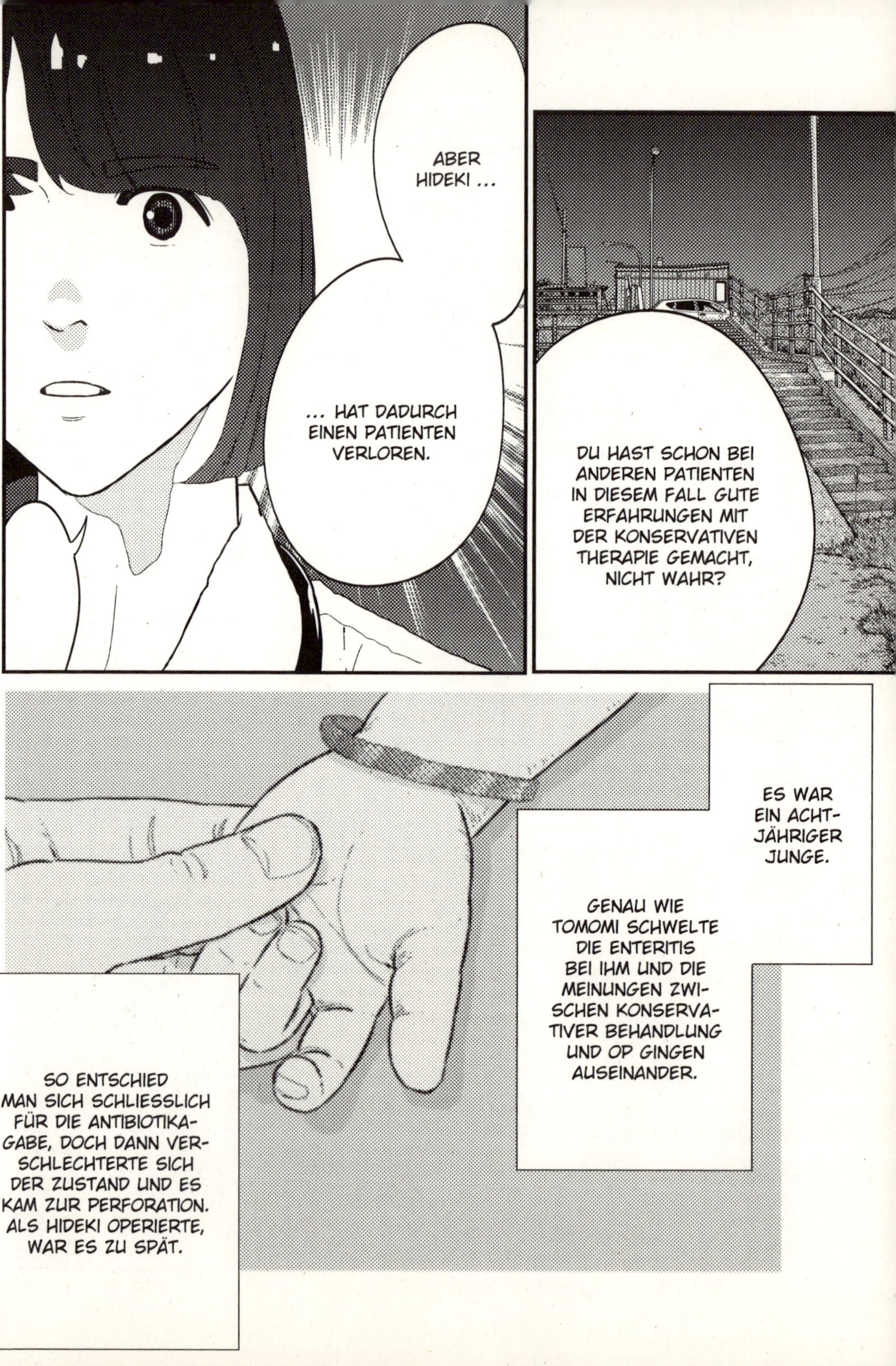

DU HAST SCHON BEI ANDEREN PATIENTEN IN DIESEM FALL GUTE ERFAHRUNGEN MIT DER KONSERVATIVEN THERAPIE GEMACHT, NICHT WAHR?

ABER HIDEKI …

… HAT DADURCH EINEN PATIENTEN VERLOREN.

ES WAR EIN ACHT-JÄHRIGER JUNGE.

GENAU WIE TOMOMI SCHWELTE DIE ENTERITIS BEI IHM UND DIE MEINUNGEN ZWI-SCHEN KONSERVA-TIVER BEHANDLUNG UND OP GINGEN AUSEINANDER.

SO ENTSCHIED MAN SICH SCHLIESSLICH FÜR DIE ANTIBIOTIKA-GABE, DOCH DANN VER-SCHLECHTERTE SICH DER ZUSTAND UND ES KAM ZUR PERFORATION. ALS HIDEKI OPERIERTE, WAR ES ZU SPÄT.

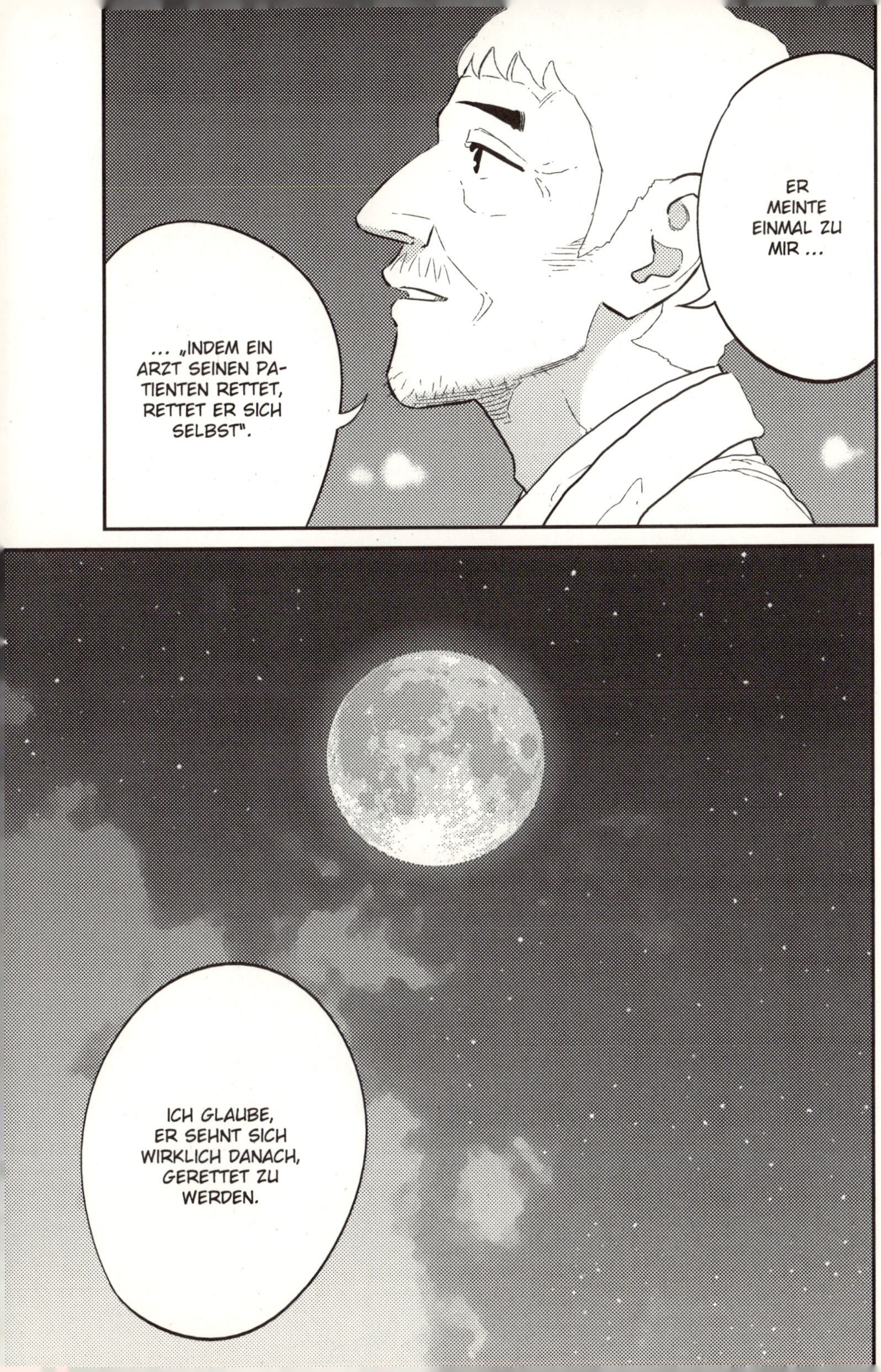

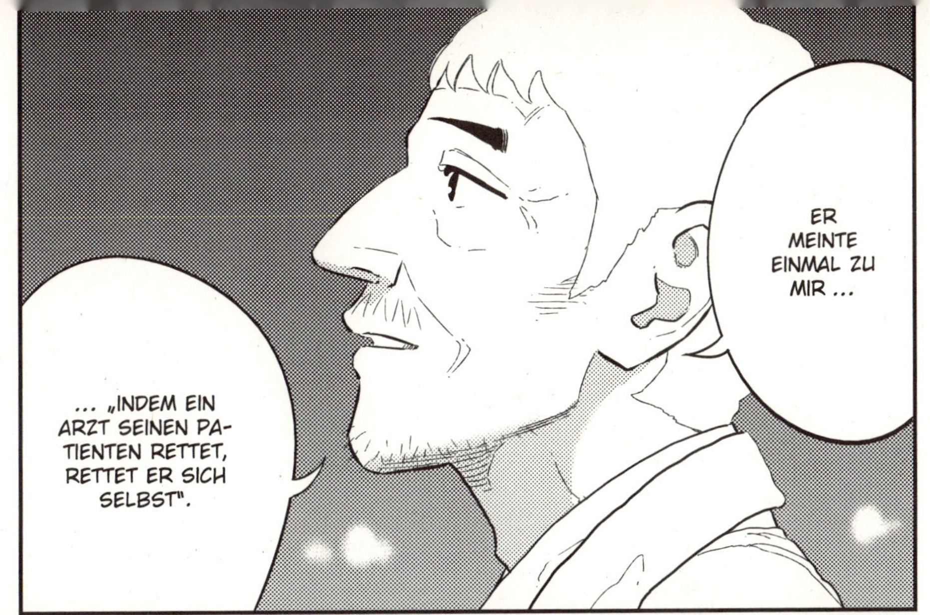
ER MEINTE EINMAL ZU MIR …
… „INDEM EIN ARZT SEINEN PA-TIENTEN RETTET, RETTET ER SICH SELBST".

ICH GLAUBE, ER SEHNT SICH WIRKLICH DANACH, GERETTET ZU WERDEN.

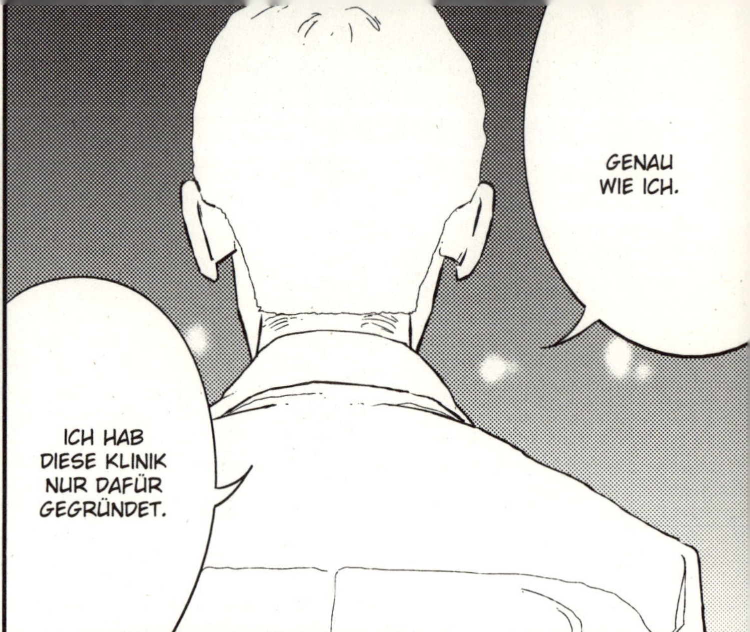
GENAU
WIE ICH.
ICH HAB
DIESE KLINIK
NUR DAFÜR
GEGRÜNDET.

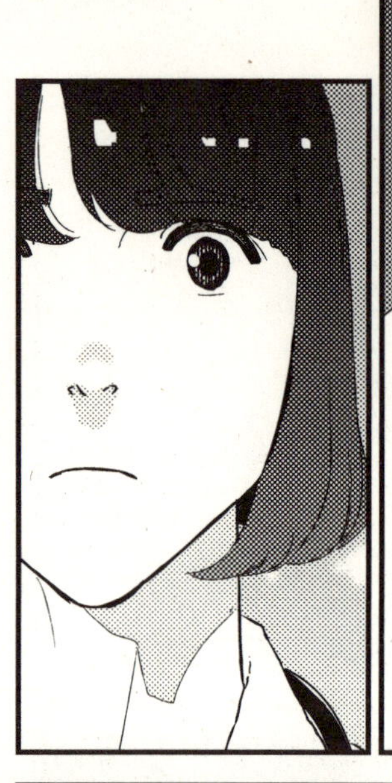

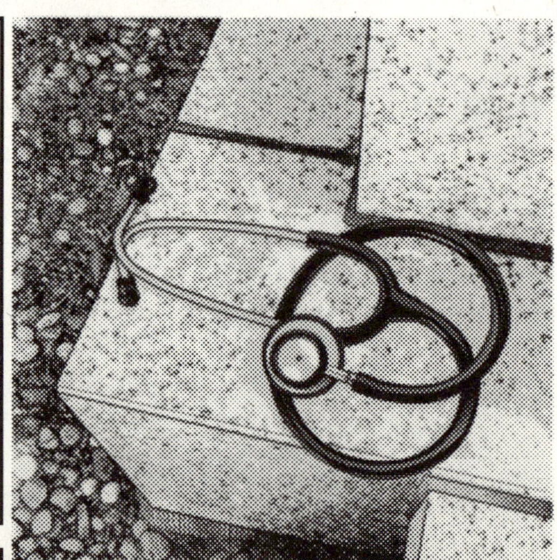

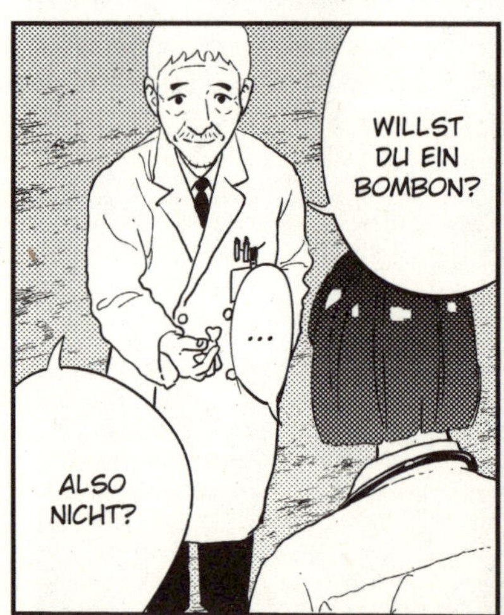
WILLST
DU EIN
BOMBON?
...
ALSO
NICHT?

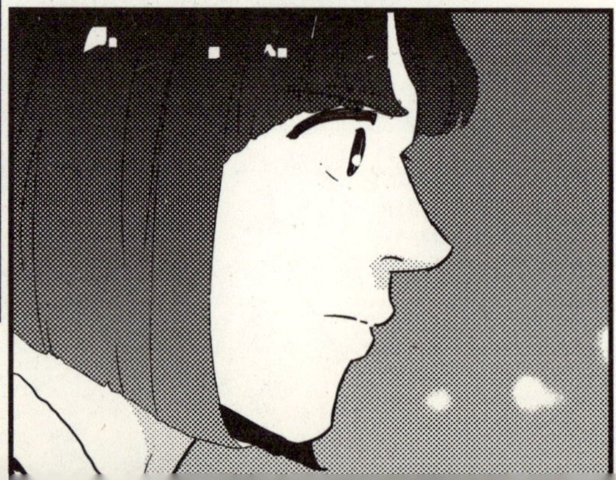

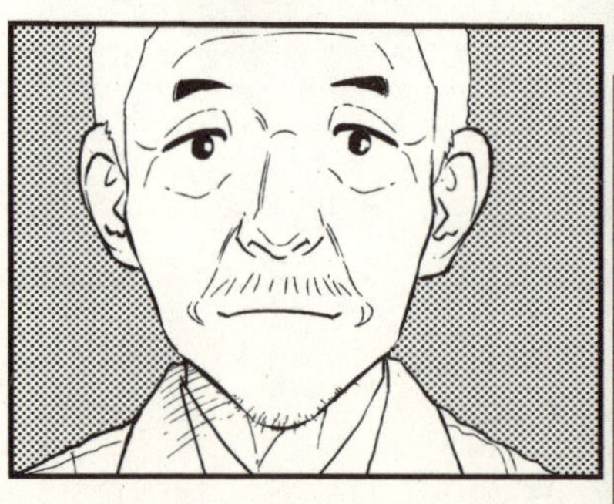

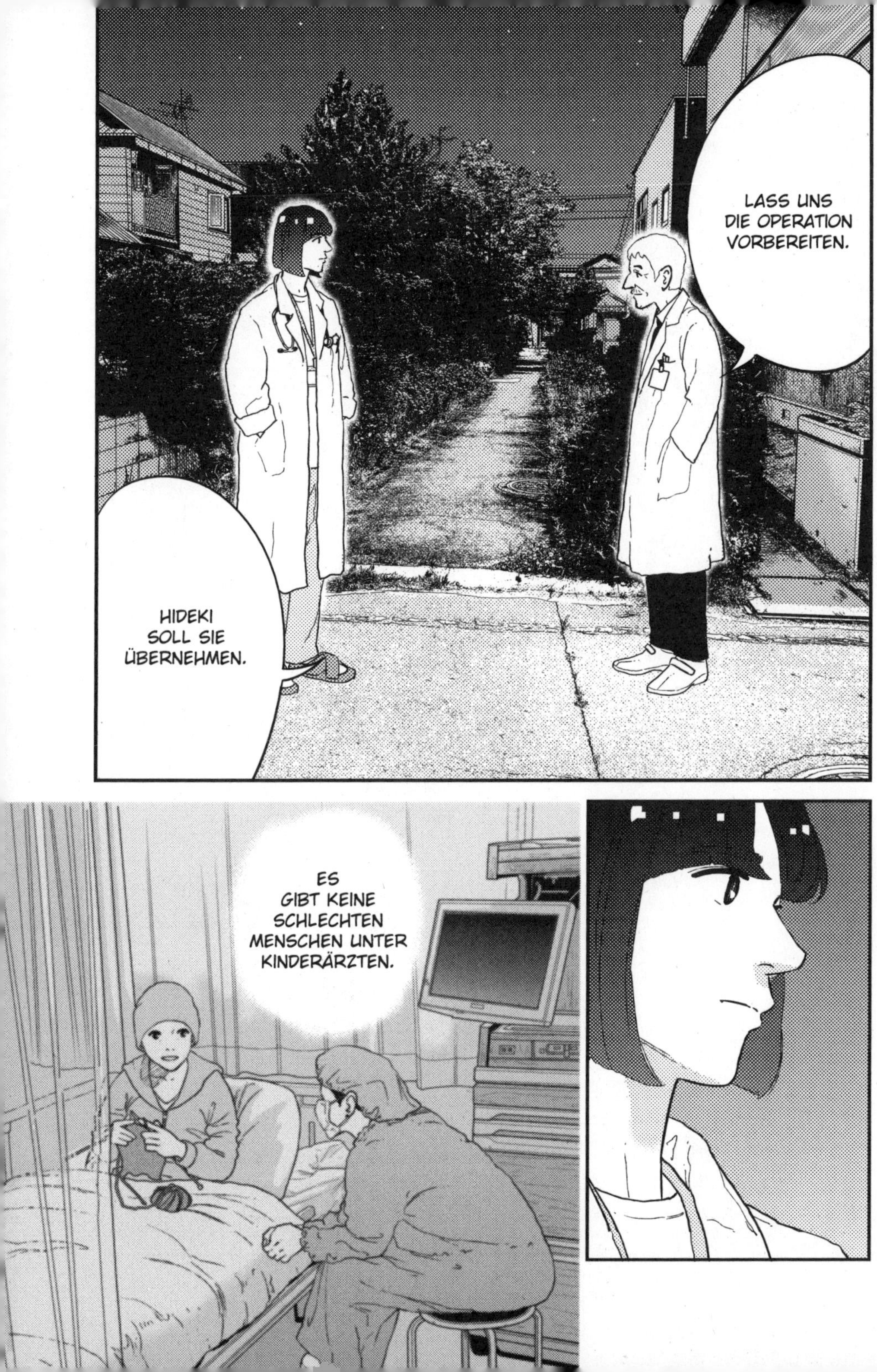

LASS UNS DIE OPERATION VORBEREITEN.
HIDEKI SOLL SIE ÜBERNEHMEN.

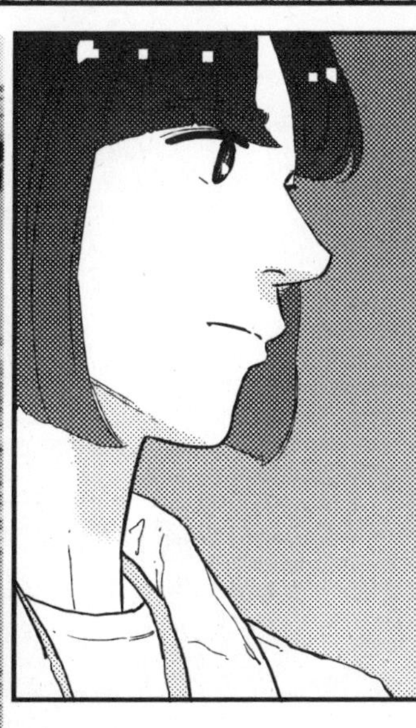

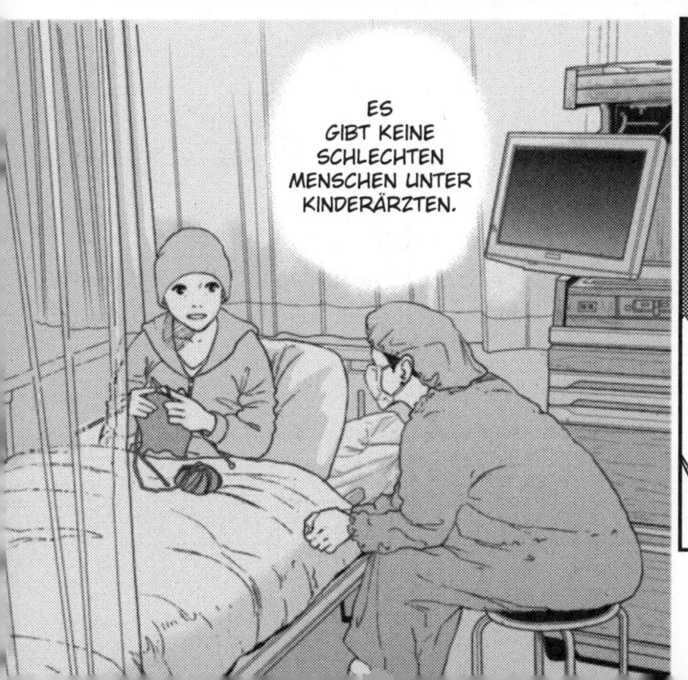
ES GIBT KEINE SCHLECHTEN MENSCHEN UNTER KINDERÄRZTEN.

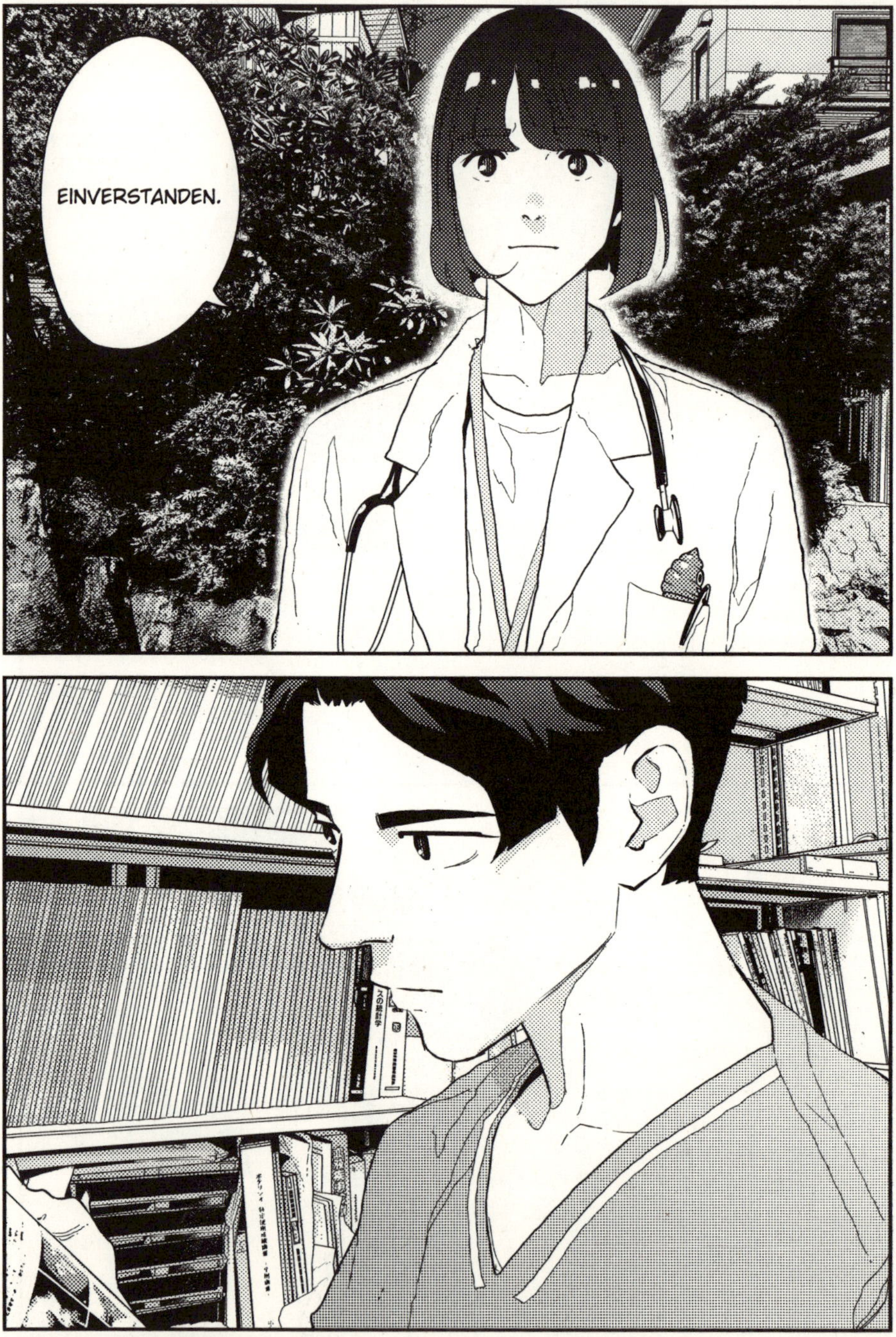

EINVERSTANDEN.

32 BYE BYE

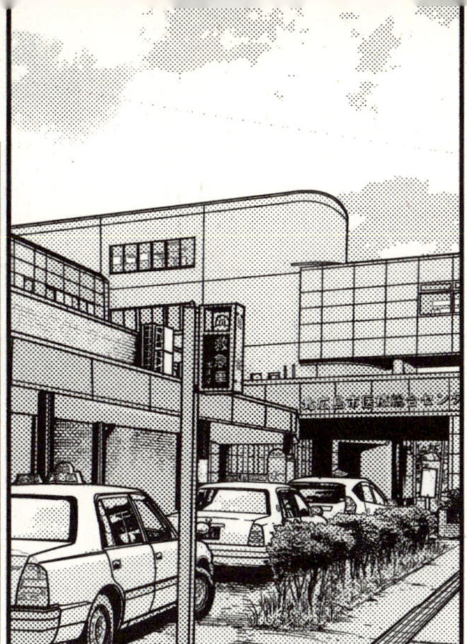

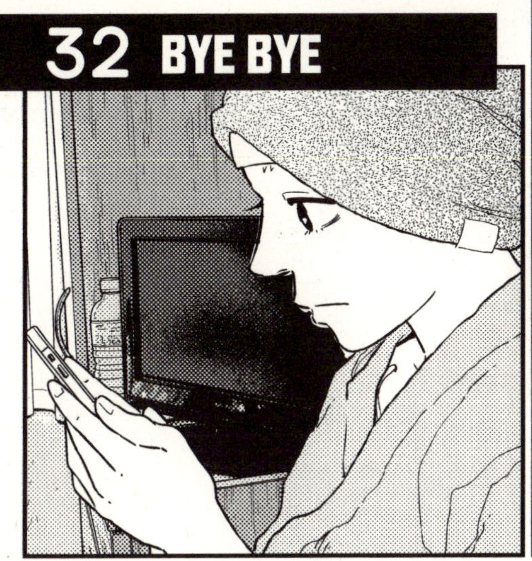

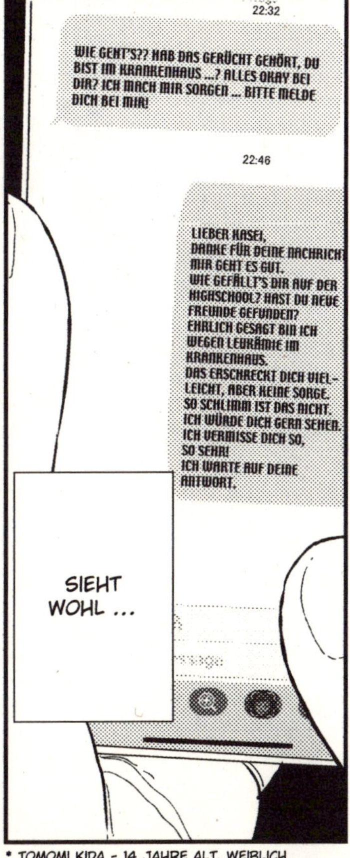

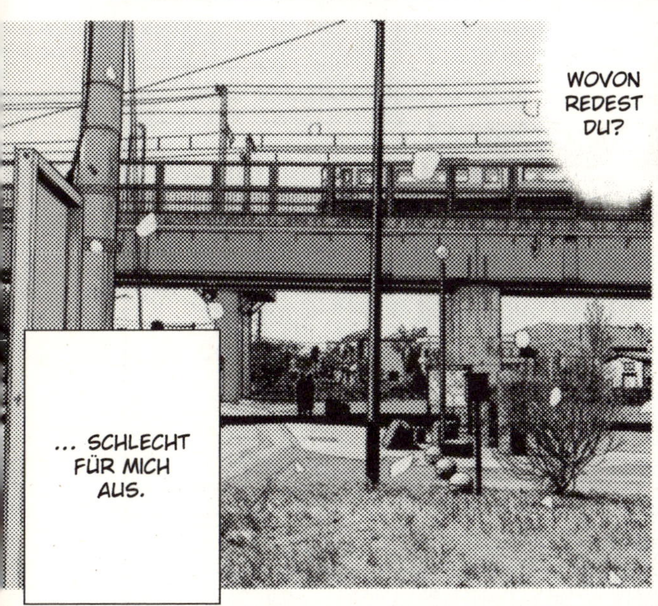

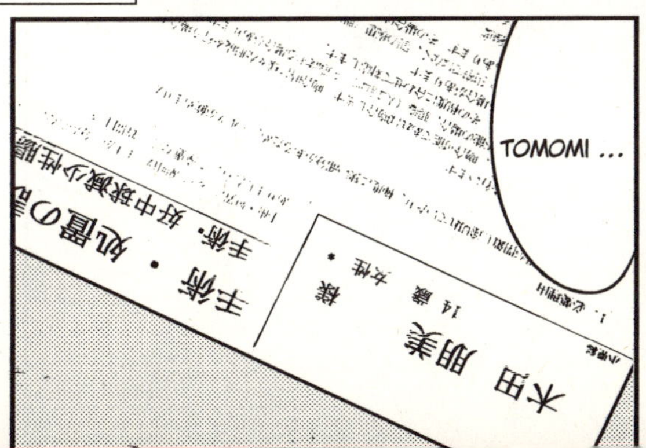

* TOMOMI KIDA - 14 JAHRE ALT, WEIBLICH
EINWILLIGUNG ZUR OPERATION
OPERATION EINER NEUTROPENISCHEN ENTERITIS

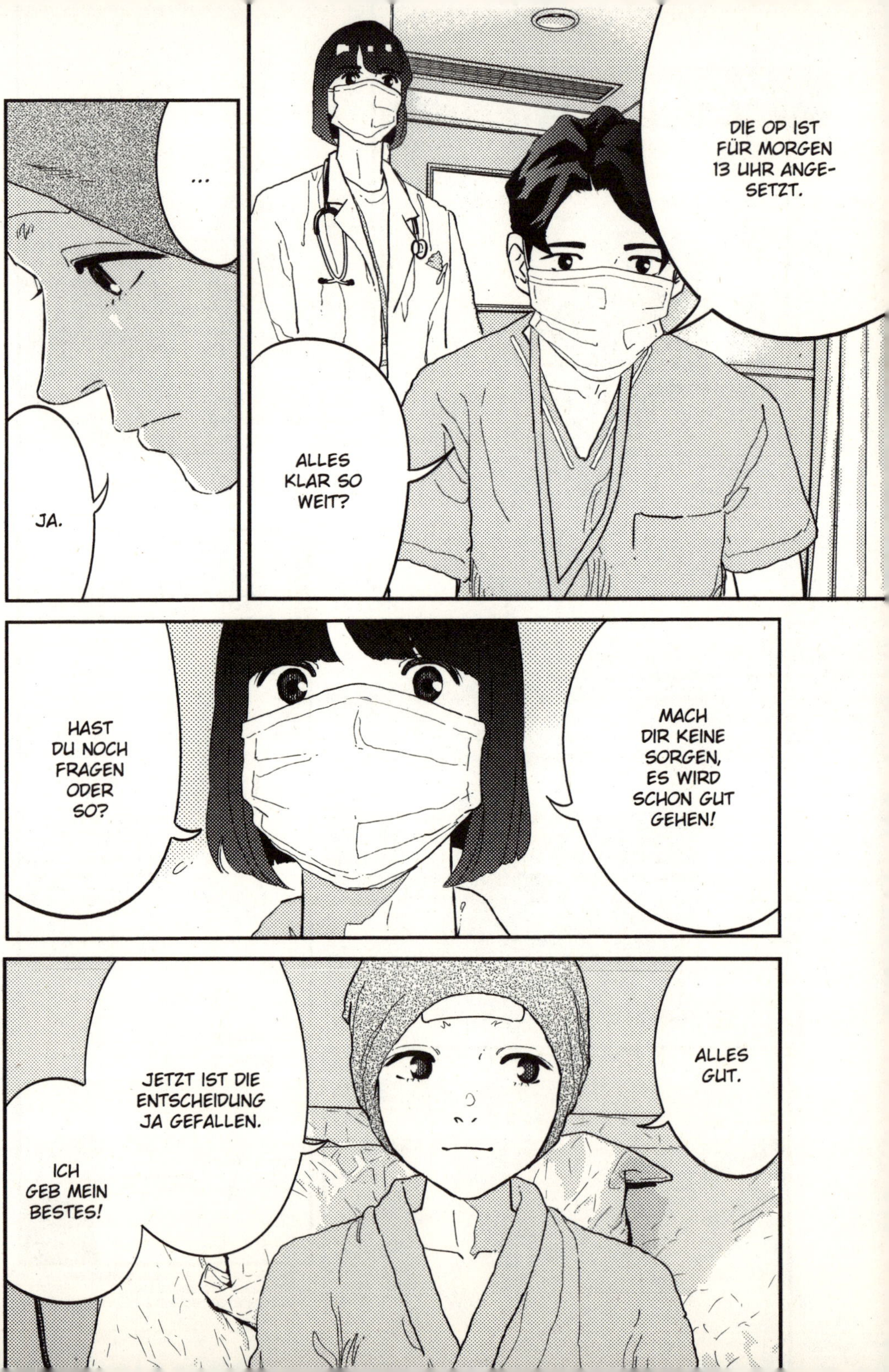

DIE OP IST FÜR MORGEN 13 UHR ANGESETZT.
ALLES KLAR SO WEIT?
...
JA.

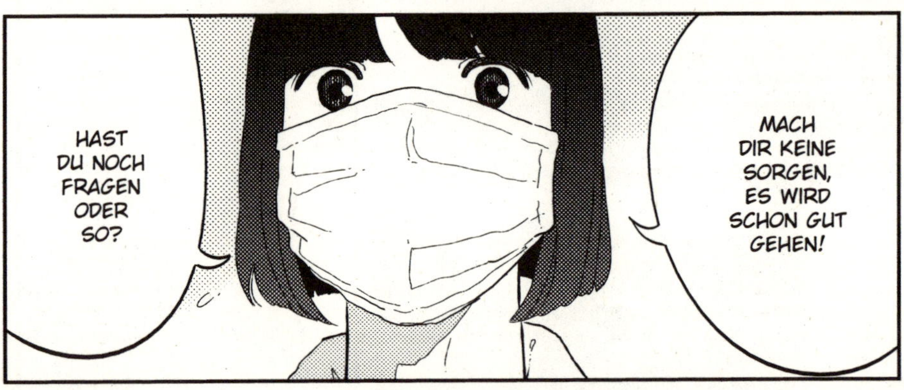

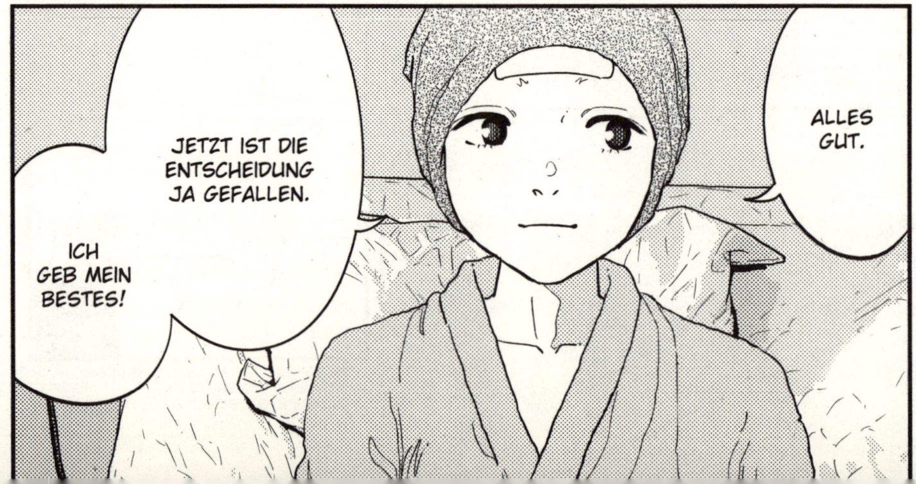

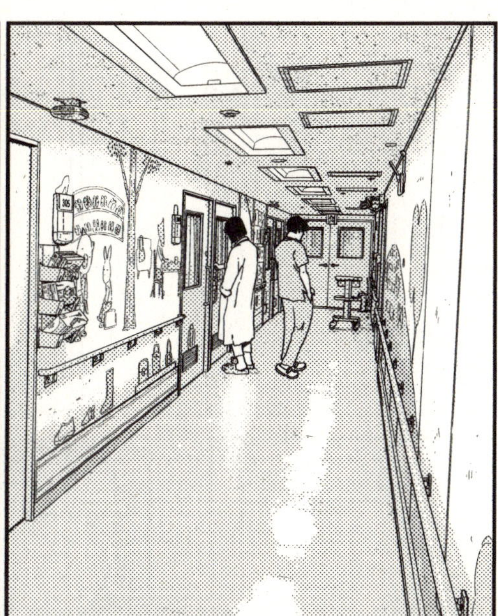

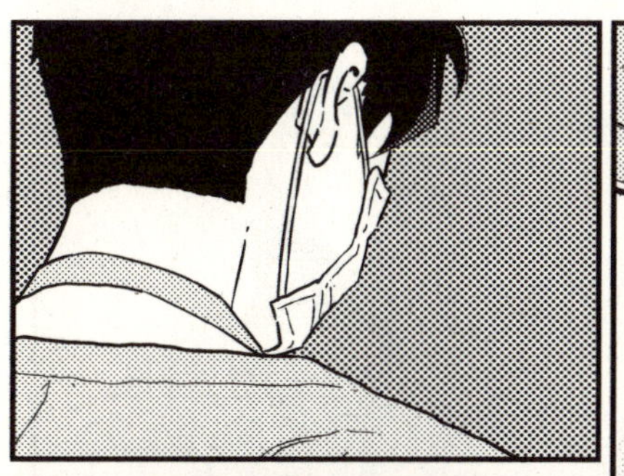

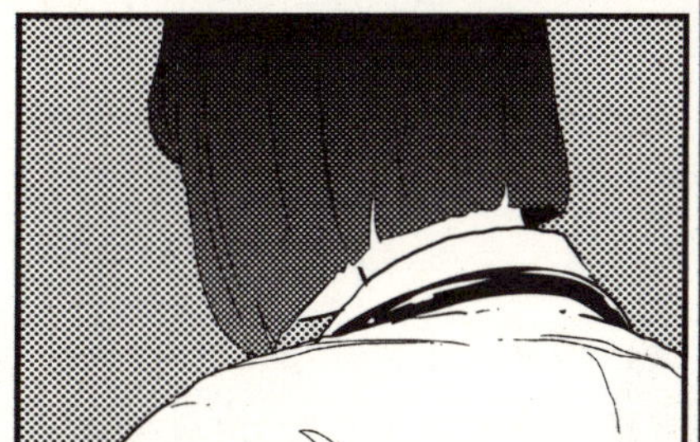

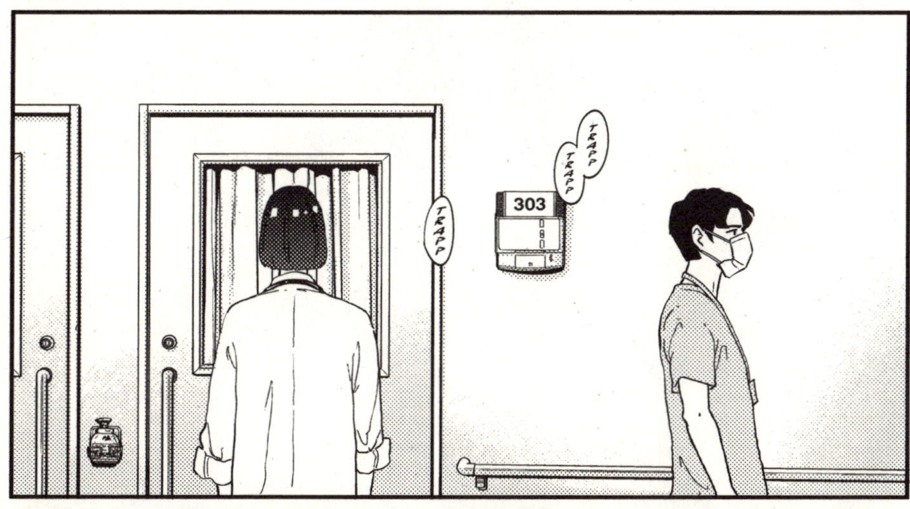
TRAPP
TRAPP
303
TRAPP

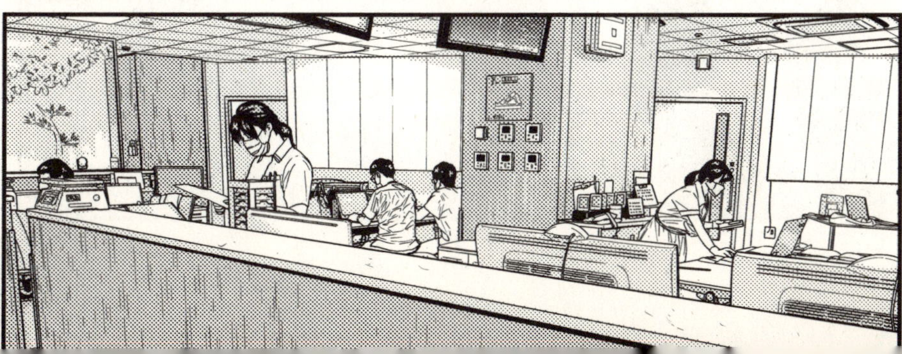

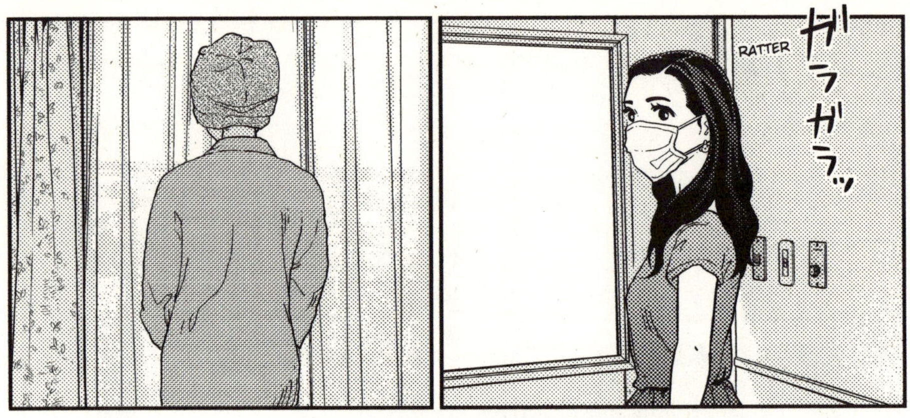
ガラガラッ
RATTER

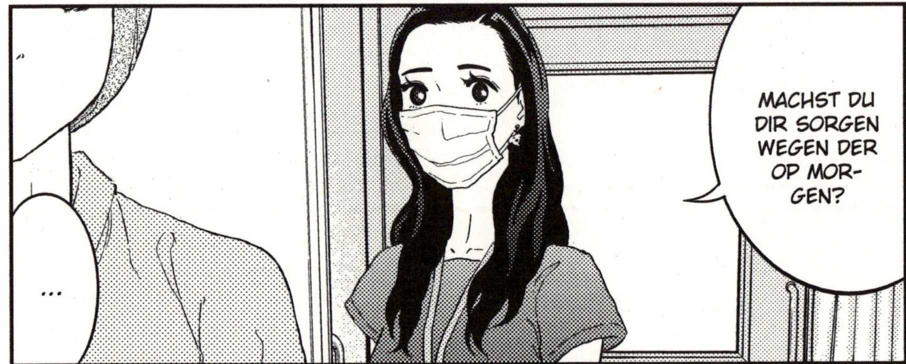
MACHST DU DIR SORGEN WEGEN DER OP MOR-GEN?
...

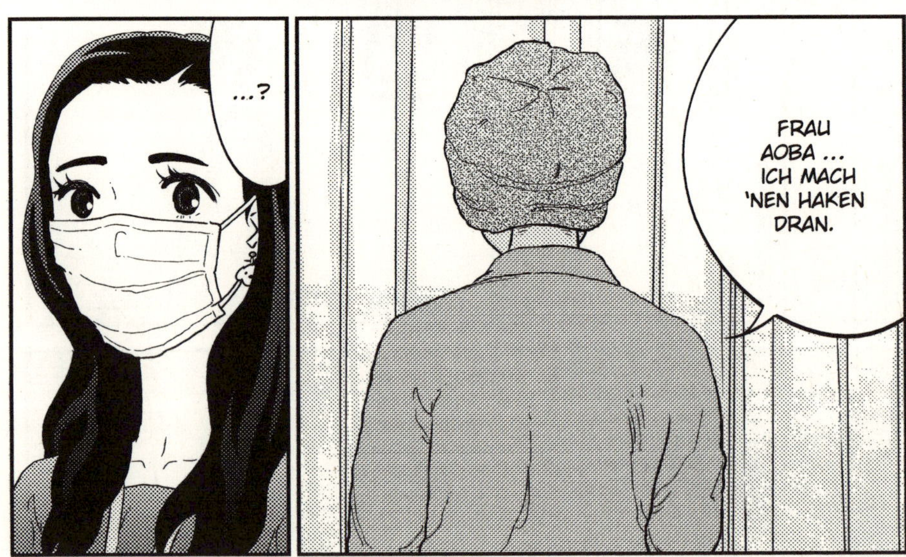
FRAU AOBA ... ICH MACH 'NEN HAKEN DRAN.
...?

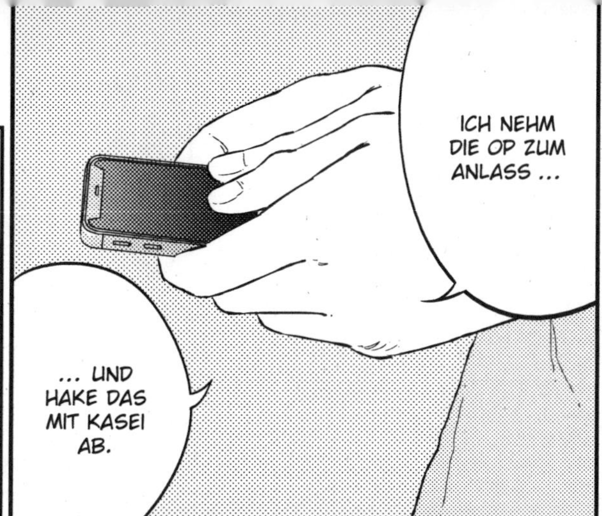
ICH NEHM DIE OP ZUM ANLASS …
… UND HAKE DAS MIT KASEI AB.

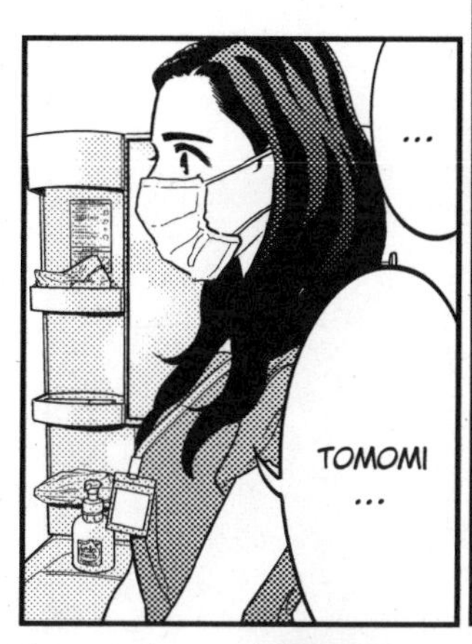
…
TOMOMI …

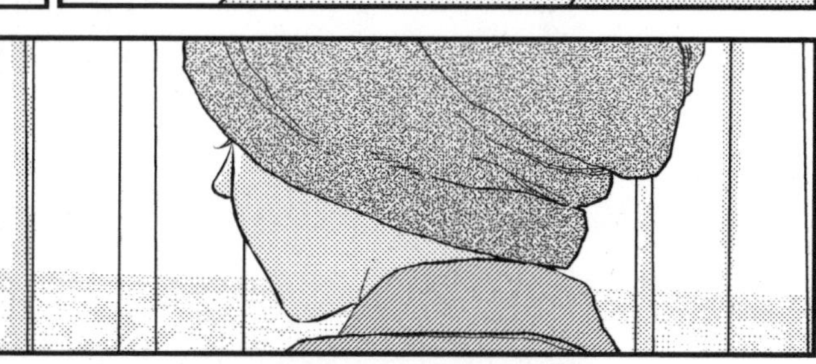

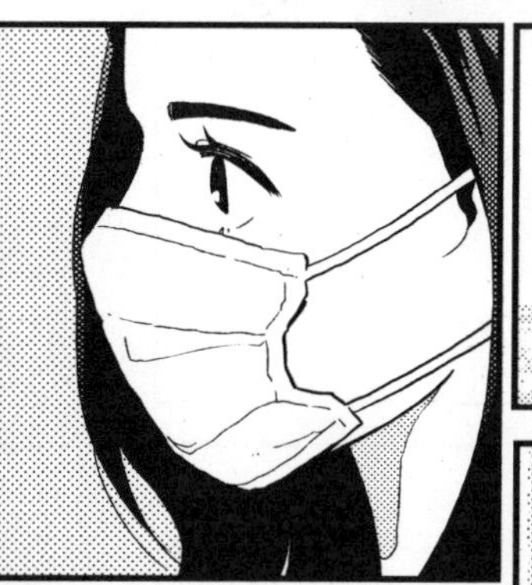

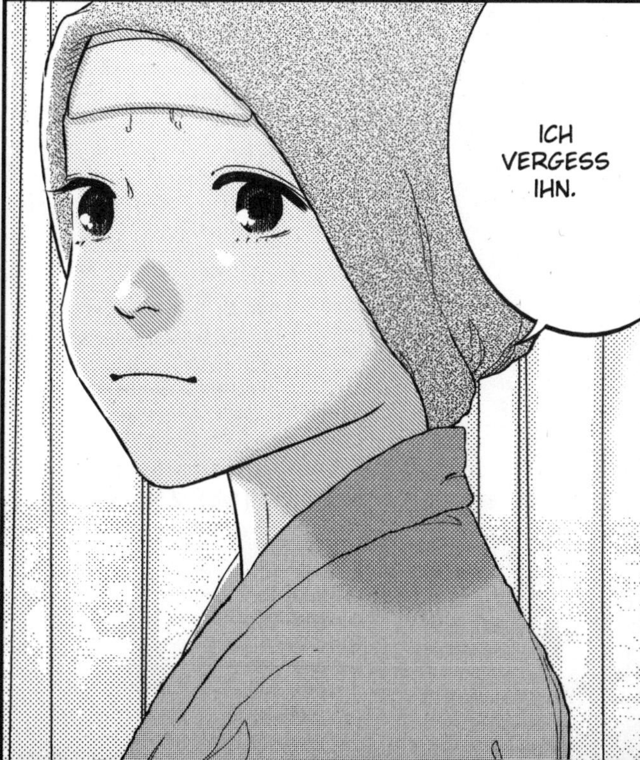
ICH VERGESS IHN.

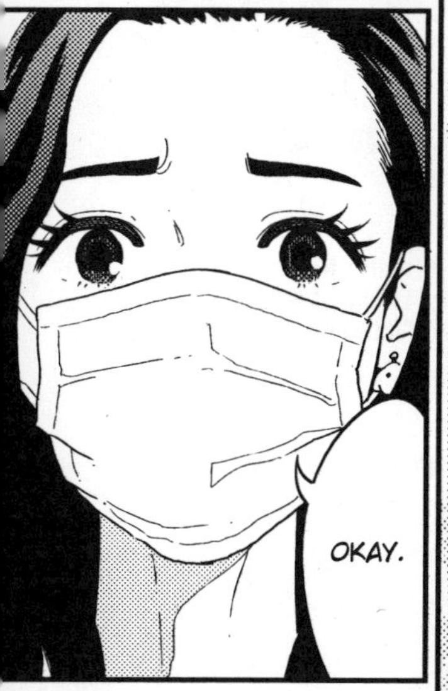
OKAY.

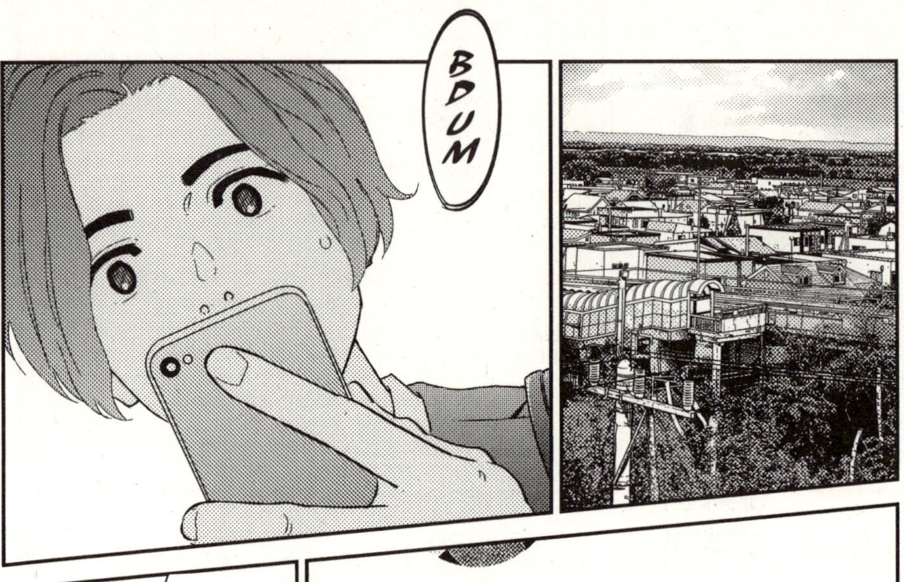

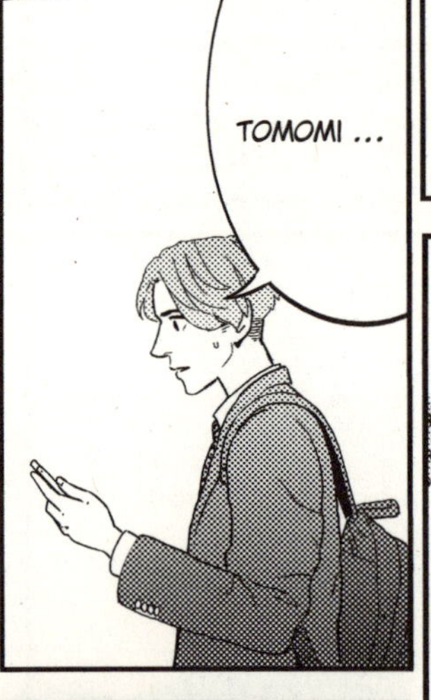

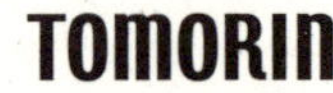

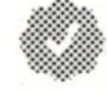

@Tomoring_piano

TOMORIN @Tomoring_piano 1

LEUTE,
TUT MIR LEID,
WENN IHR EUCH SORGEN GEMACHT HABT. ☺

WIE MEINE AGENTUR SCHON VERKÜNDET HAT,
BIN ICH WEGEN EINER LEUKÄMIEBEHANDLUNG IM
KRANKENHAUS. MORGEN WERDE ICH OPERIERT!
ABER KEINE SORGE.♬

WENN ALLES VORBEI IST, SCHREIB ICH EUCH! ICH
GEB MEIN BESTES!♪

3022 7110 10.8

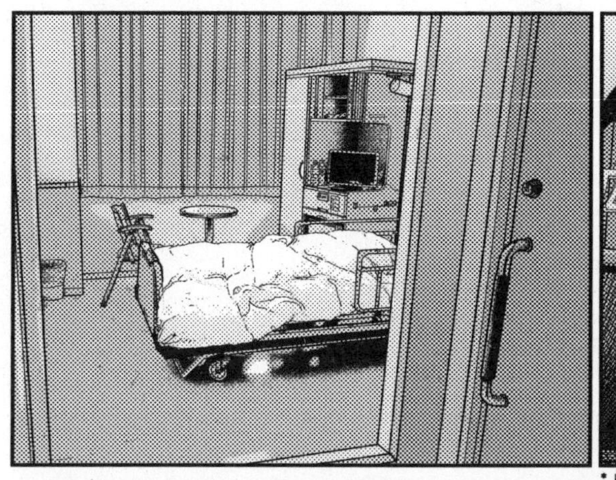

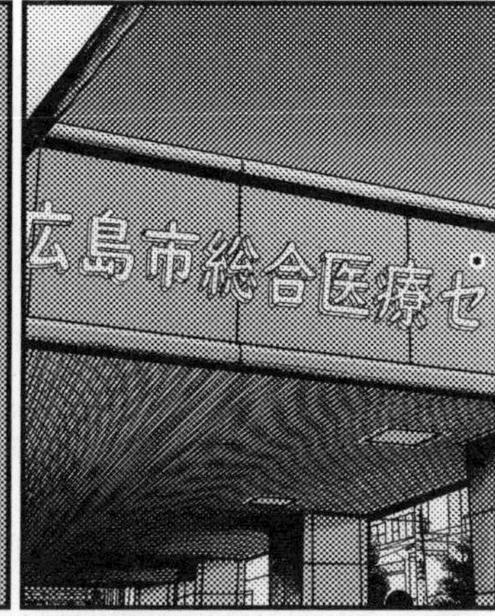

* KITA-HIROSHIMA GENERAL HOSPITAL CENTER

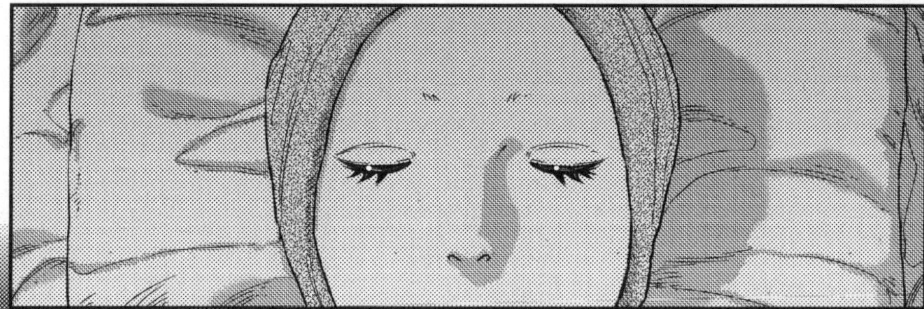

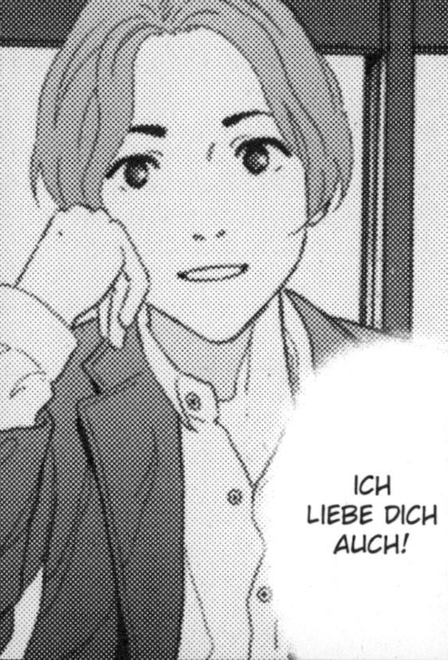

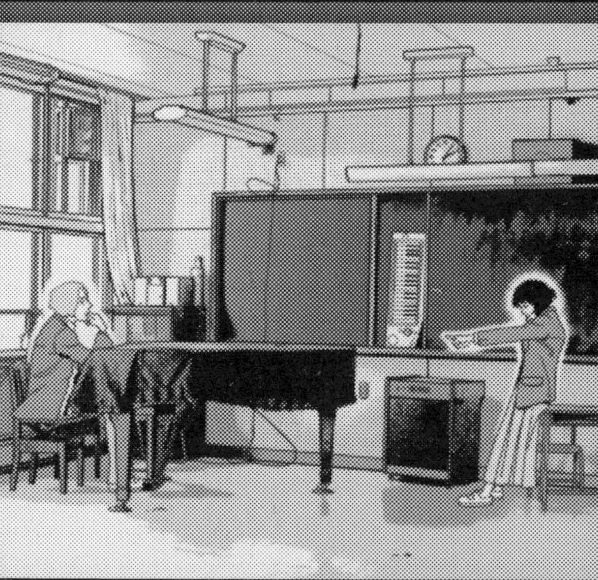

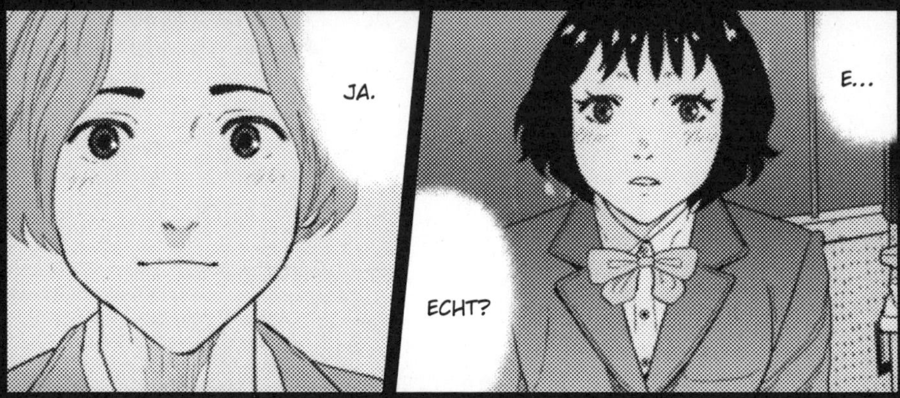
E...
ECHT?
JA.
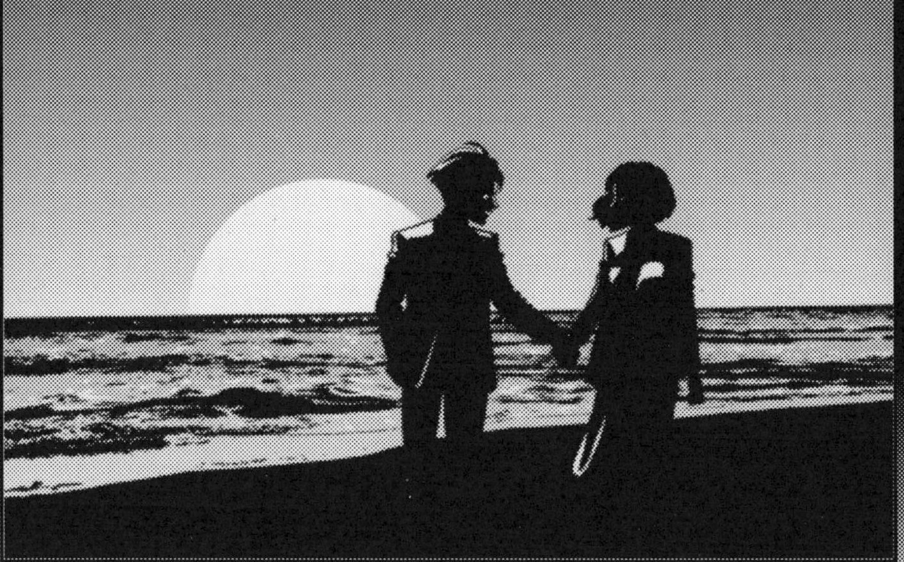
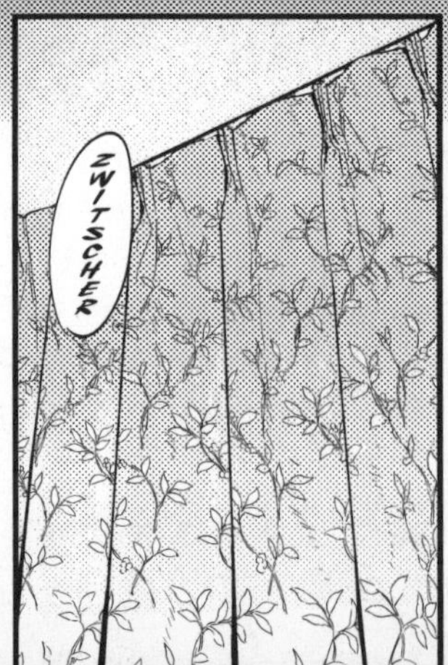
ZWITSCHER
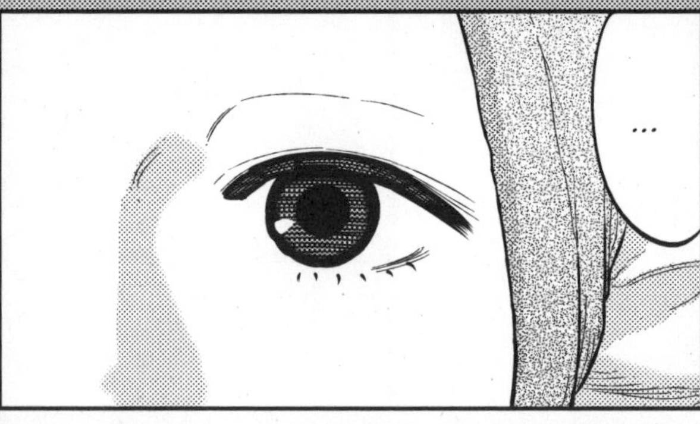
...

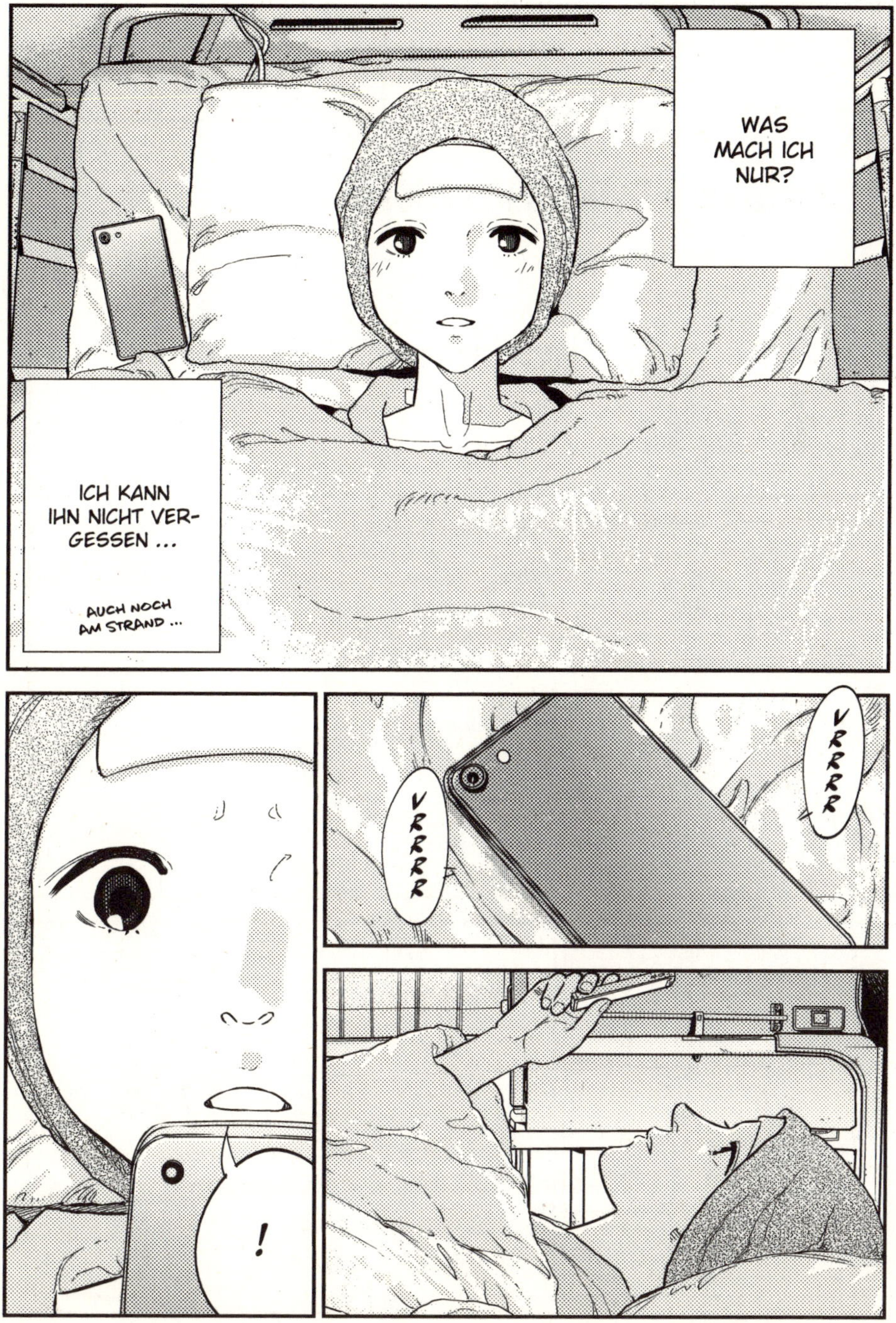

WAS MACH ICH NUR?

ICH KANN IHN NICHT VERGESSEN …

AUCH NOCH AM STRAND …

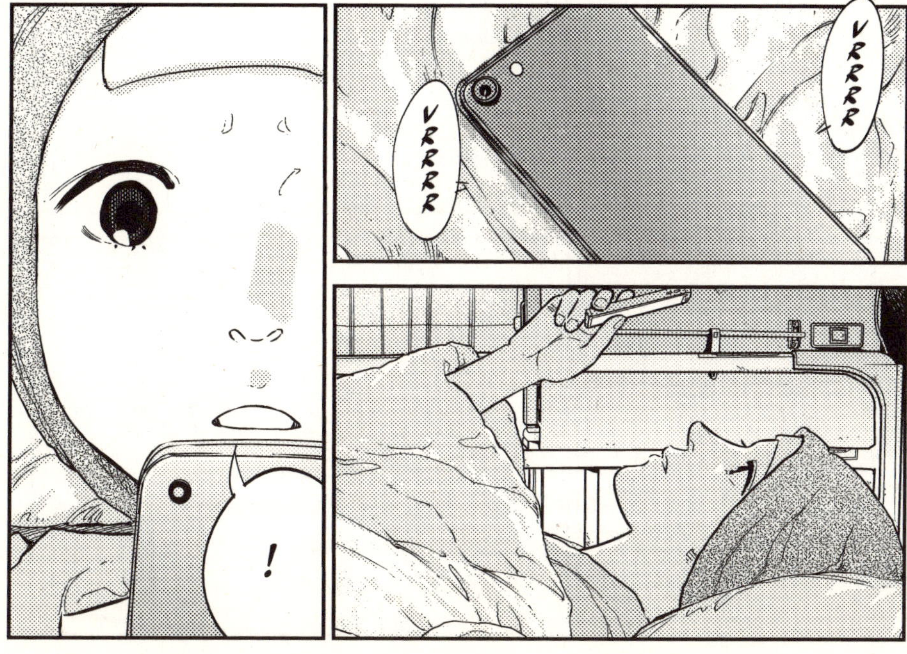

HARUMA KASEI

ICH STEH VOR DEINEM FENSTER.

NACHRICHT TIPPEN

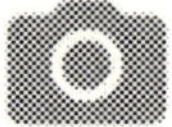
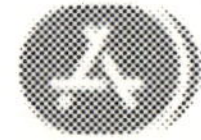

iMessage

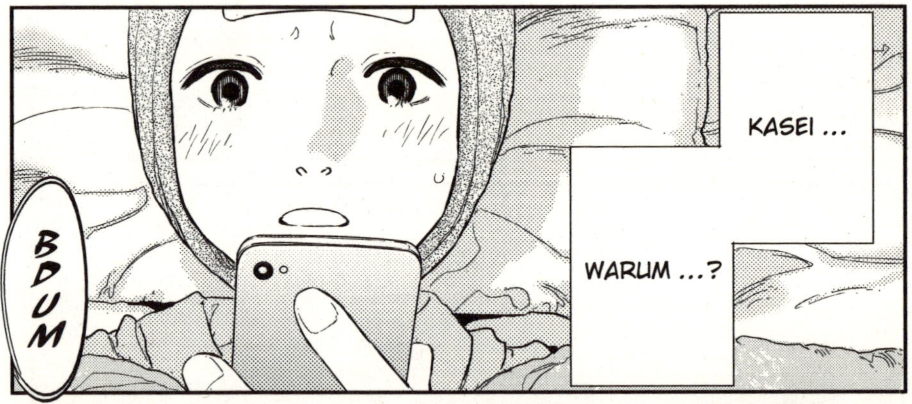

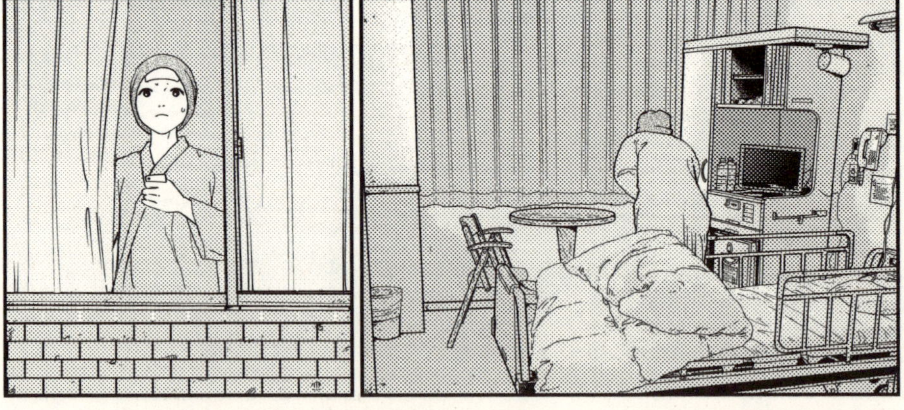

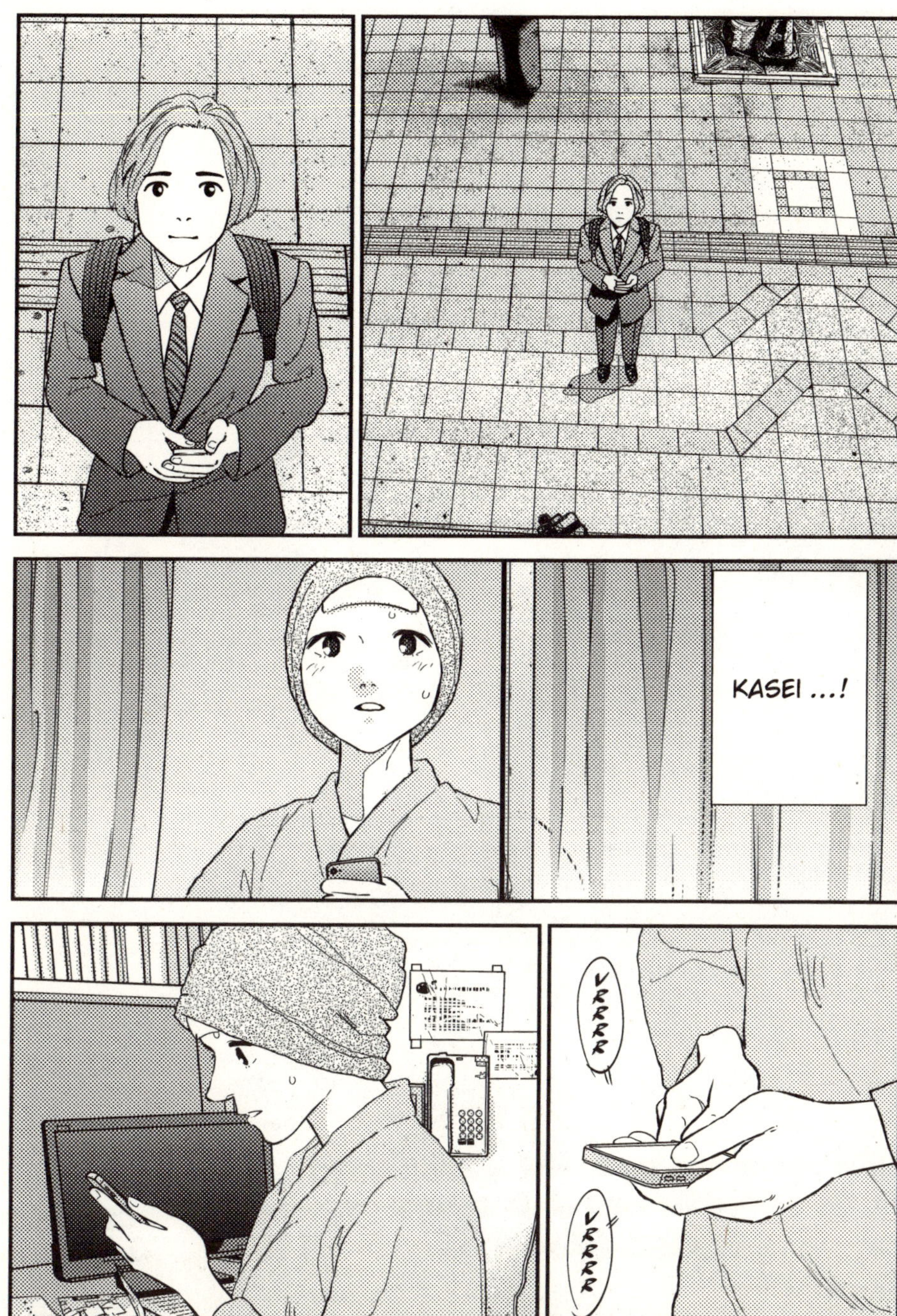

KASEI ...!
VRRRR
VRRRR

7:19

MEINE ANTWORT LAUTET „JA“.
ALSO HALTE DURCH, TOMOMI!
ICH BETE DAFÜR, DASS DU'S SCHAFFST!

MEINE ANTWORT LAUTET „JA“.

ALSO HALTE DURCH, TOMOMI!

ICH BETE DAFÜR, DASS DU'S SCHAFFST!

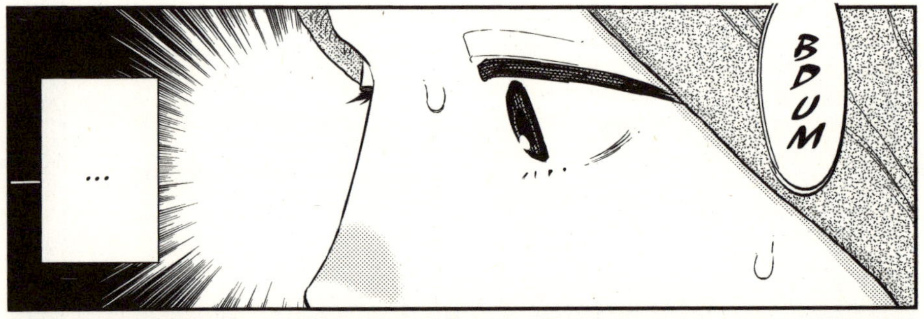

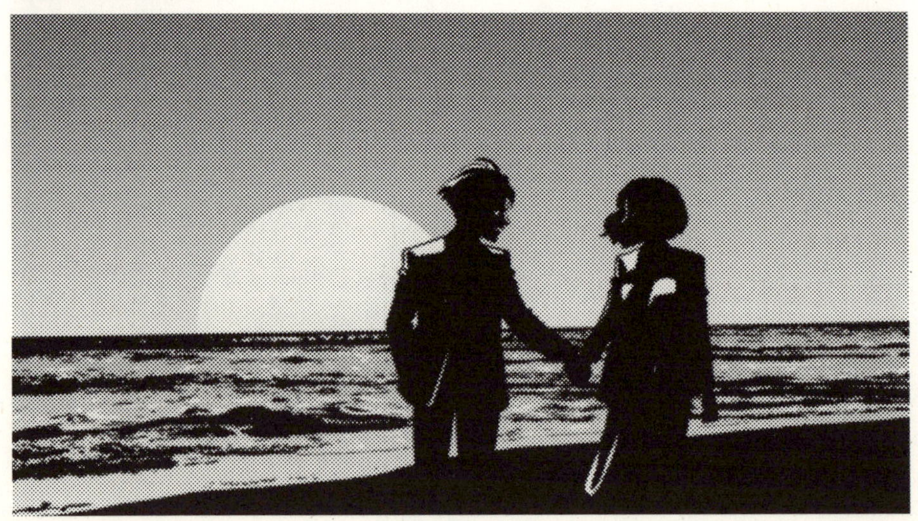

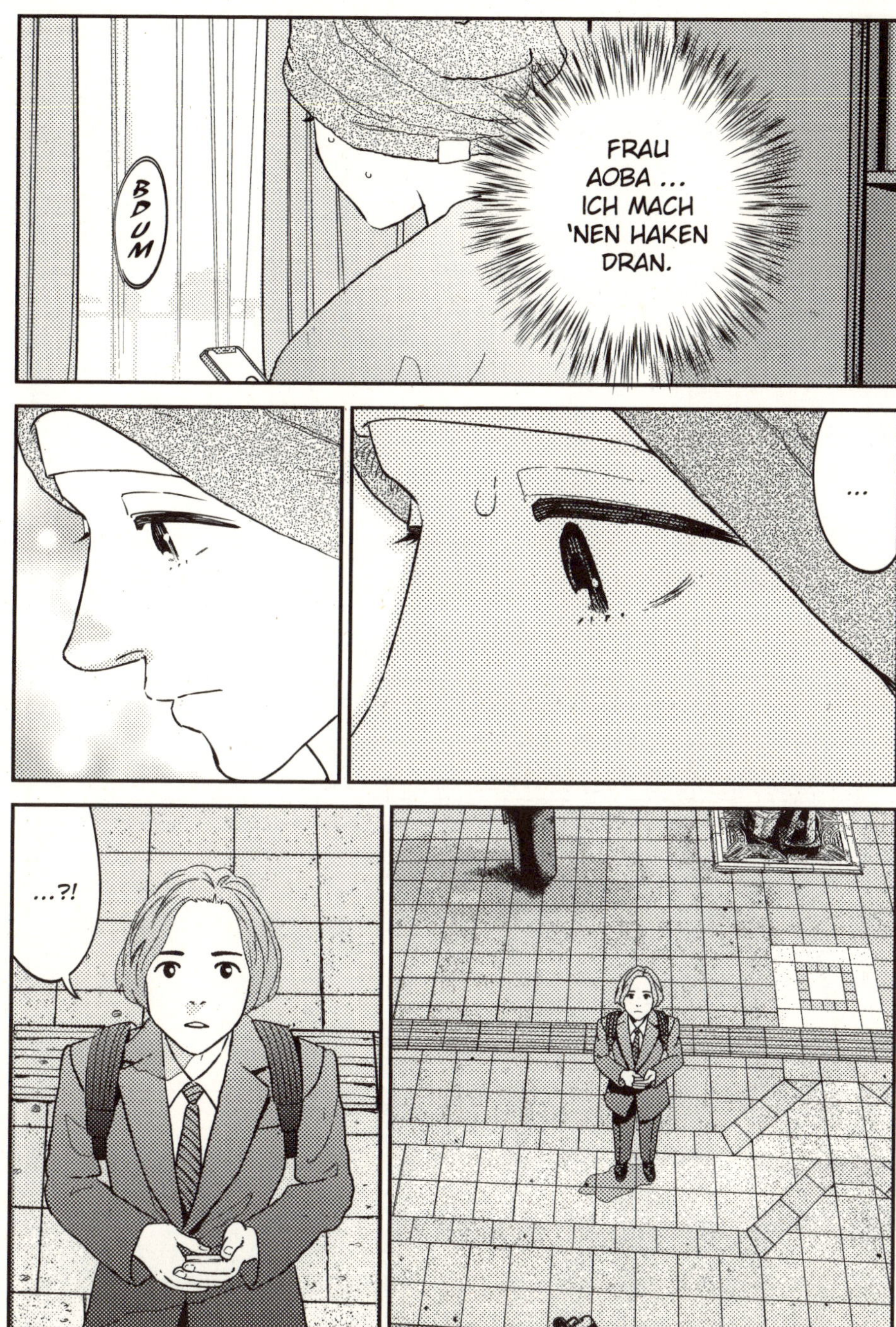

BDUM
FRAU AOBA ... ICH MACH 'NEN HAKEN DRAN.
...
...?!

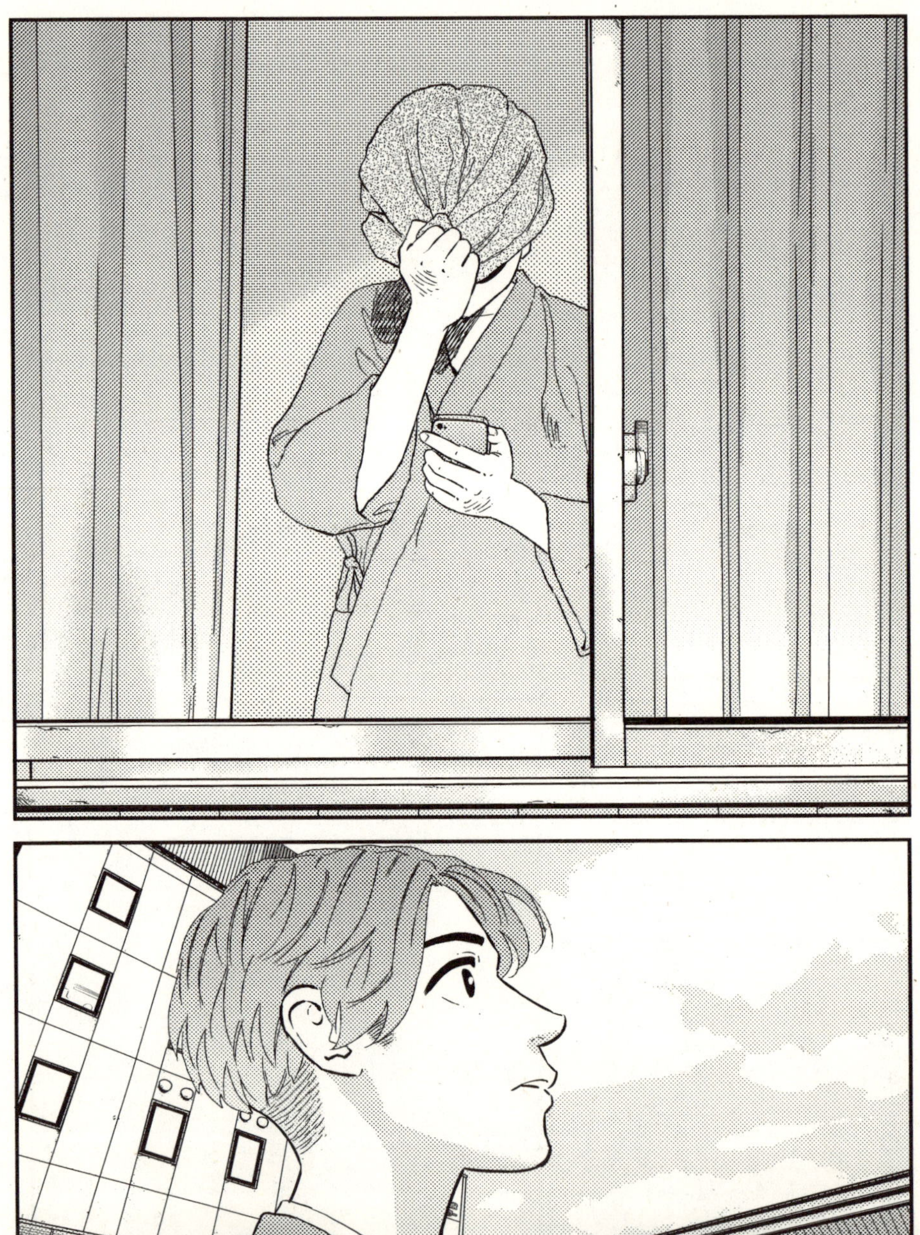

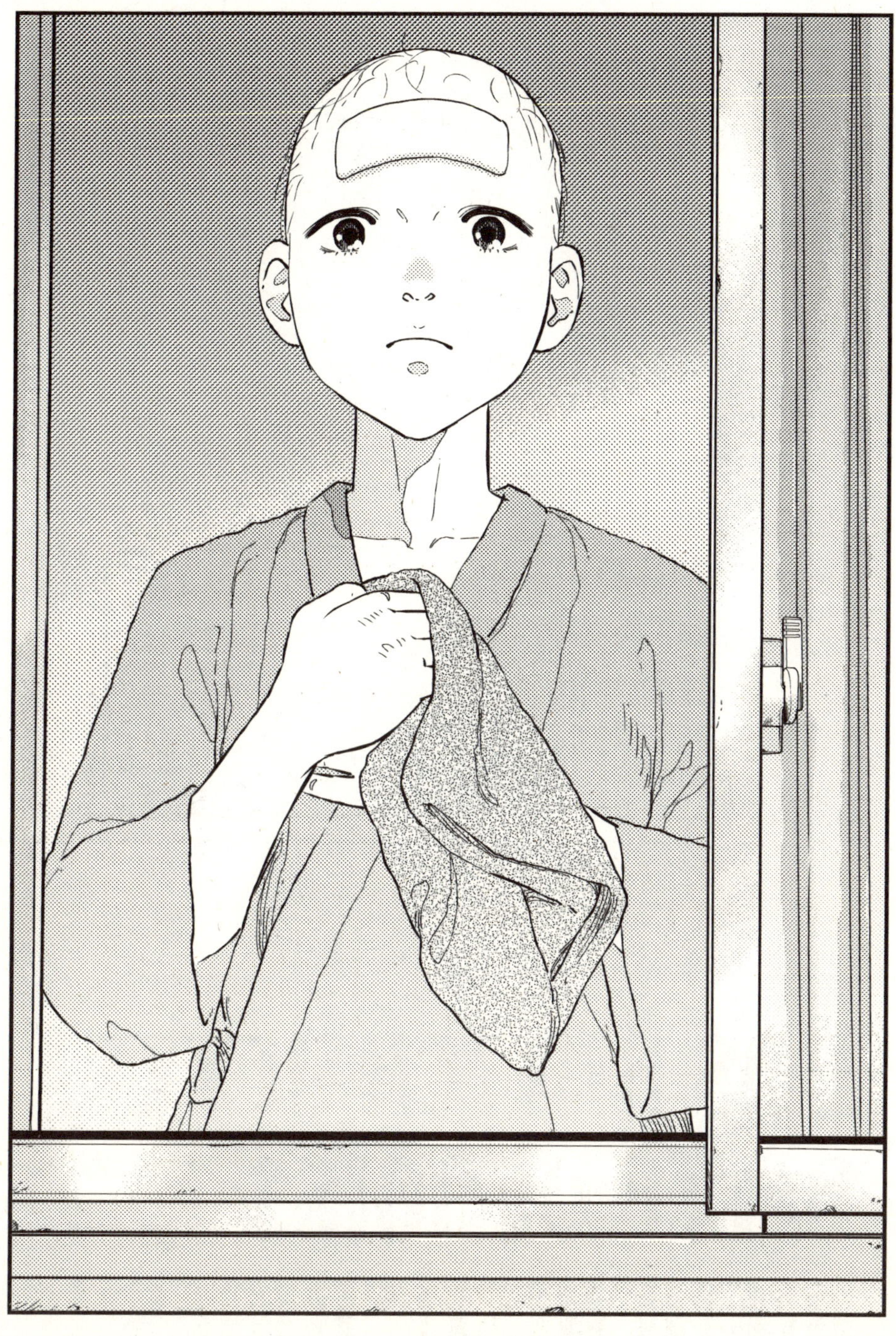

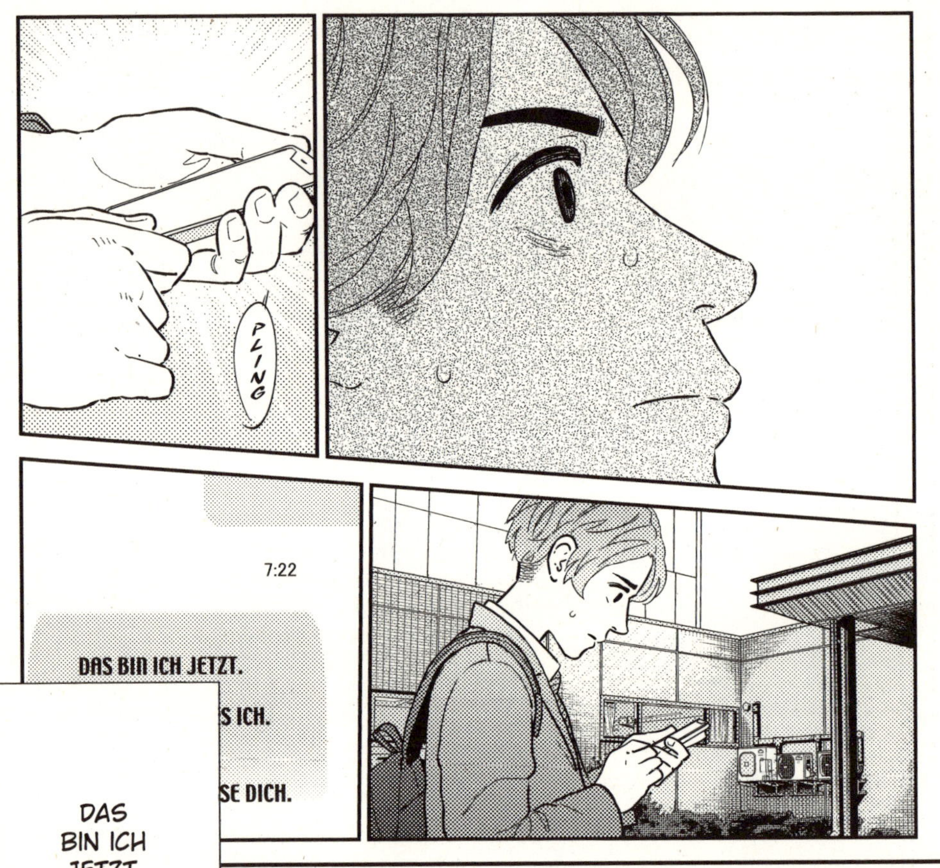

DAS BIN ICH JETZT.
BITTE VERGISS
MEIN BISHERIGES ICH.

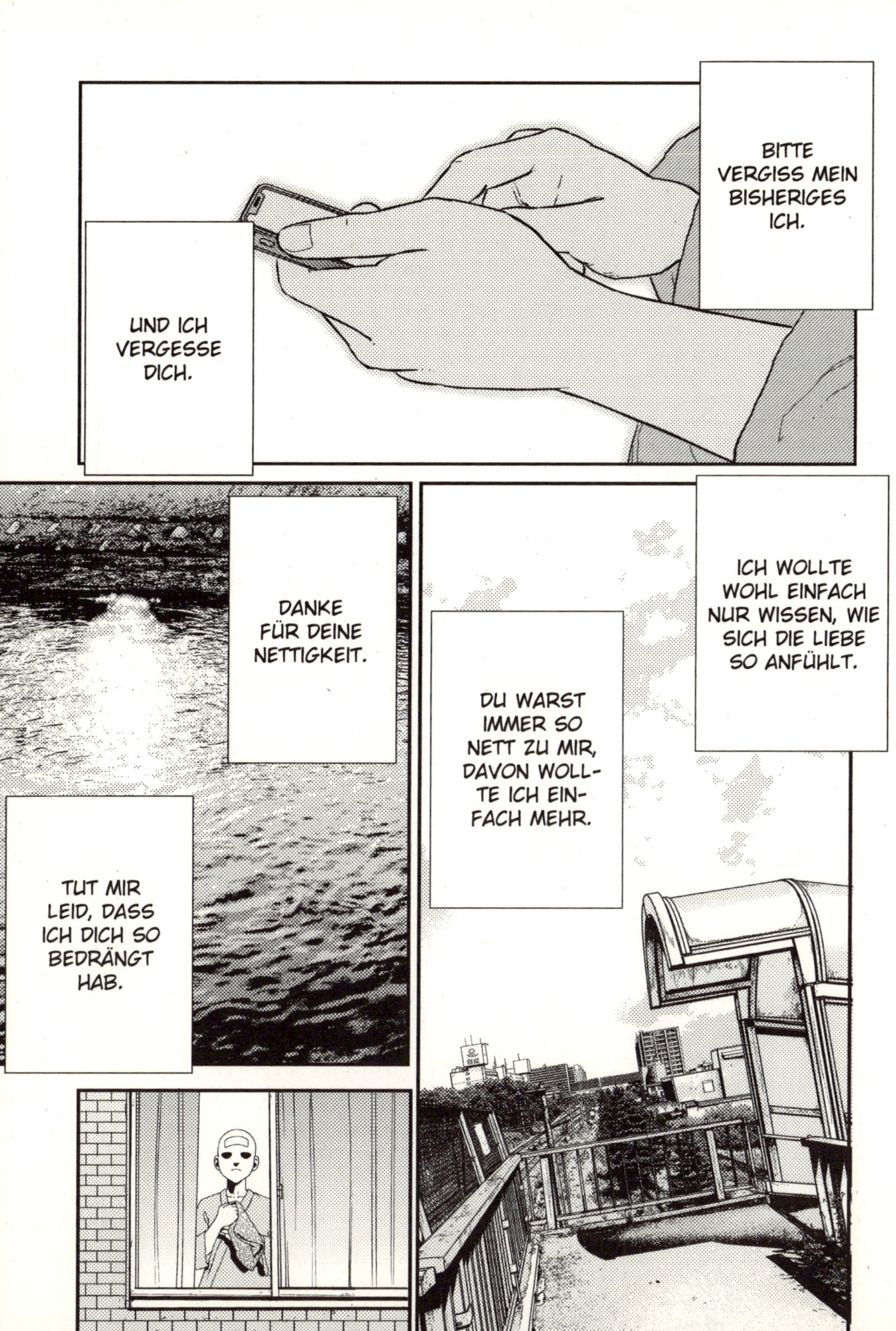
BITTE VERGISS MEIN BISHERIGES ICH.
UND ICH VERGESSE DICH.
ICH WOLLTE WOHL EINFACH NUR WISSEN, WIE SICH DIE LIEBE SO ANFÜHLT.
DU WARST IMMER SO NETT ZU MIR, DAVON WOLL-TE ICH EIN-FACH MEHR.
DANKE FÜR DEINE NETTIGKEIT.
TUT MIR LEID, DASS ICH DICH SO BEDRÄNGT HAB.

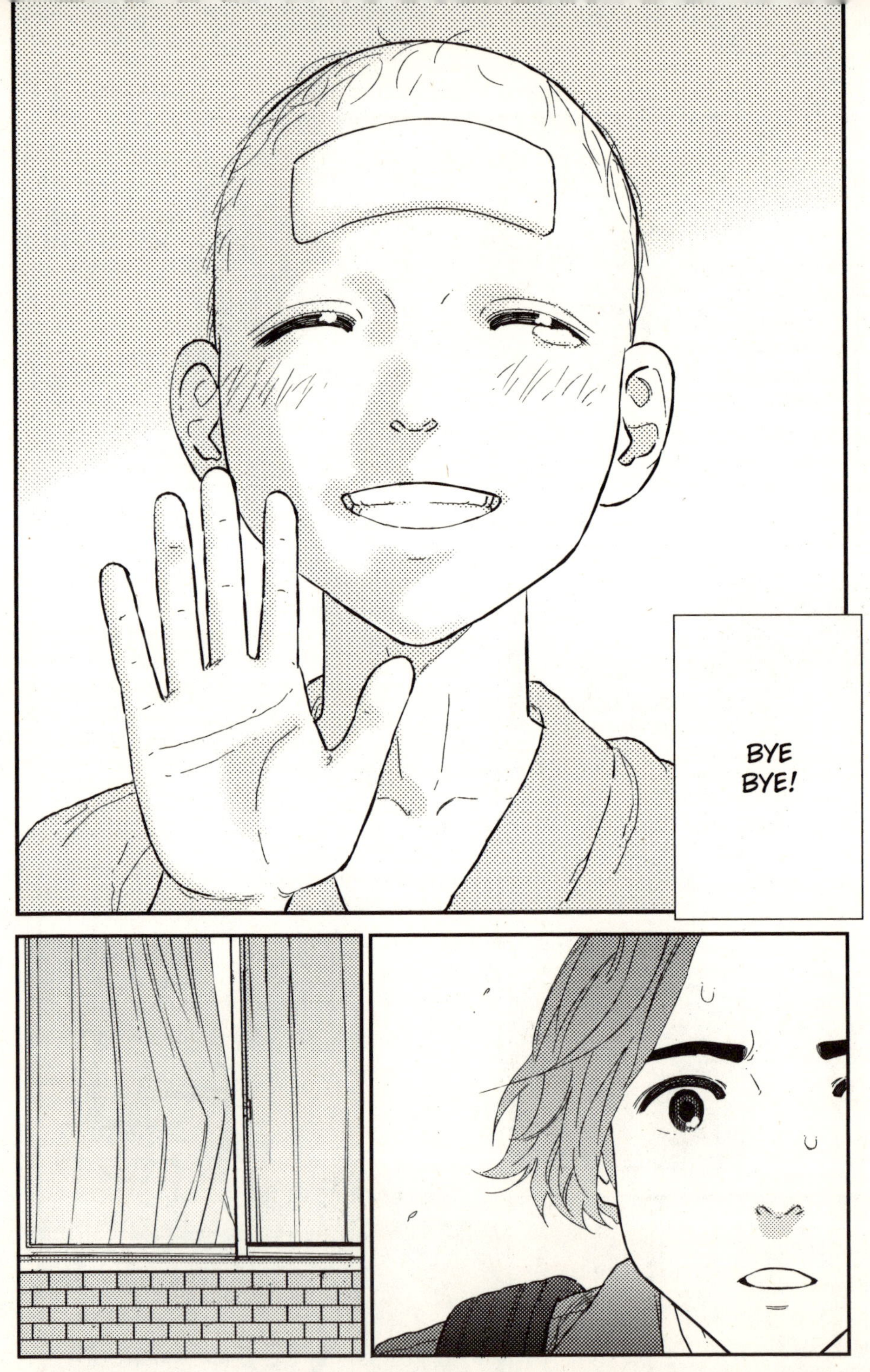
BYE
BYE!

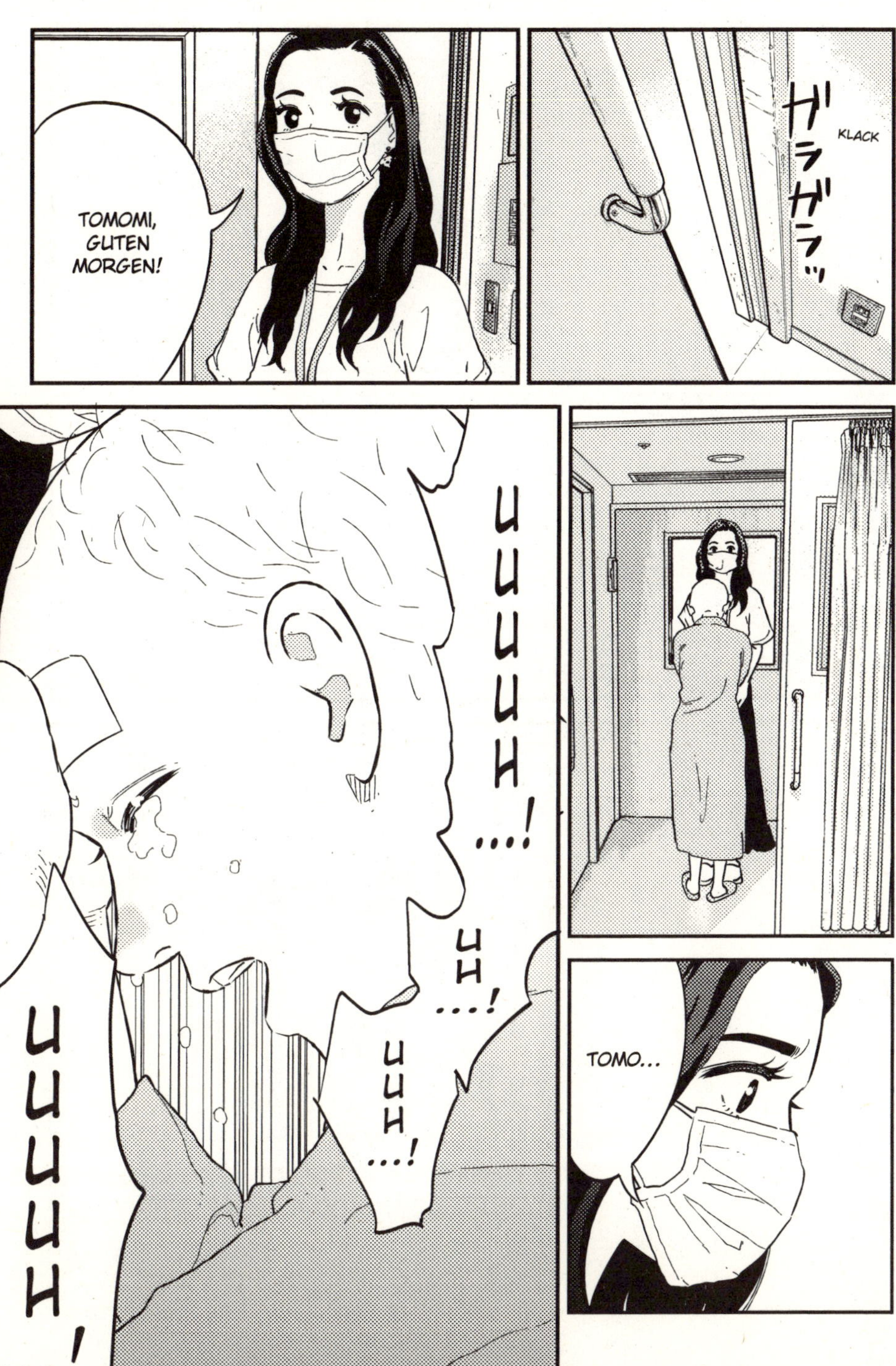
ガラガラッ
KLACK
TOMOMI, GUTEN MORGEN!
TOMO...
UUUUUH...!
UH...!
UUH...!
UUUUH...!

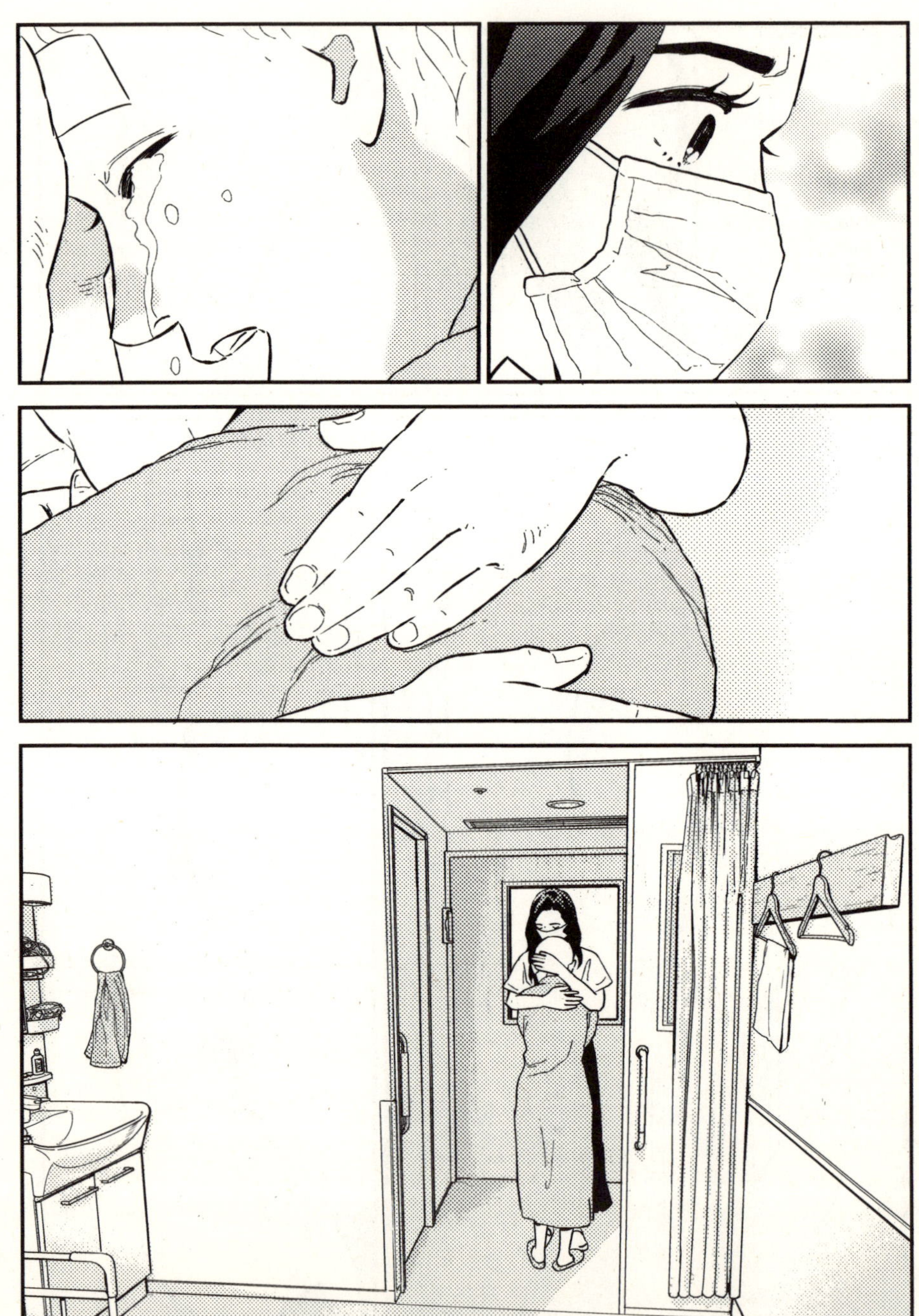

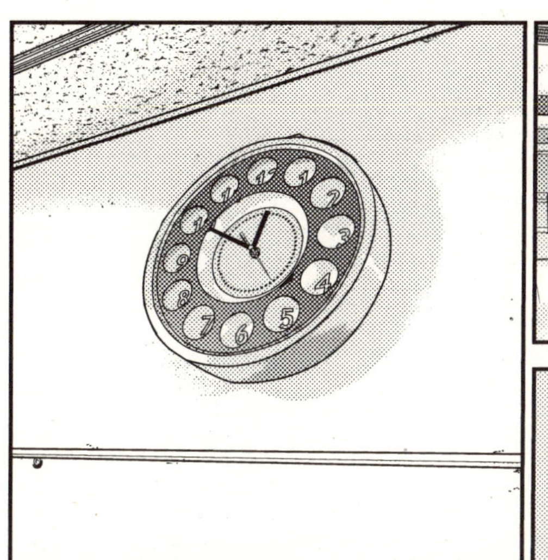

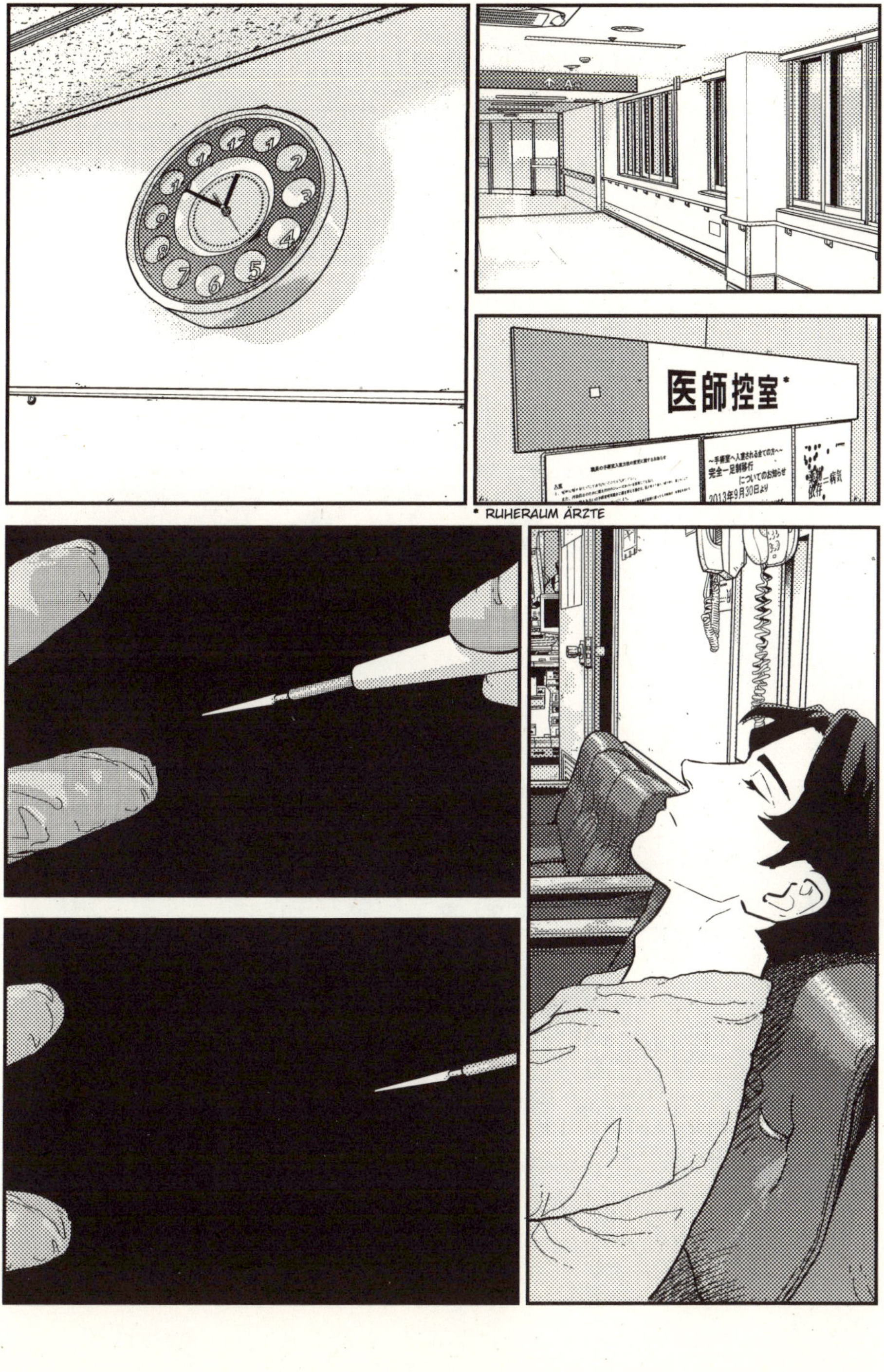

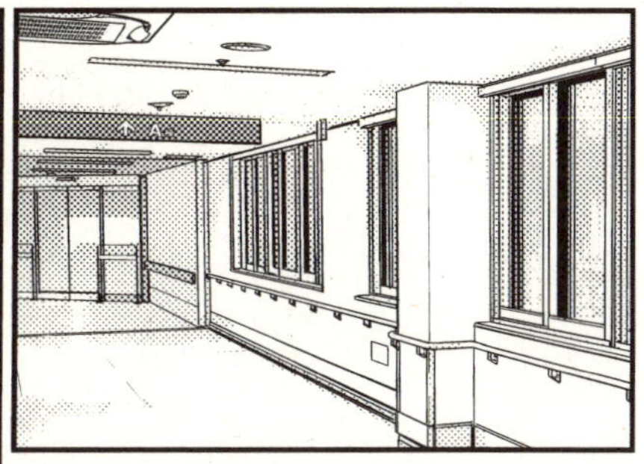

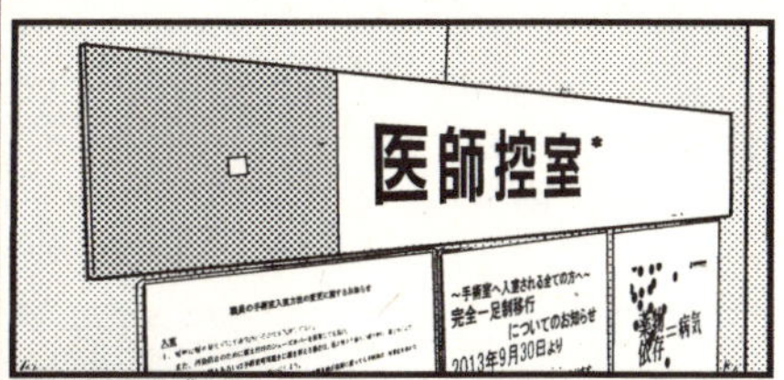

* RUHERAUM ÄRZTE

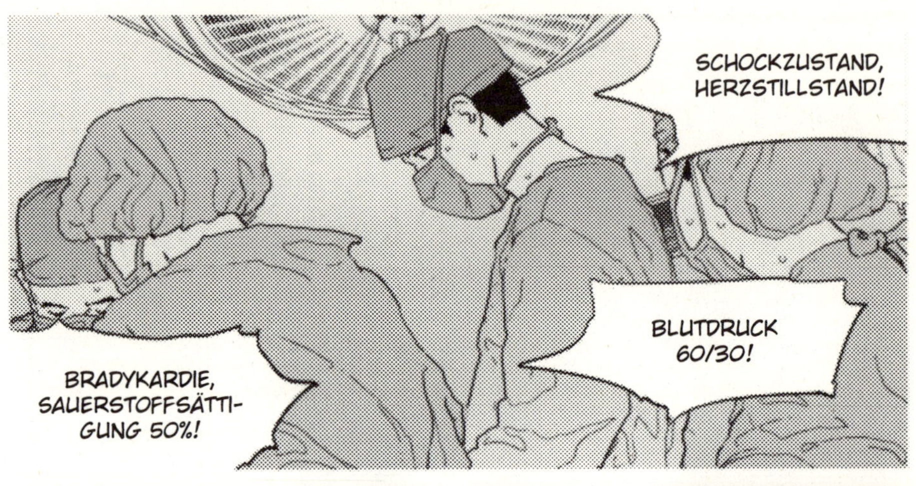
SCHOCKZUSTAND, HERZSTILLSTAND!
BLUTDRUCK 60/30!
BRADYKARDIE, SAUERSTOFFSÄTTIGUNG 50%!

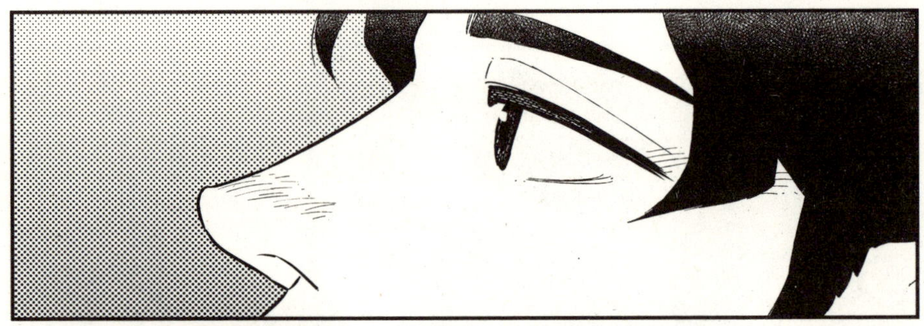

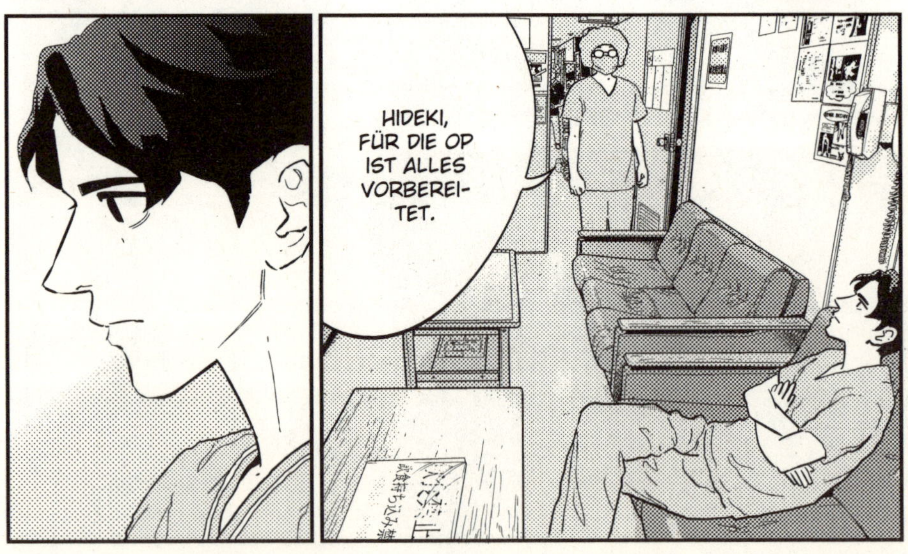
HIDEKI, FÜR DIE OP IST ALLES VORBEREITET.

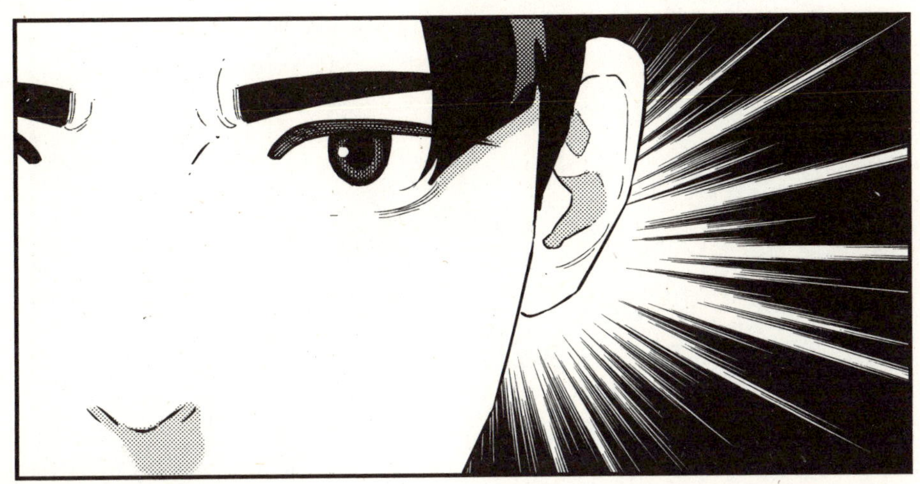

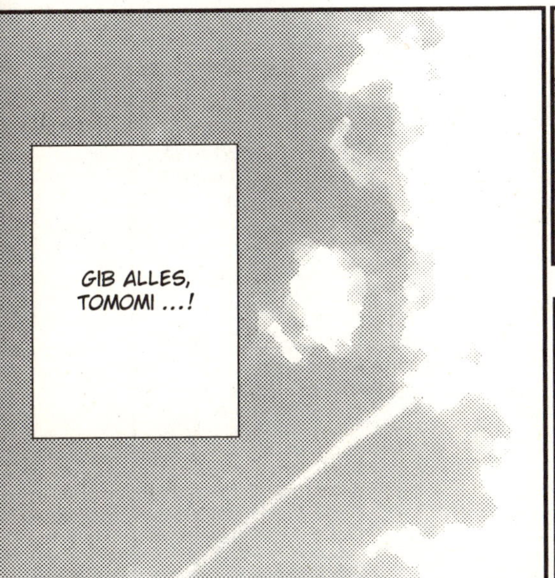
GIB ALLES, TOMOMI ...!

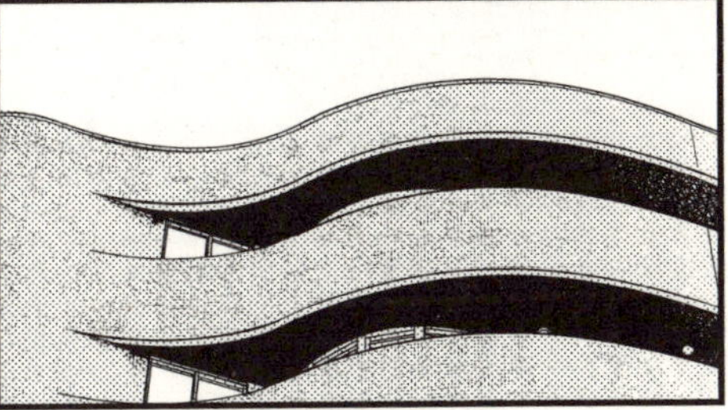

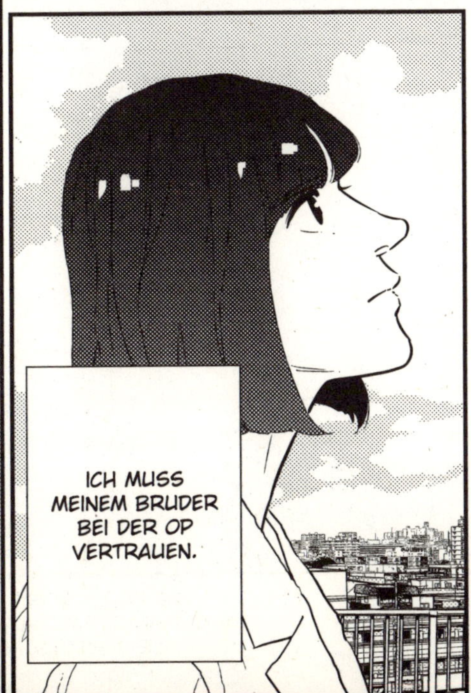
ICH MUSS MEINEM BRUDER BEI DER OP VERTRAUEN.

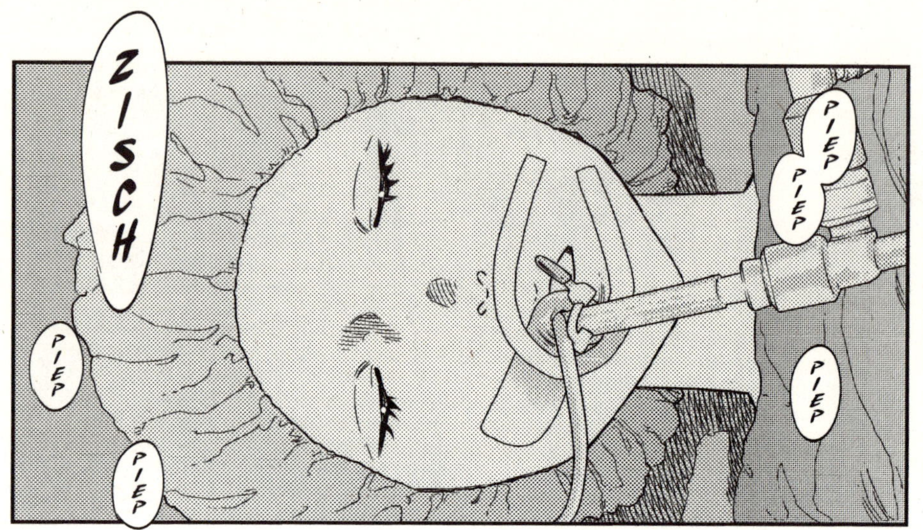

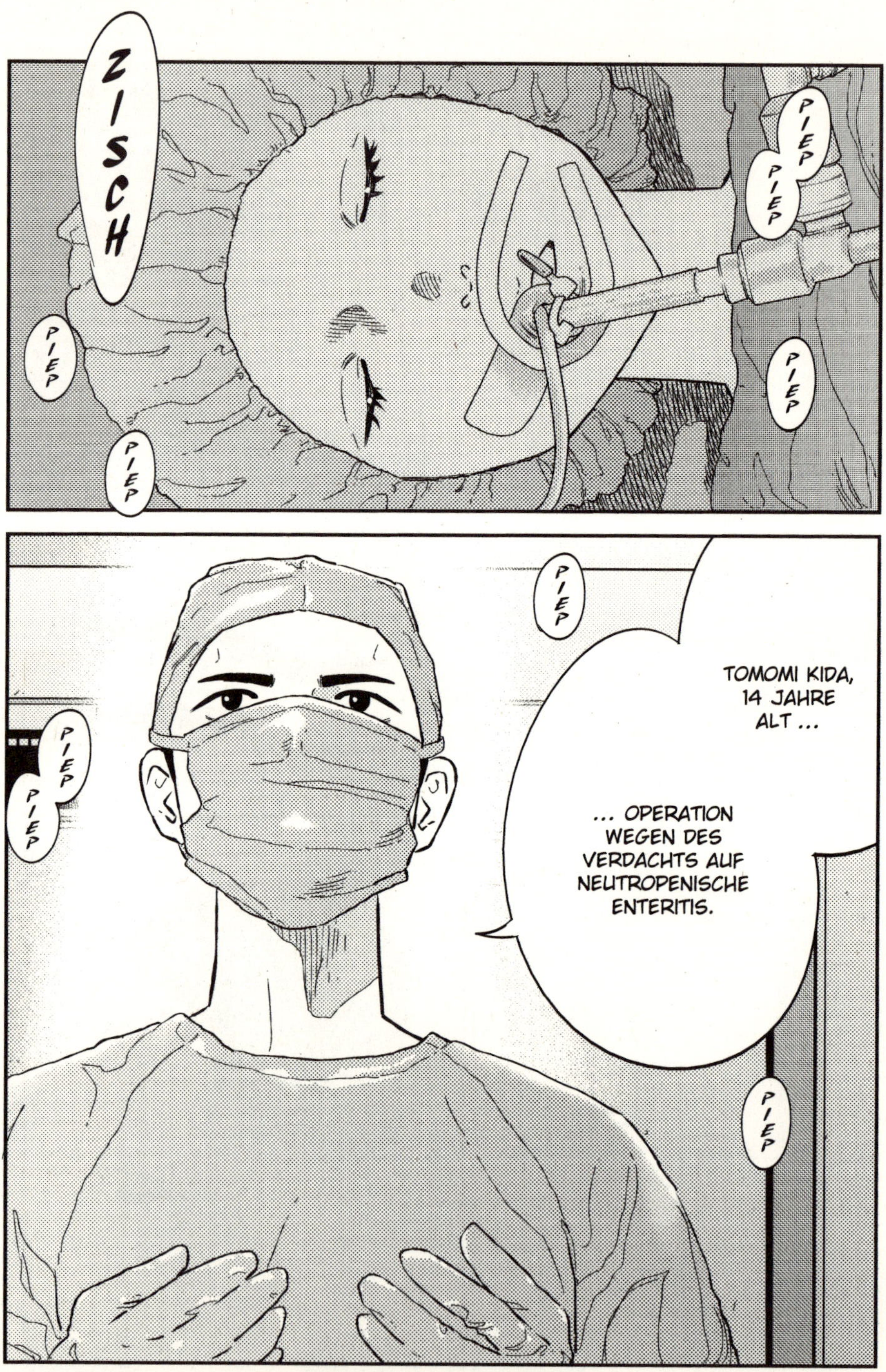

PIEP

TOMOMI KIDA, 14 JAHRE ALT ...

... OPERATION WEGEN DES VERDACHTS AUF NEUTROPENISCHE ENTERITIS.

PIEP
PIEP

PIEP

DIE FRÜCHTE DER PLATANE -
EIN KINDERARZT MIT HERZ BAND 4 ENDE -
LEST WEITER IN BAND 5!

NÄCHSTE NUMMER

Die Früchte der Platane

EIN KINDERARZT MIT HERZ

BAND

5

AB NOVEMBER

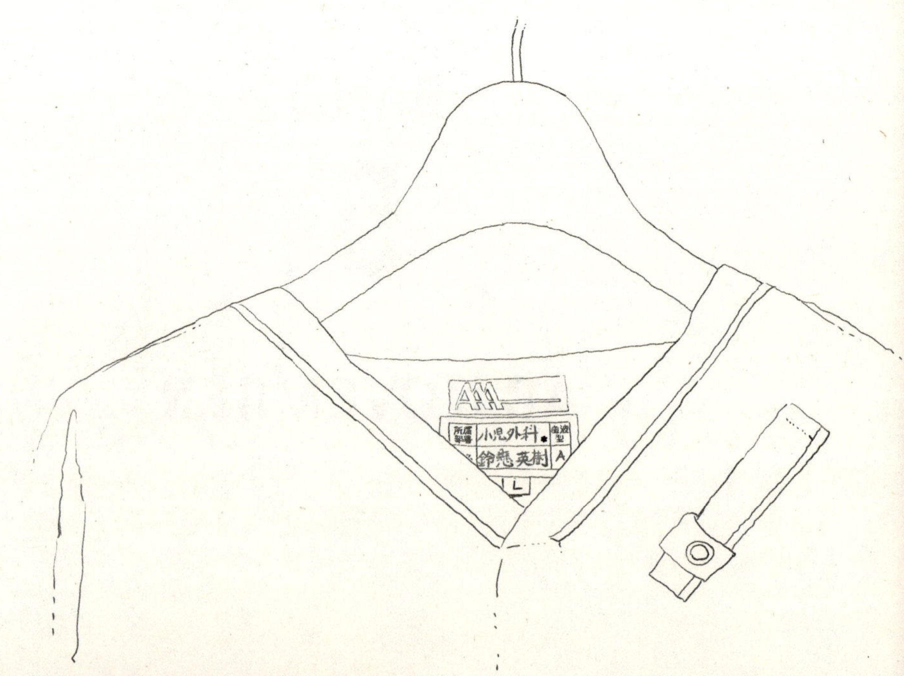

* KINDERCHIRURGIE – HIDEKI SUZUKAKE – GRÖSSE L

Story und Zeichnungen

TOSHIYA HIGASHIMOTO

Staff

SEISAKU OISHI
COMIC JACKSON
AYAKA IZAWA
AYAKA UENO

Übersetzung

ALEXANDRA KLEPPER

Lettering

LARA IACUCCI

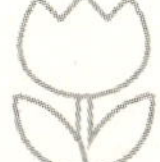 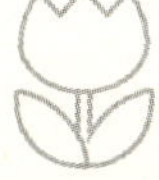 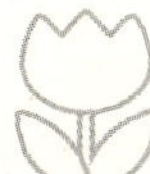 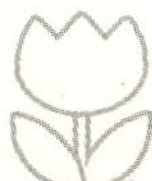 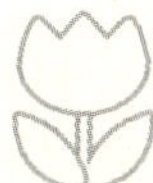 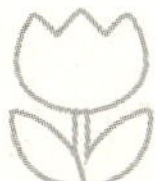 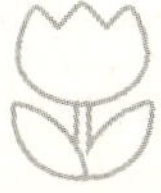 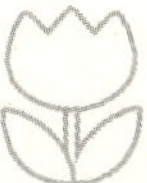

ACHTUNG!

Dieser Comic wird wie im Original gelesen:
von rechts nach links,
also fangt einfach von der anderen Seite des Buches an
und stürzt euch in die Welt von

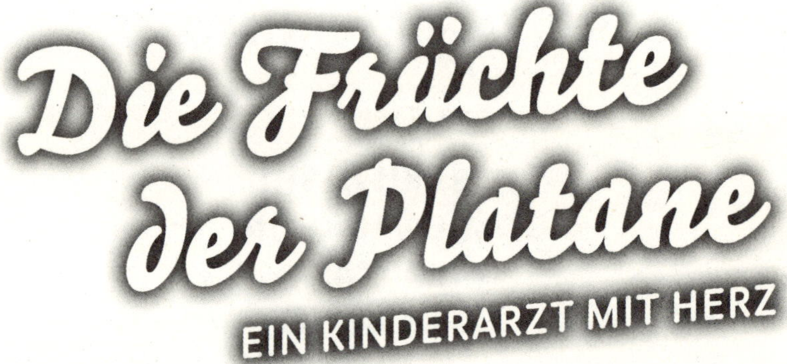

DIE FRÜCHTE DER PLATANE – EIN KINDERARZT MIT HERZ erscheint bei **PANINI MANGA**, Schloßstraße 76, D-70176 Stuttgart. DIE FRÜCHTE DER PLATANE – EIN KINDERARZT MIT HERZ wird unter Lizenz in Deutschland von PANINI Verlags-GmbH veröffentlicht. Druck: Gravinese Industrie Grafiche Srl – Leinì (TO). Anzeigenverkauf: BLAUFEUER VERLAGSVERTRETUNGEN GmbH, info@blaufeuer.com. Es gelten die Anzeigenpreise gemäß der Mediadaten 2023. Direkt-Abos auf **www.paninimanga.de**. Geschäftsführer **Hermann Paul**, Publishing Director Europe **Marco M. Lupoi**, Finanzen/Logistik **Felix Bauer**, Marketing Director **Holger Wiest**, Marketing **Dr. Rebecca Haar**, **Jessica Langer**, Vertrieb **Alexander Bubenheimer**, PR/Presse **Steffen Volkmer**, Publishing Manager **Lisa Pancaldi**, Redaktion **Stephanie Jakob**, **Matthias Korn**, **Daniela Uhlmann**, Übersetzung **Alexandra Klepper** Proofreading **Jan Lukas Kuhn**, grafische Gestaltung **Rudy Remitti**, **Nicola Spano**, Art Director **Alessandro Gucciardo**, Redaktion Panini Comics **Elisa Panzani**, **Ludovica Ungari**, Repro/Packager **Alessandro Nalli** (coordinator), **Anna Boselli**, **Mario Da Rin Zanco**, **Valentina Esposito**, **Luca Ficarelli**, **Simone Guidetti**, **Linda Leporati**, **Fabio Melatti**. PLATANUS NO MI Vol. 4 by Toshiya HIGASHIMOTO Original Japanese edition published by SHOGAKUKAN. German translation rights in Germany, Austria, Liechtenstein and German speaking area in Switzerland, Belgium, Italy and Luxembourg arranged with SHOGAKUKAN through VME PLB SAS. Original cover design: Mitsuru KOBAYASHI (GENIALÒIDE, INC.).
ISBN 978-3-7416-3450-5

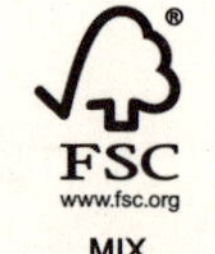

Digitale Ausgaben: ISBN 978-3-7569-0177-7 (.epub) / ISBN 978-3-7569-0176-0 (.mobi)

Bibliografische Information der Deutschen Nationalbibliothek
Die Deutsche Nationalbibliothek verzeichnet diese Publikation in der Deutschen Nationalbibliografie; detaillierte bibliografische Daten sind im Internet über dnb.d-nb.de abrufbar.